中国职业经理人协会 编写

职业经理人
PROFESSIONAL MANAGER
培养教程

第三册

中国职业经理人协会 编写

主　编：周景勤
副主编：王若军　陈红军

经济管理出版社
ECONOMY & MANAGEMENT PUBLISHING HOUSE

图书在版编目（CIP）数据

职业经理人培养教程/中国职业经理人协会编 . —北京：经济管理出版社，2023. 11
ISBN 978-7-5096-9432-9

Ⅰ.①职… Ⅱ.①中… Ⅲ.①企业领导学—教材 Ⅳ.①F292.91

中国国家版本馆 CIP 数据核字（2023）第 223623 号

责任编辑：乔倩颖
助理编辑：丁光尧　张玉珠
责任印制：黄章平
责任校对：张晓燕

出版发行：经济管理出版社
　　　　　（北京市海淀区北蜂窝 8 号中雅大厦 A 座 11 层　　100038）
网　　　址：www. E-mp. com. cn
电　　　话：（010）51915602
印　　　刷：唐山昊达印刷有限公司
经　　　销：新华书店
开　　　本：787mm×1092mm/16
印　　　张：157. 25
字　　　数：3291 千字
版　　　次：2024 年 1 月第 1 版　　2024 年 1 月第 1 次印刷
书　　　号：ISBN 978-7-5096-9432-9
定　　　价：668. 00 元（全五册）

编审委员会

主　　任：文海英

副 主 任：周景勤　陈　军　康　臻　何帮喜　叶祺仁

委　　员：王国强　潘立生　王若军　陈红军　张耀峰　沈　建

姜学祥　白海洋　李　晓　孙朝阳　冉晓军　郭　恒

李爱华　袁　亮　侯学东　侯爱民　于　民　张耀昭

李景宇　古斯特　赵　荀　张梦琪

主　　编：周景勤

副 主 编：王若军　陈红军

撰稿人员：周景勤　王若军　陈红军　侯爱民　李　晓　高　鹏

曹守兰　高　奇　周　烨　柴少宗　李丽霞　周　楠

蔡兰英　段　旭　陈红伟　陈孟良　岳炳红　韩红梅

贾桂玲　牛　晶　柯丽菲　王钰铮　周晶晶　皮　倩

李黎红　王　杨　赵慧娟　刘　颖　狄浩林　祝晓燕

王慧敏　奚雅芳　刘益宏　孟德花　吴志成　曹炳正

张　华　丁　杰　田春霖　冯学东　宋　博　徐　雪

郭　炬　苑　鑫　杨　洋　马媛媛　王业娜

支持单位：中国社会科学院工业经济研究所

北京经济管理职业学院（原北京市经济管理干部学院）

浙江量子教育科技股份有限公司

北京天问管理咨询有限公司

出版资助：XIMA希玛｜民银国际 MINYIN INTERNATIONAL｜DEEP MIND

民银国际控股集团有限公司

序

文海英

　　党的二十大报告明确以中国式现代化全面推进中华民族伟大复兴，强调要统筹教育、科技、人才发展，深入实施人才强国战略，加快建设规模宏大、结构合理、素质优良的人才队伍。推进中国式现代化，实现高质量发展，关键要依靠创新驱动，充分发挥人才引领、人才支撑作用。二十届中央财经委员会第一次会议提出"加快建设以实体经济为支撑的现代化产业体系"，这是党中央从全局上统筹经济社会发展，推进中国式现代化建设的新要求。

　　企业是实体经济的主体，也是现代产业的基础，企业兴则经济兴，企业强则国家强，企业要实现创新发展、可持续发展，关键在人才。职业经理人是人才队伍的重要组成部分，是企业经营管理人才中的中高端人才，担负着企业经营管理和创新发展的重要使命，既是企业经营战略的制定者、组织者，也是企业创新活动的推动者、引领者，在某种程度上决定着企业的成败兴衰。

　　中国职业经理人协会作为唯一以"职业经理人"命名的国家级人力资源行业协会，自成立以来，一直致力于推动建立中国职业经理人制度、推进建设中国特色职业经理人才队伍、推行建造中国职业经理人才市场服务体系。协会研究提出了中国特色职业经理人才理论体系框架，发布了职业经理人才职业资质社会培养、评价、认定、服务"四个工作指引"和《关于职业经理人认知的概述》；会同有关单位组织编写了企业管理通用能力培训、景区职业经理人资质评价与认定、健康服务业职业经理人专业能力培训等教材；探索建立了职业经理人线上线下相结合的人才培养新模式，围绕社会、行业、企业需要，开展了多种类型的职业经理人和职业化人才的培训工作，为各行各业培养了数以万计的人才。

　　培养造就中国式现代化需要的高素质职业经理人才，是中国职业经理人协会的使命和任务。为建立科学的职业经理人才资质评价体系和完善的教育培养体系，强化和提高我国职业经理人才自主培养能力，逐步形成统一规范的全国职业经理人才培养工作新格局，中国职业经理人协会组织编写了全国职业经理人培养规划教材《职业经理人培养教程》。这部教材力求突出系统性、针对性、指导性、实践性，重点围绕职业经理人才的职业化、专业化、市场化和国际化，总结和吸收了国内外有关职业经理人的理论研究和实践应用成果，以充分体现职业资质培养的新思维、新观念、新方法。希望本教程的出版发行能够更好地规范职业经理人才资质培养与评价工作，切实帮助职业经理人提升能力素质。

祝贺《职业经理人培养教程》在党的二十大后开局之年出版。

是为序。

2023 年 5 月 11 日于北京

前　言

当前，我国社会主义建设进入了一个新时代，世界政治经济也正面临一个前所未有的变局，中国的企业面临着划时代的变革。如何提高企业经营管理水平，如何实现企业的高质量发展，企业经营管理人才是关键因素之一。据统计，目前我国有 8000 多万家企业，需要职业化和专业化完备与具有优良职业资质的职业经理人才从事经营管理工作，有 1.7 亿多个市场主体在从事各类市场经营管理业务活动，需要提升经营管理业务学习能力。每年有数以千万计的人要进入经营管理工作领域，这些人都需要系统化的学习经验和管理知识，进行经营管理能力的提升和职业素质的训练。

职业经理人是长期从事企业经理社会职业的企业经理人，其核心工作是经营管理企业，必然要具备相应的从业资历和条件，即职业资质。因此，企业经理岗位或职位由具备职业经理人职业资质的人来担任，是企业经营管理与企业发展的必然要求，也是企业提高经营管理水平的必然要求。中国职业经理人协会《职业经理人才职业资质社会评价工作指引（2018 年）》对职业经理人才职业资质评价设定了六个维度，即职业素养、职业能力与技能、职业知识及技术、职业经历、职业业绩、职位适配度。该指引规定了职业经理人才职业资质的组成结构和内容体系。

中国职业经理人协会《职业经理人才职业资质社会培养工作指引（2018 年）》提出了职业经理人才社会培养工作的任务是推动建立以职业资质培养为核心的社会培养体系，提高职业经理人才队伍的职业资质水平和经营管理能力。职业经理人才社会培养的内容包括：①基础性培养，即对从事企业经理职业的人的基础性和普遍性培养；②个性化培养，是在基础性培养的基础上，针对职业发展和工作需要对职业经理人进行的补短板、强弱项的培养；③企业特殊需要的培养，即针对企业的特殊要求进行的培养；④行业特殊需要的培养，即针对企业所在行业的特殊要求进行的培养。

本教程是为中国职业经理人职业资质社会培养而编写的。

一、职业经理人"工作内容"与教材结构相结合

教程设计了企业概论、企业经营管理工作和企业发展管理工作实务模块，让学习

者能够通过学习对企业的层次和结构、企业经营管理和发展管理的工作拥有基本的了解，对自己的职业工作内容和"怎么干"拥有基本的认识和把握。此外，教程还设置了职业素养、职业能力与技能、职业知识模块，学习者能够通过学习本书掌握从事企业经理工作所需的能力、方法、技能和知识。

二、基础性、全面性、台阶性、开放性相结合

教程兼顾企业经理工作和职位岗位的层次，设计编写基础性的内容。力求初级职业经理人通过对本书的学习，为从事经营管理工作打好理论基础，并根据自身能力进行台阶式的学习。初学者可以根据基础的差异选择不同的学习起点，本教程兼顾了不同层次职业经理人的学习需要。同时，教程设计了职业经理人培养的基本框架，学习者可以根据知识更新和能力提升的需要，在相应模块里增设对应的学习内容。

三、专业性和应用性相结合

教程在每一个相关内容安排上力求做到理论、方法论、具体方法、发展趋势及案例、阅读资料的配套协调，使学习者通过学习阅读能够学到理论要点，掌握工作内容和方法，并通过案例学习掌握实践经验，也可以通过阅读专栏了解理论渊源与发展脉络，提高自身的工作适应能力。

四、系统性和发展性相结合

教程对职业经理人从事经营管理工作应当具备的职业素养、职业能力、职业知识进行了系统化的设计和论述，并从工作岗位与职位层级方面进行发展性设计。针对企业经营管理工作的基层、中层和高层管理者设计和选取知识提升、视野拓展和能力进阶等方面的学习培养内容和项目。在层次与岗位上，本教程将职业经理人职业化发展和专业化培养有机融合，为职业经理人才的培养制定了较为完整的专业学习训练体系。

五、纲要性和引示性相结合

职业经理人职业资质社会化培养，包括专业化教育和"干中学"锻炼两个基本层面。专业化教育主要是对职业知识、职业素养、职业能力、职业技能的系统化学习培养，体现为院校培养和社会培养。其中，对职业知识的学习主要在院校完成，对职业素养、职业能力、职业技能的学习主要在社会培养中完成。"干中学"锻炼主要在职业岗位上进行，其包括历练、职业业绩积累和职位适配的调适等培养锻炼内容。本教程为专业化培养提供了一个纲要，为职业经理人职业资质培养提供了训练框架。

本教程的编辑出版，可以为那些以经营管理企业为主要职业选择的人士提供系统化专业学习的内容体系框架；可以为正在企业经营管理岗位上工作的人士提供职业资质进阶的学习资料；可以为从事职业经理人培养和企业经营管理培训的职业工作者提供课程和项目开发参考。本教程对院校的经济管理人才培养改革也会有所裨益。

本教程为全国职业经理人培养规划教材，由中国职业经理人协会组织编写。中国职业经理人协会对有关职业经理人理论进行了系统研究，特别是在对职业经理人资质社会培养、评价、认定列出专项课题项目进行研究的基础上，制定了职业经理人资质社会培养教程编写方案。北京经济管理职业学院（原北京市经济管理干部学院）骨干教师承担了具体的编写任务，他们怀着不断完善职业经理人资质社会培养知识体系的情怀，在积极吸收有关工商管理培训教程、职业经理人培训相关教材和培训经验的基础上，结合新时代职业经理人社会培养的新要求，进行了相关的职业经理人素养、知识、能力体系的创新性整理和开发。中国社会科学院工业经济研究所提供了系统的学术支持。北京天问管理咨询有限公司提供了大量的咨询服务。经济管理出版社，特别是承担编辑校对工作的同志，付出了大量辛劳。民银国际控股集团有限公司提供倾力资助，使本教程得以顺利出版。浙江量子教育科技有限公司非常关注本教程的编写出版，提供了有力支持。在此，向他们表示诚挚的敬意和谢意！

在教程编写过程中，许多专家学者和从事职业经理人工作的同仁提出了诚恳的意见和建议，教程吸收采纳了国内外许多专家学者的学术和研究成果，恕不一一列出他们的名字，在此，一并表示衷心的感谢。

我们期待本教程的出版为我国职业经理人事业的发展，特别是为中国职业经理人资质培养与评价工作做出应有的贡献，期待为职业经理人才成长发展做出贡献，更期待广大读者的批评指正和宝贵意见。

周景勤

2023 年 5 月

本册目录

第四部分　企业可持续发展管理实务

第四部分

企业可持续发展管理实务

第二十章 企业可持续发展概述

学习目标

1. 了解可持续发展的含义、主要内容、能力建设要求；
2. 把握企业可持续发展的内涵、企业可持续发展的维度；
3. 掌握企业可持续发展管理体系。

第一节 可持续发展概述

一、可持续发展的含义

（一）可持续发展的定义

对可持续发展影响最大和流行最广的概念和定义是世界环境与发展委员会（WECD）在 1987 年向联合国提交的《我们共同的未来》报告中提出的定义，即可持续发展（Sustainable Development）是既满足当代人的需求又不危害后代人满足其需求的发展。这是一个涉及经济、社会、文化、技术和自然环境的综合的动态的概念。这一概念鲜明地表达了两层意思：一是满足人类需求，尤其是要满足世界上穷人的需求；二是发展要有限度，即资源环境的限度，不能危害后代人满足其需求的发展。如果突破了资源环境的承受力，必然影响当代人和后代人的生存和发展。

（二）可持续发展的内涵

从全球普遍认可的概念中，我们可以梳理出可持续发展有以下几个方面的丰富内涵：

1. 共同发展

地球是一个复杂的巨系统，每个国家或地区都是这个巨系统不可分割的子系统。系统的最根本特征是其整体性，每个子系统都和其他子系统相互联系并发生作用，只要一个系统发生问题，就会直接或间接地导致其他系统的紊乱，甚至会诱发系统的整体突变，这在地球生态系统中表现得最为突出。因此，可持续发展追求的是整体发展和协调发展，即共同发展。

2. 协调发展

协调发展既包括经济、社会、环境三大系统的整体协调，也包括世界、国家和地区三个空间层面的协调，还包括一个国家或地区经济与人口、资源、环境、社会以及内部各个阶层的协调，持续发展源于协调发展。

3. 公平发展

世界经济的发展呈现出因水平差异而表现出来的层次性，这是发展过程中始终存在的问题。但是这种发展水平的层次性若由不公平、不平等而引发或加剧，就会从局部上升到整体，并最终影响整个世界的可持续发展。可持续发展思想的公平发展包含两个维度：一是时间维度上的公平，当代人的发展不能以损害后代人的发展能力为代价；二是空间维度上的公平，一个国家或地区的发展不能以损害其他国家或地区的发展能力为代价。

4. 高效发展

公平和效率是可持续发展的两个轮子。可持续发展的效率不同于经济学的效率，可持续发展的效率既包括经济意义上的效率，也包括自然资源和环境损益的部分。因此，可持续发展思想的高效发展是指经济、社会、资源、环境、人口等协调下的高效率发展。

5. 多维发展

人类社会的发展表现出全球化的趋势，但是不同国家与地区的发展水平是不同的，而且不同国家与地区又有着异质性的文化、体制、地理环境、国际环境等发展背景。此外，因为可持续发展是一个综合性、全球性的概念，要考虑到不同地域实体的可接受性，因此，可持续发展本身包含了多样性、多模式、多维度选择的内涵。因此，在可持续发展这个全球性目标的约束和指导下，各国与各地区在实施可持续发展战略时，应该从国情或地区情况出发，走符合本国或本地区实际的多样性、多模式的可持续发展道路。

二、可持续发展的主要内容

可持续发展涉及经济可持续、生态可持续和社会可持续三方面的协调统一，要求人类在发展中讲究经济效率、关注生态和谐和追求社会公平，最终达到人的全面发展。

1. 经济可持续发展

可持续发展鼓励经济增长而不是以环境保护为由取消经济增长，因为经济发展是国家实力和社会财富的基础。但可持续发展不仅重视经济增长的数量，更追求经济发展的质量。可持续发展要求改变传统的以"高投入、高消耗、高污染"为特征的生产模式和消费模式，实施清洁生产和文明消费，以提高经济活动中的效益、节约资源和减少废弃物。从某种角度上可以说，集约型的经济增长方式就是可持续发展在经济方面的体现。

2. 生态可持续发展

可持续发展要求经济建设和社会发展要与自然承载能力相协调。发展的同时必须保护和改善地球生态环境，保证以可持续的方式使用自然资源和环境成本，将人类的发展控制在地球承载能力之内。因此，可持续发展强调发展是有限制的，没有限制就没有发展的可持续。生态可持续发展同样强调环境保护，但不同于以往将环境保护与社会发展对立的做法，可持续发展要求通过转变发展模式，从人类发展的源头、从根本上解决环境问题。

3. 社会可持续发展

可持续发展强调社会公平是环境保护得以实现的机制和目标。可持续发展指出，世界各国的发展阶段可以不同，发展的具体目标也各不相同，但发展的本质应包括改善人类生活质量，提高人类健康水平，创造一个保障人们平等、自由、教育、人权和免受暴力的社会环境。这就是说，在人类可持续发展系统中，经济可持续是基础，生态可持续是条件，社会可持续才是目的。人类应该共同追求的是以人为本位的自然—经济—社会复合系统的持续、稳定、健康发展。

三、可持续发展的能力建设

可持续发展的能力建设是可持续发展的具体目标得以实现的必要保证，即一个国家的可持续发展在很大程度上依赖于这个国家的政府和人民通过技术的、观念的、体制的因素表现出来的能力。具体地说，可持续发展的能力建设包括决策、管理、法制、政策、科技、教育、人力资源、公众参与等内容。

1. 可持续发展的管理体系

实现可持续发展需要有一个非常有效的管理体系。历史与现实表明，环境与发展不协调的许多问题是由于决策与管理的不当造成的。因此，提高决策与管理能力就构成了可持续发展能力建设的重要内容。可持续发展管理体系要求培养高素质的决策人员与管理人员，综合运用规划、法制、行政、经济等手段，建立和完善可持续发展的组织结构，形成综合决策与协调管理的机制。

2. 可持续发展的法制体系

与可持续发展有关的立法是可持续发展战略具体化、法制化的途径，与可持续发展有关的立法的实施是可持续发展战略付诸实施的重要保障。因此，建立可持续发展的法制体系是可持续发展能力建设的重要方面。可持续发展要求通过法制体系的建立与实施，实现自然资源的合理利用，使生态破坏与环境污染得到控制，保障经济、社会、生态的可持续发展。

3. 可持续发展的科技系统

科学技术是可持续发展的主要基础之一。没有较高水平的科学技术支持，可持续发展的目标就不能实现。科学技术对可持续发展的作用是多方面的。它可以有效地为可持续发展的决策提供依据与手段，促进可持续发展管理水平的提高，加深人类对人与自然关系的理解，扩大自然资源的可供给范围，提高资源利用效率和经济效益，提供保护生态环境和控制环境污染的有效手段。

4. 可持续发展的教育系统

可持续发展要求人们有较高的知识水平，明白人的活动对自然和社会的长远影响与后果，要求人们有较高的道德水平，认识到自己对子孙后代的崇高责任，自觉地为人类社会的长远利益而牺牲一些眼前利益和局部利益。这就需要在可持续发展的能力建设中大力发展符合可持续发展精神的教育事业。可持续发展的教育体系应该不仅使人们获得可持续发展的科学知识，也使人们具备可持续发展的道德水平。这种教育既包括学校教育这种主要形式，也包括广泛的潜移默化的社会教育。

5. 可持续发展的公众参与

公众参与是实现可持续发展的必要保证，因此也是可持续发展能力建设的主要方面。这是因为可持续发展的目标和行动，必须依靠社会公众和社会团体最大限度的认同、支持和参与。公众、团体和组织的参与方式和参与程度，将决定可持续发展目标实现的进程。公众对可持续发展的参与应该是全面的。公众和社会团体不但要参与有关环境与发展的决策，特别是那些可能影响他们生活和工作的决策，而且更要参与对决策执行过程的监督。

第二节 企业可持续发展概述

一、企业可持续发展的内涵

（一）企业可持续发展的意义

可持续发展思想和理论对企业的发展思想和理论有重要影响，把可持续发展思想和理论引入企业，便成为现代企业生存和发展的因素。在可持续发展时代，企业追求的目标由利润最大化转向企业的可持续发展。企业的可持续发展与宏观的可持续发展有着密切的相关性。企业的可持续发展主要研究内容和理论基础也应建立在广义的可持续发展的理论基础上。可持续发展思想，是指企业在追求自我生存和永续发展的过程中，既要考虑企业经营目标的实现和提高企业市场地位，又要保障企业在已领先的竞争领域和未来扩张的经营环境中保持持续的盈利增长和能力提高，保证企业在相当长的时间内长盛不衰。

企业可持续发展是指通过不断提高企业的持续发展能力和不断协调企业各个方面的关系，使企业对外部环境做出及时的反应，从而不但保证企业能够长盛不衰，而且不断提高企业的长期利润。

（二）企业可持续发展的含义

1. 企业可持续发展的可能性

有人认为企业是一个生物体，也像其他生物体一样有自己的寿命周期，企业的死亡是必然的。其实企业更像一个人工系统，它是按照人们的意志有目的地形成的人造物。企业的规模、组织形态、内部结构、功能和作用等都是一种人为的设计。这种人工系统不存在必然的死亡，即使死亡也是人为作用的结果。原因有两点：一是企业的这种人工系统的行为具有较强的目的性。它为了一定的目的而适应环境的变化，从而调整自身的形态，甚至当目的不能实现时，可以对系统进行改造。二是企业的人工系统对环境的自主选择性。生物体对环境的选择是一种自然选择，而人工系统可以根据自身的特点和实现的目的，自主选择有利于自身生存发展的环境。企业可持续发展是与"企业（生命）"密切相关的。"企业长寿"是企业可持续发展的目标和结果，企业可持续发展，包括可持续发展战略、途径、机制。

2. 企业可持续发展的内涵

（1）企业的可持续发展应该从一个较长的时间跨度来考察。主要原因如下：一是考虑企业寿命的延续；二是考虑企业需要一个较长的平稳发展时期，要承担多种责任。

（2）企业可持续发展的精神基础是持续学习。知识经济时代的到来和信息通信技术的发展使知识更新越来越快。未来真正成功的企业将是学习型企业。因此，企业必须通过坚持学习来提高自身的素质、建立自己的优势，持续学习是企业可持续发展的先决条件。

（3）企业可持续发展的途径是持续创新。如果说经济利益是企业的动力，那么可以说创新是企业的生命。通过不断创新使企业获得新生，推动企业可持续发展。

（4）企业可持续发展的内在表现是良好的成长机制，包括激励机制和约束机制等。员工是企业的稀缺资源，是企业核心能力的根本来源。有效的激励机制能激发员工发挥其内在潜力去实现企业目标，为企业创造更多价值。适度的制衡机制可以培养员工的企业精神和合作意识。

（5）企业可持续发展的外在表现是企业经济效益稳步增长，企业组织运行效率不断提高，企业规模不断扩大，企业在同行业中的地位保持不变或有所提高。只有这样，才能显示出企业处于持续发展状态。

（6）企业可持续发展是一个动态的概念，企业是一个有生命力的群体，它是不断变化、不断发展的。对持续发展的企业来说，在低谷之后，将进入新的持续发展阶段。

（7）企业可持续发展是一套关系全局的、长期的，关于企业现在与未来的发展思想和发展战略，想在未来取胜的企业必须接受可持续发展的挑战。

（8）企业可持续发展是对企业提出的最高战略目标。企业可持续发展是在对企业未来发展的环境分析和预测的基础上，对企业提出的最高目标。企业的一切目标都服从于这个战略目标和服务于这个战略目标。

阅读专栏 20-1　企业可持续发展与企业发展、企业增长的区别

在企业管理理论中，企业增长（Growth）、企业发展（Development）与企业可持续发展（Sustainable Development）是对企业变化过程的三种主要描述。

一般地讲，企业增长是指企业利润的增长。在新古典经济学中，企业被定义为追求利润最大化目标的生产函数，利润最大化本身就是一个增长概念。按新古典经济学的观点，企业的一切经济活动只有最终表现为利润的增长才是有意义的，如企业产值的增长、资产规模的增长、销售收入的增长、市场占有率的增长，等等，它们本身不过是实现利润增长的途径和手段，只有它们能为企业利润的增长或避免企业利润的减少做出贡献时，才具有价值。

企业发展是指企业盈利能力、配置资源的能力（包括配置质量与规模）或竞争力的增强，主要表现为企业素质、活力或效率的提升。比如，如果企业资产规模增长的同时，资产结构和资产质量得到了改善，企业盈利能力也相应地增强了，就认为企业得到了发展。人们通常认为企业生产规模扩大了，产值增加了，就是企业发展了，这实际上是一种粗浅的理解。企业发展的标志是企业素质、活力和能力的增强，否则，任何规模的扩大都是没有意义的。

在相关文献中，企业成长也是一个使用频率极高的词语，企业成长强调的是过程，是企业从产生到衰退乃至死亡的整个过程。在西方企业成长理论中，成长大多数是与生产率、最优规模、竞争力、能力等联系在一起的，伊迪丝·彭罗斯 1959 年发表的《企业成长论》以经营资源及其结合方式的变化为主线，兼顾企业制度和经营管理两个方面。企业成长的本意还是增长，无论是质态，还是量态，成长都不能反映企业发展。

企业可持续发展是一种动态的，兼顾社会、资源、环境的发展，主要是通过企业的创新、企业应变能力的增强等使企业内各个因素之间、企业与外部环境因素之间相互协调起来，以迅速适应环境的变化，使企业持续性地获得发展能力和空间。

企业可持续发展是在研究企业成长和企业发展的理论基础上，从宏观和微观相结合、企业发展的过程和目的相结合的角度确定企业如何不断地实现继起和永续的发展。企业可持续发展更强调长远和未来的目标的实现，以此更具有目标的战略性、发展的持续性、环境的适应性、竞争的优势性等自身特征。

企业增长、企业发展和企业可持续发展的内涵具有本质的不同。企业发展相对于企业增长来说，它更多地表现为企业的质和量的变化。企业增长是企业发展的基础。企业可持续发展相对于企业发展来说，它不但强调企业要发展，而且更强调发展的持续性与协调性，以及对后续的促进作用与对社会、资源、环境的关注程度。在这里企业的可持续性又不同于连续性，它是指后续发展性，并不关心质和量之间变化幅度的大小。而连续性主要指事物发展过程的渐进性，是指事物的质没有发生变化下的事物量的增减。企业可持续发展是发展的动态性、长远性和协调性的结合，表现为企业在发展过程中为了保持自身的竞争优势，寻求最优的发展途径，充分合理地利用外部环境和企业内部资源，使企业不断发展而实现企业的长远战略目标的过程。

阅读专栏 20-2　企业可持续发展理论

一、系统结构理论

企业也是由多个成分组合而成的系统，因此企业系统具有一般系统的共同特征：综合性、系统性和动态性。而且企业系统还有自己的特性——人为作用。企业系统和人一样也是在健康和病态既互相对立又互相转化的过程中完成其系统功能的。企业系统内各个要素之间、各子系统之间以及企业与外部环境之间的协调程度，决定了企业的发展和衰退。当协调关系很好时，企业系统对环境的适应能力和自身获利能力增强，企业持续发展能力就强，企业就会不断提高、不断向前发展。企业是一个开放系统，其生存和发展对外部环境具有很大的依赖性。企业外部环境对企业生存发展有很大的影响。

企业系统的功能作用和结构调整决定了企业能否持续发展。企业系统具有很强的自我调节功能。当企业环境发生变化时，企业的正反馈调节使企业趋于稳定，在允许范围内发生量的变化，企业的负反馈调节使企业偏离已有的状态，系统活动失衡，企业系统发生质变。

二、企业生命周期理论

企业生命周期理论是 20 世纪 90 年代以来国际上流行的一种管理理论，它以研究企业发展阶段模型为核心内容。这种理论的核心观点是：企业像生物有机体一样也有一个从生到死、由盛到衰的过程。许多学者从不同视角对企业生命周期理论进行了考察和研究，得出了一些富有启发意义的结论。企业生命周期是企业发展与成长的动态轨迹，包括发展、成长、成熟、衰退几个阶段。企业生命周期理论的研究目的就在于，试图为处于不同生命周期阶段的企业找到能够与其特点相适应并能不断促进其发展延续的特定组织结构形式，使得企业可以从内部管理方面找到一个相对较优的模式来保持企业的发展能力，在每个生命周期阶段内充分发挥特色优势，进而延长企业的生命周期，帮助企业实现自身的可持续发展。

三、创新管理理论

创新和管理是企业发展的永恒话题。一方面，管理科学本身是一部管理学说的"创新说"。另一方面，创新型管理是现代企业的灵魂，主宰着现代企业的生命周期。"创新"一词起源于拉丁语，意思就是更新、制造新事物或改变事物的现状。现代经济学对创新的一般定义是企业家向经济中引入能给社会或消费者带来价格追加的新东西。自约瑟夫·熊彼特的《经济发展理论》出版以来，创新的概念和思想就被纳入了经济发展理论之中。随着其理论的日臻完善，创新已成为企业未来发展的核心问题。企业创新主要包括企业制度创新、技术创新和管理创新。管理创新既是企业家对于自我价值、收入报酬、社会责任、企业责任的能动追求，又是企业家对于技术、市场、产品、人的偏好、时间等要素的权变"组合"。这种组合既对整个企业创新过程各要素进行整体组合，又深入创新过程的细节中去，并保证各个环节的有效连接。创新使企业获得了新生命，使企业持续发展成为可能。创新是企业持续发展的强大动力，它是一个将资源从低效率使用转向高效率使用的过程。它不但能使企业赢得竞争优势，而且还能为企业不断保持这种优势提供保证。世界上一些"长寿公司"的成功经验都证明了创新在企业中的重要地位。

四、企业核心能力理论

企业核心能力理论是 21 世纪企业可持续发展理论中最重要的理论，也是现代企业持续发展的主流理论。

企业核心能力的概念是 1990 年美国密西根大学商学院教授普拉哈拉德

（C. K. Prahalad）和伦敦商学院教授加里·哈默尔（Gary Hamel）在其合著的发表在1990 年 5~6 月的《哈佛商业评论》（*Harvard Business Review*）上的《公司核心竞争力》（*The Core Competence of the Corporation*）一文中首先提出的。他们对核心竞争力的定义是：在一个组织内部经过整合了的知识和技能，尤其是关于怎样协调多种生产技能和整合不同技术的知识和技能。从与产品或服务的关系角度来看，核心竞争力实际上是隐含在公司核心产品或服务里面的知识和技能，或者知识和技能的集合体。

企业核心能力的内容包括：

（1）企业的人力资本。这里讲的人力资本不是一两个对企业有用的人，而是团队，一个有着共同理念和价值观的团队。这样的团队所掌握的知识和技能对企业长期发展所起的作用是毋庸置疑的，关键是要设计一种将人力资本与企业有机结合的机制。

（2）企业的核心技术。企业能否做到可持续发展，关键在于是否拥有自主知识产权的专有技术、专利产品，拥有自己的核心技术是企业获得核心竞争力的必要条件。核心技术包括虽然公开但受法律保护的专利技术以及一系列技术秘密。

（3）企业形象。企业形象是企业内外对企业的整体感觉、印象和认知，也就是企业在长期的生产经营活动中给公众留下的印象。良好的企业形象就是企业对消费者的一种承诺，是企业获得核心竞争力甚至生存的根本和生命线。

（4）营销网络和营销技术。营销网络，是促使商品或服务顺利地被使用或消费的一整套相互依存的组织。营销技术是企业通过高效的产品、价格、促销和营销渠道整合向顾客提供满足其需要的商品和服务。企业竞争的关键是市场的竞争，拥有可靠的营销网络和营销技术，是企业增强其核心竞争力的保证。

（5）创新能力。企业创新能力是指通过各种方法手段，应用知识和人的智力，使企业满足或创造市场需求，增强企业竞争实力的能力，包括发现问题、分析问题、发现矛盾、提出假设、论证假设解决问题以及在解决问题过程中进一步发现新问题从而不断推动事物发展变化等。增强创新能力也是提升企业市场竞争力和抗风险能力的重要支撑。

（6）管理能力。管理能力从根本上说就是提高组织效率的能力。管理能力是企业竞争力的核心内容，包括企业信息获得能力、推理能力、决策能力和迅速执行决策的能力。提高管理能力，有利于企业更有效地利用其资产，扩大经营范围，提高市场占有率。

（7）企业文化。企业文化是指企业在长期生产经营实践中逐步形成的为全体员工所认同、遵守，带有本企业特色的价值观念、经营准则、经营作风、企业精神、道德规范、发展目标的总和。企业文化的核心是价值观，表现形式为企业的凝聚力，员工对企业的忠诚度、责任感、自豪感、精神面貌和职业化行为规范。良好、健康的企业文化能够提高效率，增加产品的价值，从而增强企业竞争力。

根据麦肯锡咨询公司的观点，所谓企业核心能力，是指企业内部一系列互补的技能和知识的结合，由洞察预见能力和前线执行能力构成，它能使一项或多项业务达到竞争领域一流水平。企业的核心能力是企业持续发展的保证。无论技术和市场环境发生什么变化，企业作为一个整体都能快速调整和适应，并开发出客户需要但市场上尚未出现的产品和服务。企业的核心能力还体现在最高管理层的水平和经营理念上，它要求企业最高决策层具有准确预见技术和市场走向的能力。

五、学习型组织理论

以前企业竞争是围绕自然资源的开发和利用展开的，现在已经进入了知识经济时代，知识经济时代企业之间的竞争已经不是产品、市场的竞争，而是智力和知识的竞争，也是获取知识能力——学习能力的竞争。未来存活的企业将是充分发挥员工（包括企业领导）的知识和智力取得竞争优势的企业。在研究企业持续发展理论时，对学习型组织理论进行研究是非常必要的。

阿尔夫·钱德尔在《经营未来》一书中全面分析了未来成功组织的经营理念和管理模式。1990年，麻省理工学院斯隆管理学院彼得·圣吉（Peter Senge）出版了《第五项修炼——学习型组织的艺术与实务》一书，激起了对学习型组织研究的热潮。继彼得·圣吉之后，派得乐（Pedler）于1991年、加尔文（Garvin）于1993年、马恰德（Marquadt）于1996年分别对学习型组织进行了研究。彼得·圣吉认为，在学习型组织中，大家得以不断突破自己的能力上限，创造真心向往的结果，培养全新、前瞻而开阔的思考方式，全力实现共同的抱负，以及一起不断学习。马恰德（Marquadt）认为：系统地看，学习型组织是能够有力地进行集体学习，不断改善自身收集、管理与运用知识的能力，以获得成功的一种组织。虽然至今仍未对学习型组织进行统一的定义，但学习型组织的思想是21世纪企业的主导思想。

从某种意义上说，企业组织本身就是一个知识体，它不断地吸收知识，转化并产出新知识。企业处理知识的能力决定了企业的竞争能力。企业的成长过程也是一个持续的学习过程。彼得·圣吉曾认为，真正有生命力的企业是那些善于学习的企业。学习型组织，不仅是企业未来发展的方向，而且对正处在历史十字路口的广大企业来说，更具有深远的现实意义。学习型组织的作用对企业来说表现在两个方面。

从企业内部看，充分发挥每一位员工的积极性、创造性和潜能将是企业获得生存与发展的基本前提。彼得·圣吉认为，学习型组织的真谛在于使组织成员逐渐在心灵上潜移默化，而活出了生命的意义。他指出：只有在学习型组织中，员工和组织才会真正共同发展、共同进步。

从企业外部环境看，顾客需要对外部环境的快速变化及时做出反应。全球经济一体化步伐加快，企业分崩离析、连横合纵，竞争日益激烈，技术进步一日千里，社会变化日新月异，新技术大量涌现等一系列问题决定了企业要想保持竞争优势，必须具备越来越强的应变能力，企业各个部门必须紧密协调、配合无间，企业组织必须对环境的变化做出快速的反应。

二、企业可持续发展的维度

（一）经济可持续性

经济可持续性对于企业来说非常重要，因为它是决定企业能否生存下去的先决条件。经济可持续性的衡量标准主要是企业的财务绩效。企业的经济可持续性应该综合考虑能够导致经济提升的行为，而不仅仅是财务成果，实现经济增长或提升长期竞争力的最好方式是创造价值。

企业可以通过生产的商品和服务创造价值，尤其是通过提高商品和服务的有效性和效率来增加企业价值。一是经济可持续性可以通过降低运营成本来最大化创造价值，还可以创造收入来提升价值，通过与利益相关者之间进行积极合作等增加企业价值的手段，为利益相关者创造价值，从而实现长期的经济成功。二是创新商品和服务，通过生产满足顾客需求的新商品或服务来创造价值。三是不断创造新的竞争优势，随着自然环境变得越来越重要，绿色技术成为企业获得经济成功和竞争优势的重要工具。四是企业应加强管理，不断改善其运营流程，以使其商品或服务变得更加与众不同。

（二）社会可持续性

社会可持续性是指以减少社会不平等和分裂，提高生活质量并加强与各利益相关方关系的方式来经营与管理企业，旨在积极影响与利益相关者之间所有当前和未来的关系，以确保利益相关者对企业的忠诚度。企业通过承担更广泛的责任来实践社会可持续性，以更好地满足利益相关者的需求；同时，妥善安排和处理企业与客户、企业与员工之间的关系，是企业实现可持续发展的基础。

（三）环境可持续性

环境可持续性是指企业努力管理其经营活动，使得最终产品对环境（包括土地、空气和水等）造成的危害降到最低。企业提升环境可持续性的核心是在生态系统的承载能力范围内进行生产经营活动，尽可能减少环境污染，以实现最小化资源消耗和维护企业与生态之间的平衡。企业需要确定能够提升环境可持续性的正确途径，一个健全的环境可持续性实践应该包括减少污染，降低生产成本，遵守法律法规，确保资金安全等。

三、企业可持续发展战略的实施

企业实施可持续发展战略是一项复杂的系统工程，涉及产品的研究开发、设计、生产制造、销售、使用、报废处理、再生利用等整个产品生命周期，包括经营战略制定、市场研究、原材料、零部件供应以及组织管理等各个方面。所有这些都必须建立在企业的组织机构、人力资源管理、企业管理制度和企业文化创新的基础上。

概括起来，企业实施可持续发展战略可以归纳为战略制定、员工理念、管理策略、产品与包装设计、生产管理、供应商管理、营销管理、社区与公众管理八个方面。

（一）战略制定

对企业来说，将可持续发展意识纳入企业发展战略和管理过程中，并没有什么固定的成功模式，它取决于企业的实际状况、技术开发能力、长期投资水平、生产产品和市场动态等因素。实际上，每个企业都存在企业介入可持续发展战略的实施并获得价值的特定途径。图20-1是一个将企业可持续发展纳入企业发展战略的思考过程导图。

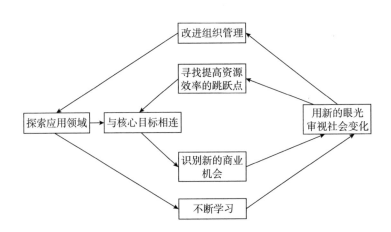

图 20-1　将企业可持续发展纳入企业发展战略导图

该导图告诉我们，首先要寻找将可持续发展思想和企业发展战略连接的具体应用领域和结合点。具体做法可以是举办专门的企业高层管理人员研讨班，对相关人员进行培训，启发他们对企业发展前景的展望，引导他们在讨论企业发展战略的过程中考虑可持续发展要素。

（二）员工理念

1. 文化

（1）创造一种鼓励雇员怀疑现状并敢于承担风险的氛围。

（2）创造一种鼓励终身学习的环境。

（3）让全体雇员的创造力均能得到发挥。

2．理解

（1）以公司持续发展的视野引导全体雇员。

（2）引导全体雇员学习环境的基本原理和自然系统的活动方式。

（3）为雇员建立掌握最佳实践知识的机制。

（4）引进专家，严格要求和管理雇员。

（5）创办业务通讯，报道可持续发展项目和挑战，包括发表公司非特有信息。

（6）用经验型的学习方法解释复杂的概念。

（7）举办研讨班，解释回收利用项目中应该做和不应该做的原因。

3．参与

（1）要求雇员为改善工作对环境的影响做出努力。

（2）征询雇员有关公司采用的更简洁、更廉价材料的意见，以便改善其工作条件，提高生产力。

（3）让雇员参与决策与其相关的事情。

（4）坚持倾听雇员发表的与其相关的意见。

（5）尊重全体雇员的知识和智慧。

（6）成立工作小组，减少工作区的废弃物。

（三）管理策略

1．公司策略

（1）成立为长期环境策略承担责任的高层管理班子。

（2）制定公司和部门有关持续发展目标的决议。

（3）聘请义务人员担任地区环境协调员。

（4）通过第三方评估，获得环境管理系统的证书，如 ISO14001 或 BS7750。

2．建立一套环境管理等方面的管理程序

（1）建立明确的公司价值、目标、决策和反应机制。

（2）为了适应持续发展的社会，对产品和提供的服务进行评价。

3．计量与统计

（1）用物理单位和货币单位计量所有流动的材料和能源。

（2）建立管理部门使用的"全成本会计"系统。

（3）审计管理系统和废弃物处理实践。

（4）按每单位产出计量流动的材料和能源，以适应生产水平的变化，建立内部"绿色税收"，从全成本角度凸显出利润最大的企业。

4．刺激方案

（1）奖励最佳持续发展项目的个人或团队。

（2）对取得明显进展的环境目标项目予以经济奖励。

（3）在实现持续发展的目标过程中，及时发现优秀的业绩和进展。

5. 保持积极性

（1）制定恰当的目标，坚持对取得成绩的个人或团队予以鼓励。

（2）寓学习于游戏的过程中。

（3）培养竞争和自尊意识。

（4）引进高学历实习生，以新的视野对一些特殊项目进行研究。

（四）产品与包装设计

（1）废除使用化学危险品。

（2）重新设计产品，尽量少地消耗能量和使用辅助原料。

（3）设计使用期更长的产品，使产品更耐用。

（4）部分零件损坏时可将其替换或选择性替换。

（5）用便于分离的零件，或仅用一种材料开发产品，方便回收利用。

（6）审慎地考虑整个产品使用周期，包括回收利用和如何改制成其他有用的产品。

（7）用生产进程中的原料制成可重新使用的包装品。

（8）设计回收简便的包装品。

（9）设计安全的或可生物降解的包装品，防止其不慎释放到环境中去。

（五）生产管理

1. 能源管理

（1）从熔炉、空气压缩机和锅炉中回收废热。

（2）系统地检查所有的电气马达系统，尽量减小设备的马力，最大限度地提高马达的效力。

（3）设计使用大管道、小马达的泵系统。

（4）工厂布置时应考虑最短的原料输送距离。

（5）加强研究产品生产工艺，降低工艺对温度的要求。

（6）最大限度地减少原料加热和（或）冷却的次数。

（7）安装多个小型马达，而不是使用一个大型马达，对不同数量、等级的材料进行加工。

（8）设计适合于预期操作条件的系统，而不是使用最大生产力的设计。

（9）仔细计划工厂的物流和能源峰值，使其达到最高效率。

（10）使用计算机模拟技术，最大限度地减少能源的使用。

（11）在所有的加工部位安装次级电表，对效率进行连续的监测。

（12）安装自动开关，以便在不工作时关闭设备。

2. 原料与工艺管理

（1）确立零废弃物思想；加强工艺设计，达到无废弃物产生的目标。

（2）确立零次品思想；绝大多数有缺陷的原料会成为废弃物。

（3）消除所有的大烟囱、废水管和危险废弃物。

（4）履行高效的计划和审慎安排的工作方法，最大限度地减少废弃物。

（5）加强与其他公司的联系，一些公司的废弃物有可能成为其他公司需要的加工原料。

（6）仔细地分离废弃物，以便回收利用。

（7）开发能利用内部废料的生产工艺。

（8）开发快速停止技术，最大限度地减少质量差的生产工艺产生废弃物，尽量对上游工序的质量问题进行纠正，严格测量所有的物流，监测原料的利用效率。

（六）供应商管理

（1）与供应商分享公司持续发展的目标和内部的结构组成。

（2）让供应商参与教育活动，了解更多的持续发展知识。

（3）与所有的供应商共享公司的订购政策。

（4）向供应商施加压力，促使他们学习持续发展的工作方式，并且在工作中采用这种方式。

（5）促使供应商回收包装品，或不与产品一道发货。

（6）购买服务项目，而不是购买产品。

（7）鼓励供应商用自己的方法减少他们开发和提供的物品对环境的影响。

（8）鼓励供应商开发和提供对环境影响较小的产品。

（9）了解公司的环境政策信息以及从供应商购买的特定产品的信息。

（10）在分析对环境的影响时，应包括供应商生产该批原材料所使用的废料和能源。

（11）制定"持续购买"政策，在可能的情况下，阐明公司关于特定项目的目标。

（12）向采购人员提供回收利用产品或对环境良好产品的清单，供其传阅。

（13）制定具体的操作执行原则。

（14）加强培训，使采购人员了解可能出现的问题。

（15）组建一个旨在发现合适产品的内部采购人员队伍。

（16）研究对环境负责的、修复已使用的产品的方法。

（17）定期出版过剩物资清单，供其他办公室了解情况，便于调剂。

（18）履行高效的计划和审慎安排的工作方法，最大限度地减少废弃物。

（七）营销管理

1. 顾客

（1）真实地提供本公司及其产品对环境所造成的影响的信息。

（2）邀请顾客对自己的工作进行评价。

（3）与顾客分享对环境问题和自然系统的理解。

2. 营销

（1）承诺产品使用期结束时回收该产品。

（2）将产品的服务部件如加热、灯光等出租，而不是完全销售产品。

（3）注意外部宣传和策略，避免信息闭塞。

3. 产品运输

（1）尽可能使用铁路运输。

（2）降低产品重量，以减少运输途中的能量消耗。

（3）尽量使用当地生产的产品。

（4）联络运输合作伙伴，这样可以装载其他公司的产品，最大限度地利用货车的装载量。

（5）尽量将设施安装在主要的市场的中心附近，从而缩短运输距离。

（八）社区与公众管理

1. 环境组织与政府项目

（1）与那些拥有相同的所关心的问题和公司宗旨的环境组织合作。

（2）拨出部分利润进行环境研究。

（3）与环境保护署一起参与政府的义务项目活动。

2. 网络

（1）加强与具有类似目标的公司的联系；共享其思路。

（2）与当地大学合作，掌握最新的环境技术和理论进展。

（3）与大学合作开展研究项目。

（4）与全球的专家进行交流。

（5）在本公司范围外寻找成功的实践和好的思路。

（6）与他人共享成就，并通过他们推广成功的实践。

（7）在时间和资源上支持那些承担环境进步或持续发展工作的组织。

3. 公众

（1）开发面向公众的透明的审计机制。

（2）发布公开文告，向公众披露支持持续发展的原则。

（3）举办社区论坛，讨论当地的环境问题。

（4）筛选社区项目，并在时间和经费上予以支持。

（5）向本地学校的孩子开放设施，供他们学习有关持续发展和就业机会方面的知识。

推荐阅读

1. 帅萍. 可持续发展企业［M］. 北京：北京大学出版社，2013.

2. 曾忆旻. 技术创新、内部控制与企业可持续发展［D］. 上海：东华大学，2023.

思考题

1. 可持续发展的含义有哪些，主要内容包括哪些？

2. 可持续发展的能力建设有哪些方面？

3. 企业可持续发展的内涵有哪些，企业可持续发展的维度包括哪些？

4. 企业可持续发展管理体系有哪些方面？

第二十一章　企业战略管理

学习目标

1. 掌握企业战略的内涵、构成要素和特征。

2. 熟悉企业战略的层次和类型。

3. 掌握企业战略管理的内涵。

4. 掌握企业战略分析的企业内外要素。

5. 掌握企业战略制定的程序与方法。

6. 掌握企业战略实施的阶段划分和推进措施。

7. 掌握企业战略变革的路径与措施。

8. 掌握如何实施企业战略创新。

第一节　企业战略概述

一、企业战略的定义

企业战略是企业基于内部条件与外部环境的分析与判断，为实现企业使命与目标而进行的竞争性、全局性的规划与设计，是企业如何持续性发展并取得成功的方向性、根本性行动指南或行动方案。

二、企业战略的内涵

明确企业战略的内涵就是要回答三个问题：企业要做什么？做到什么程度？怎样做？

1. 要做什么

"做什么"需要回答的问题是如何给企业的业务定位，即企业应该进入什么产业或行业、经营什么产品或服务等。企业战略要回答这个问题，需要把握四个因素：

（1）企业"想"做什么。企业"想"做什么来自于企业决策者的主观愿望。主观愿望中起决定作用的是企业决策者的价值观、兴趣、爱好和专长等。

（2）企业"可"做什么。企业"可"做什么受制于社会经济现实中的科学、技术、经济、人才、物质、设备等客观物质条件。在社会经济现实中还不具备生产某种产品或开展某项服务的客观条件时，企业就难以把这种产品产生出来或难以开展这种服务业务。

（3）企业"能"做什么。企业"能"做什么取决于企业的"自身条件"，即企业具备的"自身能力条件"必须和生产某种产品或提供某种服务所具有的社会经济的"客观物质条件"相匹配。如果企业自身条件不匹配，企业也不能盲目生产或经营。

（4）企业"值得"做什么。企业在决定"做什么"时，在考虑了"想什么""可做什么""能做什么"后，还必须重点考虑"值得做什么"，也就是重点考虑"做什么"对企业自身发展前景的意义和实现的市场空间容量有多大。如果对发展前景有意义，但市场空间非常拥挤，即产业或行业竞争多且竞争激烈，就必须考虑是否"值得"做，如果值得做，就必须在战略上重点考虑策划值得做的谋略。

2. 做到什么程度

"做到什么程度"就是为企业确定奋斗目标。从战略上考虑，奋斗目标包括以下五个方面：

（1）品牌目标：是做行业的"领导者"还是"追随者"？

（2）区域目标：是在国内发展还是在国际发展？

（3）周期目标：目标实现的周期有多长？接续发展周期目标是什么？

（4）经济技术目标：营业收入、利润、技术开发、产品发展等目标。

（5）可持续发展目标：区域发展贡献，如增加就业、促进和谐、节能降耗、保护环境等。

3. 怎样做

"怎样做"就是确定实现奋斗目标的战略途径。这里提出"怎样做"的十大战略途径问题：

（1）如何驾驭企业成长及其矛盾？

（2）如何选择和进入产业及其时机把握？

（3）如何建立企业的运作和指挥系统？

（4）如何建立企业（公司）治理结构和权力平衡体系？

（5）如何构建企业的盈利模式？

（6）如何构建企业的资源体系？

（7）如何构建企业的金融与资本体系？

（8）如何构建企业战略联盟？

（9）如何实施企业危机管理？

（10）如何建立企业的核心竞争力？

三、企业战略的构成要素

企业战略主要由下列要素构成：

1. 战略思想

战略思想亦称战略指导思想，是指导战略规划的制定和实施的基本思路与观念，是整个战略谋划的灵魂。

企业战略指导思想的内容可概括为如下几点：

（1）满足市场需要的思想。市场需要是企业存在和发展的前提条件，是企业的生命所在。企业必须以满足顾客需要和为顾客提供最大利益服务为宗旨，求得自身的发展，必须在更大的市场广度上来考虑顾客的需要。

（2）系统化思想。这是由企业战略谋划的全局性特征决定的，用系统论的观点来研究企业，就要着眼于全局性的发展规律和方向，树立整体观念、动态平衡观念和协调观念，把企业的各个方面有机地联系起来。

（3）未来思想。企业发展必须着眼于未来，这也是由战略的长远性特征决定的。战略为企业的未来发展指明方向，因而企业采取任何可能行动都要考虑对长期发展是否有利，不能只看到眼前的蝇头小利而导致短命。

（4）竞争对抗思想。在激烈竞争的市场经济中，优胜劣汰。企业要想立于不败之地，就要不断寻求、解决事关企业存亡和长远发展的关键性问题，创造出超越竞争对手的相对优势。

（5）全员思想。战略就是明确有关企业发展的总目标，确定行动的总方针，必须调动自上而下的所有人力、物力、财力，才能保证战略方针的贯彻和战略行动的落实。

2. 战略目标

战略目标是对企业战略活动预期取得的主要成果的期望值。战略目标的设定，同时也是企业宗旨的展开和具体化，是企业宗旨中确认的企业经营目的、社会使命的进一步阐明和界定，也是企业在既定的战略经营领域展开战略经营活动所要达到的水平的具体规定。一般包括以下方面的目标[①]：

---

① 彼得·德鲁克. 管理的实践［M］. 北京：机械工业出版社，2006.

①市场方面的目标。应表明本公司希望达到的市场占有率或在竞争中达到的地位。

②技术改进和发展方面的目标。对改进和发展新产品、提供新型服务内容的认知及措施。

③提高生产力方面的目标。有效地衡量原材料的利用，最大限度地提高产品的数量和质量。

④物质和金融资源方面的目标。获得物质和金融资源的渠道及其有效利用。

⑤利润方面的目标。用一个或几个经济目标表明希望达到的利润率。

⑥人力资源方面的目标。人力资源的获得、培训和发展，管理人员的培养及其个人才能的发挥。

⑦职工积极性发挥方面的目标。对职工实施激励、报酬等措施。

⑧社会责任方面的目标。注意公司对社会产生的影响。

3. 战略环境

企业战略环境是指对企业战略可能产生重大影响的外部环境因素。环境是适应性因素，环境的变化不仅要求其与环境相适应，同时也会引起关键资源和竞争能力的变化。企业战略环境包括政治经济环境、技术环境、行业市场环境等，是指对当前企业经营与前途具有战略性影响的变量，它包括外部战略环境和内部战略环境。企业外部战略环境又包括宏观环境、微观环境。

4. 战略对策

战略对策是根据战略目标制定的，用来指导企业在战略期内合理分配资源、有效达到目标的一整套手段的总称。它包括从属于企业战略的企业生产经营活动的各种方针、策略和措施等。战略对策要做到有针对性和可操作性强，真正落到实处。

战略对策具有以下四个特性：

①预见性。预见性是指战略对策通过预测，对未来事件提出解决的方法。

②针对性。战略对策必须针对实现战略指导思想和战略目标。

③多重性。作为战略对策，它不是单一的，而是一整套的。

④灵活性。灵活性是指战略对策没有一个固定的程式，必须根据具体情况，从多种对策中选择一种或几种有效的方法，具有可变性。

战略对策一般涉及以下三个方面内容：

①战略重点。战略重点是指那些事关战略目标能否实现的重大而又薄弱的项目或部门。

②战略阶段。战略阶段是为实现战略目标，在整个战略实施期间根据特定的战略任务所明确的时间段。

③战略措施。战略措施是为实现战略目标，创造优势和竞争的主动地位而采取的具体制胜方式和方法，其中包括战略实施期间各种重要事件的短期决策。

四、企业战略的特征

从企业战略的含义出发，可以对企业战略的基本特征总结如下：

1. 全局性

形象地说，企业战略就是企业的发展蓝图。从企业战略整体来说，并非要寻求一城一地的胜利，它对企业经营管理的所有方面都具有普遍的、全面的、权威的指导意义，特别追求企业的持续发展。企业战略关注的是如何达成企业整体目标的实现。因此，企业战略涉及企业使命与目标的整体规划，侧重的是如何通过各个层次、各个部门的整体性、系统性协调与合作，将企业可以调配的资源聚焦到企业整体目标的达成和整体利益的实现上，要通过协调部门局部利益与整体利益的关系，通过设计部分服从整体、局部服务全局的机制，最终实现企业整体性、全局性、系统性的战略目标。

2. 纲领性

纲领性是指企业战略所确定的战略目标和发展方向是一种原则性的规定，是对企业未来的一种设计。战略不在于精细，而在于洞察方向。尽管企业战略需要着眼未来、着眼长远，但实际情况是企业往往难以对充满不确定性的未来做出十分精准的分析与判断。为此，企业战略一般涉及的是概括性、方向性、原则性的规划与设计，无法像常规计划那样从财务数据、时间期限和预期成果方面做出十分精确的界定，只能对企业未来的发展给出方向性、概括性的界定，只能制定形成概括性、方向性的行动指南。企业战略是企业行动的指导纲领。

3. 长远性

长远性体现的是企业战略在时间层面的特征表现。企业战略谋划的是企业未来一段时期内的总体发展问题。战略管理者需要放长眼光，分析并判断未来社会及行业的发展趋势，摆脱企业现实运营中可能遇到的资源、能力的障碍与羁绊，妥善处理企业现实利益与长远利益之间的关系，深刻认识企业竞争优势积累与沉淀过程中可能需要付出的巨大资金与时间资源，战胜企业持续运营过程中可能出现的各种挑战，为企业的持续运营和长远发展做出科学有效的战略决策。

4. 竞争性

企业战略同军事战略一样，都是为了克敌制胜。竞争是企业永远无法回避、必须时时面对的核心挑战。竞争性也因此而成为企业战略的本质特征之一。企业战略必须要明确竞争对手和竞争目的，企业战略的核心是积聚竞争实力，获取竞争优势，并最终赢得激烈竞争状况下自身的发展机会与成长空间，使自己立于不败之地。

5. 风险性

企业战略既是企业参与竞争的谋略与策略，也是企业面对不确定性进行创新性探索与实践的行动指南。无论是竞争还是创新，均会为企业运营带来难以避免的风险考验。因此，企业战略具有明显的风险性特征。战略定生死，战略定成败。企业管理者需要具备清醒的意识，深刻认知企业战略的风险性和重要性，深刻理解企业所处的战略环境，系统思考，长远规划，科学有效地制定企业战略规划，如此才有可能领导企业突破现实条件的制约与局限，获得企业持久发展的机会与可能。

6. 创新性

所谓创新性，就是制定企业战略时，决不能模仿照搬别的企业的战略模式，而必须根据企业自身的环境和条件，勇于创新，善于创新，制定适合本企业的战略。战略创新，就是要追求战略的差异性和独特性，是企业战略管理者面临的战略思考的核心挑战。

五、企业战略的层次与类型

一般将公司战略分为三个层次：总体战略（Corporate Strategy）、业务单位战略或竞争战略（Business or Competitive Strategy）和职能战略（Operational Strategy）。图 21-1 概括了企业各战略层次所涉及的管理层次。

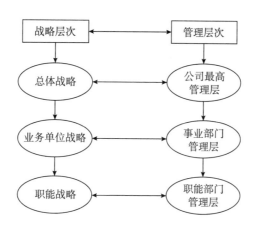

图 21-1 公司战略的结构层次

1. 总体战略

总体战略又称公司层战略。在大中型企业中，特别是经营多项业务的企业中，总体战略是企业最高层次的战略。它需要根据企业的目标，选择企业可以竞争的经营领域，合理配置企业经营所必需的资源，使各项经营业务相互支持、相互协调。

公司层战略常常涉及整个企业的财务结构和组织结构方面的问题。

2. 业务单位战略

公司的二级战略常常被称作业务单位战略或竞争战略。业务单位战略涉及各业务单位的主管以及辅助人员。这些主管人员的主要任务是将公司战略所包括的企业目标、发展方向和措施具体化，形成本业务单位具体的竞争与经营战略。业务单位战略要针对不断变化的外部环境，在各自的经营领域中有效竞争。为了保证企业的竞争优势，各经营单位要有效地控制资源的分配和使用。

对于一家单业务公司来说，总体战略和业务单位战略只有一个，即合二为一；只有对业务多元化的公司来说，总体战略和业务单位战略的区分才有意义。

3. 职能战略

职能战略又称职能层战略，主要涉及企业内各职能部门，如营销、财务、生产、研发、人力资源、信息技术等，研究如何更好地配置企业内部资源，为各级战略服务，并提高组织效率。

各职能部门的主要任务不同，关键变量也不同，即使在同一职能部门中，关键变量的重要性也因经营条件不同而有所变化，因而难以归纳出一般性的职能战略。

在职能战略中，协同作用具有非常重要的意义。这种协同作用首先体现在单个职能中各种活动的协调性与一致性，其次体现在各个不同职能战略和业务流程或活动之间的协调性与一致性。

三个层次的战略都是企业战略管理的重要组成部分，但侧重点和影响的范围有所不同。

阅读专栏 21-1　企业发展战略

企业发展战略就是一定时期内对企业发展方向、发展速度与质量、发展点及发展能力的重大选择、规划及策略，是一种企业在现有的基础水平上向更高一级的目标发展的战略，该种类型的战略引导企业不断地开发新产品，拓展服务领域，开拓新的市场，采用新的生产经营和管理方式，扩大企业产销规模，提高企业的竞争地位，增强企业的竞争优势，使企业得以持续发展。

企业发展战略有下面几种类型。

一、企业产品—市场战略

产品—市场战略是最基本的企业发展战略，其他发展战略都是在此基础上演变而形成的。这一战略可以用3×3矩阵来表达，如表21-1所示。

表21-1 产品—市场3×3矩阵

市场	原有产品	相关产品	全新产品
原有市场	市场渗透战略	产品发展战略	产品革新战略
相关市场	市场发展战略	多角化经营战略	产品发明战略
新兴市场	市场转移战略	生产创造战略	全方位创新战略

矩阵中的"相关市场"是指企业进入其他企业的目标市场；"相关产品"是指企业生产其他企业正在生产经营的产品。

二、企业一体化战略

"一体化"是指将独立的若干部分结合在一起成为一个整体。企业一体化是指企业通过资产纽带或契约的方式，与其业务输入端或输出端的企业联合或相同业务（或互补业务）的企业联合，把在生产过程中或市场上有联系的两个以上的、原本分散的企业联合起来，组成一个统一的经济组织。

一体化战略的基本形式有三种：纵向一体化（垂直一体化）战略、横向一体化（水平一体化）战略和混合一体化战略。

1. 纵向一体化战略

纵向一体化战略，亦称垂直一体化战略。根据一体化的方向，可分为后向一体化战略和前向一体化战略。根据一体化的程度，可以划分为全面一体化战略和部分一体化战略。

后向一体化战略，即企业与输入端的企业联合，就是企业经营范围扩展到原材料或零部件供应，它可以减少企业因依靠外部原材料供应而带来的不稳定性，同时也可以减少企业由于主要供应商利用市场机会提高价格而造成的脆弱性。企业在原材料数量和质量供应充分自我保障的情况下使自身稳定运行，对外界环境具有较强的适应性。

前向一体化战略，即企业与输出端的企业联合，就是企业经营范围扩展到产品销售，使生产与销售一体化，有利于市场信息准确、及时地开发，是企业能迅速了解消费者对产品设计、包装、质量、服务等多方面需求的信息，对产品设计、生产和营销策略进行调整，从而增强企业产品的市场适应性。

2. 横向一体化战略

横向一体化战略，亦称水平一体化战略，即企业通过购买、兼并等方式与同自己有竞争关系的企业联合，扩大经营规模，实现规模效应，降低成本，以获取竞争优势。

3. 混合一体化战略

混合一体化战略就是将上述两种一体化战略同时加以运用的一体化战略。主要应用者通常是一些特大型企业，对扩大企业规模有明显作用。

一体化战略的实现，通常有三种路径：一是靠内部发展壮大，通过扩大投资规模进入上下游领域；二是与其他企业实现契约式联合；三是通过并购其他企业。

企业一体化战略也有其自身的局限性：第一，非一体化的企业会因环境变化而削减采购量或转向其他供应商，而实现一体化战略的企业就缺乏机动性，可能会出现经营方向调整困难，扩大了经营风险，提高了退出壁垒；第二，垂直一体化企业内部生产各阶段会出现规模不匹配、协调工作量加大等问题；第三，管理幅度加大，有可能降低管理效率；第四，企业自制零部件或原材料需要投入大量资金，有可能需要对企业经营领域进行调整，增加企业的机会成本；第五，一体化战略的实施，不同企业之间由于企业文化的不同，会造成文化冲突，使管理协调成本增加，达不到一体化战略的预期目标。

三、企业集团化战略

企业集团是以一家实力雄厚的大型企业为核心，以产权为主要联结纽带，并以产品、技术、经济、契约等多种纽带，通过控股、企业合同或其他方式，使核心企业控制一系列从属企业，从而形成众多企业的结合体。在企业集团内部，核心企业也被称为控制企业，从属企业被称为被控制企业。

企业集团化是指企业以产权为纽带，优势产品为龙头，骨干企业为核心，将产品关联度强的众多企业，通过资产的合并、兼并、划转等途径，组成新的更大的企业群体，对现有存量资产进行重新配置，实现专业化生产、规模化经营，形成新的规模优势。

企业集团化战略是指企业采用母子公司结构体系，从事同一行业或多种行业的业务经营，以实现企业经营目标的一种战略，简而言之就是组建并运营企业集团。企业集团的母子公司一般都是独立的法人实体，母公司具有控股公司的性质，是子公司的股东，以投资者的身份对所属子公司进行参股或控股；母子公司之间以资产为纽带，实行资本运作，母公司可以不从事任何产业经营，通过投资或控股来控制子公司，以资本运作的方式将企业做大做强。

（一）企业实施集团化战略的主要动因

（1）形成规模经济。企业集团化可以在较短时间内以较小成本大规模聚集各类生产要素，扩大企业集团各组成企业的资金规模、生产规模及市场规模，从而提高集团内部各生产要素的效率，降低成员企业的生产成本，使企业集团及成员企业获得更多的竞争优势。

（2）降低交易成本。交易成本是指达成一笔交易所需花费的成本，也指买卖过程中所花费的全部时间和货币成本。企业集团化可将其各成员企业间原本应通过市场以价格机制为主的资源配置方式"内化"为企业内部以行政手段为主的资源配置方式，在一定的规模内达到降低交易成本的目的。

（3）发挥协同效应。协同效应可以使通过多种方式实现联合后的企业的总业绩高于它们单独运营时的绩效总和，即"1+1>2"。其根源在于各企业之间的相关性，相关性越强，联合后各企业间由核心技术的转移、共享及范围经济等因素带来的潜在利益越大。其一般体现在管理、经营、财务、市场、技术五个方面。

（4）分散经营风险。广义的经营风险包括金融风险、系统风险（市场风险、不可分散风险）以及非系统风险（非市场风险、可分散风险）。就多元化企业集团而言，系统风险反映的是整个市场的波动，其诱因在外部，企业本身无法控制，多元化无法消除；非系统风险由内部管理、劳资问题等特殊原因诱发，可通过多元化消除或分散。

（5）获得范围经济。就多种经营的企业而言，深入整合经营项目之间的共性，充分利用分销、研究与开发中心和服务中心等部门，就能大幅度节约成本和费用，获得范围经济，增强核心竞争力。

（二）企业实施集团化战略的企业成长

1. 组织机构扩展

实施集团化战略，最直接的就是实施组织机构扩展，包括创建新的业务单位和部门、兼并、合资与合作等方式。.

（1）创建新的业务单位和部门。这是一种内部的拓展，即在现有集团的范围内建立新的业务，如建立新的部门、子公司等。

（2）兼并。兼并是指对其他企业的收购或与其他企业合并，以达到减少竞争对手、获得被兼并企业资源、取得有利市场地位、便利资金融通等目的。

（3）合资。合资是指由双方或多方出资合办合资企业的一种资本联合方式。这种模式出资方式灵活，实现企业战略目标的灵活性大，可以达到节约成本、资源共享、分散风险等效果。

（4）合作。合作是企业之间的一种基于信任的长期的协作或交易关系，是一种无资本联结关系。它能够在不涉及资本承诺的前提下直接利用对方的现有资源，因此具有很强的灵活性，可以节约资本。合作企业一般属于企业集团的松散层。

2. 业务活动方向拓展

（1）企业集团通过沿着现有产品与劳务方向扩展业务活动，形成更大规模和更强市场支配能力，当这一过程涉及组织机构变动时即形成横向一体化。

（2）企业集团向现阶段之外的业务环节拓展，使某一完整业务活动的不同环节成为集团内部行为的过程，即纵向一体化。

3. 空间的扩展

企业集团的空间扩展方式，是指企业集团在空间上的扩张，具体又可分为当地市场扩展、外地市场扩展和向国外市场扩展。一般而言，本地市场是企业集团发展业务的首选。随着集团的发展壮大和本地市场潜力的充分发掘，就不得不去外地市场拓展业务，进而建立机构。一些实力雄厚的集团还会根据自身发展战略，去开展全球的供应、生产、销售等业务布局。

4. 资本筹集

这种方式主要包含了内部积累、银行贷款、直接融资和资本—产权运作这四条资本运作途径。

（1）内部积累。即将集团一部分利润作为其成长发展的资金来源。这种方式虽然具有较高的安全性，但由于利润增速较慢，数量有限，若单独使用，会延缓集团的成长速度。

（2）银行贷款。即通过向银行贷款直接获得扩展集团的资本。这种方式不仅在资本形成方面具有大型化、集中性、高效性和灵活性的特点，而且还有分散风险的作用。

（3）直接融资。即以向社会发行股票、债券等方式筹集资金。和银行融资一样，其在资本形成方面具有大型化、集中性、高效性和灵活性的特点。

（4）资本—产权运作。即以存量资本和银行贷款等其他可获得资本为基础，通过参股、控股、兼并等手段实现公司的扩展。资本运作一方面通过逐级控股，形成企业集团的架构；另一方面可以以小搏大，用较少资本取得对目标企业的控股权，实现企业集团的迅速扩展。

四、企业战略联盟

企业战略联盟就是企业与企业之间加强合作，形成一种协作性的竞争组织；合作各方在保持其生产经营独立性的基础上通过合作使企业之间的资源和核心能力实现互补，并使各自的优势和能力得到极致发挥，以强化各自的市场竞争优势。

战略联盟已成为许多企业发展的重要战略之一。

（一）企业实施战略联盟的主要动因

1. 促进技术创新

全球竞争已进入高科技竞争时期，企业都把竞争力建立在高科技基础之上。新技术的突破，往往带动新产品、新工艺、新材料的全面发展，并可以为企业开辟新的经营领域，使企业的效率和效益得到提高。但是企业技术创新的难度在加大，一方面，企业技术创新的速度在加快。速度已成为企业竞争的关键，企业必须在最短的时间内开发出新的产品和工艺，才能获得领先的利润；另一方面，技术创新需要的资本投入越来越大。由于技术创新的复杂性、速度性和开发费用投入大，单个企业的技术能力和资本实力无法承担，必须通过建立战略联盟来共同完成。

企业间通过建立战略联盟促进技术创新已成为一种新模式。特别是在航空、电子、信息、自动化、汽车等高科技产品领域更是如此。

2. 避免经营风险

在现代市场经济条件下，单个企业要想进入新的市场，不仅需要巨额的投资，还可能遇到许多意想不到的市场进入限制。因此，企业如果依赖于内部的增值链体系则要承受越来越大的经营风险，因为所有的新增值都要在最后产品的一次销售上得到实现，一旦受阻则全线陷入困境。除此之外，多元化经营作为企业发展的一种有效战略，新业务对某一个企业来说通常是一个陌生的领域，而且存在行业进入壁垒，需要承担相当大的市场风险。采用战略联盟，其价值实现是分段进行的，联盟实现了优势互补，从而拓展了经营范围，分散了经营风险；同时还能够以更为广泛的网络掌握更多的市场渠道，平抑市场风险。

当今国际化竞争变化迅速，许多因素的变化方向与变化速度都具有很大的不确定性，难以正确预期，对企业尤其是跨国公司形成了巨大的竞争压力。跨国公司则采用战略联盟建立其高度灵活的经营结构和组织结构，可以避免经营风险。

3. 避免过度竞争

过度竞争不仅会降低各自的盈利水平，而且往往会造成两败俱伤的结果。建立战略联盟，可以使企业共同维护有效的竞争秩序，减少用于竞争的高昂费用。战略联盟是一种合作竞争关系，并不否认竞争的存在，而是使竞争以新的形式在新的层次上展开，即各自发挥优势的竞争。比如，日本东芝公司与美国摩托罗拉公司为了巩固在半导体领域的竞争地位，通过签订一系列协议，建立其全面的分工与协作关系；日本松下电气产业公司与德国西门子公司达成协议，建立专门生产电子零部件的西门子—松下元器件公司，都是基于避免过度竞争的考虑。

建立战略联盟，可以促使联盟伙伴共同开拓新的市场，提高各自的市场销售额，从而创造并分享一个更大的市场。比如，航空公司为争取更多的客源往往采取相互压价等恶性竞争手段，导致航空公司全行业性亏损的局面。近几年来，各大航空公司纷纷建立战略联盟，走出不惜血本过度竞争的"陷阱"。比如，中国国际航空公司与美国西北航空公司结成联盟伙伴，实行代码共享、旅客资源共享、计算机网络信息共享，合作经营泛太平洋中美航线。新加坡航空公司、瑞士航空公司等也建立了类似的联盟。

4. 实现资源互补

企业在实现自己的战略绩效目标与依靠自身所拥有的资源和能力所能达到的目标之间存在一个"战略缺口"。通过战略联盟可以弥补这种"战略缺口",实现资源共享、优势互补。比如,联想集团与香港导远电脑公司的联盟就充分嫁接了两者的优势,联想集团的资金优势与香港导远的市场信息优势的有效结合,使它们很快拥有开拓海外市场的能力。福特与马自达汽车公司通过建立战略联盟,使福特公司得以借助马自达的营销网络更便捷地进入亚洲市场,并依靠马自达的生产能力在日本建立其小型车供应基地;马自达汽车公司也在和福特公司的联盟合作中进一步提高了其汽车发动机制造技术。

战略联盟有利于企业在实现资源互补中分摊高昂的开发投资费用,各合伙人可以在各自承担的环节上充分利用各自已有的技术、人才和设备等,减少重复投资,降低投资成本与投入开发费用。同时,战略联盟可以借助同类产品生产者的联合,使各自的相对优势在生产规模扩大的条件下,得到更大程度的发挥,降低生产成本和投资成本,增强企业竞争实力。

5. 开拓新的市场

企业为了在激烈的市场竞争中立于不败之地,就必须不断地开拓新的市场。建立战略联盟,可以比较迅速地在全球建立起生产经营网络,在最短的时间内、在最广泛的市场上应用新的技术成果,加速技术创新的成本回收与盈利。跨国公司利用战略联盟实现了经营范围的多样化和经营地域的扩张。比如,日本与美国的跨国公司的战略联盟,使得日本公司将美国公司作为进入高新技术领域并获取产业技术优势的重要机制。而日本公司与欧洲公司的战略联盟,则主要是利用欧洲合作公司在市场上的重要地位来渗透和开拓欧洲市场。美国福特公司看好亚洲的汽车市场,便与日本马自达公司合作,以此作为进入亚洲市场的桥梁。

利用战略联盟还可以克服大量的国家政策和贸易堡垒,从而达到开拓新市场的目的。比如,德国大众汽车公司和中国上海汽车公司、一汽集团合作,克服了进入中国市场的贸易和政策壁垒,实现了汽车生产的本土化,开辟了广阔的中国市场。很多和中国企业合作的跨国公司都是为了克服当时的中国贸易堡垒,才建立合资或合作公司。

(二)企业实施战略联盟的主要形式

根据企业战略联盟最近时期的实践和发展,从股权和契约联结的方式来看,可以把战略联盟归纳为以下几种重要类型:

1. 合资企业(Joint Ventures)

合资企业是战略联盟中最为常见的一种类型。它是指各自不同的资产组合在一起进行生产经营,共担风险和共享收益。但这种合资企业与一般意义上的合资企业相比具有一些新的特征，它更多的体现了联盟企业之间的战略意图，而并非仅限于寻求较高的投资回报率。在联盟中，为了保证各自的相对独立性和平等地位，通常联盟合资企业的股权结构为 50∶50。

2. 相互持股投资（Equity Investments）

相互持股投资通常是联盟成员之间通过交换彼此的股份而建立起来的一种长期的相互合作关系。与合资企业不同的是，相互持股不需要将彼此的设备和人员加以合并，这种股权联结的方式便于使双方在某些领域采取协作行为。它与合并或兼并也不同，这种投资性的联盟仅持有少量的股份，联盟企业之间仍保持着其相对独立性，而且股权持有往往是双向的。

3. 功能性协议（Functional Agreement）

这是一种契约性的战略联盟，与股权参与的方式有明显的不同，也有人称为无资产性投资的企业战略联盟。它主要是指企业之间决定在某些具体的领域进行合作。下列是最常见的几种形式：

（1）技术交流协议。联盟成员间相互交流技术信息，通过"知识"的学习和信息的交流以增强竞争实力。

（2）合作研究与开发协议。分享现成的科研成果，共同使用科研设施和生产能力，在联盟内注入各种优势，共同开发新产品和新技术。

（3）生产营销协议。通过制定协议，共同生产和销售某一产品，这种协议并不使联盟内各企业成员的资产规模、组织结构和管理方式发生变化，而仅仅通过订立协议来对合作事项和完成时间等内容做出规定，成员之间仍然保持着各自的独立性，甚至在协议规定的领域之外相互竞争。

（4）产业协调协议。建立全面协作与分工的产业联盟体系，多见于高科技产业中。

第二节　企业战略管理概述

一、企业战略管理的定义

"战略"一词古已有之，原是一个军事术语。我国《孙子兵法》的"知己知彼，百战不殆""不战而屈人之兵"指的就是战略管理问题。战略，希腊语是 strategos，意思是"将军指挥军队的艺术"。20 世纪 60 年代，战略思想开始运用于商业领域，被称为战略管理鼻祖的安索夫（Ansoff H. I.）1965 年出版《公司战略》，标志着将战略管理引入商业领域。

企业战略管理指的是对企业战略这一对象进行的管理，其主要内容包括对企业战略进行规划设计、比较选择、组织实施、阶段评估、过程调适和变革创新等相关活动，是企业运营管理领域一个涉及面广、影响范围大、持续时间长的管理活动，也是企业高层管理人员需要着重关注的一个决策领域。

二、企业战略管理的内涵

战略管理是一种区别于传统职能管理的管理方式。由传统职能管理走向现代战略管理是企业管理的一次重大飞跃。可以从以下三个方面理解企业战略管理的内涵：

1. 企业战略管理明确企业的发展定位

安索夫指出，企业战略的核心应该是：弄清你所处的位置，界定你的目标，明确为实现这些目标而必须采取的行动，即企业战略管理首先要明确企业的发展定位。

企业战略定位就是使企业的产品、形象、品牌等在预期消费者的头脑中占据有利的位置，它是一种有利于企业发展的选择，也就是说，它指的是企业如何吸引人。对企业而言，战略是指导或决定企业发展全局的策略，它需要回答四个问题：

（1）企业从事什么业务？

（2）企业如何创造价值？

（3）企业的竞争对手是谁？

（4）哪些客户对企业是至关重要的，哪些是必须要放弃的？

企业战略定位的核心理念是遵循差异化，即如何做到与众不同，提供独特的价值，为顾客提供更多的选择，为市场提供更多的创新。

2. 企业战略管理寻求企业的竞争优势

寻求竞争优势，是由企业战略的竞争性所决定的，是企业战略的出发点和落脚点。

竞争优势是指企业较长时期内在关系全局经营成败方面拥有强大的实力、丰富的资源和优势地位，它是企业在激烈的竞争中取胜的法宝。

竞争优势是一种特质。竞争力是一种综合能力，而竞争优势只是某些方面的独特表现。之所以称之为特质，就是不同于别的竞争者的东西，比如企业的创新能力比别的强，那么它的新产品开发就快就准；又如某企业的品牌有独特的魅力，能更多的吸引顾客，那么它就更容易开拓市场或扩大销售等。竞争优势是在竞争中培育出来的，也是在日常工作中积累起来的，不过需要用心和智慧，而不是随意或自然就可拥有的，简单地说，就是修炼的结果。因此，企业战略管理必然也必须寻求企业获取竞争优势。

3. 企业战略管理着眼于企业的持续发展

企业的发展态势有三种类型：一是"昙花一现"，二是"富不过三代"，三是持续发展。企业战略的长远性要求寻求企业的长远健康发展，要求企业战略管理必须寻求企业的持续发展，也要求企业的领导者必须具有超前的战略意识和战略眼光，制定和实施企业战略，实现企业的持续发展。

三、企业战略管理特性

1. 战略管理是企业的综合性管理

战略管理为企业的发展指明基本方向和前进道路，是各项管理活动的精髓。战略管理的对象不仅包括研究开发、生产、人力资源、财务、市场营销等具体职能战略，还包括统领各项职能战略的竞争战略和公司层战略。战略管理是一项涉及企业所有管理部门、业务单位及所有相关因素的管理活动。

2. 战略管理是企业的高层次管理

战略管理的核心是对企业现在及未来的整体经营活动进行规划和管理，它是一种关系到企业长远生存发展的管理。战略管理追求的不仅是眼前财富的积累，更是企业长期健康稳定的发展和长久的竞争力。与企业的日常管理和职能管理不同，战略管理必须由企业的高层领导来推动和实施。

3. 战略管理是企业的一种动态性管理

战略管理的目的是依据企业内部条件和外部因素制定并实施战略决策和战略方案，以实现战略目标。而企业的内外部条件和因素总是不断变化的，战略管理必须及时了解、研究和应对变化的情况，对战略进行必要的修正，确保战略目标的实现。因此，企业战略管理活动应具有动态性，即适应企业内外部各种条件和因素的变化进行适当调整或变更。

四、企业战略管理过程

一般来讲，企业战略管理依据其基本的步骤和环节，可大致分为战略分析、战略制定、战略实施、战略评估与战略控制等不同阶段。

每个阶段均有其具体的步骤和方法，需要战略管理者依据实际需要，在系统、深入的调研与分析的基础上，形成科学有效的决策，取得战略管理的阶段性成果，层层推进，步步为营，最终达成企业战略管理的预期目标，实现企业持续、健康的运营与发展。

通常，以企业战略管理的过程为逻辑，可将企业战略管理的过程划分为企业战略的制定、企业战略的实施、企业战略的评估与控制三个层次。下面，我们将依据这一思路，对企业战略管理的基本活动进行概括介绍，以帮助大家更好地理解和把握战略管理的内容与过程。

第三节　企业战略的制定

　　战略的形成是一个复杂的过程，其中涉及审慎设计、直觉愿景和自发学习等多个因素的相互作用与影响，战略制定是一种逻辑性的活动，通常包括：界定企业面临外部环境的机会与威胁，依据企业自身资源与实力进行优势劣势的评判，尽可能客观地评估企业利用预期市场需求和处理风险的实际或潜在能力，并在此基础上，制定并选择能够将外部机会与自身能力匹配的战略方案。

　　企业战略的制定，需要以战略分析为基础展开。战略分析是战略制定的前提与基础，战略制定则是战略分析的结果与归宿。

一、企业战略分析

（一）外部环境分析

1. 外部宏观环境分析

　　所有企业均需要在一个大的环境下运营，共同构成这一大环境，进行战略制定时，首先需要对构成宏观环境的政治（Political）、经济（Economic）、社会（Social）和技术（Technological）等宏观要素进行分析，这一分析涉及的四个宏观要素的英文首字母组合在一起，可形象地称为宏观环境的 PEST 分析，如图 21-2 所示。

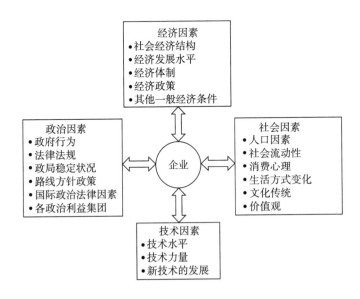

图 21-2　主要宏观环境因素

（1）政治环境。政治环境指的是企业运营所在国家或地区的政治制度、政治体制、方针政策、法律法规等方面。政治环境不仅对企业具有举足轻重的重大影响，还对该国家或地区的整个经济发展、行业发展产生重要影响。政局变动频繁、政策不透明的国家和地区，无疑会给企业运营带来不可预测的重大风险，企业在进入和投资时，需要进行系统调研与评估，避免可能出现的难以挽回的投资与经营风险。

（2）经济环境。经济环境指的是企业运营所在国家或地区的经济制度、经济规模、经济发展水平、产业结构、行业发展政策、顾客消费偏好、消费水平与结构等相关要素的组合。经济环境决定着企业运营的生存和发展基础，是吸引企业进入或投资的一个重要衡量指标。

（3）社会环境。社会环境也称社会文化环境，指的是企业运营所处国家或地区的社会文化、价值观念、历史传统、教育状况、宗教信仰等要素的组合。社会文化环境具有一定的历史性和传承性，往往会对生活在其中的人们形成潜移默化、根深蒂固的影响与制约。企业进行战略制定时，需要对所处的社会文化环境进行深刻理解和系统把握，尽可能预见并适应经营所在地社会文化传统的影响与变化，以便企业运营获得有利的社会文化环境支持。

（4）技术环境。技术环境指的是企业运营所处国家或地区的技术发展水平、技术发展趋势、行业技术水平等要素组合。技术要素往往会为企业运营带来意想不到的影响与冲击。在一个技术水平相对落后的国家或地区，具有一定技术优势的企业通常能够获得明显的竞争优势；反之，在技术发展变化快、技术更新换代趋势明显的国家或地区，企业往往需要投入更多的研发资源，以获得并维持企业在技术与研发方面的竞争优势。

2. 产业环境分析

波特在《竞争战略》一书中指出：形成竞争战略的实质就是将一个公司与其环境建立联系。尽管相关环境的范围广阔，包括社会的因素，也包括经济的因素，但公司环境的最关键部分就是公司投入竞争的一个或几个产业。波特采用了一种关于产业的常用定义：一个产业是由一群生产相似替代品的公司组成的。

波特总结了常见的关于产业在其生命周期中如何变化以及如何影响战略的预测。

（1）导入期。导入期的产品用户很少，只有高收入用户会尝试新的产品。产品虽然设计新颖，但质量有待提高，尤其是可靠性。由于产品刚刚出现，前途未卜，产品类型、特点、性能和目标市场等方面尚在不断发展变化当中，只有很少的竞争对手。为了说服客户购买，导入期的产品营销成本高，广告费用大，而且销量小，产能过剩，生产成本高。

产品的独特性和客户的高收入使价格弹性较小，可以采用高价格、高毛利的政策，但是销量小使净利润较低。

企业的规模可能会非常小，企业的战略目标是扩大市场份额，争取成为"领头羊"。这个时期的主要战略路径是投资于研究开发和技术改进，提高产品质量。

导入期的经营风险非常高。研制的产品能否成功、研制成功的产品能否被顾客接受、被顾客接受的产品能否达到经济生产规模、可以规模生产的产品能否取得相应的市场份额等，都存在很大不确定性。通常，新产品只有成功和失败两种可能，成功则进入成长期，失败则无法收回前期投入的研发、设备投资和市场开拓等成本。

（2）成长期。成长期的标志是产品销量节节攀升，产品的客户群已经扩大。此时消费者会接受参差不齐的质量，并对质量的要求不高。各厂家的产品在技术和性能方面有较大差异。广告费用较高，但是每单位销售收入分担的广告费在下降。生产能力不足，需要向大批量生产转换，并建立大宗分销渠道。由于市场扩大，竞争者涌入，企业之间开始争夺人才和资源，会出现兼并等意外事件，引起市场动荡。由于需求大于供应，此时产品价格最高，单位产品净利润也最高。

企业的战略目标是争取最大市场份额，并坚持到成熟期到来。如果以较小的市场份额进入成熟期，则在开拓市场方面的投资很难得到补偿。成长期的主要战略路径是市场营销，此时是改变价格形象和质量形象的好时机。

成长期的经营风险有所下降，主要是产品本身的不确定性在降低。但是，经营风险仍然维持在较高水平，原因是竞争激烈导致市场的不确定性增加，这些风险主要与产品的市场份额以及该份额能否保持到成熟期有关。

（3）成熟期。成熟期开始的标志是竞争者之间出现挑衅性的价格竞争。成熟期虽然市场巨大，但是已经基本饱和。新的客户减少，主要靠老客户的重复购买支撑。产品逐步标准化，差异不明显，技术和质量改进缓慢。生产稳定，局部生产能力过剩。产品价格开始下降，毛利率和净利率均下降，利润空间适中。

由于整个产业销售额达到前所未有的规模，并且比较稳定，任何竞争者想要扩大市场份额，都会遇到对手的顽强抵抗，并引发价格竞争。既然扩大市场份额已经变得很困难，经营战略的重点就会转向在巩固市场份额的同时提高投资报酬率。成熟期的主要战略路径是提高效率，降低成本。

成熟期的经营风险进一步降低，达到中等水平。因为创业期和成长期的高风险因素已经消失，销售额、市场份额、盈利水平都比较稳定，现金流量变得比较容易预测。经营风险主要是稳定的销售额可以持续多长时间，以及总盈利水平的高低。企业和股东希望长期停留在能产生大量现金流入的成熟期，但是价格战随时会出现，衰退期迟早会到来。

（4）衰退期。衰退期产品的客户大多很精明，对性价比要求很高。各企业的产品差别小，因此价格差异也会缩小。为降低成本，产品质量可能会出现问题。产能严重过剩，只有大批量生产并有自己销售渠道的企业才具有竞争力。有些竞争者先于产品退出市场，产品的价格、毛利都很低，只有到后期，多数企业退出后，价格才有望上扬。

企业在衰退期的经营战略目标首先是防御，获取最后的现金流。战略途径是控制成本，以求能维持正的现金流量。如果缺乏成本控制的优势，就应采用退却战略，尽早退出。进入衰退期后，经营风险会进一步降低，主要的悬念是在什么时间节点产品将完全退出市场。

3. 竞争环境分析

作为产业环境分析的补充，竞争环境分析的重点集中在与企业直接竞争的每一个企业。竞争环境分析包括两个方面：一是从个别企业视角去观察分析竞争对手的实力；二是从产业竞争结构视角观察分析企业所面对的竞争格局。

（1）竞争对手分析。分析竞争对手以下几个方面的能力：

第一，核心能力。核心能力表现为企业在某项或某些职能活动方面独有的长处或优势，如行业领先的研发能力、客户服务能力、组织及文化优势等。分析竞争对手核心能力的目的在于了解其在各个职能领域中的能力如何、最强之处是什么、最弱之处在哪里。随着竞争对手的成熟，这些方面的能力是否可能发生变化，如果发生变化是增强还是减弱。

第二，成长能力。成长能力表现为企业在所处产业中发展壮大的潜力，这种能力取决于企业人员、技术开发与创新、生产能力、财务状况等。分析竞争对手的成长能力有助于预测随着产业的增长，竞争对手在哪些方面的能力会发生变化，其综合竞争力、经营规模和市场份额会增大还是减小。

第三，快速反应能力。快速反应能力是指企业对所处环境变化的敏感程度和迅速采取正确应对措施的能力。快速反应能力由下述因素决定：自由现金储备、留存借贷能力、厂房设备的余力、定型但尚未推出的新产品等。

第四，适应变化的能力。适应变化的能力表现为企业随着外部环境的改变适时调整资源配置、经营方式和采取相关行动，以顺应环境变化的趋势、实现自身长期生存和持续发展的能力。分析竞争对手适应变化的能力需考虑以下方面：固定成本与可变成本的情况；是否与母公司的其他业务单位共用生产设施、销售队伍或其他设备、人员；适应成本竞争、管理更复杂的产品系列或增加新产品和服务方面的竞争以及营销活动升级的能力；对诸如持续的高通货膨胀、技术革命引起的对现有厂房设备的淘汰、经济衰退、工资率上升、政府出台影响该企业业务的条例、竞争对手发动进攻或退出竞争等外部事件做出反应的能力。

第五，持久力。持久力是指企业在处于不利环境或收入、现金流面临压力时，能够坚持以待局面改变的时间的长短。持久力主要由如下因素决定：现金储备、管理人员的协调统一、长远的财务目标等。

（2）产业内的战略群组分析。竞争环境分析还要确定产业内所有主要竞争对手在战略诸方面的特征。波特用"战略群组"的划分来研究这些特征。一个战略群组是指某一个产业中在某一战略方面采用相同或相似战略，或具有相同战略特征的各公司组成的集团。如果产业中所有的公司基本认同了相同的战略，则该产业中就只有一个战略群组；就另一极端而言，每一个公司也可能成为一个不同的战略群组。一般来说，在一个产业中仅有几个群组，它们采用特征完全不同的战略。

（二）内部条件分析

在对企业进行详尽而全面的外部环境分析之后，战略分析就要对企业进行内部条件分析。通过内部条件分析，企业可以决定"能够做什么"，即企业所拥有的独特资源与能力所能支持的行为。

1. 企业资源分析

企业资源是指企业所拥有或控制的有效因素的总和。按照竞争优势的资源基础理论，企业的资源禀赋是其获得持续竞争优势的重要基础。

企业资源分析的目的在于识别企业的资源状况、企业资源方面所表现出来的优势和劣势及其对未来战略目标制定和实施的影响。

（1）企业资源的主要类型。企业资源主要分为三种：有形资源、无形资源和人力资源。

1）有形资源。有形资源是指可见的、能用货币直接计量的资源，主要包括物质资源和财务资源。物质资源包括企业的土地、厂房、生产设备、原材料等，是企业的实物资源。财务资源是企业可以用于投资或生产的资金，包括应收账款、有价证券等。有形资源一般都反映在企业的资产当中。但是，由于会计核算的要求，资产负债表所记录的账面价值并不能完全代表有形资源的战略价值。

有些有形资源可以被竞争对手轻易的取得，因此，这些资源便不能成为企业竞争优势的来源。但是，具有稀缺性的有形资源能使公司获得竞争优势。例如，在中国香港的五星级观光酒店中，半岛酒店因为位于九龙半岛的天星码头旁，占据有利的地理位置，游客可以遥望对岸香港岛和维多利亚港，美不胜收的海景和夜景是它的一大特色，构成其竞争优势的一个来源。

2）无形资源。无形资源是指企业长期积累的、没有实物形态的，甚至无法用货币精确度量的资源，通常包括品牌、商誉、技术、专利、商标、企业文化及组织经验等。尽管无形资源难以精确度量，但由于无形资源一般都难以被竞争对手了解、购买、模仿或替代，因此，无形资源是一种十分重要的企业核心竞争力的来源。例如，技术资源就是一种重要的无形资源，它主要是指专利、版权和商业秘密等。技术资源具有先进性、独创性和独占性等特点，企业可以据此建立自己的竞争优势。

商誉也是一种关键的无形资源。商誉是指企业由于管理卓越、顾客信任或其他特殊优势而具有的企业形象，它能给企业带来超额利润。对于产品质量差异较小的行业，如软饮料行业，商誉可以说是最重要的企业资源。

需要注意的是，由于会计核算的原因，资产负债表中的无形资产并不能代表企业的全部无形资源，甚至可以说，有相当一部分无形资源是游离在企业资产负债表之外的。

3）人力资源。人力资源是指组织成员向组织提供的技能、知识以及推理和决策能力。大量研究发现，那些能够有效开发和利用人力资源的企业比那些忽视人力资源的企业发展得更好、更快。是人掌握的技能、知识创造了企业的繁荣，而不是其他资源。在技术飞速发展和信息化加快的新经济时代，人力资源在企业中的作用越来越突出。

（2）决定企业竞争优势的企业资源判断标准。在分析一个企业拥有的资源时，必须知道哪些资源是有价值的，可以使企业获得竞争优势。其主要的判断标准如下：

1）资源的稀缺性。如果一种资源是所有竞争者都能轻易取得的，那么，这种资源便不能成为企业竞争优势的来源。如果企业掌握了处于短缺供应状态的资源，而其他的竞争对手又不能获取这种资源，那么，拥有这种稀缺性资源的企业便能获得竞争优势。如果企业能够持久地拥有这种稀缺性资源，则企业从这种稀缺性资源获得的竞争优势也将是可持续的。

2）资源的不可模仿性。资源的不可模仿性是竞争优势的来源，也是价值创造的核心。不可模仿的资源主要有以下四种形式：

①物理上独特的资源。有些资源的不可模仿性是物质本身的特性所决定的。例如，企业所拥有的房地产处于极佳的地理位置，拥有矿物开采权或是拥有法律保护的专利生产技术等。这些资源都有其物理上的特殊性，是不可能被模仿的。

②具有路径依赖性的资源。这是指那些必须经过长期的积累才能获得的资源。例如，中国海尔公司在售后服务环节的竞争优势并不仅仅在于有一支训练有素的售后服务人员队伍，更重要的是海尔多年来不断完善营销体制建设，能够为这支队伍健康运

作提供坚实的基础和保障。其他公司想要模仿海尔售后服务的资源优势，同样需要花费大量时间完善自身的营销体制，这在短期内是不可能实现的。

③具有因果含糊性的资源。企业对有些资源的形成原因并不能给出清晰的解释。例如，企业文化常常是一种因果含糊性的资源。美国西南航空公司以拥有"家庭式愉快，节俭而投入"的企业文化著称，这种文化成为企业的重要资源，竞争对手难以对其进行模仿，其原因就是没有人可以明确地解释形成这种文化的真实原因。具有因果含糊性的资源，是组织中最常见的一种资源，难以被竞争对手模仿。

④具有经济制约性的资源。这是指企业的竞争对手已经具有复制其资源的能力，但因市场空间有限不能与其竞争的情况。例如，企业在市场上处于领导者的地位，其战略是在特定的市场上投入大量资本。这个特定市场可能会由于空间太小，不能支撑两个竞争者同时盈利，在这种情况下，企业的竞争对手即使有很强的能力，也只好放弃竞争。这种资源便是具有经济制约性的资源。

3）资源的不可替代性。波特的五种竞争力模型指出了替代产品的威胁力量，同样，企业的资源如果能够很容易地被替代，那么，即使竞争者不能拥有或模仿企业的资源，也仍然可以通过获取替代资源而改变自己的竞争地位。例如，一些旅游景点的独特优势就很难被其他景点的资源所替代。

4）资源的持久性。资源的贬值速度越慢，就越有利于形成核心竞争力。一般来说，有形资源往往都有自己的损耗周期，而无形资源和人力资源则很难确定其贬值速度。例如，一些品牌资源随着时代的发展实际上在不断升值；反之，通信技术和计算机技术迅速地更新换代会对建立在这些技术之上的企业竞争优势构成严峻挑战。

2. 企业能力分析

（1）企业能力组成。企业能力是指企业配置资源、发挥其生产和竞争作用的能力。企业能力来源于企业有形资源、无形资源和人力资源的整合，是企业各种资源有机组合的结果。

企业能力主要由研发能力、生产管理能力、营销能力、财务能力和组织管理能力等组成。

1）研发能力。随着市场需求的不断变化和科学技术的持续进步。研发能力已成为保持企业竞争活力的关键因素。企业的研发活动能够加快产品的更新换代，不断提高产品质量，降低产品成本，更好地满足消费者的需求。企业的研发能力主要从研发计划、研发组织、研发过程和研发效果几个方面进行衡量。

2）生产管理能力。生产是指将投入（原材料、资本、劳动等）转化为产品或服务并为消费者创造效用的活动，生产活动是企业最基本的活动。生产管理能力主要涉及五个方面，即生产过程、生产能力、库存管理、人力资源管理和质量管理。

3）营销能力。企业的营销能力是指企业引导消费以占领市场、获取利润的产品竞争能力、销售活动能力和市场决策能力。

第一，产品竞争能力。产品竞争能力主要可从产品的市场地位、收益性、成长性等方面来分析。产品的市场地位可以通过市场占有率、市场覆盖率等指标来衡量。产品的收益性可以通过利润空间和量本利进行分析。产品的成长性可以通过销售增长率、市场扩大率等指标进行比较分析。

第二，销售活动能力。销售活动能力是对企业销售组织、销售绩效、销售渠道、销售计划等方面的综合考察。销售组织分析主要包括对销售机构、销售人员和销售管理等基础数据的评估。销售绩效分析是以销售计划完成率和销售活动效率分析为主要内容。销售渠道分析则主要分析销售渠道结构（如直接销售和间接销售的比例）、中间商评价和销售渠道管理。

第三，市场决策能力。市场决策能力是以产品竞争能力、销售活动能力的分析结果为依据，是领导者对企业市场进行决策的能力。

4）财务能力。企业的财务能力主要涉及两个方面：一是筹集资金的能力；二是使用和管理资金的能力。筹集资金的能力可以用资产负债率、流动比率和已获利息倍数等指标来衡量；使用和管理资金的能力可以用投资报酬率、销售利润率和资产周转率等指标来衡量。

5）组织管理能力。组织管理能力主要从以下几个方面进行衡量：①职能管理体系的任务分工；②岗位责任；③集权和分权的情况；④组织结构（直线职能、事业部等）；⑤管理层次和管理范围的匹配。

（2）企业核心能力分析。企业核心能力是1990年由两位管理科学家哈默尔和普拉哈拉德在《哈佛商业评论》上发表的《企业核心能力》一文中提出的。核心能力是企业在长期生产经营过程中的知识积累、特殊技能（包括技术的、管理的等）以及相关资源（如人力资源、财务资源、品牌资源、企业文化等）组合成的一个综合体系，是企业在具有重要竞争意义的经营活动中能够比其竞争对手做得更好的能力。

企业核心能力可以是完成某项活动所需的优秀技能，也可以是在一定范围和深度上的企业的技术诀窍，或者是那些能够产生很大竞争价值的一系列具体生产技能的组合。从总体上讲，核心能力的产生是企业中各个不同部分有效合作的结果，也就是各种单个资源整合的结果。这种核心能力深深地根植于企业的各种技巧、知识和人的能力之中，对企业的竞争力起着至关重要的作用。

二、企业战略的制定过程

不同层次、不同类型的战略，在制定的过程中，涉及的内容与遵循的步骤往往不同。比如，公司层战略与职能层战略参与制定的主体、制定遵循的基本原则与过程、制定涉及的内容自然会有显著差异；同样，企业长期战略和中短期战略的制定，也存在一些不同之处。下面，以公司层战略的制定为例，系统介绍一下战略制定的基本过程。

1. 确立企业战略制定的主体

公司层战略，亦称为公司总体战略，是关涉企业整体生存与发展的核心策略，具有全局性、长远性和根本性的特点，是企业事业部层战略和职能战略的指南与依据。通常，大型股份公司的公司层经营方针和投资计划需要由公司的权力机构股东大会决定。股东大会通过选举产生董事组成董事会，作为公司权力机构的常设机关，代表公司并行使公司的经营决策权。从这个意义上讲，董事会通常是公司层战略的制定主体。董事会设董事长一人，由董事长召集和主持董事会会议。公司通过董事会这一常设机关，执行股东大会决议，决定公司层面的战略运营计划和投资方案。一些上市公司及大型企业还会专门设立战略委员会，负责公司战略的规划和制定。公司总经理由公司董事会聘任，负责公司经营战略的实施与日常经营管理工作。公司总经理可由董事会成员兼任。总经理对董事会负责，全面负责公司经营管理工作，是公司战略的实施主体。公司董事会是公司层战略的制定主体。吸纳不同专业背景、业务专长和技能结构的人员组成优势互补的董事会，借助董事会下设的专业委员会，进行公司战略的分析、制定和抉择，是保证企业战略制定质量的必要条件。

2. 明确企业战略愿景、使命和价值观

企业进行战略制定时，首先需要确定企业运营的基本方向，确立企业运营应该遵循的基本运营理念和价值观，为公司的长期运营和管理提供基本方向指引和行动指南。为此企业高层管理者在制定战略时，首先需要确定企业的愿景、使命、价值观和总体目标规划，这是企业高层管理者战略管理的首要任务。这一阶段的主要任务包括：

（1）确立企业战略愿景。战略愿景指的是企业管理者对未来企业发展的理想、愿望与前景规划。其本质是要对"我们要到哪里去"这一问题做出清晰明确的回答，并为此提供一个具有充足说服力的理论依据与理论基础，对"我们为什么要到那里去"这个问题做出回答，以彰显企业战略愿景的意义与价值，进而激发全体员工的热情与动力，为后续企业运营提供精神与行动层面的指引。企业战略愿景需要对企业未来的战略蓝图进行规划与描绘，形成对企业未来行动方向的内心承诺，以增强企业全体员工为实现这一愿景而做出努力的信念、激情与动机。

（2）确立企业使命陈述。战略愿景描述是对企业未来发展方向的诗意化、理想化的表达与说明，更侧重对员工精神层面的激励与引导。而使命陈述则需要更具体、更细化地回答下列几个问题：其一，"我们是谁"；其二，"我们要做什么业务"；其三，"我们为什么要做这些业务"。使命陈述需要用更客观、更理性的方式对企业自身定位、企业提供的产品与服务以及企业希望服务的客户群体做出界定与描述。企业使命陈述更侧重从企业所处的业务领域及其产品和服务方面，通过描述并说明企业服务的客户群体，界定企业生存与发展的意义与价值。

（3）确立企业价值观陈述。价值观指的是企业在制定愿景、使命、目标和行动方案，以及进行企业日常运营时，所遵循的价值标准、行为规范、行为标准等。在企业日常运营过程中，通常需要依据企业确立并倡导的价值观进行决策和行动的判断与选择。为此企业需要制定系统而清晰的价值观，以协调并指引员工的日常行动，彰显企业信奉的价值标准，达到企业预期的行动准则与行动结果。

愿景、使命和价值观是企业运营遵循的基本理念、原则和方针，是企业战略制定首先需要考虑的核心事项，是企业一切运营活动的方向指引和行动指南，需要战略管理者依据对企业的系统分析与深刻理解，结合所处的时代背景及社会环境，进行系统的规划与设计，以反映时代与社会对企业的要求，反映企业各个层级、各个部门的内在诉求，集合更多员工的意志与意愿，以更好地协调企业各个层面、各个部门的利益，获得更多利益相关方的支持与合作，为企业后续运营提供纲领性、方向性的指引。

3. 分析企业内外部环境、机会和风险

企业内外部环境分析，是企业战略制定的前提和基础，是企业战略制定的先决条件。凡事预则立，不预则废。没有事先翔实而系统的资料收集与分析，没有对内外部环境的深刻洞察与理解，企业战略的制定无疑会面临偏离正确方向、失去决策依据的风险。

战略制定实际是一种决策过程，其根本任务是识别企业面临的机会与风险，识别企业面临的问题与挑战，而问题与挑战的界定，需要通过企业建立科学有效的分析模型与工具，对企业所处的内外环境进行调查、分析和研究，清晰界定企业内外部环境的变化，科学评估企业与内外部环境的适应状况，进而界定问题与挑战，找到解决问题、应对挑战的路径与方法，并在此基础上逐步规划并形成企业战略目标。

可见，分析企业内外部环境是规划企业战略目标的前提与基础，是企业具体战略目标制定的先决步骤。

4. 规划企业战略目标、战略阶段和战略重点

目标体现的是企业预期达到的理想结果，是对企业战略愿景和企业使命进行细化、实施和兑现的具体结果。企业战略目标需要反映企业的战略愿景和企业使命，真实体现企业高层管理者和全体员工对企业运营成果的预期与愿望，同时又不可避免地受到企业人力、物力、财力等企业既有资源和可支配资源的制约与限制。为此，企业进行战略目标规划时，既需要真实反映对未来的期望，又需要立足企业实际，以便制定出既具有一定先进性又具有现实性的目标体系。

公司目标是一个体系。建立目标体系就是将公司的使命转换成明确具体的业绩标准，从而使公司的进展有一个可以测度的目标。

从整个公司的角度来看，需要建立两种类型的业绩标准，即和财务业绩有关的标准以及和战略业绩有关的标准。获取良好的财务业绩和良好的战略业绩要求公司的管理层既建立财务目标体系又建立战略目标体系。

财务目标体系表明公司必须致力于在下列指标上取得较好的结果：市场占有率、收益增长率、投资回报率、股利增长率、股票价格评价、现金流以及公司的信任度等。

战略目标体系则不同，它的建立目的在于为公司赢得下列结果：获取足够的市场竞争优势，在产品质量、客户服务或产品革新等方面压倒竞争对手，使整体成本低于竞争对手的成本，提高公司在客户中的声誉，在国际市场上建立更强大的立足点，建立技术上的领导地位，获得持久的竞争力，抓住诱人的成长机会等等。战略目标体系的作用是让人密切注意，公司的管理层不但要提高公司的财务业绩，还要提高公司的竞争力，改善公司长远的业务前景。

5. 制定企业战略方案

确立了企业战略目标，建立了企业战略目标体系，就可以依据企业战略目标和目标体系制定企业战略目标的实现路径和实施方案。达成目标的路径和方案往往会有多种选择，为此，需要基于实际调研和战略思维，对企业战略目标的实现路径和实施方案进行全面系统的思考和设计，先初步设想并规划多个可行方向，形成多个可行的解决方案，以便后期比较与选择。

企业战略方案的设计，往往需要依据企业现实需要，依据企业战略目标的内在要求，选取不同的设计思路，运用不同的工具和方法。比如，对企业长期战略来说，企业需要衡量和评判的信息量大，需要做出规划与设计的时间并不太急迫，为此，企业可以通过启动相对复杂、需要时间投入较多的信息收集机制，对庞杂的信息进行筛选与处理，同时也可以求助专业机构或专业人士进行广泛而深入的调研与讨论，通过专家意见法、德尔菲法等时间周期较长的方法，对战略决策所需的信息进行充分而深入

的研讨，以制定出更具前瞻性、创新性和科学性的决策。对企业职能层战略或企业中短期战略而言，其战略方案的制定与企业长期战略的制定，在参与制定的主体、制定的流程、使用的工具和方法等方面均有明显差异。

进行企业战略方案的制定时，需要依据战略方案的具体任务要求、决策情境分析、决策时间压力、所需资源状况、预期目标要求等，因地制宜、因时而异，灵活变通，不可千篇一律，避免教条和僵化的行为和倾向。

6. 评估并选择企业战略方案

考虑了企业可以选取的可行方向，制定了多种战略方案之后，接下来要做的是对各个战略方案进行评估和判断，依据企业实际具备的资源和能力状况，以机会利用的可行性和可能性、外部风险的防范状况、预期目标的可行性等要素为依据，对各个战略方案的可行性和风险性进行系统评估，选取与企业现实条件和预期目标匹配的战略方案，进行后续战略方案的实践与推进。

从理论上讲，战略方案的选择，应该选取最佳方案。所谓最佳方案，指的是依据多个评判标准，筛选出来的效果和收益均为最优的方案。然而，现实的情形是，由于决策机制、决策时间、决策依据和决策质量等条件的制约与局限，通常难以制定出所有的方案进行评估与选择，即便制定形成了最佳方案，在决策时间、决策质量和决策信息等的限制下，战略管理者往往也难以最终界定并选取最佳方案，因此，战略方案的评估与选择通常只需要达到"满意原则"即可。

所谓满意原则，指的是在企业战略方案的评估与选择方面，追求的应该是一个相对满意的结果，而非将其局限于一个最佳状况下的最为理想的结果。要实现战略方案最为理想的目标，往往需要付出更多的决策成本和决策时间，有时甚至会将企业置于机会丧失或风险加剧的不利境地，因此，企业过分追求最佳方案的制定与选择，往往会带来一系列的成本增加和不可预见的风险损失，反而会得不偿失。

7. 批准并发布企业战略方案

界定并确立企业战略方案，仅仅是战略方案由头脑落到书面的第一步。企业战略制定完成后，接下来面临的一大挑战是如何实现战略方案的推行与落实。为此，企业需要启动公司的沟通机制，向全体成员宣传、推广既定的战略方案，构建形成有助于战略实施的氛围与机制，以推动企业战略向实践层面转化。

为此，战略制定机构需要依据每个企业的具体情形，通过适当的程序和机制，批准并发布企业战略方案，以确立企业战略的权威性，调动战略相关方充分认知企业战略的权威性、科学性、必要性和可行性，深化其对既定战略方案的内心认同，进而调动其主动性和积极性，协调组织资源投入到企业战略的实施中，扫除不利于战略实施的思想和行动层面的困难和障碍，以促进战略实施的顺利推进。

阅读专栏 21-2　企业通用竞争战略

一、成本领先战略

（一）成本领先战略的含义

成本领先战略是指以成本控制为优势，通过相较而言的低成本来与对手进行竞争，以此获取竞争优势。在企业的发展中，成本领先战略是较为常见的业务战略类型之一。

（二）成本领先战略的基本思想

成本领先战略的基本思想产生于达到成本领先的相关因素中。

1. 保持竞争优势思想是成本领先战略的动因

从竞争的角度看，不论企业采取何种战略，成本问题始终是企业战略制定、选择和实施过程中需要考虑的重点问题。如何为企业赢得成本优势和竞争优势，是企业战略管理的重要内容，也是成本领先战略的动因。

2. 节约思想是成本领先战略的动力

节约可以使相同的资源创造更大的价值，可以使有限的资源延长使用时间。在市场经济条件下，节约不仅是卖方所追求的，也是买方乐意接受的，作为买方，期望的是同等质量下价格最低。正是人类这种追求，形成了成本领先战略的原动力。

3. 全员参与思想是成本领先战略的基础

在影响成本的诸因素中，人的因素占主导地位，人的素质、技能、成本意识以及降低成本的主动性都对成本产生重要影响。并且，在企业的经济活动中，每一个人都与成本有关。因此，降低成本必须全员参与，树立全员的成本意识，激发全员在工作中时刻注意节约成本的主动性，这是成本领先战略的基础。

4. 全过程控制思想是成本领先战略的保障

成本产生于企业经营活动的各个环节，从产品设计、材料采购、产品制造到产品销售及售后服务的全过程中，时刻都有成本发生。因此，控制成本不是控制哪一个环节的成本，尤其不能误解为只控制制造成本，必须全过程控制，从而达到综合成本最低。只有综合成本最低，才能保障成本领先战略的实施。

（三）成本领先战略类型

成本领先战略概括为如下几种主要类型：

（1）简化产品型成本领先战略，就是使产品简单化，即将产品或服务中添加的花样全部取消。

（2）改进设计型成本领先战略。

（3）材料节约型成本领先战略。

（4）人工费用降低型成本领先战略。

（5）生产创新及自动化型成本领先战略。

（四）成本领先战略的目标层次

成本领先战略在不同的企业和同一企业的不同发展阶段，所追求和所能达到的目标是不同的，其目标是多层次的。企业应当根据自身的具体情况，整体筹划，循序渐进，最终实现最高目标。

1. 成本领先战略的最低要求是降低成本

以最低的成本实现特定的经济目标是每个企业都应当追求的，当影响利润变化的其他因素不变时，降低成本始终是第一位的。但成本又是经济活动的制约因素，降低成本意味着对企业中每一个人都有成本约束，而摆脱或减轻约束是人的本性所在。因此，实施成本控制、加强成本管理，在企业中是一个永恒的话题。在既定的经济规模、技术条件和质量标准条件下，不断地挖掘内部潜力，通过降低消耗、提高劳动生产率、合理的组织管理等措施降低成本，是成本领先战略的基本前提和最低要求。

2. 成本领先战略的高级形式是改变成本发生的基础条件

成本发生的基础条件是企业可利用的经济资源的性质及其相互之间的联系方式，包括劳动资料的技术性能、劳动对象的质量标准、劳动者的素质和技能、企业的管理制度和企业文化、企业外部协作关系等各个方面。在特定的条件下，生产单位产品的劳动消耗和物料消耗有一个最低标准，当实际消耗等于或接近这个标准时，再要降低成本只有改变成本发生的基础条件，可通过采用新设备、新工艺、新设计、新材料等，使影响成本的结构性因素得到改善，为成本的进一步降低提供新的平台，使原来难以降低的成本在新的平台上进一步降低，这是降低成本的高级形式。这一点在一些对安全和质量要求高的产品上，显得尤为重要和困难。比如，航空产品的制造和维修，降低成本的困难在于承担技术革新的风险；又如建筑行业，由于终身追究质量责任，过剩设计的现象已是不争的事实，而设计的浪费恰恰是最大的浪费。

3. 成本领先战略的最低目标是增加企业利润

在其他条件不变时，降低成本可以增加利润，这是降低成本的直接目的。在经济资源相对短缺时，降低单位产品消耗，以相同的资源可以生产更多的产品，可以实现更多的经济目标，从而使企业获得更多的利润。但成本的变动往往与各方面的因素相关联，若成本降低导致质量下降、价格降低、销量减少，则反而会减少企业的利润。因而成本管理不能仅着眼于成本本身，要利用成本、质量、价格、销量等因素之间的相互关系，以合适的成本来维系质量、维持或提高价格、扩大市场份额等，使企业能够最大限度地获得利润。同时成本还具有代偿性特征，在不同的成本要素之间，一种成本的降低可能导致另一种成本的增加；在成本与收入之间，降低成本可能导致收入下降，通过高成本维持高质量可提高收入，也有可能获得高利润。

4. 成本领先战略的最终目标是使企业保持竞争优势

企业要在市场竞争中保持竞争优势，在采取的诸多战略措施和战略组合中，成本领先战略是其中的重要组成部分，同时其余各项战略措施通常都需要成本管理予以配合。战略的选择与实施是企业的根本利益之所在，降低成本必须以不损害企业基本战略的选择和实施为前提，并要有利于企业管理措施的实施。成本管理要围绕企业为取得和保持竞争优势所选择的战略而进行，要适应企业实施各种战略对成本及成本管理的需要，在企业战略许可的范围内，在实施企业战略的过程中引导企业走向成本最低化，这是成本领先战略的最终目标，也是成本领先战略的最高境界。

（五）成本领先战略的方法体系

实施成本领先战略必须有一套实用的方法体系，而这些方法体系本身也是成本领先战略的重要组成部分。因此，构建一套科学、完整的方法体系，既是实施成本领先战略的手段，也是成本领先战略的重要内容。实施成本领先战略的方法和措施多种多样，但总体上可归结为分析和控制两大类。

1. 成本分析方法体系

成本分析的目的在于揭示企业成本的优势和劣势，从而为确定目标成本和实施成本控制提供科学的依据。实施成本领先战略，从企业自身考虑，价值链分析、战略定位分析和成本动因分析是最基本的方法，从企业和顾客两方面考虑，还应进行产品寿命周期成本分析。

（1）价值链分析。所谓价值链是指企业一系列互不相同但又相互关联的经营活动所形成的创造价值的动态过程。价值链反映出企业经营活动的历史、重点、战略、实施战略的方法以及未来的发展趋势。企业反映在价值链上所创造的价值，如果超过成本便盈利，如果低于竞争对手的成本便有竞争优势。因此，价值链分析成为成本领先战略的基本出发点。实施成本领先战略就要了解企业在行业中所处的位置，了解自身的劣势和竞争对手的优势。通过行业价值链分析可以明确企业在行业价值链中的位置，分析自身与供应商和顾客价值链的关系，充分利用供应商和顾客的价值链活动，促进成本降低，调整企业在行业价值链中的位置与范围，把握成本优势。通过企业内部价值链分析可以找出最基本的价值链，然后分解为单独的作业，考虑该作业所占成本的比重，揭示哪些是增值作业，哪些是非增值作业，探索提高增值作业的效率，达到降低成本的目的。通过竞争对手价值链分析可以摸清竞争对手的产品成本水平、成本构成与成本项目支出情况，与企业产品成本进行对比，找出差距，采取措施，以达到或低于竞争对手的产品成本，并据此确定自己的产品定价策略，把握竞争主动权。

（2）战略定位分析。企业战略同其竞争环境相协调是企业战略管理的基本原则。一个行业的竞争环境是决定企业战略的重要因素，企业战略必须同行业中各竞争要素的特点及其组合相匹配，如价格、产品质量、性能、特色和服务等。如果竞争环境发生了变化，企业应该做出积极的反应，采取恰当的战略行动，捍卫其竞争地位。从战略成本管理的角度看，战略定位分析就是要求通过战略环境分析，确定应采取的战略，从而明确成本管理的方向，建立起与企业战略相适应的成本管理战略，在确定了企业的战略定位后，实际上也就确定了企业的资源配置方式及相应的管理运行机制，因此，只有通过战略定位分析，将成本管理同具体的战略相结合，才能体现出战略成本管理应有的管理效果。

（3）成本动因分析。经过价值链分析和战略定位分析后，还需要通过成本动因分析进一步明确成本管理的重点。所谓成本动因是指引起产品成本发生变动的原因，即成本的诱致因素。通过成本动因分析首先要尽可能把成本动因与特定价值作业之间的关系量化，并识别成本动因之间的相互作用，从而对成本动因进行战略上的权衡与控制；其次要从战略上分析、查找、控制一切可能引起成本变动的因素，从战略上考虑成本管理，以控制日常生产经营中大量潜在的问题。

（4）产品寿命周期成本分析。对产品寿命周期成本的全面计量和分析，有助于企业更好地计算产品的全部成本，做好产品的总体成本效益预测；有助于企业根据产品寿命周期成本各阶段的分布状况，来确定进行成本控制的主要阶段；有助于扩大对成本的理解范围，从而在产品设计阶段考虑顾客使用成本与产品报废成本，以便有效地管理这些成本。

2. 成本控制方法体系

战略成本控制的目的在于确定战略成本目标，并采取一系列的日常成本控制方法实现目标。通常采用目标成本规划法确定战略成本目标。

所谓目标成本规划法就是通过市场研究，预测市场需求量及可能的价格，了解竞争者的产品功能和价格，根据企业中长期目标利润计划，确定由市场驱动的目标成本。目标成本规划法的核心工作是制定目标成本。产品的目标成本确定后，可与企业目前相关产品成本做比较，确定成本差距，逐步明确实现成本降低目标的具体途径，最后运用质量功能分解、价值工程、工程再造等方法来寻求满足需求的产品与工序设计方案。

二、差异化战略

（一）差异化战略的含义

差异化战略又称别具一格战略，是指为使企业产品、服务、形象等与竞争对手有明显的区别，以获得竞争优势而采取的战略。这种战略的重点是创造被全行业和顾客都视为独特的产品和服务。差异化战略的方法多种多样，如产品差异化、服务差异化和形象差异化等。实现差异化战略，可以培养用户对品牌的忠诚。因此，差异化战略是使企业获得高于同行业平均水平利润的一种有效的竞争战略。

（二）企业差异化战略的优劣势

（1）优势。企业可以通过差异化战略提供独特的产品、服务，可以让员工对企业产生较强的依赖性。在此情况下，员工和消费者对企业的忠诚度会提高，其他企业很难抢夺消费者资源。同时，差异化的产品在市场上具有不可替代性，合理提高价格会产生更大的经济利润，帮助企业获取更大的竞争优势，实现可持续发展。

（2）劣势。差异化战略需要企业在前期投入大量的精力，在短期内投入大量资金，导致企业负债率提高，如果经营不当，就会对企业的发展造成阻碍；差异化产品推出后会引起市场的模仿，一旦优势地位被取代，企业的竞争力就会被弱化，投资无法收回，企业有可能出现亏损。

（三）差异化战略的实现路径

（1）产品差异化。产品差异化是指企业为市场提供的产品与其他企业提供的产品不同，具有独特性，产品在市场中具有不可替代性，对消费者有吸引力。产品差异化可以从创新、质量、风格等角度入手，体现企业的自主创新能力。

（2）品牌差异化。品牌差异化是指通过相关信息媒介，如广告、营销等，宣传企业产品相关信息，帮助企业扩大影响力，提升消费者的认可度，成为根植于消费者内心的品牌。

（3）服务差异化。在企业其他方面不具有优势的情况下，通过全面的服务体系建立品牌优势。服务差异化可以通过员工的培养、完善的售后、消费流程的简化等方式逐步实现。

（4）渠道差异化。渠道差异化主要表现为企业渠道级数、覆盖面、密度的差异，具有长期性，一旦企业实现渠道差异化，很难被其他企业模仿。

（5）员工差异化。企业通过提升员工的综合素质、服务质量等方式获取竞争优势，员工是企业的无形资源，直接决定企业的可持续发展成效。因此，企业需要对内部管理进行调整，加大员工培训力度，激发员工的工作热情，从而为消费者提供更优质的服务。

（四）基于差异化战略的企业管理策略

1. 建立现代企业管理模式

企业只有满足市场需求，才能实现可持续发展目标。所以企业应重视自身服务和产品的创新，确保可以持续为市场提供更加优质的服务与产品。要实现这一目标，企业必须紧跟时代步伐，建立现代化企业管理模式，切实提升企业整体决策的科学性，在科学决策的引导下进一步保障企业发展方向的准确性。企业在现代管理模式的支撑下运用差异化战略，需要对消费主体、消费需求进行更加深入的分析，只有这样才能创造出具有独特性的产品和服务，从而为消费者带来不一样的消费体验。产品和服务在企业发展过程中具有较强的独特性，可以帮助企业在市场中建立竞争优势，所以企业在深入市场展开调查以后，必须高度重视产品和服务的创新，以实现企业可持续发展的目标。

2. 重视产品质量提升

企业在运用差异化战略的过程中，差异化的产品和服务是企业保持竞争优势的关键。但是差异化产品必须建立在满足消费者需求的基础上，才能发挥出差异化产品的价值。在当前的市场中，许多企业在运用差异化战略的过程中都没有考虑自身情况，盲目模仿其他企业的差异化战略，很容易陷入恶性竞争的局面。因此企业在运用差异化战略之前，必须深入市场展开调查，对消费者的需求有一个更加精准的把控，并在此基础上打造产品独特性，在产品质量的基础上掌握产品的定价权，通过优化消费环境、优化服务等方式逐渐帮助企业建立竞争优势，确保企业能够更好满足市场需求，充分发挥差异化战略的作用与价值。

3. 通过客户细分找准市场定位

消费者的需求是多元化的，所以企业必须对消费群体进行深入分析，把握好消费者的消费动机、需求以及购买能力等方面存在的差异性，并对市场中的消费人群进行合理划分，明确消费者的差异化需求，深入研究满足消费者差异化需求需要具备的条件，积极探索一套行之有效的发展策略。企业只有真正抓住消费者的需求，并有序对消费者的消费行为进行引导，才能提高消费者对产品的关注度和购买能力，促使消费者自愿选择企业的产品和服务，牢固树立企业在消费者心目中的地位。

4. 加强对竞争对手的分析

企业运用差异化战略的目的在于使自身的产品、服务在一定时间内保持较强的竞争优势，同时与其他企业的产品、服务相比具有较强的独特性。因而企业在实际运用差异化战略的过程中，还应加强对竞争对手的分析，才可以提高差异化战略的有效性。具体来讲，企业需要对竞争对手的产品、服务、品牌等进行总结和分析，对竞争对手在市场中的管理模式、营销策略等进行挖掘，并在此基础上创造独具特色的竞争优势，确保企业在消费者心目中占据独特的地位。

5. 重视差异化产品品牌的打造

企业在参与竞争的过程中，差异化战略已经逐渐成为企业与竞争对手对抗的有力武器，不同企业都需要对自身产品进行适当包装，从而形成独具特色的差异化产品。

而企业的产品要在众多同类产品中脱颖而出，打造差异化产品品牌并形成品牌效应是非常重要的，只有这样企业的产品才能够吸引更多消费者。企业在建立产品品牌的过程中，首先需要注册品牌，在拥有产品品牌的使用权后，还需结合消费者的需求打造品牌，切实提高产品的附加值，让消费者在品牌效应的影响下逐渐产生对产品的依赖性，从而提高消费者对该品牌的忠诚度，帮助企业在品牌塑造的过程中获取更高的利润。

三、集中型战略

（一）集中型战略的含义

集中型战略即聚焦战略，亦称集中一点战略，是指把经营战略的重点放在一个特定的目标市场上，为特定的地区或特定的购买者集团提供特殊的产品或服务。即指企业集中使用资源，以快于过去的增长速度来增加某种产品的销售额和市场占有率。

该战略的前提思想是：企业业务的专一化，能以更高的效率和更好的效果为某一狭窄的细分市场服务，从而超越在较广阔范围内竞争的对手们。这样可以避免大而弱的分散投资局面，容易形成企业的核心竞争力。

（二）企业采取集中型战略的意义

1. 有利于企业取得竞争优势

在企业面临许多有发展前景的机会时，往往不自觉地希望抓住所有扩大发展的机会而全面出击，但结果常常会因为企业内部实力制约，很难同时兼顾多项目的发展需要。尽管在多个市场领域建立了弱小的地位，却没有一个强大而巩固的市场地位，企业竞争力并没有明显提高，甚至削弱了企业曾经相对强势的产品市场。仅凭企业有限的资源全面出击广阔的市场，希望全面取得成功，无异于杯水车薪。只有将有限的资源和全部精力集中于一个点上，取得成功方能有保障，这个道理就同用凹透镜长时间将阳光聚焦在一个点上产生足以燃烧的高温一样。

2. 有利于企业提高资源利用率

一个企业的综合资源如资金、营销、技术、研发、制造等能力总是有限的，如果分散使用，资源的使用效率就会降低。简单讲，如果企业只做一个产品，设计上就有精力做到精益求精，产品配件好储备、员工好培训，制造效率因为熟练就能得到提高，营销模式也好建立并且易于复制。产品精、制造效率高、营销得力就能形成规模优势。反之，如果企业涉足多个行业、制造多类产品，管理、营销、培训等工作就变得复杂，效率难以提高，也易于造成企业资源的低效运营。集中力量向某一特定子市场提供最好的服务，而且经营目标集中，管理简单方便，能使企业经营成本得以降低，有利于集中使用企业资源，实现生产的专业化，实现规模经济的效益。

（三）企业集中型战略的应用策略

集中战略是战略上最重要而又简单的原则，具有普遍的适用性和强大的威力，现代企业竞争战略已经在很多方面体现出这一原则。

战略存在于不同的管理层次，集中的原则可以相应应用于不同的战略层次，并对应不同的实施策略和战术，如表21-2所示。

表21-2　集中战略的应用

		集中原则指导下的战略	实际采用的战术
公司层	发展型（扩张）	集中扩张战略（基于相关关系的战略是集中战略的延伸）	内部扩张、购并等
	防御型（收缩）	归核化、回归主业	企业分立、消减出售业务单元、业务分包、业务外包
业务单元层	目标集聚	成本集聚	划分产业细分市场，通过资源、人才、技术等力量的集中使用，以期提高效率，获取特别的竞争优势
		歧异集聚	
职能层	一定时期内根据业务需要，企业资源、能力的投入对某一职能工作有所侧重，如集中研发、集中生产等		

1. 公司层的集中战略

公司战略所要解决的问题是确定经营范围和公司资源在不同经营单位之间的分配事项。通常公司层战略可大致划分为发展型及防御型两种，集中原则在两种类型战略中均可应用：在扩张战略中，集中体现为对一种关联关系的利用，即相关多元化较之不相关多元化就属于相对集中的战略，即收缩型战略中回归主业充分地体现了集中的思想。

相关多元化是企业重复利用其在技术、产品线、销售分配渠道或顾客基础等方面所具有的特殊知识和经验，新增业务单元，在相关行业提供与现有产品或服务具有相似性的新产品和服务。比之无关多元化，相关多元化体现了相对集中的思想。企业围绕中心技能进行多样化或向相关行业扩展经营，各业务单元可能协同促进，形成相对竞争对手的优势。

回归主业或"归核化"，核心思想是集中资源做好自己的强项，抓住最具结构吸引力的行业，把经营的重点放在该行业价值链优势最大的环节上。此时"集中"的思想就是要剥离非核心业务，放弃原来的不相关多样化战略，通过各种资产重组的方式（如分立、出售、业务外包等）从一些行业中退出，而加大在主业上的投入。

2. 业务单元层的集中战略

业务单元层面的经营战略关注经营单位如何竞争取胜的问题。此时的集中战略，就是波特所提出的三大竞争战略之一的目标集聚战略，它是指企业把经营战略的重点放在一个特定的目标市场上，为特定的地区或特定的购买者集团提供特殊的产品和服务。目标集聚战略在较窄的市场目标范围内通过资源、技术、人才等力量的集中使用，将以更高的效率实现细分市场上的低成本或差异化。集中化同时带来了专业化，使企业更好地服务于特定的目标。

综上所述，适度集中是一条基本的战略指导原则，公司战略的集中表现为围绕核心能力、利用关联关系的发展战略；业务层战略的集中表现为致力于有限细分市场内做精、做专、做强，比竞争对手做得更好的竞争战略。无论是小企业求生存，还是大企业求发展，采用集中战略，从小产品、小市场做起，以点带面，围绕核心，再逐步扩张通常都是行之有效的，这类成功不胜枚举。每一个企业管理者都应对集中的原则和企业集中战略有个全面深入的认识，进而为自己的企业找到一个行之有效的战略解决方案。

资料来源：①MBA 智库百科：《成本领先战略》。
②MBA 智库百科：《差异化战略》。
③MBA 智库百科：《集中性战略》。
④何燕子，罗辉. 企业集中战略的体系研究［J］. 中国商贸，2012（15）。

第四节　企业战略实施

战略实施是战略制定的后续环节，是企业战略思想落地和变现的必经路径。从某种程度上讲，战略实施比战略制定更复杂、更艰巨，需要付出更多的资源和努力，需要从企业组织结构、资源配备、能力建设、企业文化、组织领导等多个层面，为战略实施提供必要的支持，以促进战略思想向行动落实方向的转化。

一、企业战略实施的框架设计

企业战略实施是一项系统工程，需要统一领导、统一指挥，统一员工思想，协调员工行动，将企业拥有的资源和能力进行有效的协作，如此才有可能达到预期的目标，实现企业的战略目的。企业战略实施通常包括一系列相辅相成的管理活动，其中既有框架性、整体性的组织结构，组织文化层面的设计和安排，也有程序性、日常性的内部流程管理与推进。为了更好地理解和把握企业战略实施的基本内容，胜任企业战略实施的任务挑战，对企业战略实施的整体性、框架性规划与管理的相关内容择要介绍如下：

1. 确定战略实施的主体及其责任

如前所述，企业董事会承担着组织决策职能，是企业战略的制定主体。经理层人员是企业的执行机构，需要依据董事会确立的方向和目标，发挥自身的专业才能，有效调动并充分利用组织资源，落实董事会的战略决策，承担战略实施的任务和职责。从这个意义上讲，职业经理人构成的企业经理层便理所当然地成为企业战略实施的责任主体。

通常而言，企业经理层依据其所处层级和承担职责的不同，担任高层、中层和基层三种不同类型的工作岗位。在战略实施过程中，自然需要承担不同的任务和职责。例如，企业层面的整体战略，涉及企业发展方向的确立和实施，关系企业运营的长远发展和根本目标，是企业最高层次的战略，需要协调组织全体成员的努力，在其实施过程中需要进行系统全面的权衡和考虑。此类战略实施，通常需要企业最高层级的经理人员予以协调和推进。而对企业事业层次及职能层次的战略实施，则分别需要依靠事业部经理层及职能部门层次的经理人员予以落实。

然而，不论经理人员所处层次的高低、所需承担的职责大小，经理层在进行战略实施时，通常会涉及战略目标解读、战略任务分解、责任人员落实、所需资源配置与协调、实施过程监控、战略绩效兑现等一系列任务和职责。这就需要企业经理层深刻理解决策层的战略意图，发挥自身运营管理的专长和优势，充分调动相关人员的主动性和创造性，高效协调组织可以调动和使用的资源，有效推进战略目标的达成。

2. 构建支持战略实施的组织结构

有研究表明，不同的企业战略需要不同的组织结构与之匹配；反之，企业战略目标的实现往往会受到影响，企业业绩可能会因此而下降。战略与结构之间存在相互影响、相互作用的关系。20世纪60年代，钱德勒研究了企业战略与组织结构之间的关系，认为战略与结构就像人的左右脚一样，往往是如影随形、相互影响。当企业战略发生变化时，组织结构也需要做出调整与变化。制定形成企业战略之后，需要针对企业战略的内在需要，为其匹配与之相适应的组织结构。从这个意义上讲，组织结构的规划与设计，实际是企业战略实施的一个重要组成部分。

企业规模的大小、运营业务领域的多少、所处的发展阶段、对创新与变革所持的理念与态度等，均会对组织结构的设计产生影响。例如，成立时间短、处于发展初期的企业，因企业经营业务领域相对单一，企业规模较小，会采取简单一些的组织结构，如直线制组织结构设计，往往更有助于企业成员的沟通，有助于形成直接高效的指挥，提高企业面对机会与风险的决策效率与行动效果；而一些规模大、运营业务领域多、需要对外部环境做出及时有效反应的企业，往往采用事业部式的组织结构，以充分发挥企业各个事业部的活力，以利于企业各个业务单元的独立运营与及时考核。

企业在战略实施过程中，需要对自身既有的组织结构进行评价与分析，进而依据企业战略的要求，进行企业组织结构的调整与变化。

3. 配置战略实施所需的资源与能力

企业战略实施并非一朝一夕之事，而需要一个长期的行动过程。在这一过程中，企业需要依据企业战略的要求，积极获取有助于战略实施的资源，培育能够促成企业战略实现的能力，以保证企业战略的最终实现。为此，在企业战略实施过程中，企业需要基于自身资源与能力的分析，评估在资源和能力方面存在的劣势与短板，并制定相应的策略，采取措施，补齐资源和能力上的短板，以促进企业战略目标的顺利实现。

战略指明了企业努力的方向，既是企业一切运营活动的出发点，也是一切运营活动的归宿。企业战略实施实际就是依据企业制定的战略目标，协调企业可支配的资源，进行资源配置的过程。为此，企业可以通过企业资源的审核与分析，深刻理解企业资源的现状，对企业冗余的、未能得到充分利用的资源，通过卖出、置换的方式进行处理；而对企业缺乏的资源，则需要及时进行补充与获取，以确保企业战略实施所需资源的充分供给。

企业在能力方面的获取，可以通过购买或培育的方式加以实现。比如，企业研发能力方面的提升，一是通过研发人才的招聘，获取新的研发人才的补充；二是通过企业人才培育系统，对企业既有的研发人才进行培育，从而获得更强的研发能力。此外，对一些具备研发优势的企业和机构，企业还可以通过并购或合作的方式，获取相关企业及机构的研发人才团队，从而达到快速提升企业研发能力的目的。

4. 进行有利于战略实施的人事安排

企业战略实施离不开企业各层级员工的付出与努力。为此，企业需要从人事管理方面进行有助于战略实施的人事设计与安排。这方面的工作内容主要包括：依企业规划的组织结构进行人员配备。人是企业运营活动中最为核心的要素，企业战略实施离不开企业人才的配置。企业人员配备的基本思路是：依据企业战略进行组织结构的设计与规划，形成企业组织结构图，进而依据组织结构中各个岗位的工作职责和任务要求，制定岗位的任职资格说明，然后依据岗位任职资格，进行人员的招聘、选拔与任用。这是企业战略实施过程中极为重要的人事工作内容。就企业战略实施而言，核心岗位的人才储备和任用是企业人事工作的战略性任务，需要企业高层领导及人事部门进行战略性的人力资源规划，形成对企业人员状况的深刻理解，并在此基础上进行企业战略人力资源管理的规划与设计，以确保企业重要岗位人员及时有效配置，确保后续企业战略实施工作的顺利推进。

5. 制定支持战略实施的规划与预算

企业战略实施是一个分步骤、分阶段的过程。战略实施的每个阶段，都需要一定的资源投入，需要达到一个明确的阶段性目标。为此，战略实施需要遵循一定的时间规划要求，需要依据各个时间阶段的任务，进行相应的资源配置，这就需要制定有助于战略实施的时间规划和资金预算，其实质是依据企业整体战略目标进行任务分解，按照时间划分形成企业战略分步实施计划，并依据分步战略实施计划，预估达成阶段性目标所需的资源投入，编制企业战略实施财务预算，以便评估企业战略实施的资源需求，及时为企业战略实施进行资源配置。这一工作是对企业战略实施进行数字化规划的重要环节，也是企业战略由思想向行动转化的重要衔接，是后续具体实施行动的依据和指南。

6. 创建促进战略实施的企业文化

企业文化是企业价值观的核心体现。不同企业具有不同企业文化。不同战略阶段、不同战略选择，往往也需要创建与之匹配的企业文化，以更好地引导企业员工的思想和行为，将其统一到企业战略的实施上来。与企业具体的政策制度不同，作为企业价值观体现的企业文化，具有更为宽泛同时也更为深远的思想和行为指引作用，深层次影响着企业各个层级的价值取向、道德规范和行为准则。处于不断变动发展状态下的企业，在业务运营、客户选择、客户服务、竞争倾向、行为取向方面，难以时时处处给出明确的界定和说明，需要员工依据企业信奉的价值观进行判断和抉择，在这种情形下，企业文化的作用和价值自然就得到了体现。

企业战略实施时，企业需要依据企业战略的要求，进行企业文化的核检与分析，界定企业文化需要补充、调整与变革的部分，进而运用企业文化建设与变革的方法与工具，进行企业文化的建设工作。同时，在企业战略实施时，企业还需要围绕创建形成的企业文化，进行广泛的文化宣传与沟通，以便企业员工能够理解并接受企业文化的精神要求，为其后续行动提供方向指引，最终让其在企业文化的统一指引和影响下，做出符合企业战略要求的行为，实现企业战略的目标诉求。

二、企业战略实施的阶段划分

企业战略的实施是战略管理过程的行动阶段，因此它比战略的制订更加重要。企业战略的行动过程中，有四个相互联系的阶段。

1. 战略发动阶段

在这一阶段上，企业的领导人要研究如何将企业战略的理想变为企业大多数员工的实际行动，调动大多数员工实现新战略的积极性和主动性，这就要求对企业管理人员和员工进行培训，向他们灌输新的思想、新的观念，提出新的口号和新的概念，消除一些不利于战略实施的旧观念和旧思想，以使大多数人逐步接受一种新的战略。对于一个新的战略，在开始实施时相当多的人会产生各种疑虑，而一个新战略往往要将人们引入一个全新的境界，如果员工对新战略没有充分的认识和理解，它就不会得到大多数员工的充分拥护和支持。因此，战略的实施是一个发动广大员工的过程，要向广大员工讲清楚企业内外环境的变化给企业带来的机遇和挑战、旧战略存在的各种弊病、新战略的优点以及存在的风险等，使大多数员工能够认清形势，认识到实施战略的必要性和迫切性，树立信心，打消疑虑，为实现新战略的美好前景而努力奋斗。在发动员工的过程中要努力争取战略的关键执行人员的理解和支持，企业的领导人要考虑机构和人员的认识调整问题，扫清战略实施的障碍。

2. 战略计划阶段

将经营战略分解为几个战略实施阶段，每个战略实施阶段都有分阶段的目标，相应的有每个阶段的政策措施、部门策略以及相应的方针等。要定出分阶段目标的时间表，要对各分阶段目标进行统筹规划、全面安排，并注意各个阶段之间的衔接，远期阶段的目标方针可以概括一些，但是近期阶段的目标方针则应该尽量详细一些。对于战略实施的第一阶段，新战略与旧战略应该有很好的衔接，以减少阻力和摩擦，且第一阶段的分目标及计划应该更加具体化和操作化，应该制订年度目标、部门策略、方针与沟通等措施，使战略最大限度具体化，变成企业各个部门可以具体操作的业务。

3. 战略运作阶段

企业战略的实施运作主要与下面六个因素有关，即各级领导人员的素质和价值观念；企业的组织机构；企业文化；资源结构与分配；信息沟通；控制及激励制度。通过这六个因素使战略真正进入到企业的日常生产经营活动中去，成为制度化的工作内容。

4. 战略的控制与评估阶段

战略是在变化的环境中实践的，企业只有加强对战略执行过程的控制与评价，才能适应环境的变化，完成战略任务。这一阶段主要是建立控制系统、监控绩效和评估偏差、控制及纠正偏差。

三、企业战略实施的年度推进

确立了企业战略实施的整体规划与设计，本着有助于企业战略实施的原则与目的，对企业的组织结构、企业文化、资源获取、能力建设、人事设计、财务规划与预算等，进行了整体性、框架性的设计与安排之后，企业就可以在企业战略实施的框架下对企业战略进行细化和分解，通过企业运营管理的具体工作，一步步落实企业战略的各项目标，以更好的实施企业战略，实现预期的企业战略目标。

企业战略实施可依据战略实施的时间阶段划分为长期战略实施、中期战略实施和短期战略实施三个阶段，以便企业战略的推进与评估，更好的实现企业整体战略的分解与实施。其中，企业短期战略实施是中长期战略实施的基础和前提，是企业战略实施的重点与核心。对企业日常运营来说，以年度为基础时间单位的运营模式最为常见。下面即以企业年度工作的实施与推进为例，探讨企业战略实施工作的具体内容。

1. 确定年度目标

弗雷德·R. 戴维认为，制定年度目标是所有管理者直接参与的去核心化的行为。积极参与年度目标的制定可以加强管理者的认同感和责任感。年度目标可以依据企业战略的分解进行确立和界定，是依据时间期限对企业战略的细化和落实，是企业战略实施的一个基础组成部分。

戴维认为，年度目标对于战略实施是极为重要的，因为：①年度目标是进行资源配置的基础；②对管理者而言，年度目标是一个极为重要的评价方法；③年度目标是监控战略目标的实施进度，以实现长期企业战略目标的重要工具；④年度目标能够突出各个层级的工作重点。

为此，企业可以依据制定的企业战略以年度为单位进行目标分解，形成企业年度战略目标，并以此为依据进行企业各部门、各层级的年度目标规划与设计，在企业总体目标的框架下，形成各部门、各层级的年度目标，并将其作为企业年度工作的依据和指南。

年度目标应易于量化和实施，目标设定既具有一定的挑战性，又要充分考虑其现实可行性，能够统一到企业整体战略目标的框架下，成为企业全体员工共同努力的行动参照，并尽可能将员工努力、成果兑现与考核激励等进行结合。

2. 进行资源配置

确立了企业年度目标，便需要依据年度目标的要求，进行资源分配和安排。制定年度目标时，依据时间阶段（如月份、季度或半年）为期限，设定不同时间节点应该达到的预期结果，然后以此为基础，进行企业资源的分配，将资源投入和工作结果紧密结合，以确保各个阶段目标的实现能够具备充足资源保障。这是企业年度目标得以实现的客观基础。

进行资源配置时，需要具备投入产出的基本理念，既要确保企业获得充足的资源供应，又要避免因资源预算失当造成企业资源的浪费，影响企业资源的利用效率。编制资源预算时，要防止出现一味增加资源需求、以过高资源付出为代价来确保目标实现的现象和倾向，避免企业资源的过度支出。

3. 协调运营活动

企业战略涉及企业整体目标的达成和整体利益的实现。各个部门、各个层级的目标均需要统一到企业整体战略的实施之上。为此，管理者需要高度关注企业年度任务的分解和落实是否与企业整体目标相一致，避免出现为追求部门利益、局部利益而无视企业整体利益的行为。对一些规模较大、内部协调要求较高的企业，可通过设立年度任务协调部门的方式，对企业各个部门的年度工作进展进行统一评估、考核和协调，以确保企业全体成员能够目标一致，形成合力，以确保企业年度目标的整体实现。

从这个意义上讲，企业战略的实施，实际是一个以计划为起点、以行动为导向、以评估和调控为特点的管理过程，体现了管理活动所具备的计划、组织、领导和控制等基本职能。基于这一考虑，在探讨过企业战略的制定与实施之后，有必要再探讨一下企业战略的评估与控制，以便更好的理解企业战略管理的整个过程，胜任战略管理的任务挑战。

四、企业战略实施过程的评估与控制

企业战略实施评估与控制，是战略管理者为保证战略计划有效实施所采取的必要手段。战略实施过程的评估与控制主要是指在企业战略实施过程中，检查企业为达到目标所进行的各项活动的进展情况，评估实施战略后的企业绩效，把它与预定的阶段战略目标和绩效进行比较，发现战略差距，分析产生偏差的原因，纠正偏差，使企业战略更好的与企业当前所处的内外环境、企业目标协调一致，使企业战略目标得以实现。

战略实施评估与控制是一个动态的过程，有五个活动步骤：

（1）列出战略计划的期望结果；

（2）根据期望结果制订相应的评估标准；

（3）根据评估标准对战略实施结果做出评估；

（4）根据评估结果找出偏差，分析偏差产生的原因；

（5）针对产生偏差的原因采取纠偏措施，保证战略目标的实现。

这五个方面的活动有机结合，构成了完整的企业战略实施评估与控制过程。

阅读专栏 21-3　战略评估

战略评估一词的外延十分丰富，不同的人从不同的角度对其可能有不同的理解。但从战略评估总是从贯穿于战略管理的全过程的角度出发，大体上可把战略评估概括为战略分析评估、战略选择评估和战略绩效评估三个环节。例如，为大多数人所熟悉的平衡计分卡就是实行战略绩效评估的一种有效手段，它被认为是一种新的战略评估和管理系统。

在实际操作中，战略评估一般分为事前评估、事中评估和事后评估三个层次。

事前评估，即战略分析评估，它是一种对企业所处现状环境的评估，其目的是发

现最佳机遇。

事中评估,即战略选择评估,它是在战略的执行过程中进行的,是对战略执行情况与战略目标差异的及时获取和及时处理,是一种动态评估,属于事中控制。

事后评估,即战略绩效评估,它是在期末对战略目标完成情况的分析、评价和预测,是一种综合评估,属于事后控制。

一、战略分析评估

战略分析评估指运用 SWOT 分析法评估企业内外环境状况,以发现最佳机遇,此种评估也可称作现状分析评估。一方面要检查企业现行战略是否能为企业带来经济效益,如果不能增效就要重新考虑这种战略的可行性。另一方面通过考察外部环境,判定在现行环境下企业是否有新的机遇。最后结合两方面的结果,企业或继续执行原战略或采取适应环境要求的新战略。战略分析评估主要包括以下几个方面的内容:企业的现行战略和绩效的分析;不同战略方案的评估;对企业相关利益备选方案的评估;竞争力的评估,即产品、市场、技术、人才、制度竞争力的评估。

二、战略选择评估

战略选择评估指战略执行前对战略是否具有可行性的分析。此处涉及很多评估模型,如 SAM 模型、定量战略规划模型(QSPM)、Eletre 方法(E 方法)、战略规划评估模型(SPE)。它们都是首先对环境因素进行分析,然后制订判断标准并打分,最后计算出结果。SAM 方法中所包含的数学方法主要有层次分析法、熵权系数法、主观概率和效用理论等。此种方法是针对不同战略方案可行性的研究,是用数学的方法对不同的战略方案所面临的机会与威胁设定标准,通过数学的方法计算机会与威胁的权重,并以所得风险与收益的结果选择最优的战略方案。

三、战略绩效评估

战略绩效评估是在战略执行的过程中对战略实施的结果从财务指标、非财务指标进行全面的衡量。它本质上是一种战略控制手段,即通过战略实施成果与战略目标的对比分析,找出偏差并采取措施纠正。

在战略评估的三个方面中,战略绩效评估越来越得到我国企业的重视。尽管以平衡计分卡为基本思想的战略绩效评估系统的实施在我国目前的情况下还难以做到,但是可以先完善评估指标设置。因为评估指标设置的合理性是整个评估环节中至关重要的一环。战略绩效评估指标的设置应遵循如下基本原则:

1. 系统优化原则

对企业的综合绩效进行评价，必须用若干个指标进行衡量才能评价其全貌。这些指标必须互相联系、互相制约。同时每个指标应尽可能边界分明，避免互相包含，以减少对同一内容的重复评价。为实现系统优化原则，设计评价指标体系的方法应采用系统方法，例如系统分解和层次分析法，由总指标（总目标）分解成为次级指标，由次级指标再分解成第三级指标，并组成树状结构的指标体系，使体系的各个要素（单个指标）及其结构（横向结构、层次结构）能满足系统优化要求。

2. 通用可比原则

评价不仅是对这个时期与另一个时期的同一个企业进行比较，更重要的是与不同单位的比较。因此，评价指标体系必须在两个方面具有通用性和可比性。一是同一个企业这个时期与另一个时期作比较（纵向比较）时，评价指标体系有通用性、可比性。这一点比较容易做到，其条件是指标体系和各项指标、各种参数的内涵与外延保持稳定，用以计算各指标相对值的各个参照值（标准值）不变。但是，即使评价指标体系不改变，今年参加评价的专家与去年参加评价的专家不同，其评价得分的可比性不是很大，但各个企业的排序仍有较大的可比性。二是各个企业使用同一评价指标体系进行评价比较（横向比较）时，评价指标体系要有通用性、可比性。如何使这些不同企业使用通用的评价指标体系，并且使评价结果具有可比性，其主要办法是找出它们的共同点，按照共同点设计评价指标体系。

3. 实用性原则

设计评价指标体系是为了实际使用。不仅设计者使用，更重要的是要让有关部门使用。因此，设计评价指标体系要做到以下几点：

一是评价指标体系要繁简适当，计算评价方法简便易行。在能基本保证评价结果的客观性、全面性的条件下，指标体系尽可能简化，减少或去掉一些对评价结果影响较小的指标。

二是评价指标所需的数据易于采集，适应目前的科技管理水平。要尽量与计划口径、统计口径、会计核算口径相一致。

三是各项评价指标及其相应的计算方法、各项数据都要标准化、规范化。计算方法、表述方法要简便、明确、易于操作。

四是要能够实行评价过程中的质量控制。评价过程中的质量控制主要依靠评价数据的准确性、可靠性，计算评价方法的正确实施。

参考资料：MBA 智库百科：《战略评估》。

第五节　企业战略变革

一、企业战略变革的含义

企业战略变革就是企业为了获得可持续性发展的优势，根据外部竞争环境、内部自身优势和不足等影响企业发展的因素，对企业未来的战略布局、战略目标及实现路径进行重新规划，对组织资源进行重新分配计划的过程。

企业战略变革的动因通常有两种：一是外因逼迫，如宏观环境的重大变化、政府的强制和刺激政策、激烈的市场竞争等；二是内因驱动，如企业技术创新、出现新发明和新专利等。实际上，不论是什么因素驱动企业的变革，真正开始实施变革的是企业领导者，所以领导者是战略变革的重要驱动因素。企业所处的内外部环境促使企业进行变革，但不会推动企业直接实施变革行为。企业为了生存和发展要做出适应环境的变革，然而，实际上是否真的发生变革取决于领导者的认知。

二、企业战略变革的路径

总体来说，企业战略变革的路径主要有三种：一是企业领导决策层调整企业发展的战略思想，二是对企业的战略进行重新的定位，三是针对企业的组织结构进行相应的调整和改变。

1. 调整企业战略思想

首先，在企业进行相应的战略变革时，要调整好自身发展的战略思想，特别是要让自身的战略变革理念得到普遍的认同，从而彰显企业自身发展的价值特征，这对于企业在后期发展阶段中构建自身的价值体系和战略发展体系也是非常重要的。总体来说，首先企业要在发展的过程中确认自身的使命，这也是企业发展的基础和动力。其次，帮助企业调整自身战略发展的理念，通过战略发展理念的制定，也能够让企业在经营活动的具体开展过程中展示出不同的形象，从而能够帮助企业树立相应的经营准则。最后，调整企业的战略发展思想，能够帮助企业充分地挖掘自身所要发展的战略规划，也能够促进企业自身在未来的可持续发展。

2. 注重自身的战略定位调整

对于企业实施战略变革来说，其战略定位的有效调整是非常重要的，企业进行自身的战略定位是企业战略变革中的重要内容和关键部分。战略变革能够帮助企业在一定程度上有效地改善发展现状，特别是能够帮助企业从整个产品体系的定位和价值链的发展过程中进行有效的匹配。企业注重自身的战略定位，能够帮助企业自身提高市场竞争力，也能够促进企业在市场份额方面进一步提高。对于企业中比较优质的产品，在有效维持一定市场份额的同时，也要尽可能地获取更多的市场利润；对于企业发展中的问题产品来说，就应该及时收缩，从而帮助企业及时止损。

3. 变革企业的组织结构

企业在进行相应的战略定位的同时，也要对现阶段的组织结构进行一定程度的更新和重构，以各个部门所要完成的目标来进行相应的分析和构建，明确企业各个部门中人员的适应性以及企业各个部门中人员的工作职责。在设计组织结构时，还要充分考虑企业各部门顺利完成各自目标的可能性，以及在此基础上的合作适应性、各自分工的平衡性、权责划分的合理性、企业命令的统一性、企业应变的弹性、企业成长的稳定性和效率性、企业的持续成长性。通过重新设计企业的组织结构，理清各部门权限，改变命令混乱和权责不对等现象，从而提高管理效能。

三、企业战略变革的类型

1. 按企业变革的性质划分

（1）战略方向转型——产业转移。这种战略变革是企业进入全新的产业或与产业关联度较低的行业，也叫产业转移，如小米进入汽车行业等。

（2）经营模式转型——商业模式创新。商业模式创新是许多企业战略变革的基本模式，如从内销转向国际营销；从制造型转向制造服务型；从低端产业升级到高端产业；调整产品结构，研发新技术、新专利，开发新产品；拓宽或收缩经营领域或经营业务；单一公司转向集团化；拓宽或改变经营区域；等等。

2. 按企业变革的态势划分

（1）扩张发展型，即扩大企业生产经营规模；兼并、重组；从专业化到多元化；从本土化到国际化经营等。

（2）收缩撤退型，即缩小企业生产经营规模；精简经营机构；出售经营业务；从多元化到专业化；从集团化到单一公司化；从全球化到本土化等。

四、战略变革的基本步骤

（1）面对企业实际，进行变革诊断；

（2）针对企业问题，重塑企业理念和价值观；

（3）确定新的企业愿景；

（4）制定战略变革规划；

（5）制订战略变革实施方案；

（6）建立战略变革领导组织和变革项目工作组，推进战略变革的实施。

五、战略变革的保障措施

（1）高层领导统一认识，加强领导，强力推动战略变革；

（2）做好与企业员工的战略变革认知沟通工作，排除变革阻力；

（3）做好横向协调，加强相关部门之间的配合；

（4）组织落实实施战略变革的资源与资金，保障变革的物质需要；

（5）加强变革进程控制，及时纠正偏差；

（6）加强变革考核评价，不断总结提升。

第六节　企业战略创新

一、企业战略创新的含义

战略是以未来为主导，与环境相联系，以现实为基础，对企业发展的策划、规划，它研究的是企业的明天。企业战略管理是一个创新过程，可以说企业的发展过程是不断创新的过程。创新又是一种较量，要围绕着种种不利于企业成长的环境进行创新。创新也是一种挑战，推动企业不断成长壮大。

所谓战略管理创新，指的是企业在竞争激烈的市场环境下，通过采取全新的战略思维和行动，对企业战略管理要素实施创新，重新定义企业在市场中的地位和角色，实现业务模式、产品、市场、技术等各个方面的重大创新，为企业创造新的增长机会，提升竞争力，拓展市场份额，并在市场中建立持续竞争优势，使企业得以持续发展。

二、企业战略创新的实施

（一）着力提高企业战略创新能力

战略创新的逻辑思维是：洞察与获取有效战略机会→协调全方位的战略资源→制定创新战略决策→利用可利用的战略资源→执行适合的战略创新计划→控制整个战略创新过程→把握战略创新。如图21-3所示，在整个思维过程中，企业首先对充满机会的环境进行分析判断和获取，此时企业需要具备创新战略捕捉能力；企业在制定战略决策时，为了保证战略机会和决策的完美匹配，需要具备创新战略设计能力；企业在战略执行时，以创新机会为中心，高效执行战略创新，需要具备创新战略实施能力；企业在战略控制时，对整个战略创新过程实施全程实时控制，企业需要具备创新战略变革能力。此外，创新战略变革能力又是创新战略捕捉能力、创新战略设计能力和创新战略实施能力之间匹配的纽带，如果企业不具备创新战略变革能力，其他能力将无法发挥最大效力。

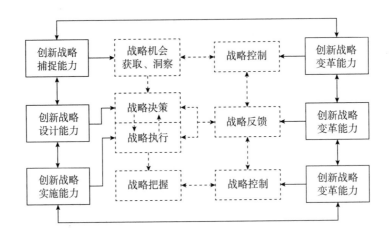

图 21-3　战略创新能力维度关系

战略创新能力是一个复杂的能力系统，是指以连续创造企业和顾客价值为目标，在顺利完成企业创新战略认知、创新战略制定、创新战略实施和创新战略控制过程中，通过发现、获取、利用并整合企业内外部现有资源，来提高现有资源利用率或者创造新资源，以保证企业获得持续市场竞争优势所需的各种战略创新能力要素所组成的复杂能力系统。

1. 创新战略捕捉能力

如图 21-3 所示，企业战略创新成功的起始点是在对战略环境扫描的基础上对战略机会进行获取和洞察。创新战略捕捉能力其实就是战略机会捕捉能力，即企业是否有能力通过环境的认知，对其环境做出及时正确的分析判断，在众多创新机会中选择适时的机会点并在此基础上形成战略创新规划。创新战略机会捕捉是基于产业远见的企业战略预见。换句话说，战略机会捕捉的关键是预见"产业拐点"即将到来，以此作为战略创新的切入点。产业拐点可以认为是为适应产业增长而发生的产业边界的收缩或消失的临界点。

市场上无论是大企业还是小企业，无论曾经是市场领导者还是市场跟随者，甚至是市场落后者，当企业以顾客价值为导向跨越产业拐点，通过战略创新使得企业资源被充分利用，原有产品特性和市场需求将得以改变。任何企业都有机会成为新市场的先行者。战略创新成功有赖于对产业拐点的正确洞察。当然预见未来的产业拐点可能非常困难，企业也许会冒很大的风险。但是，漠视未来的变化，企业将面临更大的风险。为了使风险尽可能降低，企业需要培育和提升自身的创新战略捕捉能力。

2. 创新战略设计能力

当企业洞察并获取了有效战略机会，表明企业拥有了战略创新机遇。抓住机遇，需要企业能够全方位协调内外部战略资源并有能力对创新战略进行设计。任何一个企业在进行创新战略设计时，都会存在一种"企业战略黑箱"。如图21-4所示，当企业捕捉到同样的战略机会时，为什么不同的企业会采取不同的战略执行方式以及不同的战略发展轨迹，主要在于创新战略设计能力的差异性。

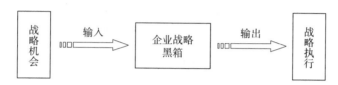

图21-4　企业战略输入输出模型

创新战略设计能力决定了企业能否把握战略机会。创新战略设计是企业管理者集中企业创新资源以及不同的业务、专长、职能，对企业未来创新战略行动做出选择。创新战略设计的目的在于有效地把握战略机会，充分利用企业资源构建竞争壁垒组织，在现有和潜在竞争者进入的同时为顾客创造连续的价值，而保证企业在变化的环境中始终遵循获取、保持、再获取、再保持的循环竞争优势。

3. 创新战略实施能力

创新战略设计能力强调企业有能力构筑其战略创新蓝图，即"能做正确的事情"。创新战略实施能力强调企业有能力根据战略创新蓝图进行战略实施，即"能把事情做正确"。静态的传统战略规划是按部就班、深思熟虑地进行企业内外部评估、制定备选战略、战略评估与选择、战略执行，其战略规划成功的前提条件为竞争环境是稳定的、简单的，技术、经济、社会等方面是可描绘的。但是，如今随着竞争环境的动态性、复杂性、非连续性逐渐提高，先制定计划随后实施计划的传统战略规划已不能适应企业发展。因此，企业的创新战略在面对如此环境变化时，创新战略设计和实施需同时进行，表示制定备选战略、战略评估与选择以及战略执行是连续而又并行协调的过程，即战略实施协同于战略设计。

在战略创新过程中，创新战略完全实施之前，企业战略设计会根据已经或者可能出现的市场新信息调整和制定备选战略方案而进行相机决策。创新战略实施的基本条件会随着相机决策的变化而发生改变，这就要求企业能够灵活、机动、柔性、协调地进行战略实施。协同的创新战略实施其实就是控制与学习博弈的过程，在这个过程中创新战略实施能力就显得尤为重要，它决定着企业是否有能力在有限理性的深思熟虑的同时进行最大程度的控制实施过程并协同与设计实施过程。

4. 创新战略变革能力

创新和变革如同孪生兄弟一样形影不离，企业仅拥有战略创新思想或者战略创新思维模式是不够的，这只能纸上谈兵，而战略变革往往能使企业实现战略创新。战略变革可以认为是战略创新的具体表现，在战略变革前提下，企业的战略目标将随之转变，进而导致企业的组织、产品、流程以及市场发生根本性的变化。

企业战略创新过程是一个解冻—改变—冻结的循环过程。这个过程中，首先，企业需要释放企业内外部不利信息，明确创新目的，确定创新动力源泉。企业必须清楚地认识到现实状况并承认以往组织结构、人员管理等方面的问题，减少变革障碍并创造变革动力。其次，企业需要指明创新方向，制定创新策略，形成创新行为。企业需要调整组织愿景，通过创新策略，建立相应的体制，使企业成员能够通过学习形成新的态度和行为。最后，实施创新，形成新的战略状态并进行强化。当企业形成新的态度和行为时，必须要对新的战略状态进行"冻结"，以保证新的方式不会被轻易改变，使创新能够持续进行。简而言之，战略创新就是打破现状—改变现状—稳定新现状的动态过程。

传统战略管理中战略控制的主要任务是检查各项战略活动的进展情况，评价实施企业战略后的绩效，如果发现与战略目标有差距，找出并纠正偏差。因此，传统战略管理中的战略控制强调的是事后控制。然而，对于企业战略创新来说仅仅通过事后控制是不够的，事后的战略评价和纠偏会使企业错过甚至失去"市场拐点"。战略创新的动态过程需要企业在创新事前、事中、事后不间断地进行控制与反馈。而战略创新控制与反馈的效果就体现在企业的战略变革能力上，它对战略机会捕捉、战略设计、战略实施起到了穿针引线、融会贯通、协作调整的作用，促使企业将战略创新能力发挥到极致。创新战略变革能力是企业战略创新能力的子集，是指企业在战略创新过程中能够对战略创新成果、速度和成本进行有效控制，对企业内部结构、运作流程、企业文化、管理机制、人力资源等方面进行调整和改进，以帮助企业创造新的竞争优势，产生真正的战略绩效。

（二）提高战略预见，把握未来发展趋势

1. 把握战略环境的动态性

进入 21 世纪后，由于环境不确定性越来越明显和突出，技术创新、市场需求变化，战略博弈结构演变难以预料，使新兴产业、后发企业层出不穷，在过去相对平稳和相对成熟的环境下建立起来的竞争优势变得脆弱且加快衰减。在这种背景下，企业只有通过动态性地对其战略体系进行不断的调整和创新，才能获得持久的竞争优势。从本质上分析，动态性优势表现出一种动态的非均衡状态。在一个变化无常的超竞争环境中，这种优势能持续不断地培养、开发、运用、维护和扬弃，能够在不确定的环境变化中发现市场机会、预见企业未来竞争优势的新源泉并成为企业基业长青的基础。

企业必须在动态的外部环境下不断提升战略预见的能力，通过对未来环境变化的预测与分析，寻找企业竞争优势变化及商业生态模式演变的趋势与规律，重新设计企业战略生态定位与商业模式，把握企业战略实施的重点核心并逐步转化为企业持续的竞争优势，推动企业可持续发展。

2. 战略预见的思维维度

战略预见的本质在于企业通过对未来环境变化的预测与分析，寻找竞争优势变化及商业生态模式演变的趋势与规律，重新选择和设计企业战略生态定位与商业模式，把握企业战略实施的重点核心并逐步转化为企业持续的竞争优势。

（1）商业模式分析。任何企业在市场经营过程中都要根据市场发展及消费者需求特点来选择和设计企业商业模式。对于商业模式，本书将有专门的研究，商业模式可以有广义和狭义两种含义。狭义的商业模式就是企业的经营模式，而广义的商业模式的内涵则广泛得多。国际著名咨询公司埃森哲把商业模式分为两种，即运营性商业模式和策略性商业模式。企业的运营机制能够解释这个企业怎样持续不断地获取利润，而策略性商业模式是在运营性商业模式的基础上更加深入，是指一个企业在动态的环境中怎样改变自身以达到持续盈利的目的。运营性商业模式创造出企业的核心优势，而战略性商业模式对其进行扩展和充分发挥利用。同时，还可以把商业模式分为三个层面：内层——核心动力，指企业商业模式能够正常运转从而获取利润的动力根源；中层——业务组合，指企业所从事的所有业务的结构及组合方式；外层——实现模式，包括收入模式、运营模式及供应模式。

（2）价值链分析。价值链理论认为，企业的竞争优势来自该企业某特定环节的竞争优势，抓住了这些关键环节，也就抓住了整个价值链。企业在进行价值链分析的过程中必须确立商业生态系统价值分析的思维模式。任何一个企业都处在一个商业生态价值系统中，处于不同"活性结点"上的企业在商业生态系统内通过优势互补、资源共享、风险共担，共同创造和提供客户价值。由于在商业生态系统中各企业担当的角色和地位不同，从系统理论的角度看，商业生态系统内的各个企业必须根据自己所扮演的角色提供与之相匹配的价值创造贡献，以使整个系统能够为客户提供较高附加值的客户整体价值。

运用价值链理论进行战略预见的分析其关键是要分析和判断外部环境的变化是

否会带来商业生态系统各"活性结点"的结构和组合方式的变动和演化；分析和判断在市场推进过程中企业自身的战略地位是否得到提高，能否延伸和占据关键节点的机遇；审视和分析企业所参与的价值环节，从功能和成本比较中，研究在哪些环节上自己具有比较优势，或有可能建立起竞争优势，集中力量培养并发展这种优势，保留并增强这些环节上的能力，把不具有优势的或非核心的一些环节分离出去，动态地寻求价值链整合的机遇，提升整个价值链的效率和生命力，以巩固自身的战略地位。

（3）战略博弈的结构。动态竞争理论的两个新的研究方向是多点竞争和竞争互动。它们都是研究在相同或相似的市场上，企业的决策行为会引起其他企业的回应而导致其竞争方式的改变以及整个市场竞争结构的变化。多点竞争的理论起源于产业组织经济学，主要研究企业间横跨多个市场的竞争问题，其关键的概念包括战略群、相互克制以及产品线的对抗等，主要的观点是企业间战略性的共谋有利于降低竞争强度，企业也乐于分享相似的市场，因为企业都清楚激烈的竞争会损害彼此的利益。竞争互动也是动态竞争理论的新的研究内容。研究者利用博弈理论对相关产业中直接竞争对手的竞争行为以及行为规律进行探讨，以寻求在不同的竞争环境下企业竞争行为与决策可能带来的行业竞争格局的变化，以谋求企业最佳的竞争地位。研究者通过相关研究认为，市场是各种企业之间互动行为所形成的社会结构。因此，企业的竞争行动取决于与其他直接竞争者之间彼此实际行动的观察，他们关心的是企业的决策或者行动。

（4）技术与市场的融合方式。在新的竞争环境下，技术创新和发展的速度越来越快，企业也更加重视技术研究与开发，然而在技术创新的过程中，企业必须要关注技术与市场的结合。越来越多的案例说明了并非最先进的技术就能形成更加广泛的市场。企业在技术开发与产品创新的过程中要研究如何把技术价值转化为市场价值，即技术的市场化过程。企业战略的发展仅考虑技术的可行性是不够的，而应该充分考虑市场的可行性。企业必须要研究消费者对新技术、新产品的接受方式以及市场逐渐渗透和快速扩散的规律和技巧。

（5）新兴产业。新兴产业一般指随着新技术的应用而出现的新的产业门类。它是相对于传统产业而言的，新兴产业的发展主要受到科学技术水平的影响。新兴产业的兴起，有可能成为国民经济发展新的增长点，成为未来经济发展的主导产业或有活力的产业，将促进国民经济新的飞跃，影响深远。新兴产业为企业提供了新的战略思维，企业可以尽早预见和判断新兴产业的萌芽态势，分析和预见新兴产业的发展规律和盈利空间，及时发现并加以利用。

新兴产业形成与发展主要有四个动因，即产业分工扩展、深化动因，产业创新和企业创新动因，产业内部专业化分工经济性动因以及需求结构和需求水平变动动因。新兴产业形成与发展虽然有其内在根据性，但在整个演进过程中，它还受到诸多外部因素的影响和制约。一般而言，新兴产业的市场容量及其发展前景、新兴产业的创新条件与环境、新兴产业投入要素的供给状况和有关新兴产业的政府政策等是影响、制约新兴产业形成与发展的主要外部因素。

可以看出，企业战略预见优势的表现还必须反映在对新兴产业兴起的敏感与洞察上。新兴产业可以为企业带来新的战略运作空间和战略转型机遇，这是企业在动态变化的发展环境中必须把握好的。

"凡事预则立，不预则废"，企业在动态复杂的竞争环境中建立和培育自身的竞争优势，必须树立卓越的战略眼光和敏锐的洞察力，并设计和培养出制订并执行应急战略的良好机制和能力。在新竞争环境下，企业战略的根本任务就是要快速识别环境变化可能对企业未来发展带来的机遇和威胁，判断和分析企业持续发展中竞争优势的新源泉并预见性地加以培植。战略预见能力是企业可持续发展的竞争优势的源泉之一，而这种预见最主要的是要对未来企业发展中的决定性影响因素进行判断，尤其是对商业模式的分析、价值链的分析、战略博弈结构的变化、技术与市场的融合以及新产业的吸引力等，都是进行战略预见分析时的思维视角和焦点。

3. 我国经济新常态下企业战略管理创新的重点

（1）明确战略定位，科学制订战略规划。企业管理者首先应当提高对于战略管理价值的认识，摒弃一味追求短期利润的传统观念，以长远效益作为驱动，借鉴优秀战略管理经验，学习先进的理论与知识，然后结合企业自身资源优势、文化定位、业务特点等，系统、科学地制定差异化管理战略，以此提高自身竞争优势。其次，企业还要将供给侧结构性改革要求与企业战略规划有机结合在一起，以推动技术与产品革新为战略重点，充分发挥战略管理的掌舵作用。最后，要引进专业的战略管理人才，应用专业战略分析模型，如 SWOT 模型，即 Strengths（优势）、Weaknesses（劣势）、Opportunities（机会）、Threats（威胁），或 PESTEL 模型，即 Political（政治因素）、Economic（经济因素）、Sociocultural（社会文化因素）、Technological（技术因素）、Environmental（环境因素）和 Legal（法律因素），借助大数据技术多维度采集国内外政策环境、市场环境、经济形势、法律规定、行业发展趋势、竞争对手优势、组织内外风险因素等相关信息，并结合自身组织形式问题与难点，制订全局的、正确的、合理的战略规划，从而推动战略目标的有效落地。

（2）更新各项职能支持战略，增强落地效力。

1）研发战略层面：加大技术创新与高端产品研发。

在全球化经济增速放缓时期，我国经济仍需要保持高质量增长，才能实现现代化与供给侧结构性改革。同时，数字经济的产生，也带来了新的发展机遇。在此宏观背景下，企业必须响应经济政策号召，跟上时代发展步伐，构建以技术与产品创新为导向的研发战略体系。企业应当站在全局视角制订科学的研发战略管理规划，加大对自主研发技术与产品的投入力度，高薪聘请国内外高精尖科研与技术人才，并以产品更新迭代、智能化生产、数字化管理平台搭建等方面为中心，满足市场对高科技产品、便捷化服务的需求，顺应科技时代的发展趋势。

2）人力资源战略层面：优化人才结构，创新激励制度。

作为人口大国，我国劳动力总供给大于总需求，因此，人力资源管理者如何在企业战略规划与产业模式特点的基础上，优化企业内部人才结构，提高人才的配置效益，是现代化人力资源战略管理的关键所在。企业管理者要重视人力资源的潜能价值挖掘与人才结构的优化调整，并将其与企业总体战略发展目标相结合，避免主观随意地开展招聘、培训等工作。

同时，在数字化生产、管理模式下，精简企业组织机构，按照战略需要设岗，杜绝随意设岗，以此减少运营成本；优化人员队伍结构，增加高精尖人才比重，吸纳更多优秀的年轻人，增强队伍活力，从而提高生产效率，激发创造力。

3）成本控制战略层面：以长期效益为导向，注重全过程成本控制。

首先，成本管理要服务于企业战略目标，这是因为在不同战略目标下，成本管理的侧重点也是不同的。在供给侧结构性改革背景下及产品差异化战略目标下，企业需要更注重产品科技含量、质量与服务的差异化定制，因此，不能再通过一味压缩产品研发与生产成本的方法来扩大利润上涨空间，应当在保证产品质量与性能的基础上，围绕着产品或服务的全生命周期（包括采购、技术研发、生产作业、组织后勤、销售、供应终端等全价值链）开展系统化、一体化的成本控制。同时，企业管理者应重视成本战略管理的基础财务工作，包括成本定额、原始记录、成本分摊、计量、验收等，保障基础数据的真实性和可靠性。

4）营销战略层面：提升短视频营销思维，加强战略合作。

在短视频用户数量激增的市场机遇下，企业管理者营销战略思维应与短视频营销时代接轨，加大在短视频平台上的营销力度。首先，企业应尽快打造专业的短视频营销团队，通过招聘相关懂互联网运营、营销、直播、短视频传播等业务的专业人才，来为企业战略目标的落地提供具体、有效的营销方案、策略。其次，为了获得更大曝光量，企业不仅要提高产品质量，还要在营销策略上多下功夫，并且一定要分中长期制订阶段式营销方案，这样既可以提升企业营销效益，还能打造特色化的企业品牌形象。最后，企业要实时采集消费数据，运用大数据分析、云计算、人工智能等技术分析互联网用户消费喜好与习惯，从而制定点对点、面对面的精准化营销，进而达到降本增效的目的。

案例 21-1 农夫山泉差异化发展战略

农夫山泉自创立至今，实施差异化发展战略，主要走过三个发展阶段。

1. 定位新市场

1997~1999 年，创业初期，稳定根基、打响名声是关键。农夫山泉成立之初，正值娃哈哈、乐百氏两大纯净水品牌分庭抗礼，公司积极寻求竞争差异，以市场忽视的 4 升装为突破口，重点在上海、杭州两大城市铺货，之后再逐步推出 550 毫升等中小规格产品，并向两市之外蔓延。1998 年，公司立足水品，大力投放"农夫山泉有点甜"电视广告，并成功借助世界杯火遍全国，农夫山泉借此躁动一时。而后公司宣布停产纯净水，转型生产天然水，并发起"天然水、纯净水之争"的"世纪水战"，用科学实验证明天然水更适合人体饮用，事件营销让公司一战成名。通过对符合公司定位的新市场"天然水市场"的定位，农夫山泉正式立足，也探索出支撑未来二十年发展的主线。

2. 推出新产品

2000~2015 年，快速成长期，通过推出新产品使产品矩阵持续优化。公司不断跑马圈地在全国寻找优质水源地，持续抓住天然水这一主线，并逐渐延伸其他软饮料副线，在完善天然水产品矩阵的同时，相继推出农夫果园、尖叫、水溶 C100、力量帝、东方树叶等饮料单品，扩大公司整体知名度和影响力。2015 年，公司重磅推出农夫山泉玻璃瓶装和运动盖装产品，这是公司产品实现高端化战略布局的重要一步，自此公司形成了"天然饮用水"和"天然矿泉水"两大饮用水业务板块，牢牢掌握行业流行发展趋势。为契合消费流行度，公司通过持续的产品和营销创新，不断推动品牌的高端化，为持续培育消费者的消费惯性创造环境，培养可持续竞争的品牌力。

3. 树立新品牌

2016 年至今，稳健发展期，品牌形象化建设进入新征程。一方面，农夫山泉在原有的产品矩阵上进一步优化，不断开发新产品，同时对市场上的目标客户也进行深度细分。另一方面，在"互联网+"的时代背景下紧跟浪潮，通过微电影广告、积极寻找跨界伙伴进行合作等方式，以及原有的对于社会责任积极履行等形象的积累，提升自己的产品促销与推广能力，扩大自身的品牌知名度，为消费者树立新的、全方位的企业品牌形象。

一、农夫山泉的供应差异化

（一）水源地布局差异化

农夫山泉成立之初的优势之一便是水源地优势，而公司在饮用水市场的差异化战略之所以能成立，重要基础之一就是水质与水源。既然想以健康作为自己与其他企业的差异点之所在，那么水质与水源对农夫山泉的发展就至关重要。虽然已经有了浙江千岛湖作为水源地，但随着产品的不断发展，仅仅一个水源地无法满足经营需要，毕竟每年在一个水源地开采的产品数量有限，可能无法满足后续市场与产品扩张的需求。因此，农夫山泉差异化布局的首要举措就是在全国寻找优质水源地。这些水源地的水质类型都有所差异，包括深层湖水、深层库水、深层地下水、山泉水、矿泉水及自然涌出水等各类水体，为公司提供不同的产品类型打下了基础。通过各种努力，农夫山泉与各地政府签下了长达数十年的独家取水权进行合作，以实现水源地布局的差异化。

（二）基于水源地布局的供应辐射

农夫山泉对于水源地的选址在考虑水质种类的基础上，更兼顾了对地点与区域的考量，有目的性地在全国分区域进行规划，因此水源地布局不仅为产品的原料供应提供了保障，更有助于农夫山泉形成市场辐射与产品供应链建设。与其他竞争对手将销售中转点布局在大城市不同，农夫山泉以自己的水源地为基础，依靠水源地建设工厂，再往周边销售，形成辐射。这样布局虽然前期成本投入较大，但却占据了有利的地形资源，有助于后续的销售下沉，从而在供应链的基础上使自己的价值链得到延伸。目前，农夫山泉的十大水源地分别覆盖了中国的各个大区，形成了覆盖全国的供应辐射。农夫山泉水源地分布情况见表21-3。

表21-3 农夫山泉水源地分布情况

水源地	区域	水源类型
浙江千岛湖	华东	深层湖水
吉林长白山	东北	矿泉水及自然涌出水
湖北丹江口	华中	深层库水
广东万绿湖	华南	深层湖水
新疆天山玛纳斯	西北	深层地下水
四川峨眉山	西南	山泉水
陕西太白山	西北	山泉水
贵州武陵山	西南	山泉水
河北雾灵山	华北	山泉水
黑龙江大兴安岭	东北	矿泉水

资料来源：根据农夫山泉公司官方网站、农夫山泉招股说明书整理。

二、农夫山泉的市场差异化

面对大品牌占据绝大部分市场份额、小企业同质化严重的竞争市场，农夫山泉利

用自身优势,对市场进行细分与开拓,从而打造差异化市场。农夫山泉的市场差异化主要分为三个步骤:

第一步,巧妙错位。当时市场上竞争最激烈的饮用水产品是 500 毫升的包装饮用水和 15 升的家用桶装水,而农夫山泉则另辟蹊径,率先推出 4 升的家用桶装水,在杭州与上海两个城市销售,进行巧妙错位从而避开领导品牌的刀锋。

第二步,细分新市场。农夫山泉首次提出了与"纯净水"相对应的"天然水"的概念,根据产品品质对包装饮用水市场进行细分,形成了"天然水"市场,并在此后对外公开提出"长期喝纯净水对人体不好",高调宣称农夫山泉不再生产纯净水,全部生产天然水,直接把矛头指向了当时生产纯净水的两大巨头:娃哈哈、乐百氏。

第三步,趁热打铁,抢占新市场。市场上常见的小包装饮用水是 500 毫升的纯净水,且售价为 1 元。而与其他竞争对手相比,农夫山泉的水质更加优秀,因此,在 4 升的家用桶装水获得成功后,农夫山泉继续推出 550 毫升运动装的天然饮用水产品。在容量上进行提升的同时,也将"天然水"的价格提升到 2 元,配合积极的营销策略等一系列手段,彻底将"天然水"市场的份额抢占到手。

三、农夫山泉的产品差异化

(一)饮用水业务

包装饮用水业务是农夫山泉最重要的业务,在有了优质水源地作为自己饮用水产品的扩张基础后,农夫山泉对于该业务产品的开发不断深入。对于原有的饮用天然水来说,由于单一的规格与型号并不能完全占有市场,于是农夫山泉推出了不同规格型号与针对不同应用场景的各种包装的饮用天然水产品,如携带方便,手感舒服,规格偏小,适合女性、儿童日常携带饮用的 380 毫升款等产品。最终,农夫山泉的饮用天然水规格覆盖了从单瓶容量 380 毫升至 750 毫升的小规格包装产品及单瓶容量 1.5 升至 19 升的中大规格包装产品,其价格也由人民币 1.5 元至 26 元不等。

同时,随着时代的发展,行业发展趋势也逐渐由大众化走向高端化,消费者对饮用水的要求日益增加。因此,农夫山泉扩大了自己的水产品种类,在天然饮用水的基础上开发了更高级也更优质的天然矿泉水。2015 年,农夫山泉玻璃瓶装和运动盖装两种包装的天然矿泉水的推出标志着公司正式迈入天然矿泉水市场。此后农夫山泉还推出了饮用天然水和含锂型天然矿泉水等产品。虽然产品类型众多,但这些产品的定位却都不同。以高端的天然矿泉水为例,运动瓶盖的天然矿泉水主要是针对喜好运动的大众人群设计;玻璃瓶装的天然矿泉水的定位则是会议或宴请饮用的超高端产品;饮用天然水含有适合婴幼儿饮用的矿物质,其微生物含量达到了商业无菌要求;而含锂型天然矿泉水主要针对中老年人。

（二）饮料业务

在饮用水上的产品更新与开发使农夫山泉获得了市场的好评，从而积累了一定的资金，而在大力布局饮用水业务的同时，饮料业务也逐渐成为农夫山泉发力的重点之一。虽然饮用水是农夫山泉生存的最基础业务，但仅靠单一的业务不仅盈利能力不够，抗风险能力也差。因此，为了壮大自己，农夫山泉开始了自己产品差异化发展的第二步，通过推出各种不同的饮料产品来不断占据新的市场。

不过虽然农夫山泉打算涉足饮料业务，但是饮料市场不同于饮用水市场，琳琅满目、各种口味的饮料充斥其中，其产品类型远比饮用水更丰富。农夫山泉要想迅速获得市场青睐，在饮料业务上就需要继续贯彻差异化发展战略。而考虑到农夫山泉所提倡的"健康"理念，果汁饮料这种在健康、品质上比较好做文章的产品就成为了首选。2003 年农夫山泉推出了自己最先试水的一款产品"农夫果园"并成功风靡一时，标志农夫山泉正式进军饮料市场。次年，农夫山泉所打造的功能饮料"尖叫"成功挤占市场份额。接下来的时间里，农夫山泉不断推陈出新，以饮用水为主体，通过各种新的饮料产品来扩大自己的盈利点，其中不少产品都曾成为"爆款"，如农夫果园、尖叫、水溶 C100、茶 π 等，涉及果汁饮料、茶饮料、功能饮料等不同类型。

而在 2019 年后，农夫山泉又加大了自己的产品差异化发展步伐。为了与市面上的主流产品有所不同，公司加大了在饮料业务上的开发力度，甚至颠覆了自己原有的茶饮料、果汁饮料、功能饮料等常规饮料业务，不断在果汁碳酸饮料、咖啡饮料、奶制品饮料、苏打水饮料等饮料市场"非常规业务"上推出产品，以形成多元差异化发展。农夫山泉主要产品见表 21-4。

表 21-4　农夫山泉主要产品

产品名称	种类	推出时间
农夫山泉饮用天然水	饮用水	1999
农夫山泉天然矿泉水	饮用水	2015
农夫果园	果汁饮料	2003
尖叫	功能饮料	2004
水溶 C100	果汁饮料	2008
力量帝维他命水	功能饮料	2010
东方树叶	茶饮料	2011
茶 π	茶饮料	2016
农夫山泉 NFC 果汁系列	果汁饮料	2016
17.5°果汁系列	果汁饮料	2016
炭仌	咖啡饮料	2019
植物基酸奶	奶制品饮料	2019

续表

产品名称	种类	推出时间
农夫山泉苏打水	苏打水饮料	2019
TOT 气泡水	果汁碳酸饮料	2020

资料来源：根据农夫山泉公司官方网站、农夫山泉招股说明书整理。

（三）其他产品业务

除饮用水业务与饮料业务外，农夫山泉在近些年还对其他产品业务进行了开发，典型代表就是农产品。农夫山泉贯彻自己"天然、健康"的品牌理念，开发了与众不同的差异化农产品。而这些农产品的开发流程和方式也与饮用水业务相类似，都是在找寻优质产地的基础上进行生产。例如，基于江西赣南甜橙种植基地生产了农夫山泉17.5°橙系列产品，基于新疆阿克苏苹果种植基地生产了农夫山泉17.5°苹果系列产品，基于东北黑土地稻米种植基地生产了农夫山泉东北香米系列产品等。这些产品虽然不是农夫山泉的主要发力方向，但是却扩大了农夫山泉与其他饮用水企业的产品差异化，丰富了公司的利润来源，成为公司潜在的竞争赛道。

四、农夫山泉的品牌差异化

（一）品牌的形象差异化

构建自己的品牌力，首先要给消费者一个好的企业形象，即如何树立企业的正面形象且与其他公司不同，一方面，农夫山泉基于自己原有的"天然、健康"理念，提出了重视环境保护的主张。虽然农夫山泉的各个工厂都定位在水源地附近，但为了保护水源地环境，无论是工厂的设计环节还是建造环节，都尽量把建筑对环境的影响控制在一定程度之内，而在最初设计时更是会考虑工厂所在环境，将建筑与自然相结合，以实现"自然美"。另一方面，农夫山泉还十分重视对于社会责任的履行。例如，在华南特大雪灾、汶川地震、云南特大旱灾、雅安地震、"菲特台风"灾害、山东寿光水灾、"利奇马台风"灾害以及安徽芜湖、江苏盐城、湖北武汉、河南信阳等地的强降雨灾害中农夫山泉均出资出力积极救灾。此外，农夫山泉还向"红鼻子基金会""中国载人航天工程""一分钱公益活动"等组织或项目捐款，助力爱心公益活动。即使在新冠肺炎疫情防控期间，农夫山泉也没有忘记自己对责任的坚守，一方面，向部分资金困难的经销商提供了临时信用期，以缓解其现金流量；另一方面，对一些被困家中无法出行的客户和消费者提供送水、送货上门服务。

实际上，无论是积极保护环境，还是履行社会责任，都是农夫山泉试图向消费者解释其价值主张和发展理念，从而积极树立企业形象，利用品牌的形象差异化对产品的销售与推广实现赋能。

（二）品牌的传播媒体差异化

早在最初开拓市场时，公司便借力于电视渠道播放"农夫山泉有点甜"等广告对企业品牌进行宣传。而互联网技术的蓬勃发展，也使互联网广告这一新媒介逐渐兴起，与传统的电视广告相比，互联网广告单价更低，且内容形式也都有了很大的创新式提升。因此，农夫山泉逐渐开始利用这一新媒介，采用微电影的手法来拍摄互联网广告，对公司与产品进行宣传。在通过微电影广告对公司与产品进行营销的同时，也可以利用这种形式向消费者"讲好品牌故事"。一家卖水的公司居然拍起了"电影"，这让大众十分好奇。

一般的商业广告具有短时、高效、便于记忆等特点，但农夫山泉所制作的微电影广告片区别于一般的传统商业广告，其拍摄手法偏向纪录片，制作精良且时长也较为饱满。这些微电影广告有的从微观视角出发，讲述农夫山泉员工代表们的日常工作和生活，透视其背后的责任与坚守；有的则从宏观视角出发，体现水源地的生态环境，传达人与自然和谐相处的社会理念。这种微电影广告将农夫山泉的品牌理念或品牌故事完整地呈现给观众，实现了无形品牌文化的可视化。在更好的对自己的产品进行营销与推广的同时，也通过这种媒介贯彻了农夫山泉所宣传的"天然、健康"的理念，呼应了自己的企业人和文化，使企业品牌更加饱满。农夫山泉系列微电影见表21-5。

表 21-5 农夫山泉系列微电影

微电影系列	微电影名称	微电影内容
搬运工篇	《一个你从来不知道的故事》	从水源勘探师方强的视角出发，讲述其在东北寒冬的恶劣环境下多次徒步深入水源地勘察的事迹
	《一百二十里》	从水源检测员肖帅的视角出发，讲述其每周跋涉百余公里走山路上武陵山监控源头水质的过程
	《一个人的岛》	从水源检测员徐忠文的视角出发，述其为确保工厂供水，一个人常驻孤岛保护水源地的日常生活
	《一天的假期》	从抚松工厂厂长饶明红的视角出发，讲述其在工作调动后为了新厂抓紧投产而放弃春节回家与家人欢聚一堂的故事
	《太白山生命线》	从背水人孙文林的视角出发，讲述其每天背着百余斤水在山脊上负重前行为顾客送水的工作日常
大自然篇	《长白山的春夏秋冬》等	展现了水源地吉林省长白山四季盎然、生机勃勃的生态环境

资料来源：根据农夫山泉公司官方网站、农夫山泉招股说明书整理。

（三）品牌的跨界差异化

对于年轻消费者来说，相比于传统的单一营销方式，跨界营销更能提供新鲜的消费体验，消解年轻人的审美疲劳，非常受年轻群体青睐。跨界是快速塑造品牌特色、实现产品和品牌传播突围的有效手段。一方面，随着年青一代逐渐成为市场上消费的主力军，消费者对于产品的创意与个性的要求越来越凸显，单一产品有时已经无法满足人们的需要，跨界营销得到越来越广泛的应用。另一方面，由于互联网的飞速发展及行业间的相互融合，在"互联网+"背景下，不同行业属性的品牌可以根据自身发展需求而产生不同的跨行业合作，从而更好的实现资源整合与配置。因此农夫山泉紧跟时代风向，通过与其他行业内的企业合作来推销自己，既打造"网红爆款"，又为自己的品牌建设赋予新的时代特色。

2017 年，农夫山泉与网易旗下著名音乐 APP——网易云音乐进行跨界合作，打造了"一瓶会哭的矿泉水"商业 IP，农夫山泉需要网易云音乐来吸引更多的年轻消费者，网易云音乐则需要农夫山泉来帮助自己更具内涵，二者强强联合实现共赢。2018 年，由故宫博物院授权，农夫山泉推出了"故宫瓶"系列产品。2020 年，农夫山泉与中国银联跨界推出"大山诗歌瓶"，消费者可以通过扫描瓶身上的二维码来听大山深处的留守儿童朗读自己写的诗歌，同时也可以参与银联云闪付的助力捐赠活动。这种跨界既传达了品牌温度，又承担了社会责任，引起消费者的共鸣与好评。

此外，农夫山泉还将传统的"十二生肖"民俗与自己的产品相结合，连续推出了2016 年的金猴瓶、2017 年的金鸡瓶、2018 年的金狗瓶、2019 年的金猪瓶、2020 年的金鼠瓶、2021 年的金牛瓶和 2022 年的金虎瓶，并且所有的"生肖贺岁款"产品每年的数量与获得渠道都十分有限。2022 年金虎瓶的相关消息发布后，众多消费者纷纷表示希望能抽到收藏，更有不少收藏爱好者希望可以集齐一套十二生肖的"生肖贺岁款"农夫山泉。同时，农夫山泉还与网易游戏公司旗下的热门手游"阴阳师"合作，将游戏中的动漫形象与自己的产品相融合，推出了农夫山泉果味式神饮料。为了持续扩大知名度，农夫山泉还投资赞助了《中国有嘻哈》《青春练习生》等综艺。这些跨界营销合作的背后，可以看到农夫山泉试图通过跨界经营来获取更多年青一代消费者的青睐从而长久地保持自己的品牌竞争力与品牌生命力，让农夫山泉不断地被年轻人所熟知和喜爱。

五、农夫山泉的认知差异化

（一）营销实验树立认知

既然公司走的是差异化发展之路，那么，不光自己所提供的产品在品质和种类上要和其他公司的产品有所不同，更重要的是要让产品给人不同的印象，在消费者心中树立与众不同的认知，从而占领消费者心智，实现产品推广。这就需要对自己的市场与产品进行包装与宣传，实现认知差异化。早在创业之初开辟新市场时，公司便利用营销实验手段向消费者强调自己的与众不同：农夫山泉将水仙花分别种养在纯净水与天然水中，进行分组实验以观察其生长情况，结果显示天然水中的水仙花生长速度快于纯净水。而当众多记者到千岛湖水源地采访时，农夫山泉特意为这些记者准备了一个实验：向每位记者分发了检测试剂，并将不同品牌的瓶装水放在桌子上，让每位记者把检测试剂亲自溶解在不同品牌的水中，并观察不同的水对试剂的反应，以观察水质。

一系列的营销实验，标志着农夫山泉正式用自己的"天然水"取代"纯净水"，并向外界告知"天然水"的不同，从而区别于其他竞争对手，成功地在消费者心目中树立起了"天然""健康"的形象认知。

（二）广告标语树立认知

此外，农夫山泉占领消费者认知还有一个极其重要的途径，就是它出色的产品宣传标语。由于农夫山泉的董事长钟睒睒是记者出身，深谙营销之道，知晓宣传对于产品的重要性，因此农夫山泉十分重视自己的广告标语。早在公司最初走向市场时，便以一则"农夫山泉有点甜"的广告风靡大街小巷。而此后每当农夫山泉推出一款新产品，总会有引人注目的宣传标语问世，来帮助产品迅速打开市场，在认知上获取消费者关注。从"农夫山泉有点甜"再到"我们不生产水，我们只是大自然的搬运工""什么样的水源，孕育什么样的生命"，通过自己的宣传标语的设计，农夫山泉不断占领人们的认知，也正是这些别出心裁的广告语，使农夫山泉在市场中"润物细无声"。农夫山泉部分产品宣传标语见表 21-6。

表 21-6 农夫山泉部分产品宣传标语

产品	宣传标语
农夫山泉天然水	农夫山泉有点甜 我们不生产水，我们只是大自然的搬运工 什么样的水源，孕育什么样的生命
茶π	茶π，自成一派
东方树叶	传统的中国茶，神奇的东方树叶
尖叫	与其心跳，不如尖叫
力量帝维他命水	随时随地补充维他命
水溶C100	五个半柠檬C，满足每日所需维生素C
农夫果园	农夫果园，喝前摇一摇

资料来源：根据农夫山泉公司官方网站、农夫山泉招股说明书整理。

六、农夫山泉的渠道差异化

（一）销售渠道差异化

要想将产品最终传达到消费者手中，销售渠道建设作为价值创造的最后一环至关重要。最初，公司并没有对销售渠道方面有过多的关心，因此农夫山泉对于经销商主要以粗放式管理为主，准入门槛低，部分经销商资质较差、规模较小，且有的区域经销商数量很多，但有的区域却寥寥无几，因此农夫山泉的经销商不管是销售积极性方面还是盈利方面都不尽如人意，有较大提升空间。2016年，农夫山泉将差异化重点放在了销售渠道上，试图通过对销售渠道的改革，使之前主要依赖粗放式经销商的单一线下渠道得到扩展。公司首先通过招标竞标的方式重新选拔经销商，提高了经销质量与准入门槛，并将业务拓展与终端服务的权力下放给经销商，同时将业务员也交由经销商进行管理，以直接处理一线销售情况。而业务员的薪酬则由公司与经销商共同承担，并且加大了激励机制，用丰富的奖励体系调动业务员的主观能动性，使业务员的平均工资由之前的每年5万~6万提升至每年8万~12万。改革后的农夫山泉以一级经销商模式为主，兼顾直销，形成了以大商制为主导的经销模式。此外，公司还对原有渠道进行丰富，建立了传统渠道、现代渠道、餐饮渠道、电商渠道以及其他渠道，在大幅度提升销售数量的同时，也使销售更加有针对性，以实现差异化销售的目的。其中，经销商主要通过小型杂货店和非连锁便利店等传统渠道，商场、超市和连锁便利店等现代渠道，以及餐饮、电商和其他渠道销售公司产品，直营客户则通过现代渠道和其他渠道获取公司产品。农夫山泉销售渠道结构见图21-5。

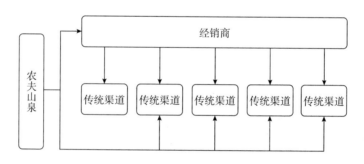

图21-5　农夫山泉销售渠道结构

（二）智能系统赋能渠道建设

在对销售渠道结构与销售方式进行改革的同时，农夫山泉也利用各种新兴的智能技术赋能自己的销售渠道建设。农夫山泉分别研发建立了三大自有智能系统，包括负责企业基本销售管理的NCP系统、负责管理经销商业务代表的MMS系统和公司内部销售人员专用的IMS系统，这些系统对于企业销售渠道的扩展与畅通有着重要作用。如利用NCP系统，公司可以对自己内部的一线销售及销售管理人员进行实时管理，从而确保沟通的及时性与畅通性。同时，也可以对经销商库存进行大数据分析，并根据历史数据及分销表现自动生成存货预警，从而对订单与配送活动进行匹配与管理，指导分销活动，进行营运管理。此外，农夫山泉还根据公司内部实际需要，全面构建了办公系统、财务核算系统、内部即时通信系统，引入了SAP等系统。这些智能信息系统的构建，不仅让农夫山泉提升了销售效率，更使公司的经营与管理更加智能化、系统化。同时，由于产品体系已足够丰富，销售渠道不断优化提升，公司自 2018 年以来开始不断加大线下销售的布局，不仅在一、二线城市建立大量的销售网点，甚至布局到三线城市以下，并重视社区销售。农夫山泉斥资建设终端智能零售系统，使销售渠道不断下沉，将农夫山泉的终端销售机布局到全国各地，利用这些终端机器来加强对于销售渠道的控制。

经过一系列的销售改革与智能系统的应用，农夫山泉的渠道差异化建设已经取得了一定成效。根据农夫山泉发布的招股说明书，到 2019 年为止，在经销商方面，农夫山泉通过 4280 名经销商将销售渠道覆盖到了全国各省市及县级行政区。而在终端零售网点布局方面，总体数量已经达到 240 万个，且约有 200 万左右的终端网点布局于三线及以下城市，部分网点还配备有公司品牌形象的冰柜，不仅提升了品牌的传播性，也扩大了产品在终端布局的份额。此外，公司已于超过 300 个城市布局约 6.3 万台智能自贩机，这些机器深入到小区、社区、学校、单位等地，切实地将产品送到消费者身边，在拓展了消费场景的同时，也让顾客可以自主选择进行购物，缩短消费时间与流程，满足了消费者的便利性需求。

资料来源：刘金奇. 农夫山泉价值创造研究——基于差异化发展战略视角［D］. 哈尔滨：哈尔滨商业大学，2022.

推荐阅读

1. 张秀玉. 企业战略管理（第三版）［M］. 北京：北京大学出版社，2011.
2. 林敬愉. T 公司竞争战略研究［M］. 太原：山西财经大学，2022.
3. 靳洪. 企业战略创新能力形成机理及评价研究［D］. 武汉：武汉理工大学，2011.

思考题

1. 企业战略的特征有哪些？战略层次包括哪些方面？
2. 企业战略分析的企业内外分析包括哪些方面？
3. 企业战略制定的程序包括哪些方面？
4. 企业方针质量包括哪些基本类型？
5. 企业战略实施的阶段是如何划分的？
6. 企业如何制定和实施差异化战略？
7. 企业战略变革的途径有哪些？
8. 如何实施企业战略创新？

第二十二章　企业可持续发展与企业文化建设

学习目标

1. 了解企业可持续发展与企业文化的关系；
2. 熟悉企业价值观的含义与特性；
3. 把握企业家精神的主要内容及对企业可持续发展的作用；
4. 理解品牌的特征与品牌的功能，掌握企业品牌文化的体系结构与价值；
5. 懂得企业质量文化的内涵，掌握企业质量文化建设的措施与途径。

第一节　企业可持续发展与企业文化的关系

一、企业文化的结构与内涵

我们借助美国麻省理工学院教授艾德佳·沙因的冰山理论，来说明企业文化的结构和内涵。根据冰山理论，企业文化可以区分为三个不同的层次，包括核心假设、核心体系和表层工具，企业文化结构见图22-1。

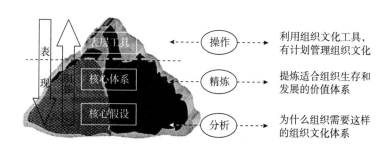

图22-1　企业文化结构

其中，企业文化表层工具主要包括故事、仪式庆典、服装、语言、符号、场景等可视且易改变的元素，其表现形式丰富多彩，是一些可视的元素。

企业文化核心体系主要包括愿景、使命、精神和价值观等思想元素，主要来源于创始人和继任的企业负责人，并根植于企业的方方面面，一旦形成，会比较稳固和恒远，不易改变，核心文化元素隐含于企业，决定着企业成员的行为方式。

企业文化的形成，无论是可视或不可视的文化元素，最终根源于企业的内外部环境，是企业根据自身的条件适应外部环境的结果，对内部条件和外部环境进行深入的现状和展望假设，融入企业自身的发展需求，形成企业文化假设。

企业文化核心体系部分的使命和愿景是企业可持续发展的关键。它回答的是企业存在的理由，给出的是未来蓝图，是企业可持续发展的核心。正如没有理想的人也可能成为富翁，但这样的人成功获得金钱之后往往容易迷失方向，或沦为金钱的奴隶，或找不到人生的目标而回到原点，直到有一天大彻大悟重拾人生的价值才能走出困境；同样的道理，支撑业界常青藤更多的是一种信念，让世界变得更加美好的构想，钱只是实现这一切的工具。

企业文化是"企业之心"，是企业领导和员工的集体智慧形成的贯穿企业经营过程的一种价值观体系，是企业应对环境机遇和挑战所沉淀下来的对与错的判定，是企业为了实现愿景所必须脚踏实地坚持的原则。企业价值观带有较强的功利性和工具性，贡献于企业的长期绩效，是企业感知和适应外部环境的结果。

二、企业可持续发展与企业文化的关系

企业正面对迅速变化的生存与发展环境，对于心存高远、志在打造百年基业的企业而言，如何实现可持续发展已然成为现代企业的时代命题。企业文化在企业竞争和发展中起着非常重要的作用。21世纪企业核心竞争力的焦点是企业文化的竞争，包括使命、愿景等要素在内的企业文化体系是企业可持续发展的关键。

企业文化是企业高层领导和下层员工共同认可的价值观体系。对外，它是世人认识企业的一面旗帜；对内，它则产生无穷的原动力。

（1）企业文化本身是一种向心力。就企业文化的本质而言，它是以人为中心，以文化为导向，通过多种文化形式作用于员工，激励员工自觉行动，形成企业的凝聚力，形成企业可持续发展的人才动力。

（2）企业文化通过制度和责任实现对企业的内在约束力。责任和制度是企业文化的外显形式，也是企业可持续发展的硬性条件。良好的企业制度规范对企业员工产生约束力，从而保证企业的经营在正常控制范围之内，形成企业可持续发展的约束力。

（3）企业文化是企业创新活动的推动力。企业文化创新很大程度上会激发员工价

值理念的创新，进一步推动企业制度和经营战略的创新。与此同时，企业的创新又为企业文化创新带来动力，循环往复，保证企业的持续创新力，形成企业可持续发展的创新推动力。

综上而言，企业要获得持续发展，就必须形成多功能的企业文化。

第二节　企业可持续发展与企业价值观建设

一、企业价值观的含义

企业价值观是企业文化的核心，它是企业在生产发展过程中所形成的对企业经营目标、行为准则的价值取向和判断标准，体现了企业的经营理念和管理哲学；企业价值观是企业内部员工所认可并付诸实践的价值理念，符合社会伦理判断，最终推动企业积极健康快速发展。

价值观作为一种价值目标、价值取向、价值标准，是引领企业达成共同目标的指导性意识和方向性前提，对于企业的取向、行为抉择和发展方向有着重要的影响和意义。

二、企业价值观的特质

1. 隐形性

企业价值观属于意识形态的范畴。它听不见、看不到、摸不着，却体现在企业的各个角落之中，深藏于企业每个员工心中，并引导他们进行生产经营活动。企业价值观对企业的成长起推动或阻碍作用，企业的活动也影响着企业价值观的内涵。企业价值观以企业为载体，当企业消亡时，其独特的企业价值观也随之消亡。

2. 稳定性

企业价值观的确立是企业在运营初始做出的选择，并在生产经营过程中不断累积形成的具有稳定性的价值判断。它决定了企业的经营发展方向，构成了企业内部成员的行为准则。企业价值观的表现形式在环境的变迁中可能发生变化，但其指导思想，始终在企业内部被继承、被发展。同仁堂、可口可乐等中外百年企业，其成功之道的共同点在于都有一个稳定并传承至今的价值观。

企业价值观是企业在长期经营过程中所形成的，决定了其性质、目标、经营方式与管理哲学。企业价值观可以为企业在生产经营过程中遇到义利冲突时，明确是非对错，引导企业做出明智抉择，并指明成功之道。惠普公司自创立以来，就创建了一套企业经营的管理思想。注重以真诚、公正的态度服务于公司的每一位权利人，是惠普公司的基本价值观念。企业在经营过程中，历经外部环境变化时，企业文化的某一些内容也会发生改变，以适应外部环境的需求。但这种变革产生的原因是由企业文化核心的价值观念决定的。正是这种公司内部上下级员工都认可并一以贯之的"惠普价值观念"，成为惠普成功的"秘密武器"。企业文化的稳定性，使其能够不断传承，而不会发生断层。

3. 独特性

企业价值观是伴随着企业成长而不断发展培育出来的。它根植于组织所在的时代与环境，因此不同的民族、不同的时代的企业，都被刻上了民族与时代的烙印，体现了独特的企业价值观。这种根植于本企业发展并伴随着深厚的时代与民族特色的企业价值观指引下的企业生产经营活动，使各个企业呈现不同的精神面貌。企业的经营模式、组织架构、规章制度都可以借鉴与模仿，由企业的自身底蕴和终极目标决定的价值观无法效仿。

4. 实践性

企业价值观是企业在经营实践过程中不断总结积累的。它不是一些简单的标语、口号，而是被员工所认可的价值理念，并指导着企业和员工的行为。企业价值观的逐步认同、准确定位、生产实践的过程，也是企业不断发展壮大的过程。宝洁公司在创立之初，仅满足于微弱的成功，并没有更高的追求，公司业绩平平。在经营过程中，公司逐步形成了"顾客的意见就是正确的意见"的价值理念及"顾客至上"的经营理念后，宝洁公司业绩飞速发展。历经百年，宝洁公司已成长为世界第一的日用品公司。因此，企业价值观来源于实践，更重要的是应用于实践，才能发挥其巨大的作用。

5. 系统性

企业价值观不是杂乱无章的，而是按照企业自身的内在逻辑和意义联结在一起，按照一定的结构、层次和系统而存在的。企业的价值观可以分为附属价值观、基本价值观、目标价值观、核心价值观四个层次。附属价值观是自然形成的，反映组织中员工的共同特性；基本价值观是同行业公司员工都必须具备的行为，不具有企业个性；目标价值观是企业要获得成功必须拥有的但目前暂不具备的价值观，它是企业核心价值观的补充；企业的核心价值观是一个企业独特的源泉，是指导企业行动的原则，是企业文化的根基。只有核心价值观，才是企业在经营过程中必须坚持不懈地使全体员工信奉的价值理念，绝不能因为短期的利益而有所让步。企业价值观不同于企业文化中的其他因素，具有自己独特的个性。

6. 集体性

企业价值观是一个长期的累积过程，由管理者所倡导并为多数成员共同认可和遵循，具有坚实的基础。它是由企业内部员工与外部环境相互作用形成的复合系统，不以任何个人的意志而转移。即使企业中各个部门的亚文化有所不同，企业员工也都会自觉遵循企业的核心价值观。

三、企业可持续发展价值观的建立

企业可持续发展的价值观，就是企业在安排自己的生产经营活动的时候要考虑企业长远的发展，而不是仅仅为了眼前的利益而损害企业未来发展空间，企业的发展必须与企业资源、自然环境、社会利益相协调，促进可持续发展能力的提升。企业可持续发展价值观的建立，要从以下七个方面体现出来：

（1）企业是否具有清晰的生存目标、盈利目标和发展目标。

（2）企业是否在增强自己的实力方面下功夫。

（3）企业是否善于把握各种机会。

（4）企业是否在有机会到来时由于自身能力欠缺而失去机会的事情发生。

（5）企业是否有盲目扩张项目而因为管理等因素滞后导致失败的事情发生。

（6）企业多元化经营的选择是否考虑了企业的实际能力。

（7）企业在进行经营选择的时候，是否往往只考虑当前利益而忽略长远利益，做有损于企业长远发展的事情。

阅读专栏 22-1　华为公司核心价值观

华为公司核心价值观见图 22-2。

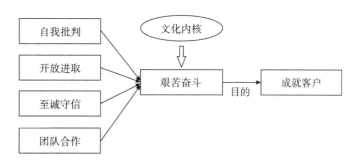

图 22-2　华为公司核心价值观

（1）成就客户。为客户服务是华为公司存在的唯一理由，客户需求是华为公司发展的原动力。华为公司坚持以客户为中心，快速响应客户需求，持续为客户创造长期价值进而成就客户。为客户提供有效服务，是华为公司工作的方向和价值评价的标尺，成就客户就是成就华为公司自己。积极倾听客户需求，精心构建产品质量，真诚提供满意服务，时刻铭记为客户服务是华为公司存在的唯一理由。

（2）艰苦奋斗。华为公司并无可以倚仗的稀缺资源，只有艰苦奋斗方能获取客户的尊重与信赖。始终坚持艰苦奋斗精神，让艰苦奋斗者得到合理的回报。

（3）自我批判。只有坚持自我批判，才能倾听、扬弃和持续超越，才能更好地尊重他人和与他人合作，实现客户、公司、团队和个人的共同发展。自我批判的目的是不断进步、不断改进，而不是自我否定。

（4）开放进取。为了更好地满足客户需求，华为公司积极进取、勇于开拓，坚持开放与创新。任何先进的技术、产品、解决方案和业务管理，只有成功转化为商业才能产生价值。华为公司坚持客户需求导向，并围绕客户需求持续创新。

（5）至诚守信。诚信是华为公司最重要的无形资产，华为公司坚持以诚信赢得客户。只有内心坦荡诚恳，才能言出必行，信守承诺。

（6）团队合作。胜则举杯相庆，败则拼死相救。团队合作不仅是跨文化的群体协作精神，也是打破部门墙、提升流程效率的有力保障。

（资料来源：黄静. 华为公司企业文化建设研究［D］. 衡阳：南华大学，2016）

四、企业领导人在企业可持续发展价值观建立中的关键作用

企业价值观的建立是一项复杂的系统工程，企业领导人（企业董事会、总经理等）在以可持续发展为核心的企业价值观建立中处于中心地位，发挥着关键作用，这是由企业领导人在企业中的地位决定的。

首先，企业领导人在企业中具有权力和影响力。经营领导人是企业一切生产经营活动的实际指挥者。可以说，企业的一切活动都是企业领导人意图的体现，企业的一切行为都是企业领导人行为的延伸。其次，企业领导人在企业中具有人格影响力。在企业中，企业领导人不仅以其价值观潜移默化地影响经营管理人员和普通员工，而且会自觉或不自觉地以其自身价值观去要求经营管理人员和普通员工。总之，完全可以说，企业领导人在企业价值观建立过程中起关键作用，处于中心地位。

企业领导人在企业价值观的建立中应特别注意以下问题：

第一，企业领导人应有明确、系统的价值观，并且与企业价值观保持一致，自觉、能动地体现于自己的一切经营管理活动。

第二，企业领导人必须认识到，企业价值观的建立，不仅要系统、明确地表达出来，用于树立企业形象，重要的是贯穿于企业的一切行为之中，确实成为支配企业领导人自身、经营管理人员、普通员工行为的价值观念，成为企业评价价值现象或价值

关系的标准。相比而言，提出一个系统、明确、优秀的企业价值观是容易的，但使其真正成为企业的价值标准是困难的，企业领导人在企业价值观建立上的中心地位和关键作用更是如此。

第三，企业领导人要认识到，要建立以可持续发展为核心的价值观，提高企业领导人自身素质和企业素质是基础，没有较高的自身素质和企业素质，不可能建立以可持续发展为核心的价值观。

第四，建立以可持续发展为核心的企业价值观要有必要的约束机制和激励机制。这里的约束机制和激励机制就必须根据企业价值观来建立，从而把企业价值观明确为企业的是非评价标准，使按企业价值观行事的经营管理人员和普通员工能够得到肯定、支持、奖励，使不按企业价值观行事者能受到批评、抵制、处罚和相应的职务处分。

第三节　企业可持续发展与企业家精神

一、企业家精神的定义及内涵

对"企业家"一词还没有一个权威的、统一的定义。在这里，我们采用伊迪丝·彭罗斯在她的《企业成长理论》一书中，对"企业家"作出的解释。她认为，企业家是以自己的洞察力去认清环境条件和企业潜力，找出未被利用的企业活动余地（生产机会）的那些人。他们把生产机会与企业内未被利用的资源联系起来考虑，促使企业主动适应需要的变化。[1]

企业家精神指企业家组织建立和经营管理企业的综合才能的表述方式，它是一种重要而特殊的无形生产要素。它是企业家群体独有的显著的精神特征，和其他群体特征区别开来，人们通常也把它看作成功的企业家个人内在的经营意识、理念、胆魄和魅力，以此标尺可以识别、挑选和任用企业家。

二、企业家精神的主要内容

1. 创新精神

创新，是企业家的灵魂。与一般的经营者相比，创新是企业家的主要特征。企业家的创新精神体现为一个成熟的企业家能够发现一般人所无法发现的机会，能够运用一般人所不能运用的资源，能够找到一般人所无法想象的办法。

企业家创新精神体现为：

---

[1]　参见唐跃军《企业家、企业家精神与企业成长》。

（1）引入一种新的产品；

（2）提供一种产品的新质量；

（3）实行一种新的管理模式；

（4）采用一种新的生产方法；

（5）开辟一个新的市场。

2. 冒险精神

企业家具有冒险精神，一个企业经营者要想获得成功，成为一名杰出的企业家，必须要有冒险精神。对一个企业和企业家来说，不敢冒险才是最大的风险。

企业家的冒险精神主要表现在：

（1）企业战略的制定与实施；

（2）企业生产能力的扩张和缩小；

（3）新技术的开发与运用；

（4）新市场和领土的开辟；

（5）生产品种的增加和淘汰；

（6）产品价格的提高或降低。

3. 创业精神

企业家的创业精神就是指锐意进取、艰苦奋斗、敬职敬业、勤俭节约的精神。主要体现在：

（1）锐意进取；

（2）克服因循守旧的心理；

（3）企业家的顽强奋斗；

（4）敬职敬业的职业道德；

（5）勤俭节约的精神风貌。

4. 宽容精神

企业家的宽容精神是指企业家具有宽容心，愿意与人友好相处，愿意与他人合作的态度和精神。主要体现在：

（1）尊重同行和下属；

（2）尊重人才；

（3）善于使用人才，敢于起用人才；

（4）虚怀若谷，善于听取别人意见，尤其是批评自己的意见；

（5）发扬民主精神，避免独断专行。

三、企业家精神对企业可持续发展的作用

实现企业可持续发展的重点是建立企业可持续发展信念，构筑企业可持续发展的

能力。企业家精神对企业可持续发展具有重要作用。

（1）企业家精神的情怀、格局和境界，对企业可持续发展的信念产生重要影响。企业家精神体现了企业家的情怀、格局和境界，对企业的信念产生重要影响，面对员工的多元化和企业外部环境的复杂化，企业家精神可以用企业信念管理高度统一员工的思想，从而铸就强势的企业文化，形成企业发展的内驱力，为社会发展、成就未来而贡献力量。

（2）企业家精神对于企业在发展过程中正本清源、荡涤除尘和专注匠心至关重要，是企业形成"优势"的灵魂。企业想要青山常在，企业家就不能短视，只关注眼前的利益，而是要"谋势"，紧跟时代、经济、政治、科技等发展的趋势，同时，在发展中重视培育企业优于其他企业的核心竞争力，为自身积累优势。

（3）企业家精神能够提高企业适应环境变化的能力；企业家精神能够不断地提高企业自身的生存和发展能力。如果没有企业家精神企业的可持续发展就无从谈起。

（4）企业家精神能够持续地增强企业的核心竞争力、创新力和控制力。在市场经济条件下，企业不可避免地要参与市场竞争，在激烈的市场竞争中，只有具有不懈追求人生目标、创新和冒险精神的企业家才能够率领企业持续地增强企业的核心竞争力、创新力和控制力。

阅读专栏 22-2　世界一流企业的八大文化软实力①

一、强大的企业家精神

大阪企业家博物馆介绍了松下电器创始人松下幸之助、发明方便面的日清食品创业者安藤百福等 105 位大阪地区的企业家。作者认同其企业家定义：企业家≠企业创业者，他们是创造从来没有的商品、服务、技术或商业模式，而为社会发展、改善人们的生活水平做出贡献的人。

企业家精神，以企业家为发端和载体并渗透到全体员工中，进而成为企业文化，在"世界一流企业"那里主要体现为：

（1）极其强烈的事业心和使命感；

（2）极其强烈的创新意识；

（3）极其坚强的信念意志力。

稻盛和夫和任正非，都为其企业注入了企业家精神和优秀品格。

①　葛树荣. 世界一流企业与文化软实力 [J]. 企业文明，2019（7）：22-24.

二、大义名分的企业使命

所谓企业使命，是企业存在的意义。大义名分的使命可以激发员工内心的真善美和创造力，恰如德鲁克所言，管理的本质在于激发人的善意和潜能。"世界一流企业"的使命，自然蕴含一流的大义名分。京瓷、华为的使命分别是：追求全体员工物质与精神两方面幸福的同时，为人类和社会的进步与发展做出贡献；把数字世界带给每个人、每个家庭、每个组织，构建万物互联的智能世界……推动世界进步。

将使命作为深入内心的信念，是推动企业克服困难、持续发展的强大动力。同时，使命引领战略，并落实为具体的经营行为。华为根据联合国《2030 年可持续发展议程》列出的 17 个可持续发展目标，选出了与 ICT 行业相关度最高的 3 个目标（优质教育 73%，良好健康与福祉 71%，产业、创新和基础设施 65%）作为发展方向并承担责任。如此大义名分，符合社会需求，也促进了企业自身的发展。2018 年，华为为英国经济贡献了 17 亿英镑，华为公司目前在英国提供了逾 2.6 万个就业岗位，在做出贡献的同时，也赢得了市场。华为在世界各地都是如此。这就是"世界一流企业"的格局与作为。

三、融入血液的世界第一愿景

很多"世界一流企业"都是从路边小厂起步的，全凭心中强烈的愿望而发展壮大的。据稻盛和夫回忆，京瓷从创业开始就提出，首先是西京区第一，接着是京都第一，再接下来是日本第一、世界第一。不断描绘这个梦想，并持续付出相应的努力，这才有了今天的京瓷。任正非在华为创业第五年就提出，20 年后，世界通信市场三分天下，华为必有其一。"成为世界级领先企业"载入了 1998 年颁布的《华为基本法》第一章第一条。稻盛和夫与任正非都具有均衡人格，理想远大又专注现实，善于用愿景激励员工、引领企业发展。当这种强烈到融入血液的愿望被全体员工认同时，就具备了极高的能量，成为切实的软实力，并沉淀为追求卓越的文化基因。"追求卓越"则是"世界一流企业"的本质特征。

四、极致的客户至上主义

"世界一流企业"无一例外在满足客户需求上努力做到极致。是否做到"极致"，是能否入流的分水岭。正如稻盛和夫所言：取悦客户是经商之本。必须凭借先进的技术，在交货期、质量、价格、新产品开发等所有环节上，全方位地满足客户的需求。与之同频的是任正非的客户至上理念：为客户服务是华为存在的唯一理由；质量好、服务好、运作成本低，优先满足客户需求。这种极致的客户至上主义是推动企业运营质量全面提升的引擎，也必然连带产生高度重视技术和质量的文化。

五、高度专注的技术质量执着

企业的价值在于"为顾客创造价值"，而产品是价值的载体，技术是价值的灵魂，质量是价值的衡量，利润是价值的回报。"世界一流企业"必有一流的技术和质量，这是硬功夫、硬实力。其背后对应的软实力，便是近乎偏执、不走捷径、高度专注地追求技术和质量。质量是满足顾客需求的保障。而技术是质量的基础，新技术是新产品的前提。"世界一流企业"必然是以一流的技术支撑一流的质量和竞争优势，如京瓷的LSI（大规模集成电路）技术和华为5G技术。该文化基因，首先，是创始人骨子里自带的，正如稻盛和夫和任正非。其次，是公司创业初期为了生存而不得已或自觉追求的，会逐渐沉淀为公司文化。同时，它是与客户至上主义关联并存的文化。

六、彻底的效益意识

"世界一流企业"不仅在"生产产品的技术质量"上是世界一流，还表现在"经营企业的技术与质量"上同样是世界一流，集中体现在净资产利润率和税前利润率。这在京瓷主要体现为：①销售最大化、经费最小化；②提高核算意识；③定价即经营；④贯彻健全资产原则。其经营技术是单位时间附加值核算体系及阿米巴经营模式。在华为，则是严格的成本控制和严密的"预算—统计—审计"铁三角。据任正非内部讲话，华为用MRPⅡ管理软件，将业务流程程式化，实现管理网络化、数据化，进而强化公司在经营计划（预算）、经营统计分析与经营（经济）审计上的综合管理。

七、坚定的诚信底线

"世界一流企业"必有一流的诚信，此"一流"体现为"坚定"，并将诚信视为不可突破的底线。美国通用电气公司（General Electric Company，GE）价值观的基石，就是"不妥协的诚信"，并编制了伦理守则——《诚信精神与政策——我们的承诺》。时任CEO杰克·韦尔奇在其序言结尾处指出：能够在全球一流公司工作，我们深感荣幸。我们必须时刻不忘巩固和加强GE一百多年来的成功基础——不妥协地信守诚信原则。京瓷哲学，则以"作为人何为正确"为原点，并在经营中贯彻到底。任正非重视全体员工的诚信教育，并指出华为十几年来铸就的成就只有两个字——诚信。

八、持续不懈的奋斗热情

"世界一流企业"之所以成为"世界一流企业"，必有其"一流"的付出，那就是持续不懈的奋斗激情。这在华为是其"持续艰苦奋斗"的主流文化，在京瓷表现为

"付出不亚于任何人的努力"及"自我燃烧"的文化性格。一个人、一个企业，即使初始能力平平，只要持续付出一流的努力，就会获得一流的成功。这便是稻盛和夫著名的成功方程式，用于企业则表达为：企业的成功＝员工品格×员工热情×企业能力。稻盛和夫来日本航空公司（以下简称日航）的第一年对员工进行了哲学教育，端正了态度、点燃了热情，第二年才导入阿米巴经营模式，提升企业能力。随同稻盛和夫重建日航的助手大田嘉仁认为，该方程式顺理成章地解释了日航重生的奇迹。

第四节　企业可持续发展与企业品牌文化建设

一、品牌概述

1. 品牌的定义与内涵

一般认为，品牌是一种名称、术语、标记、符号或图案，或是它们的相互组合，用以识别某个销售者或某群销售者的产品或服务，并使之与竞争对手的产品和服务相区别。

广泛意义上的品牌包括以下三个方面的内涵：

（1）从法律意义上说，品牌是一种商标。强调的是品牌的法律内涵，是它的商标注册情况，使用权、所有权、转让权等权属情况。

（2）从市场或经济意义上说，品牌是一个牌子。人们关注的是这个牌子所代表的商品的价值，即这个商品的品质、性能、满足效用的程度，此外还包括该品牌自身所代表的商品的市场定位、文化内涵、消费者对该品牌的认知程度等。

（3）从精神、文化或心理的意义上说，品牌是一种口碑、一种品位、一种格调，强调的是品牌的档次、名声、美誉等。

2. 品牌的特征

品牌具备如下几大特征：

（1）非物质性。品牌本身不具有独立的物质实体，是无形的，但它以物质为载体，是通过一系列物质载体来表现自己的。直接的载体主要有图形、品牌标记、文字、声音；间接载体主要有产品的价格、质量、服务、市场占有率、知名度、亲近度、美誉度等。

（2）资产性。品牌是企业一种无形资产。品牌所代表的意义、个性、品质和特征具有某种价值。这种价值是我们看不见、摸不到的，但却能为品牌拥有者创造大量的超额利益。可口可乐品牌价值就是其有形资产的好几倍，创造的利润也是其有形产品的好几倍。所以，可口可乐原总经理伍德拉夫曾说：即使可口可乐公司在一夜之间化为灰烬，仅凭可口可乐这块牌子就能在很短时间内恢复原样，这完全是可能的。

（3）集合性。品牌是一种沟通代码的集合体。品牌是一种错综复杂的象征，它把一个符号、一个单词、一个客体、一个概念同时集于一身，把各种符号（如标识、色彩、包装）都合并到一起。生产商（服务商）把品牌作为区别于其他生产商（服务商）产品（服务）的标识，以吸引人们，尤其是引起消费者和潜在消费者对自己产品（服务）的注意与识别。从消费者角度看，品牌作为一种速记符号与产品类别信息一同储存于消费者头脑中，而品牌也就成为他们搜寻记忆的线索和对象。

（4）专有性。品牌具有明显的排他专有性。品牌代表一个企业在市场中的形象和地位，是企业进入市场的一个通行证，是企业和市场的桥梁和纽带。从某种意义上说，品牌是企业参与市场竞争的法宝、武器和资本。同时品牌属于知识产权的范畴。企业有时通过保密和企业保护法来维护自己的品牌，有时通过在国家有关部门登记注册、申请专利等形式保护自己的品牌权益，有时又借助法律保护并以长期生产经营服务中的信誉取得社会的公认，如品牌名称、标志，这些都有力地说明了品牌具有专有性。

（5）扩张性。品牌具有极强的扩张力、延伸力和影响力。品牌成为资产重组的旗帜，是公司品牌形成的重要标志。目前，我国许多企业亏损甚至倒闭，而我国最有价值品牌企业在市场中却有着越来越高的号召力、影响力。在品牌扩张延伸过程中，随着公司集团化发展，品牌行业界限越来越模糊，而其品牌的概念却越来越清晰。

（6）风险性和不确定性。品牌具有一定的风险性及不确定性，品牌潜在价值可能很大，也可能很小。它有时可使产品取得很高的附加值；有时则由于企业的产品或服务质量出现意外，或由于企业的资产运作状况不佳及产品售后服务不过关等，而使企业品牌迅速贬值，出现品牌"跳水"现象。

（7）承诺性。品牌是一种承诺和保证。这是以品牌提供的价值、利益和特征为基础的，品牌必须提供给消费者强劲的价值利益以满足消费者的需求与欲望，以赢得消费者的忠诚，取得他们长期的信赖与偏好。

（8）竞争性。品牌是企业市场竞争的工具。在产品功能、结构等因素趋于一致的时代里，关键是看谁的品牌过硬。拥有品牌的企业，就能在未来的竞争中处于有利的位置，留住老顾客，开发大量潜在消费者，树立起良好的品牌形象，提高市场覆盖率和占有率，赢得更大的利润和效益。

（9）忠诚性。现代市场竞争，从某种意义上说，就是品牌竞争。许多消费者购买的是品牌，品牌是赢得消费者重复购买、大量购买的"魔力"，强势品牌比起一般品牌更是技高一筹。强势品牌可以影响人们的生活态度和观点，也可以影响社会风气。

3. 品牌的功能

综观品牌对企业的作用轨迹，我们不难发现品牌具备如下几种基本功能：

（1）识别功能。识别功能是指品牌能够尽快地帮助消费者找出他所需的产品，缩短消费者在选购商品时所花费的时间和精力。品牌是一种无形的识别器，是产品和企业的"整体"概念。它能使消费者在购买具有某种使用价值的商品时，面对琳琅满目的商品，能很快做出选择。正因为品牌是产品的标志，代表着产品的品质、特色、承诺，缩短了消费者的购买时间和过程。品牌经过国家有关部门登记注册后，成为企业的代号，代表着企业的经营特色、质量管理要求、产品的形象等。如果其品牌在消费者心目中已形成良好的印象，易使消费者在种类繁多的商品中很快做出选择，认牌购买。

（2）维权功能。品牌通过登记注册后，受到法律法规保护，禁止他人非法利用。如果质量有问题，消费者可以根据其品牌与企业进行交涉，依法向其索赔，保护自身的正当权益。

（3）促销功能。促销功能主要表现在两个方面：一是由于品牌是产品品质、特色、档次的标志，易引起消费者的注意，满足他们的需求，因此易赢得消费者的选择和厚爱，实现扩大产品销售的目的。二是由于消费者往往依照品牌选择产品，甚至指牌购买，这就促使生产经营管理者更加关心品牌的形象，不断开发新产品，推陈出新，加强质量和服务管理，提高其品牌知名度、美誉度，使品牌走上良性循环的轨道。

（4）旗帜功能。20世纪80年代初期，日本的家电产品进入中国市场时，就是依靠"东芝""索尼""松下""三洋"等几面大旗，迅速打开且占领我国很大一部分市场，"日货"曾一度成为我国家电行业的霸主。

（5）增值功能。品牌是一种无形资产，它本身可以作为商品被买卖，为企业带来巨大的经济效益。随着品牌的知名度、美誉度的提高，品牌本身的价值也在连年攀升。与其说是产品给生产经营者带来了财富，倒不如说是品牌给他们带来了财富。

（6）形象塑造功能。品牌代表着企业形象。在消费者的心目中，总是把品牌实力与企业的形象联系在一起。品牌有利于塑造企业的形象，提高企业的知名度、信赖度，为企业多元化及品牌延伸打下坚实有力的基础。

二、企业品牌文化

1. 企业品牌文化的内涵

企业品牌文化是指企业品牌所包含和体现的价值观念、生活态度、审美情趣、个性修养、时尚品位、情感诉求等精神要素和精神象征。品牌文化把某个企业的产品或服务同竞争者的产品和服务通过名称、名词、标记、符号、设计或这些要素的组合区别开来，是文化特质在品牌中的沉积和品牌经营活动中的一切文化现象，是品牌所体现或代表的利益认知、情感属性、文化传统和个性形象等价值观念的总和。

品牌就是一种文化，是品质和文化、物质和精神高度融合的产物，是身份的标志、时尚的凝聚和企业无形的财富。品牌文化已经成为人们生活中不可或缺的一部分，成为整个社会文化系统中的重要力量。

2.品牌文化的体系结构

品牌文化是在品牌建设过程中不断发展而积淀起来的，由品牌物质文化、品牌精神文化和品牌行为文化三部分构成。

（1）品牌物质文化。品牌物质文化是品牌的表层文化，由产品和品牌的各种物质表现方式等构成。品牌物质文化是品牌理念、价值观、精神面貌的具体反映。尽管它处于品牌文化的最外层，但却集中表现了一个品牌在社会中的外在形象。顾客对品牌的认识主要来自品牌的物质文化，它是品牌对消费者的最直接的影响要素。因此，它是消费者和社会对一个品牌总体评价的起点。

根据品牌的物质构成要素，可以将品牌物质文化分为产品特质和符号集成两方面。

1）产品特质。它是品牌必须具备的功能要素，它满足消费者对产品的基本需求，是消费者需求的出发点。产品特质包括产品功能和品质特征，是消费者对品牌的基本需求，是消费者对品牌功能的价值评判标准。

2）符号集成。符号集成是多种品牌识别元素的统称，它们包装和完善品牌，为消费者提供产品功能价值外的需要。它包括：①视觉部分：品牌名称、标识、产品形状、颜色、字体等；②听觉部分：音量、音调和节拍；③触觉部分：材料、质地；④嗅觉部分：味道、气味。

（2）品牌精神文化。品牌精神文化是企业品牌在企业生产经营与管理中形成的一种意识形态和文化观念。品牌精神是品牌文化的核心，是品牌的灵魂。品牌精神文化包括品牌精神、品牌愿景、品牌伦理道德、价值观念、目标和行为规范等。它决定品牌的个性和形象，决定品牌态度，以及品牌在营销活动过程中的行为表现。海尔的品牌精神"真诚到永远"，飞利浦的品牌精神"让我们做得更好"等，都是品牌对消费者和社会的承诺，影响企业和消费者的思想。企业把这种品牌价值观贯穿企业生产经营的每一个环节，从产品设计、功能特性、品质到营销、传播和服务，无不体现品牌精神。

（3）品牌行为文化。品牌行为文化是品牌营销活动中的文化表现，包括营销行为、传播行为和个人行为等，是品牌价值观、企业理念的动态体现。品牌行为是品牌精神的贯彻和体现。品牌价值是在品牌营销中实现和建立的，离开市场营销活动，品牌就失去了生命，品牌文化在品牌运动中建立，品牌价值在营销中体现。品牌行为是品牌与顾客关系建立的核心过程，关乎品牌的个性彰显和形象塑造，关乎企业营销的成败，关乎企业的生命。

品牌行为必须与品牌精神相一致，真正做到将品牌精神全面贯彻实施。品牌行为文化主要包括以下几方面：

1) 品牌营销行为。品牌营销行为包括产品、价格、促销和分销 4P 组合和服务。营销行为中，服务作为一种独特的方式，既是品牌行为的主要内容，也是品牌塑造的重要环节。

2) 品牌传播行为。品牌传播行为是广告、公共关系、新闻、促销活动等，传播行为有助于品牌知名度的提高和品牌形象的塑造。

3) 品牌个人行为。品牌是多种身份角色的市场代言人，品牌行为包括企业家、员工和股东等的个人行为。他们的行为构成了品牌的个人行为，品牌行为又代表着他们的行为。

三、企业品牌文化的价值

1. 品牌文化的经济价值

（1）品牌文化是品牌价值的源泉。

1) 品牌文化决定并提升消费者对企业产品或服务的认知。在物质生活日益丰富的今天，同类商品多达数十上百甚至上千种，消费者根本不可能去逐一了解，只有凭借自己或他人以往的消费经验。这种消费经验的积累和运用叫作品牌认知。品牌认知无论对消费者还是对企业都至关重要，但认知并不是目的，品牌认知是为了进行购买决策。品牌文化的最终价值或意义是作为选择产品的依据，促进顾客的实际购买，并维持和巩固企业与消费者的交易关系，直至顾客产生品牌忠诚。

2) 品牌文化是维系企业与消费者之间关系的契约。众所周知，任何一项商品交换都是一个关系型契约。对于品牌而言，是企业与消费者之间的一种契约。不过这个契约不是写在纸上的，而是存在于顾客心中。品牌契约不仅是交换关系，而且还包含其他社会关系，如企业和顾客之间的情感联络等。对于企业而言，它更折射出企业品牌文化的塑造，并有效指引品牌文化建设的方向；同时，企业与消费者之间的契约又是靠企业品牌文化的营造来维系和支持的。二者相辅相成，互相制约和引导，从而为企业产品创造价值提供了平台和纽带。

3) 品牌文化反映企业对消费者的承诺。品牌实质上是一种商业承诺，企业培育品牌的过程就是一个孜孜不倦地实践自己诺言的过程。百年品牌的成功经验是：给予消费者的承诺必须是能够兑现的。承诺要非常慎重，一旦承诺就一定做到，否则就会伤害品牌的美誉度。从这个意义上来讲，与其说企业在管理品牌，倒不如说品牌在约束企业。一个消费者信赖的企业，它独特和诚信的品牌文化正折射出企业对消费者的责任和承诺，反映出消费者对企业品牌文化的信心和对企业的信赖。

（2）企业品牌文化是企业的无形资产的增值。品牌文化是一种特殊的无形资产，它具有巨大的增值空间。它不断增值的过程，其实就是消费者心目中品牌文化从功能内涵向精神内涵的演变过程。消费者对品牌的强烈心理感受，正是形成品牌忠诚的最佳体现，而忠诚度恰是品牌资产的重要组成因素。消费者产生的重复购买行为和对品牌美誉的推广，形成了品牌资产提升的巨大原动力。所以企业要时刻提醒自己在塑造和保持品牌的过程中注意品牌资产的增值。总之，企业要让品牌文化成为强势资产，就需要正确理解品牌的发展及品牌资产的含义。同时，品牌文化会随着产品的不断重复使用，增加它的识别功能、竞争功能和增值功能。品牌文化的增值是一步一步积累的结果，为了走好每一步，就应随时掌握品牌的发展状况，定期追踪品牌的成长轨迹，及时修正品牌的发展方向，调整管理策略，保证品牌健康发展。

（3）企业品牌文化在产品经营中的附加值。品牌以独特的方式使消费者感到与众不同，体现出品牌的价值。品牌文化是品牌在消费者心目中的印象、感觉和附加价值，是结晶在品牌中的经营观、价值观、审美因素等观念形态及经营行为的总和。品牌为消费者提供了表现自我价值的途径，能带给消费者心理满足的效用，具有超越商品本身的使用价值；同时，由于品牌文化不断创新、不断发展，影响商品消费的文化因素纷繁复杂、多种多样，品牌经营者必须充分考虑和利用品牌文化效用，及时了解和把握消费者的消费行为在品牌文化作用下的变化，提升企业品牌文化的附加价值，从而形成具有竞争力的、独特的企业品牌文化，稳固其在产品经营中的特殊地位。

2. 品牌文化的社会价值

（1）企业品牌文化的诚信价值。对消费者而言，诚信比任何策略、手段都更具价值潜能。品牌文化简化了选择，保证了质量，而且品牌所蕴含的文化特质还增添了情趣。品牌给人们带来温暖、熟悉和信任。在成功品牌背后，品牌信誉创造了强大的沟通力量。诚信能够提升品牌价值，进而转化为企业的无形资产，甚至可以说，诚信本身就是品牌。海尔堪称本土品牌的佼佼者，"真诚到永远"的海尔电器在市场上的售价总是比一般电器贵15%~30%，但选择海尔的消费者依旧不减，这就是品牌的诚信价值所在。

（2）企业品牌文化的社会形象价值。企业品牌文化体现的是企业的社会形象。在现代企业中，从经营者素质到员工素质，从产品质量到管理技能，从产品生产到市场营销，从环境建设到产品开发，无不渗透着浓郁的文化因子，体现着企业形象。

3. 品牌文化的管理价值

（1）企业品牌文化有利于提高企业凝聚力。企业品牌文化也是一种经营管理文化，品牌意识、品牌标准、品牌质量等在企业发展中发挥着极其重要的作用，形成强大的凝聚力和推动力，促使和激励企业全体员工用品牌意识武装头脑，用品牌标准衡量工作，用品牌质量输出产品和服务。

（2）企业品牌文化的市场竞争战略价值。在市场竞争日趋激烈的今天，品牌已成为企业竞争力的核心。企业之间的竞争已经演变成为品牌之间的竞争。品牌文化成为企业战略竞争要素，凸显出其越来越重要的战略价值。

四、企业品牌文化建设的措施与途径

1. 品牌文化对企业可持续发展的作用

（1）品牌文化对企业的长远发展具有指导意义。品牌文化中的价值观、经营理念、行为准则等对企业创建品牌和发展品牌具有重要的现实和长远指导作用，立足现在，着眼于企业的未来，为企业的发展指明方向。

（2）品牌文化对企业可持续发展起保障作用。企业一旦形成品牌文化，作为一种"无形的手"，它将对企业生产、经营活动产生长期的、持续的积极影响。因为品牌文化作为企业经营战略的支持系统，伴随着企业的长远谋划而长期存在；企业的社会责任就是在经营活动中，依照法律生产产品和管理企业，为社会提供更多、更好的产品和服务。

（3）品牌文化为企业树立良好的形象。品牌文化可以建立起社会和消费者对企业的高度信任感，赢得广泛的美誉，形成企业的核心竞争力。

（4）品牌文化有利于建立学习型企业。打造品牌的过程，就是不断学习新知识、新技术，提高企业整体素质，实现企业蜕变，消除企业消极因素，使企业保持持续发展的活力的过程。企业品牌文化建设通过建立学习机制、不断汲取新的知识、培养品牌、建立品牌文化，形成企业可持续发展的动力。

2. 加强品牌建设，促进企业可持续发展

（1）加强品牌策划，构建企业可持续发展品牌之灵魂。企业品牌文化是企业品牌建设的核心内涵和发展方向，也是品牌策划的灵魂所在。要以企业可持续发展理念为指引，以利益相关方为导向，关注企业发展与社会的和谐共生，统筹开展品牌文化价值输出、品牌总体谋划、品牌制度体系完善、品牌具体项目落实、品牌评估等，将"责任理念"充分融入品牌建设与管理的实践，充分展现公司可持续发展的价值主张和价值内涵。

（2）构建可持续品牌之内在品牌塑造。一方面，要完善全链条生产运行对品牌的支撑，从全业务链条出发，建立现代管理体系，做到各业务领域业绩优秀，巩固品牌的内在素质。另一方面，要找准业务与品牌建设融合点，聚焦为客户创造价值，改善利益相关方体验和认知，持续巩固品牌的发展根基。

（3）加强品牌形象传播。通过多种形式和渠道向外界传递可持续性品牌塑造的内容，积攒良好口碑，提升品牌美誉度。充分运用网络传播，借助网络意见领袖、专家学者、媒体代表、合作对象等"朋友圈"资源发声，展示"负责任、敢担当"的良好企业形象。

（4）加强企业品牌保护体系建设。可持续品牌工作包括建立品牌的授权准入、动态审核和清查退出机制，加大对擅用、滥用企业品牌行为的监测、识别和处罚力度，统筹推进商标、字号、域名、专利、商业秘密、著作权等保护工作，加强海外商标布局，为品牌"走出去"保驾护航等。

阅读专栏 22-3　真诚到永远——海尔的形象

一、集团形象用语

真诚到永远。

二、产品形象用语

海尔冰箱为您着想；
海尔空调永创新高；
海尔冷柜创造品位；
海尔洗衣机专为您设计；
海尔电脑为您创造；
海尔彩电风光无限；
海尔热水器安全为本；
海尔国旅诚信相聚；
海尔商用空调永领时代新潮；
海尔手机听世界打天下；
海尔家居一站到位。

三、海尔中英文标准字样

海尔商标的演变是海尔从中国走向世界的见证。

海尔创业刚起步时，从德国利勃海尔公司引进电冰箱生产技术。当时双方签订的合同规定，海尔可在德国商标上加注厂址在青岛，于是海尔便用"琴岛-利勃海尔"作为公司的商标（琴岛，青岛的别称）。

随着企业品牌声誉的不断提升，原商标中的地域性影响了品牌的进一步拓展，于是过渡成为"琴岛海尔"。

随着企业进军国际化市场步伐加快，1993年5月，集团将产品品牌与集团名称均过渡为中文"海尔"，并设计了英文"Haier"作为标识，新的标识更与国际接轨，设计上简洁、稳重、大气，广泛用于产品与企业形象宣传中。

2004年12月26日，海尔集团开始启用了新的海尔标志，新的标志由中英文（汉语拼音）组成，与原来的标志相比，新的标志延续了海尔20年发展形成的品牌文化；同时，新的设计更加强调了时代感。

英文（汉语拼音）每笔的笔画比以前更简洁，共9画。"a"减少了一个弯，表示海尔人认准目标不回头；"r"减少了一个分支，表示海尔人向上、向前的决心不动摇；英文（汉语拼音）海尔新标志的设计核心是速度。因为在信息化时代，组织的速度、个人的速度都要求更快。风格是简约、活力、向上。英文（汉语拼音）新标志整体结构简约，显示海尔组织结构更加扁平化；每个人更加充满活力，对全球市场有更快的反应速度。

汉字海尔的新标志，是中国传统的书法字体，它的设计核心是动态与平衡，风格是变中有稳。这两个书法字体的海尔，每一笔都蕴涵着勃勃生机，视觉上有强烈的飞翔动感，充满了活力，寓意着海尔人为了实现创世界名牌的目标，不拘一格，勇于创新。

《孙子兵法》上说："能因敌变化而取胜者，谓之神"，信息时代全球市场变化非常快，谁能够以变制变，先变一步，谁就能够取胜。

海尔在不断打破平衡的创新中，要保持相对的稳定，所以，在"海尔"这两个字中都有一个笔画在整个字体中起平衡作用，"海"字中的一横，"尔"字中的一竖，"横平竖直"，使整个字体在动感中保持平衡，寓意变中有稳，企业无论如何变化都是为了稳步发展。

从"琴岛-利勃海尔"到"琴岛海尔"再到"海尔"，从商标的演变可以看出海尔塑造品牌形象、逐步走向国际化品牌的发展历程。海尔，正在努力成为真正的国际化品牌。

四、海尔中英文标准字样

公司旗帜（见图22-3）以企业英文标准字、象征图案、企业色为基本要素设计。

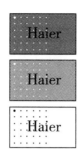

图 22-3　海尔旗帜

海尔方圆标志象征图案，意即"思方行圆"。"方块"放在阵中的排头是以它为基础向纵深发展的意思，它在这里代表着海尔的思想、理念、文化，它是一个中心。它指导着周边圆点的组合，体现了思方行圆的思想，即在工作中要将原则性和灵活性有机地结合起来，以达到预定的目标和效果。同时也有发展无止境的寓意。在中国，人们愿意把三认作上升，把六视作顺利，而三十六又暗含着一种足智多谋的意思，方与圆的排列组合是三十六，意味着海尔不断上升、不断发展。

在使用上，海尔蓝色旗作为企业形象用旗，海尔红色旗和白色旗在展览会等市场宣传行为时使用。

五、海尔吉祥物

这两个小孩是海尔的吉祥物（见图 22-4），一个是中国的小孩，一个是外国的小孩。它的使用始于建厂初期，当时海尔与德国利勃海尔公司合作，此标志寓意中德双方的合作如同这两个小孩一样充满朝气和拥有无限美好的未来。后来，海尔以这两个小孩为原型制作了 212 集的动画片《海尔兄弟》，受到广大青少年朋友的喜爱。

图 22-4　海尔吉祥物——海尔兄弟

（资料来源：真诚到永远——海尔的企业文化，百度文库，https：//wenku.baidu.com. 2019 年 5 月）

第五节 企业可持续发展的质量文化建设

一、企业质量文化的内涵

20 世纪 80 年代以来，全面质量管理得到了大力的发展，企业文化理论体系形成并发展为新的管理思潮，从而诞生了质量文化这一新概念。持续稳定的产品质量是企业生存和发展的生命力，而先进的企业质量文化能够持续推动企业对产品实现过程的有效管理，为提升产品的质量提供源源不断的动力，也是企业持续发展的动力。

企业质量文化是企业文化的核心内容，企业质量文化是企业全员所认同并在日常工作中表现出的质量价值观念、质量信念及质量行为规范的综合体。质量价值观是质量文化的核心。

质量文化的内涵包括四个方面的内容①：

1. 质量价值观念超前性

质量价值观念是企业质量文化的核心要素，是企业质量经营管理活动中推崇的基本理念，优秀的质量价值观念往往以追求高质量、让客户满意为目标，并且能够被全体员工所认同，将企业全体员工凝聚在一起，致力于企业质量目标的实现。质量价值观念超前性综合反映了企业在生产经营活动中所秉持的质量价值观念得到全体员工认同的程度、企业对满足顾客需求的重视程度，以及对通过质量创新来提升顾客满意度和忠诚度的重视程度。

2. 质量意识超前性

质量意识是企业整体对质量管理工作的认识与理解，质量意识对企业质量经营管理活动的作用包含：①质量意识对质量行为有直接的影响，对质量的深刻认知能够提升员工对质量工作的重视程度，促进员工选择最佳的质量行为；②质量意识的高低影响员工对信息的接受、理解与组织；③员工的质量意识决定着员工的工作态度及工作积极性。质量意识超前性指企业整体对质量管理工作有充分的认识与理解，有坚定的质量信念，并且对相关的质量标准等质量知识及时引进、吸收，引导和规范全员的质量行为。

3. 质量战略优先度

质量战略能够为企业指明长期的发展方向、明确企业的发展目标，以及所要树立的企业形象，企业高层管理人员会依据质量战略制定并实施相关的质量战略决策，并引领企业全员为实现质量战略目标而奋斗。质量战略反映出企业在经营活动中将质量放在首位，对质量高度重视，并采取相应的措施支撑质量战略的实施，追求高质量及

---

① 金伟蓉 . 企业质量文化对产品实现过程质量的作用机理研究［D］. 西安：西安理工大学，2018.

客户满意度的提升。质量战略优先度指企业在战略调整与变革中，充分体现以顾客为关注焦点的差异化战略在企业战略中的优先地位，高度重视质量方针、质量目标及质量职责的分配、全面贯彻与落实，强调产品超越顾客潜在要求、法律法规要求与持续质量改进在未来发展中的重要性，注重质量竞争的优先度与以战略为导向的质量改进。

4. 产品质量承诺履约度

质量承诺是企业管理者对提高企业产品或服务质量的情感愿望，是企业向客户传递产品或服务相关积极信息的渠道，包括产品承诺和服务承诺两方面内容，积极履行产品质量承诺，能够有效削减信息不对称造成的顾客投诉和抱怨。质量管理承诺履约度是指企业高度重视质量管理承诺与产品质量承诺超越产品要求的程度及其履约行为与承诺的契合程度，强调高层管理者的质量危机管理职责与领导作用，传播产品质量承诺超越顾客要求、法律法规要求、竞争对手要求的必要性，传播兑现质量危机预防、预警、应对、控制承诺的重要性，并促使全体员工对质量承诺理解一致，将质量危机的消除及追求持续卓越质量视为其不可推卸的责任。

二、企业可持续发展的质量文化建设的措施与途径

1. 企业质量核心价值观建设

质量是现代企业核心竞争力最基础、最根本的，也可以说是第一要素。企业可持续发展的质量文化建设，必须加强企业质量核心价值观建设。企业质量核心价值观是质量文化的核心，是企业在从事质量活动中起决定性作用的，全体员工都认同且共同遵守和信奉的质量价值取向。主要阐明企业在质量活动中共同的经济、社会及人文等追求。质量核心理念指在质量工作中应坚持的总想法、总思路，以及坚持的信条和信念，是企业全体员工整体意志的体现，是指导和影响企业质量战略追求的方法论，作用是协调企业员工的意志和行动。质量核心价值观建设，就是要把质量放在企业可持续发展的第一位，用质量观点确立企业发展战略，提高企业人力资源质量、企业资源质量、企业知识质量、企业环境质量、企业设施质量等，用这些要素的高质量，建设起企业可持续发展的基础。

2. 企业质量精神建设

企业质量精神，是企业质量文化的重要元素之一，企业质量精神，指企业在质量活动中，为了实现质量使命、宗旨和目标，长期形成的并为员工所认同的一种积极、健康、向上的群体意识。它是激励员工在提高质量、追求品质过程中，应该持有的一种勇往直前、永无止境的精神。企业质量精神建设，体现企业对追求卓越质量的目标和意志，用质量精神推动企业可持续发展，把高质量作为企业可持续发展的内容，离开质量，就谈不上企业发展，更谈不上企业可持续发展。

3. 企业质量作风建设

企业质量作风，是企业在生产产品、提供服务过程中，实现质量功能和质量目标的质量形成过程中，所表现出来的质量行为的活动方式和内容风格。质量作风是质量文化的外显形式，是员工在思想、工作、生活上表现出来的达到质量水平的程度的态度和行为，是企业质量活动的氛围或风气。良好的质量作风，能够协调企业的组织与管理行为，有助于建立科学规范的质量企业运行秩序，提升员工的工作境界，达到提高工作质量和效益的目的。企业质量作风建设是要通过提高企业领导人员质量意识的示范作用，引领企业各级管理者和员工从质量观点出发，通过质量行为活动的自觉激励和约束机制，追求高质量产品、高质量工作成果的行动自觉。

4. 企业质量道德建设

企业质量道德是企业文化的重要内容。所谓企业质量道德，是指企业在实施产品生产和服务活动中，应该遵循并达到的与产品品质功能、服务内容和质量有关的承诺原则、准则、标准和规范的总和。质量道德对企业及其员工的质量行为具有约束和激励作用。企业可持续发展，要体现和实现对社会、对利益相关者的有关承诺，要实现符合一定内容质量标准和要求的承诺，质量道德建设是企业实现可持续发展的重要机制，也是可持续发展的主要内容之一。企业质量道德建设，就是要提高企业领导人对质量道德建设的地位和作用的认识，建立企业质量道德规范体系、标准体系和实施体系，充分发挥质量道德的约束作用，形成人人讲质量、事事讲质量、时时讲质量的工作氛围，同时要充分发挥企业质量道德的辐射和引领作用，将企业质量道德辐射到企业的供应商、销售商和合作者，为企业可持续发展奠定坚实的质量基础。

推荐阅读

1. 黄静. 华为公司企业文化建设研究［D］. 衡阳：南华大学，2016.
2. 罗长海. 微软文化［M］. 北京：清华大学出版社，2004.

思考题

1. 如何理解企业可持续发展与企业文化的关系？
2. 企业价值观的含义与特性各是什么？
3. 企业家精神的主要内容包括哪些？企业家精神对企业可持续发展的作用体现在哪些方面？
4. 品牌的特征与品牌的功能各是什么？
5. 企业品牌文化的体系结构包括哪些？企业品牌文化的价值体现在哪些方面？
6. 企业质量文化的内涵有哪些？企业质量文化建设的措施与途径有哪些？

第二十三章　企业资本经营管理

学习目标

1. 了解企业资本经营的内容与资本经营的特征；

2. 熟悉企业资本经营的形式与类型；

3. 把握资本经营评估的程序与评估报告的主要内容；

4. 理解企业资本经营设施条件；

5. 掌握资本经营风险的特点、类型及管理的主要程序；

6. 学会资本经营效益分析；

7. 了解资本经营与企业可持续发展。

第一节　资本经营管理概述

一、资本经营的定义与含义

所谓资本经营，就是通过投融资、资产重组和产权交易等手段，对资本实行优化配置和有效使用，以实现资本盈利最大化的经营活动。资本经营是市场经济条件下社会资源配置的重要方式之一，与资本相伴随，存在于社会经济生活的各个领域之中。

关于资本经营的含义，我们可以从广义和狭义两个角度来理解。广义的资本经营可以理解为以利润最大化和资本增值为目标，以价值管理为核心，通过对资本结构的动态调整和生产要素的优化重组，实现对企业资产有效经营的一种经营方式。狭义的资本经营是指以价值化、证券化资本或者可以按价值化、证券化操作的物化资产为基础，通过兼并、收购、资产重组、战略联盟等途径，实现资本最大限度增值的经营管理方式，狭义的资本经营是从企业的层面来探讨资本经营的，与企业的生产经营相对，主要是指企业的外部交易型战略的运用，其核心战略是兼并与收购。

二、资本经营的内容

资本经营的内容非常广泛，从不同的方面划分，包括以下内容：

1. 资本的运动过程

从资本的运动过程划分，它包括资本的组织、投入、运营、产出和分配的各个环节、各个方面。

2. 资本的运动状态

从资本的运动状态来划分，可以将其划分为存量资本经营和增量资本经营。

（1）存量资本经营。存量资本经营指的是投入企业的资本形成资产后，以增值为目标而进行的企业的经济活动。资产经营是资本得以增值的必要环节。企业还通过兼并、联合、股份制、租赁、破产等产权转让方式，促进资本存量的合理流动和优化配置。

（2）增量资本经营。增量资本经营实质上是企业的投资行为，因此，增量资本经营是对企业的投资活动进行筹划和管理，包括投资方向的选择、投资结构的优化、筹资与投资决策、投资管理等。

3. 资本经营的形式和内容

从资本经营的形式和内容来划分，可以将资本经营分为实业资本经营、金融资本经营、产权资本经营以及无形资本经营。

（1）实业资本经营。实业资本经营是指将资本直接用于购买生产经营活动所需要的厂房、机器设备等固定资本和原材料等流动资本，形成从事产品生产或者提供服务的经济活动能力和运作过程。

实业资本经营是企业资本经营范畴中最基本的运作方式，对整个资本经营起到支撑作用，是企业成长和发展的基础。其最终目的是运用资本投入所形成的实际生产经营能力，从事产品生产、销售或提供经营服务等具体的经济活动，以获取利润从而实现资本的保值增值。实业资本经营会形成企业的核心竞争力，它是企业发展壮大的根本所在。

（2）金融资本经营。金融资本经营是指企业以金融资本为对象而进行的一系列资本运营活动。它一般不涉及企业的厂房、原料、设备等具体实物运作。我们这里所说的金融资本，实际上是与实业资本相对应的。它主要以有价证券为表现形式，如股票、债券等，也可以是企业所持有的可以用于交易的一些商品或其他种类的合约，如期货合约等。

企业在从事金融资本经营活动时，自身并没有参加直接的生产经营活动，而只是通过买卖有价证券或者期货合约等来进行资本的运作。因此，企业金融资本运营活动的收益主要来自有价证券的价格波动以及其本身的固定报酬，如股息、红利等所形成的获益。它不是依靠企业自身的产品生产、销售行为来获利的。

企业从事金融资本经营，其主要目的并不是控制自己所投资企业的生产经营权。它只是以金融资本的买卖活动为手段和途径，力图通过一定的运作方法和技巧，使自身所持有的各种类型的金融资本升值，从而达到资本增值的目的。

（3）产权资本经营。产权资本经营简称产权经营，是指企业经营者依据企业的法人财产权经营企业的法人资产，以实现企业法人资产的保值增值目标。产权资本经营的主要活动包括：通过资产交易使资产从实物形态变为货币形态，或者从货币形态转变为实物形态。资产交易的结果改变了不同资产在总资产中的比例；企业进入资本市场发行企业债券；进入企业产权交易市场进行兼并、收购、参股、控股、租赁等。

产权资本经营的对象是产权，经营的主要方式是产权交易。通过产权交易可以使企业资本集中或分散，从而优化企业的资本结构，为企业带来收益。产权从某种意义上可以看作一种资本，强调产权是一种资本，其意义在于将企业的经营资源不仅局限于企业自身的资本、劳动力、技术等，而要在更大的范围内运作资本，使企业通过兼并、收购、租赁等产权资本经营形式，实现资本扩张，获得资本的最大增值。

产权资本经营的地位和作用主要表现在以下几个方面：

1）产权资本经营是进行企业资源优化配置的方式和手段。企业的主要目标是使资本不断增值，实现利润的最大化。当企业的目标受到市场、资金、管理、技术等方面的制约，所有者无法获得预期的利益，反而要承担亏损甚至破产的风险时，企业所有者就会将企业的产权出售，获取另一种产权形式——货币产权，以重新选择投资方向，满足获利动机。产权资本经营是一种积极主动的资源重组方式和手段。一些大财团公司经常进行企业产权的交易，以追求更高的效益。企业的产权交易，促进了企业的新陈代谢，使企业充满了生机和竞争活力。

2）产权资本经营可以实现企业的资本经营战略。企业的资本经营战略是在企业对自身条件和外部环境进行分析的基础上，为实现企业的资本经营目标而做出的长远的谋划。企业的产权资本经营关系到企业的长期发展，因此，必须以企业的战略作指导。

3）产权资本经营可以增强企业实力。企业通过产权资本经营可以扩大经营规模，增强企业的实力。企业通过控制股权，可以使分散的资金聚合，使生产形成规模，实现规模经济；通过产权资本经营还可以实现优势互补，获得科学技术上的优势，有效地占领市场。

4）通过对闲置资产的产权转让，可以盘活闲置资产，使凝固的资产向市场流动，调整企业的产品结构，有助于压缩长线产品，使资金流向短线产品，提高资本经营效率。

5）产权资本经营可以打破行业进入壁垒，实现部门和行业转移。企业要实现跨部门、跨行业投资或要素转移，首先要打破进入壁垒，如规模、资金、技术等壁垒。与直接投资和转产相比，通过产权交易方式突破进入壁垒更为迅速和有效。

（4）无形资本经营。无形资本经营是指企业对所拥有的各种无形资产（如专利权、著作权、土地使用权、非专利技术、商誉等）进行的运筹和谋划，是用无形资本的价值实现企业整体价值增值目的的运作方式。无形资本在资本经营活动中发挥着重要的作用，利用无形资本经营，发挥无形资本的经济杠杆作用是实现资本保值、增值、企业价值最大化的有效途径。

无形资本经营是企业对其拥有的各类无形资产进行运筹、谋划、置换、交易，使其实现价值的最大增值的市场活动。开展无形资本经营活动的积极作用，在于带动和促进存量资产优化重组。

一是无形资本经营可以促进企业实现规模经营。传统的扩大企业规模的做法，是通过增加厂房、设备等有形资产来实现的，而通过无形资本转让。对企业的知识产权类资产进行参股、生产许可证转让、商标转让等，可以扩大企业规模，实现规模经济目标。当今诸多世界著名的企业在减少有形资产投资的同时，都加大了无形资本经营的力度，它们通过生产许可证转让、生产特许协议、商标有偿转让形式扩大资产总规模，取得了飞速发展。人们所熟知的美国可口可乐公司、肯德基公司利用其配方和商标权转让，在世界各地建立跨国公司，就是利用了无形资本在扩大企业规模效应中的积极作用。

二是开展、实施无形资本转让。可以推动企业重视技术和产品开发。无形资本付诸实际应用之前的作用，只是潜在的、待实现的。无形资本经营是将知识形态的生产力向现实形态的生产力转化，转让的过程就是推广新的科学技术成果的过程。强调、重视无形资本经营可以促使企业重视技术和产品的开发，建立企业特有和擅长的技术和工艺，形成具有竞争力的产品。

三是无形资本转让可推动、促使企业产业结构、产品结构的高技术化，使其不断升级换代，有利于技术最新成果在企业间、产业间快速扩散；提高产品的技术含量，增加产品的附加值。

阅读专栏 23-1　企业资本筹措方式

企业资本筹措的主要方式有：利用企业自有资金、银行贷款、发行股票和债券、吸引外资等，除了以上几种主要方式外，还有企业兼并、收购、联合、租赁、项目融资、补偿贸易等。

资本筹措不但要处理好资本积聚的方式，还要优化资本结构。通过筹资决策，确定最佳的资本结构，并在追加筹资中保持最佳结构。

需要注意的是，资本经营主体能否积聚资本、不断发展，发展到多大规模，要看企业吸纳资本的能力，吸纳资本的能力是由企业自身的实力、信誉、发展前景和经营谋略所决定的。因此，企业必须注重提高资本的吸纳能力。

1. 利用企业内部自有资金筹资

企业内部自有资金是企业最为稳妥也最有保障的筹资来源。由于它是企业内部自己掌握的资金，因而使用起来最灵活，也最具有优越性。利用自有资金这条渠道筹措资金，其最大的好处就是资金可以完全由自己安排支配，而且企业的筹资成本最低，除了少得存款利息外，投资时不需支付利息，因此投资代价较低。但是利用企业内部自有资金进行筹资的缺点也是很明显的，其中最主要的就是筹资数额会受到企业自身实力的制约，一般来说企业内部的自有资金数量都较有限，即使是实力相对雄厚的大公司、大企业，由于其所需资金数额巨大，因而仅靠自身筹资往往也显得力不从心。尤其是在企业创业初期，太多地依赖企业自有资金常常是最不现实的，因为绝大多数企业都不具备如此坚实的资金供应能力。

企业内部自有资金，是指所有权属于企业但没有被占用或没有被经济合理地占用的那部分资金。因此，利用企业内部自有资金筹资不仅包括企业的闲置资金、专用基金，也包括企业内部需要从效益低的占用向效益高的占用转移的那部分资金。

2. 银行贷款筹资

这是企业普遍采用的一种筹款方式。由于银行一般来说资金力量都比较雄厚，资金来源稳定，因而成为企业主要的筹款对象。而且，向银行筹措资本往往也较容易，尽管在我国金融体制改革不断深化的情况下，银行的职能和性质都有了相当大的变化，企业向银行借贷资金的难度有所增加，但只要企业拥有较好的经营业绩和良好的信誉，向银行筹借资金还是能取得满意的效果的。从筹资成本来看，这种渠道的资金成本也适中，企业一般都能承受。但是，由于银行一般有较严格的贷款审批手续，对贷款规模、期限也有一定的限制，因此企业向银行借款必须严格履行程序规定，有时这会对企业的经营灵活性造成一定的影响。另外，国家金融贷款政策方面的变动也会对银行放贷规模带来限制，从而对企业的正常筹资计划造成冲击。例如，近年我国实行的适度从紧的信贷规模政策，就对不少企业的贷款安排产生了严重的制约。

贷款银行的选择。对于准备向银行申请贷款的企业来说，选择合适的贷款银行，对企业的资金运用效益起着举足轻重的作用。在选择贷款银行时，企业应考虑下述几个方面：贷款成本、承担风险的意愿、咨询与服务、对客户的忠诚度、贷款专业化程度、银行规模。

3. 企业对外筹资

这是指企业通过各种方式引进吸收国外政府、企业、社会团体甚至个人，以及我国港、澳、台等地同胞和侨胞的资金，以满足企业从事资本经营活动的需要。企业利用外资的方式可以归纳为利用直接投资和利用间接投资两类。

第一，企业利用外资的直接投资方式。利用外资的直接投资方式一般不必对外举债，但是企业需要让渡部分资产所有权和支配权，并且要和外方分享经营利润，这些也就是企业引资的机会成本。直接投资是国际间长期资本流动的一种方式，其主要特点是一揽子提供资金、技术和管理，对缺乏资金和技术的发展中国家，这种方式具有推动当地经济发展的作用。国际直接投资按不同的资本构成可以分为以下两类：

（1）单一资本的方式。即投资国企业在某一国家投资设立分公司或子公司，在我国以外商独资企业为主，它是依照我国有关法律在我国境内设立的全部由外国投资者投资的企业。也就是说，外资企业必须是由外方单独在我国取得独立法人资格，能完全行使法人权利和义务的经济实体。

（2）联合资本方式。这种方式又分为两种类型：一是股权式的合营企业，我们通常称为中外合资经营的企业（合资企业），它是由两个或两个以上不同国家的投资者联合投资组成的一个企业。它以联合投资者提供的资金合作为股权，然后再按股权的多少分享利润，共同管理企业，承担盈亏。二是契约式的合营企业，即中外合作经营企业。它是由两个或两个以上的联合投资者签订契约，合作各方提供的资金、物资、技术等不作为股本投入。利润的分配、风险的承担以及双方的权利和义务，由合作各方签订的合同具体规定，企业由各投资方共同管理或委托某一方管理。中外合作经营各方既可以组成具有法人地位的独立的经济实体，也可以保持其各自独立的法人地位，形成一般性联合体。

第二，企业利用外资的间接投资方式。间接利用外资的投资一般不涉及企业所有权和控制权丧失问题，但需要用外汇还本付息，因而这种方式的风险较大。间接利用外资的投资主要有下述一些具体的形式。

（1）政府贷款。这是一国政府用其财政预算资金向另一国政府提供的优惠性贷款。这种贷款利率低、周期长，包含了很大的赠与成分，常常具有外援助的性质。

（2）国际金融机构贷款。国际金融机构主要包括：国际货币基金组织、世界银行、亚洲开发银行等。

（3）发行国际债券。国际债券是指一个国家的政府、金融机构、企业或其他单位在国外为筹集资金而发行的债券。国际债券分为外国债券和欧洲债券两种，国际债券市场也分为外国债券市场和欧洲债券市场。

（4）出口信贷。这是资本主义国家政府为了鼓励本国商品的出口，增强本国商品在国外市场上的竞争能力，通过本国银行向本国出口商或国外进口商提供的并由国家承担信贷风险的一种贷款，它属于国际信贷方式的一种。

（5）补偿贸易。这是一种长期融通资金的方式。它是指出口方企业向进口方提供机器设备、专有技术或专利权以及各种服务和培训人员等，同时出口方承担购买进口方一定数额商品的义务，并且进口方以产品分期抵偿应支付的进口商品货款的贸易方式。其本身又包含以下几类：第一，产品返销。设备进口方用该设备制造出来的产品（称直接产品）或有关产品支付进口设备的价款。第二，回购。设备进口方不是用该设备技术生产的产品，而是以其他商品（称间接产品）抵偿引进的设备技术价款。第三，混合抵偿方式。这是指对进口的设备或其他物资一部分以直接产品，另一部分则以间接产品来抵偿，或者其差额以现汇支付。

4. 企业托管

企业托管是指企业法人财产权以契约形式所做的部分或全部让渡，即作为委托方的企业财产权法人主体，通过契约规定，在一定条件下和一定期限内，将本企业法人财产的部分或全部让渡给受托方，从而实现财产经营权和处置权的有条件转移。换言之，就是通过契约形式，受托方有条件地接受委托管理和经营委托方的资产，以有效实现资产的保值、增值。

企业托管的指导思想和目的，是在由于众多原因不宜大范围推进企业破产和收购、兼并的实际操作情况下，针对目前企业产权主体不清、明确产权所需的配套法规严重滞后、社会保险体系不完善、国有资产代表权不清或不当等问题，设计一条在不改变或暂不改变原先产权归属的条件下，直接进行企业资产等要素的重组和流动，达到资源优化配置、拓宽外资引进以及国有资产增值三大目的，从而谋取企业资产存在的整体价值的有效、合理的经济回报。

企业托管的内容和方式：

（1）接受国有资产管理部门或投资机构的委托，在一定期限内，以保证受托国有资产保值、增值的一定条件为前提，决定托管企业的有关国有资产重组的处置方式。

（2）按契约约定的条件和方式，在受托的有效期限内由受托方分段获得委托方有关资产处置权，最终实现委托资产的法人主体变更。

（3）受托方按约定条件接受委托方委托，进行资产管理或代理、出售、拍卖受托资产。

（4）受托方按约定条件接受债权人的债权委托，并以相应的经营手段使债权人兑现或改善权益。

企业托管的主体和客体。企业托管的主体：一般地，企业托管中的受托方必须是具备接受企业资产托管经营管理能力和权利的独立企业法人。可以是按现代企业制度模式建立的企业托管公司、国有资产管理部门，也可以是中外合资或外商独资企业、机构。其职责在于直接以实现企业资产的保值、增值为目标，按约定条件，在规定期限内，通过经营、管理、运作受托资产，取得显著的经济回报，使企业获得新的生命。

企业托管的客体：委托管理的标的企业可以按实际发展需要，以多种对象为选择，可以是经营不善的企业、亏损企业、资不抵债或濒于破产的企业，也可以是经营较好的企业。以前者为对象，是一种公认的选择，理由是这种企业的托管有利于借助外来力量的支持使原先已经或正在失去活力的企业重新获得生机，它符合政府和企业急于改造大批亏损、经营不善企业的迫切愿望，在实际中具有相当大的市场。

阅读专栏 23-2 资本经营的理论

1. 效率理论

效率理论的基本假定：承认兼并等资本运营活动对整个经济存在着潜在收益。该理论认为，公司并购活动能够给社会收益带来一个潜在的增量，而且对交易的参与者来说无疑能提高各自的效率。效率理论的基本逻辑顺序是：效率差异→并购行为→提高个体效率→提高整个社会经济的效率。这一理论包含两个基本的要点：①公司并购活动的发生有利于改进管理层的经营业绩；②公司并购将导致某种形式的协同（Synergy）效应。该理论暗含的政策取向是鼓励公司并购活动。

2. 价值低估理论

价值低估理论认为，当目标公司股票的市场价格因为某种原因而没能反映其真实价值或潜在价值，或者没有反映出公司在其他管理者手中的价值时，兼并活动就会发生。简言之，价值低估理论相信目标公司价值被低估并会实现价值回归。

价值低估的主要原因：一是可能由于目标公司现有的管理层未能充分发掘公司经营潜力，公司没有达到其潜在可达到的效率水平；二是收购公司可能掌握了目标公司的一些内幕信息或特殊信息（其隐含的假设是股票市场在信息传递方面并非很有效）。价值低估的另一个解释是目标公司的股票市值与其资产重置成本之间存在差异。

3. 信息与信号理论

信息与信号理论认为，收购活动会散布关于目标企业股票被低估的信息并且促使市场对这些股票进行重新估价。价值被低估的企业常常成为收购的目标，在并购公告日市场会调整原先偏低的估计，从而导致累计超额收益显著大于零。企业并购传递给市场参与者一定的信息或信号，表明目标企业的未来价值可能提高，从而促使市场对目标企业的价值进行重新评估或激励目标企业的管理层贯彻更有效的竞争战略。

因兼并收购行为发生的信息将推动资本市场对公司的市场价值重新作出评估。其一是目标公司在得到并购的信息后，努力致力于管理效率和经营业绩的提高，从而增加公司的市场价值，其二是在目标公司无所行动的情况下，市场本身从并购的信息中得到该公司市场价值被低估的信息，即使并购活动并未最终取得成功，市场将会重新评估该公司，从而使该公司的股价上涨。

三、资本经营的特征

1. 资本经营是以资本导向为中心的企业运作机制

在传统体制下，人们对经营概念的理解都很狭窄，将经营仅仅理解为生产经营，对资本的概念深恶痛绝，更不用提资本经营了。传统的生产经营是以产品导向为中心的运作机制，企业只注重产品的生产和开发，不注重资本的投入产出效率；只注重产品的品种、质量问题，不关心资本的形态、资本运行的质量、资本负债结构等问题；只关注产品价格和原材料、设备成本的变动，不关注资本价格和价值的变化。而资本经营是以资本为中心的导向机制，要求企业在经济活动中始终以资本保值、增值为核心，注重资本的投入产出效率，保证资本形态变换的连续性和继起性，资本经营的主要目标是实现资本最大限度的增值。

2. 资本经营是以价值形态为主的管理

资本经营要求将所有可以利用和支配的资源、生产要素都看作是可以经营的价值资本，用最少的资源、要素投入获得最大的收益，不仅考虑有形资本的投入产出，而且注重专利、技术、商标、商誉等无形资本的投入产出，全面考虑企业所有投入要素的价值，充分利用、挖掘各种要素的潜能。资本经营不仅重视生产经营过程中的实物供应、实物消耗、实物产品，更关心价值变动、价值平衡、价值形态的变换。

3. 资本经营是一种开放式经营

资本经营要求最大限度地支配和使用资本，以较少的资本调动支配更多的社会资本。企业家不仅关注企业内部的资源，通过企业内部资源的优化组合来达到价值增值的目的，还利用一切融资手段、信用手段扩大利用资本的份额，重视通过兼并、收购、参股、控股等途径，实现资本的扩张，使企业内部资源与外部资源结合起来进行优化配置，以获得更大的价值增值。资本经营的开放式经营，使经营者面对的经营空间更为广阔，资本经营要求打破地域概念、行业概念、部门概念、产品概念，将企业不仅看作是某一行业、部门中的企业，不仅是某一地域中的企业，也不仅是生产某一类产品的企业，而且是价值增值的载体，企业面对的是所有的行业、所有的产品，面对的市场是整个世界市场，这样资本可以产生最大的增值。

4. 资本经营注重资本的流动性

资本经营理念认为，企业资本只有流动才能增值，资产闲置是资本最大的流失。

因此，一方面，要求通过兼并、收购、租赁等形式的产权重组，盘活沉淀、闲置利用率低下的资本存量，使资本不断流动到报酬率高的产业和产品上，通过流动获得增值的契机。另一方面，要求缩短资本的流通过程，以实业资本为例，由货币资本到生产资本、由生产资本到商品资本、再由商品资本到货币资本的形态变化过程，其实质是资本增值的准备、进行和实现过程。因此，要求加速资本的流通过程，避免资金、产品、半成品的积压。

5. 资本经营通过资本组合回避经营风险

资本经营理念认为，由于外部环境的不确定性，所以企业的经营活动充满风险，资本经营必须注意回避风险。为了保障投入资本的安全，要进行"资本组合"，避免把鸡蛋放在同一个篮子里，不仅依靠产品组合，而且靠多个产业或多元化经营来支撑企业，以降低或分散资本经营的风险性。

6. 资本经营是一种结构优化式经营

资本经营通过结构优化，对资源进行合理配置。结构优化包括：对产品结构、组织结构、技术结构、人才结构等企业内部资源结构的优化；对实业资本、金融资本和产权资本等资本形态结构的优化；对存量资本和增量资本结构的优化；对资本经营过程的优化等。

7. 资本经营是以人为本的经营

企业的一切经营活动都是靠人来进行的，人的潜能最大，同时，也是最易被忽视的资本要素。资本经营将人看作企业资本的重要组成部分，将对人的管理作为资本增值的首要目标，确立"人本思想"，不断挖掘人的创造力，通过人的创造效益获得资本增值。

8. 资本经营重视资本的支配和使用而非占有

资本经营把资本的支配和使用看得比资本占有更为重要，因为利润来源于使用资产而非拥有资产。因此，重视通过合资、兼并、控股、租赁等形式来获得对更大资本的支配权，即把"蛋糕做大"。还通过战略联盟等形式与其他企业合作开拓市场，获取技术，降低风险，从而增强竞争实力，获得更大的资本增值。

第二节　企业资本经营的形式与类型

企业资本运营基于企业的发展战略。企业的发展战略的基本模式有三条路径：一是扩张战略，二是收缩战略，三是内部调整。其中扩张又分为内部积累和外部扩张，企业的内部积累主要是指企业依赖自身盈利的再投入，以及在此基础上通过企业内部其他因素条件的改善，如改进管理方法、开发新产品等，从而实现企业扩张。内部积累主要从属于生产经营。外部扩张则主要是指通过并购、战略联盟等形式实现企业的快速扩张。其中，外部扩张的模式又分为横向型资本扩张、纵向型资本扩张和混合型资本扩张。企业有时候为了提高运行效率，也会采取收缩性战略，即主要通过剥离、分立、股份回购等形式缩小企业规模。企业在运行过程中，也会出现结构需要优化的时候，这就需要进行内部调整，通常采取资产重组、债务重组等来优化企业资产结构、债务结构等。企业资本运营的基本模式如图 23-1 所示。

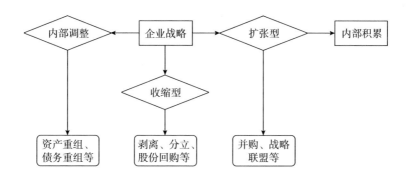

图 23-1　资本运营的基本模式

一、扩张型资本经营模式

资本外部扩张是指在现有的生产经营规模和资本结构下，企业通过内部积累、资本市场融资、追加投资和并购外部资源等方式，实现资本规模和生产规模的扩张。主营业务突出、盈利能力强、资产负债状况优、信誉状况好、能找到新的发展项目的企业，适宜采用扩张型资本经营模式。根据企业产品的发展方向和产权流动的轨道，资本扩张有三种类型可供选择。

1. 横向型资本扩张

横向型资本扩张是指交易双方属于同一产业或部门，产品相同或相似，为了提高现有产品的市场占有率，实现规模经营，并购同一产业的企业产权或企业资产，进而实现资本扩张。横向型资本扩张不仅减少了竞争者的数量，增强了企业的市场支配能力，而且改善了行业的结构，解决了市场有限性与行业整体生产能力不断扩大的矛盾。

2. 纵向型资本扩张

纵向型资本扩张是指企业采用资本经营的手段，并购与本企业产品有上下游关系的企业产权或企业资产，或直接投资与本企业产品有上下游关系的产品生产，从而实现资本扩张。纵向型资本扩张不仅能使企业将供应端和销售端的产品纳入控制范围，提高企业对市场的控制力，而且能有效地促进相关行业的健康、协调发展。

3. 混合型资本扩张

混合型资本扩张是指兼有横向型与纵向型资本扩张的模式，或直接投资，或并购与本企业产品不同或没有上下游关系的企业产权或企业资产，从而实现资本扩张。混合型资本扩张适应于现代企业多元化经营战略的要求，是跨越技术经济联系密切的部门之间的交易。它的优点在于分散风险，提高企业的经营环境适应能力。

二、收缩型资本经营模式

收缩型资本经营是指企业把其拥有的一部分资产、子公司或分支机构转移到公司之外，或进行公司分立，以缩小公司规模的运作活动。但收缩运作的目的或结果并不是把企业做小，而是通过对企业经营业务的重组，达到突出主营业务、提高企业运行效率和实现企业价值最大化的目的，从而为企业的发展创造条件。收缩型资本经营通常是"弃小保大"，放弃规模小、贡献小、与企业核心业务没有协同效应的业务，当这部分业务被收缩掉以后，原来支持这部分业务的多种资源就会相应地被转移到被保留的重点发展的核心业务上去，从而使企业集中力量发展重点业务。

三、内部调整资本经营模式

内部调整资本经营模式主要包括四个方面：①内部资产重组。通过改变企业内部所有制结构，合理分配内部资源，提高资产盈利能力。这一方法已在国有企业公开上市、提升主营业务竞争力等企业经营过程中广泛采用。②经营无形资产，包括运用品牌效应、管理优势、销售网络等无形资产进行股权投资、吸引投资、资本扩张。③证券交易，包括不以收购为目的的股票投资、期货投资和债券投资。④资产租赁，通过成立资产租赁公司等形式，出租企业的闲散资产，盘活资本存量，使闲置资本充分发挥作用，最大限度地提高资产的利用率。

第三节　资本经营评估

一、资本经营评估的含义

资本经营评估是指以资本经营主体及其经营结果为评估对象，以资本经营内容与方式为评估内容，以资本经营业绩指标与专门评估方法为评估手段，以奖励与惩罚为激励措施，以促使资本增值为评估目标的资本经营活动。

资本经营评估是通过一系列经济指标来进行评估的，即建立资本经营评估指标体系。在此基础上再运用综合评估方法，对各指标反映的结果进行综合，得出总体评估结论。但是，随着市场经济的发展和资本经营评估目的的变化，目前企业价值评估和股东价值评估等方法已成为评估资本经营业绩的重要手段。

二、资本经营评估的程序

（1）明确资本经营评估目的；
（2）收集整理资本经营评估信息；
（3）选择资本经营评估方法；
（4）实施资本经营奖励与惩罚；
（5）编制资本经营评估报告。

三、资本经营评估报告的主要内容

1. 资本经营评估指标完成情况

这部分内容主要说明资本经营各项指标的完成情况，主要包括：考评资本经营的基本指标、辅助指标和参考指标的完成情况；资本经营考评分数、综合指数；对与资本经营相关的重大事项进行说明，如资本投入的增减变动情况、企业重大投资项目情况等。通过这部分内容，可对报告单位资本经营总体情况有清楚的了解。

2. 资本经营奖励与惩罚情况

资本经营奖励与惩罚情况要根据资本经营考评单位采取的激励与惩罚机制，具体说明对资本经营者及全体职工的奖惩制度办法与奖惩制度的执行情况。

3. 资本经营中存在的问题分析

资本经营中存在的问题分析是资本经营评估报告的一项重要内容。如果资本经营评估报告不能将资本经营中存在的问题分析清楚，报告的意义和作用就不能很好地发挥，至少不能认为这个报告是完善的。分析问题，一要抓住关键问题；二要分清原因，包括分清哪些是主观因素引起的，哪些是客观原因造成的。

4. 提出解决问题的建议与措施

资本经营评估报告的目的之一是发现问题并解决问题。对报告中提出的问题必须提出切实可行的改进意见。如果通过分析认为资本经营指标完成不理想的根本原因在于资产经营环节没能有效地使用现有资产，存在资源的闲置与浪费，那么，报告中就应对如何重组资产、提高资源配置效率的问题提出具体建议和意见，以利于问题的有效解决。

四、企业价值评估

企业价值评估是指资产评估师依据相关法律、法规和资产评估准则，对评估基准日特定目的下企业整体价值、股东全部权益价值或者股东部分权益价值等进行分析、估算并发表专业意见的行为和过程。股东出资时，除现金以外，任何出资都会涉及其价值评估的问题。我国法律明确要求对非现金出资必须要进行评估作价。《中华人民共和国公司法》（以下简称《公司法》）规定：对作为出资的非货币财产应当评估作价，核实财产，不得高估或者低估作价。法律、行政法规对评估作价有规定的，从其规定。关于评估作价的主体，《公司法》规定，有限责任公司的作价权力属于全体股东，而在股份有限公司，则由创立大会来审核。从评估程序上来说，《公司法》明确规定，股东全部缴纳出资或者发行的股份的股款缴足后，必须经法定的验资机构验资并出具证明。此处法定的验资机构通常是由符合条件的注册会计师担任。

第四节　企业资本经营设施条件

资本经营是在市场经济环境中实施的，也是市场经济发展的必由之路。资本经营的支撑环境，也就是基础设施，有以下四个方面：

一、完善规范的资本市场

资本经营必须要有完善规范的资本市场作为前提条件。要完善资本市场，必须明确资本市场的概念。所谓资本市场，是指一年期以上的各种资金交易关系的总和，它既包括证券市场，又包括中长期信贷市场以及非证券化产权交易市场。完善规范的资本市场，可以促进企业进行股份制改造和转换经营机制，有助于企业由外延式为主向内涵式为主的经济增长方式转变，更推动了企业资产的战略性重组。

二、法律和政策体系

资本经营需要有健全的法制体系作为保证。从法律角度来看，它是企业依法通过交易行为取得其他企业经营控制权及全部或部分资产所有权的法律行为。所以，无论是在财产所有权及经营权转移上还是控制权与产权的交易上，双方都必须遵守国家法律的规定。资本经营实施的政策支持体系主要由两部分组成：一是产业组织政策；二是财政金融政策。产业组织政策制定与实施的目的是保证社会资源的有效配置，实质在于鼓励与保护自由竞争，控制与防范垄断。财政金融政策的制定与实施，是为了减少产权市场进入的障碍，对运行效率低下的存量资产进行内部控制，充分释放稀缺资本资源的潜能。

三、企业的资本经营机制

在市场经济环境中，企业要有效地实施资本经营，除有明确的产权关系、发育良好的资本市场以外，企业本身必须具备与市场经济相适应的素质。必须具有符合竞争性市场经济体制要求的资本经营机制。企业应当具有实施资本运营的自主决策权，具有追求资本增值和资本价值最大化的内在动力，并且要实行资本经营型战略，建立内在的风险规避制度，而且还要有资本经营型的管理者。

四、社会保障体系

社会保障制度为企业实施资本经营提供坚强的后盾。离开社会保障制度，劳动者的基本生活权利就无法保障，企业的资本经营也就无法实施。社会保障体系包括：社会保障、社会福利、优抚安置、社会互助、个人储蓄以及积累保障等，其中失业保险和养老保险问题最为突出，由政府提供一个广义上的安全网，降低工人和居民的风险，有利于企业资本经营的实施。

第五节　资本经营风险

一、资本经营风险的内涵

资本运营风险，是指资本运营主体在资本运营过程中，外部环境的复杂性和变动性以及资本运营主体对环境的认知能力的有限性，而导致的未来收益值与期望值的偏差或变动程度。

要正确理解这一定义，需把握以下三个方面：

（1）资本运营风险产生的主要原因来自运营环境的复杂性和不确定性。

（2）资本运营主体由于自身能力有限，其对环境的认知能力也是有限的，最终导致运营风险的产生。

（3）未来收益与期望值的偏差既可能为正，也可能为负。任何投资都有风险，资本运营风险与期望收益往往成正比关系，高风险、高收益，低风险、低收益。通常说的是风险越大，期望收益越大，损失的机会也越多；风险越小，期望收益越小，损失的机会也越少。

二、资本经营风险的特点

1. 广泛性

资本经营风险既贯穿资本运营的全过程，也体现在各种财务关系上，它是资本经营系统各种矛盾的综合反映。

2. 模糊性

资本经营活动的方向、步骤、操作具有多种选择性，并在其全过程中受各种未知因素的作用，因而资本经营活动过程和结果有多种可能性，是不能事先肯定的，即资本经营风险是不能完全认识的，它带有模糊性。

3. 损失性

风险是和损失相联系的。由于各种因素的作用和各种条件的限制，资本经营风险影响企业生产、经营活动的连续性，经济效益的稳定性和企业自下而上的安全性，最终威胁企业的效益。

4. 收益性

风险与收益成正比，风险越大，报酬越高；风险越小，报酬越低。资本经营风险在一定程度上能促进企业改善经营管理，提高资本经营运行效率。

三、资本经营风险的类型

环境的不确定性是资本经营风险的主要来源。按照环境的不确定性，可以将企业资本经营风险划分为系统性风险（Systematic Risk）和非系统性风险（Unsystematic Risk）。

1. 系统性风险

系统性风险是指由于全局性的不确定性所引起的资本经营效果的变动。在现实生活中，所有的企业都要受全局性事件的影响，这些事件包括社会、经济、政治等各方面的内容，它们都会对所有的企业产生不同程度的影响。由于这类风险是所有企业都有的，它不会由于企业采用多样化投资运营策略而消失，因此，它又被称作不可分散风险。这类风险主要包括社会风险、政治风险、经济风险等。

（1）社会风险。这是指由于社会因素（如文化、宗教、伦理、道德、心理等因素）而引起的资本经营风险。例如，企业在进行跨国资本经营活动时，由于事先对国外的文化传统、民族习俗等因素没有进行深入的调查研究，从而在筹资或者投资运作中出现了与异国文化、习俗相抵触的行为，导致资本经营活动出现危机，这种风险就属于社会风险。由此可见，在资本经营活动中，尤其是进行跨国资本经营活动时，我们不应忽略对异域文化、民族习俗等社会因素的了解，应该在充分调查的基础上，注意对异域社会因素进行归同整合，避免企业的资本经营行为与其发生冲突，以保证经营活动的正常进行。

（2）政治风险。政治风险主要是由政府的指令、政策，国家法律、法规等因素引起的，也就是说，企业的资本经营行为与上述因素出现了违背或者抵触，从而引发资本经营风险。任何资本经营活动都必须在国家政策、指令的规范下进行，必须接受有关法律、法规的约束。

（3）经济风险。经济风险主要包括利率风险、购买力风险和市场风险三种。

1）利率风险。它是指由于市场利率水平发生变动而引起的资本经营风险。一般来讲，在利率变动幅度相同的情况下，长期资本运作所受的风险影响要比短期运作大得多。

2）购买力风险。在资本经营的名义收益中一般包括真实收益和通货膨胀补偿两部分。当发生非预期的通货膨胀时，资本经营的实际收益就会与预期收益发生偏差，换言之，资本经营主体的实际收益的货币购买力会与预期的货币购买力不一致，这就是购买力风险。

3）市场风险。这是指市场行情变动而引起的风险。市场风险主要是由经济周期性波动而引起的。当经济繁荣时，企业盈利增多，投资者的收益也增加；反之，投资者收益则会减少。

2. 非系统性风险

非系统性风险是指由非全局性事件波动所造成的风险。现实中，各企业的经营状况会受其自身因素的影响，这些因素与其他企业没有什么关系，它只会造成一个企业的报酬率发生变动，不会影响其他企业的报酬率。由于一个企业报酬率的非系统性变动和其他企业报酬率的变动没有内在的、必然的联系，因此可以通过多样化经营活动来消除这些非系统性风险。也就是说，非系统性风险是可以分散的，因此又称为可分散风险。它主要包括经营风险、违约风险、商业风险和财务风险四种。

（1）经营风险。这是指由于企业在资本经营过程中发生失误而引起损失的可能性。它的来源主要有以下三种：

1）不可抗力。不可抗力指由自然原因而引起的非常性破坏事件，如水灾、台风、地震等。它们通常都不能预测和预防，因此严格地说并不算经营失误。但如果企业事先进行了保险并采取了对付这些灾难的措施，那就会降低产生大量损失的风险。而如果企业未采取任何防范措施，就应作为经营失误。

2）经营方向选择不当。在资本经营活动中，正确选择资本的经营方向是一项至关重要的工作，如果企业的资本经营决策者对市场分析不透彻，对自身实力把握不准，或者目标定得不合适，那么都有可能导致企业的资本经营方向选择失误，这种失误是引发经营风险的主要原因之一。

3）经营行为与市场变化脱节。资本经营活动的实质也是企业与市场需求相适应的过程。如果企业在经营过程中没能及时、准确地掌握市场需求的变化，那么企业的资本经营行为必然要面临风险的威胁。例如，企业在进行某项新产品的开发投资时，没有密切注意市场变化的最新动向，导致产品不能适应消费者的需求而变得过时，从而使企业的投资活动遭受巨大的损失。这类状况也是经营风险的重要原因。

（2）违约风险。违约风险主要指在企业财务状况不佳时出现违约和破产的可能性。违约就是企业不能按时充分地支付其债务的本息，它也是指技术意义上的破产，破产则是指法律意义上的破产，此时企业资产的价值低于其承担的债务。

（3）商业风险。这类风险是指企业盈利变动、订单减少以致销货收入减少而导致盈利下降。一般而言，所有企业均会遭受商业风险。

（4）财务风险。财务风险是指企业融资方式导致股东的报酬发生变化的风险。企业可以完全利用权益融资或利用权益与负债两者来融资。若企业全部靠权益融资，则企业全部盈余都归股东，若企业利用权益与负债共同融资，则在盈余分配给股东前，必须先支付利息给债权人，所以这会影响企业股东获得盈余的大小及变动程度。利用财务杠杆，亦即使用负债融资而引起的企业盈余变动，称为财务风险。

四、资本经营风险管理的主要程序

风险管理主要是针对不确定性而进行的谋略规划过程，由于考虑了风险因素的制约和影响，管理过程相对来说较复杂，大体上，可以将整个管理活动分为以下几个流程：

1. 界定范围，明确目标

界定管理对象的状态范围，明确管理活动要达到的目标。企业经营者要从资本经营过程中可能遇到的问题出发，根据任务要求建立资本经营风险管理的总目标及各阶段分目标。同时，还必须进行目标—风险分析，然后根据潜在的风险威胁调整目标体系结构，最终建立一套完善的风险管理目标系统。

2. 分析风险成因，识别风险种类

在这一阶段，主要应根据目标要求认真研究资本经营的内、外环境状况，找出风险形成的根本原因，并据此划分风险的种类，从而为寻找防范风险的对策提供思路。

3. 判断风险概率及风险强度

风险概率是指风险实际发生的可能性，风险强度则是指风险的影响程度，即风险值。这两个指标都可以通过一定的不定期量方法计算出来。

4. 风险效用评估

这一阶段的工作主要是根据人们对待风险的态度，确定出各种不同类型的资本运作主体对待风险的效用值。通过风险效用评估确定出资本经营主体的风险收益效用值后，就可以得出相应的应付风险的对策。

5. 风险规避设计

风险规避设计是风险管理的核心，它主要由预警、防范、控制、应急等子系统所组成。预警系统的主要功能是监控可能的风险因素，尤其是重点监视风险值较大的关键要素，及时敏锐地发现异常征兆，并准确地预报风险。风险预警一般通过设置临界值来实现，当企业资本经营的内、外条件变化处于临界值以内，说明运营过程处于安全状态；当变化超出临界值时，则表明状况异常，应及时发出警报。企业应准备一定的应急措施，以便在发生意外风险的情况下应用，尽量减少风险带来的不良影响。

6. 风险管理效果评价

风险管理的效果一般采用费用效益比值法进行评价判断，即比值＝效益/费用。效益就是达到风险管理目标后所取得的实际效果，通常用经济效益和社会效益来表示；费用则是指风险管理活动的实际支出，其中又分为货币支出和非货币支出两种费用。比值越大，则说明风险管理活动的效果越好；反之亦然。

7. 总结经验，提高水平

在整个风险管理活动结束后，企业经营者应对前一阶段的风险管理运作进行总结，以积累更多的经验，提高企业从事资本经营风险管理的能力和水平。

第六节　资本经营效益分析

一、融资效率

企业的融资效率应从融资成本与融资风险两方面来综合衡量，其理由如下：

1. 风险与收益是企业财务管理的基本原则之一

对某一个具体企业而言，投资和筹资是其两种活动；但对某一具体活动而言，却是两个企业（利益相关者）的同一个活动，一个企业的投资活动必定是另一个企业的筹资活动。因而收益和风险在数量上都是一致的：投资者要求的收益就是筹资者所花费的成本，投资希望收益高，筹资者希望成本低；投资者的风险也就是筹资者的风险，投资风险高则必然筹资风险低。投资活动是"钱向何处去和怎样去"（一对多）的问题，通常用投资报酬的均值-方差模型来考察其投资效率；相应地，筹资活动是"钱从何处来和怎样来"（多对一）的问题，也应该用融资成本的均值-方差模型来衡量。

2. 风险与收益符合现代资本结构理论

现代资本结构理论认为，最佳的资本结构应该是使得"企业价值最大化"的资本结构，企业的价值就是在企业存续期内未来现金流的现值的和，包括风险和收益两个方面。无论是 MM 理论、权衡理论、代理理论、契约理论还是信息理论，它们解决的都是资本结构形成的内在原因，最终也都归结到企业的融资风险和融资成本上来。例如，静态权衡理论的破产成本和破产风险，信号理论的企业质量与破产风险，产品市场理论的耐用产品与破产风险等；代理理论的代理成本只反映了公司治理效应，由其均衡决定的资本结构的效率仍是通过融资成本和融资风险来衡量的。

3. 融资成本和融资风险包含了融资效率评价的各个方面

如前所述，融资效率的高低可以从融资成本、资本市场成熟度、融资主体自由度等方面来考察，而这些方面都从不同的角度反映了融资成本和风险，它们的对应关系如图 23-2 所示。比如，市场的成熟程度可以在一定程度上反映融资的速度和融资的数量，而融资数量的多少和速度的快慢都可以通过筹资费用来衡量，筹资费用就是资本成本的一部分。

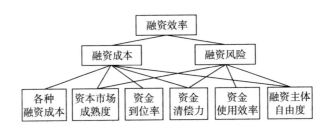

图 23-2　融资成本、融资风险、融资效率关系

二、资本经营收益的内涵

资本经营收益是指企业各种经营收益之和。依据现行会计制度，资本经营收益就是指企业的净收益，即净利润。根据企业净利润的计算公式，可知资本经营收益的营业利润、投资净收益、营业外收支差额和企业所得税的影响，即：

净利润=营业利润+投资净收益+营业外收支差额-企业所得税

其中：

营业利润=主营业务利润+其他业务利润-管理费用-财务费用

投资净收益=投资收益-投资损失

营业外收支差额=营业外收入-营业外支出

而营业利润中的主营业务利润，又受收入、成本、费用及税金影响：

主营业务利润=主营业务收入-主营业务成本-营业费用-营业税金及附加

资本经营收益的内涵为进行资本经营收益管理奠定了基础，而进行资本经营收益管理则主要根据企业资本经营目标对资本经营收益进行科学预测、决策、预算与控制。

三、资本经营收益预测

资本经营收益预测，是资本经营收益决策和计划的基础。资本经营收益预测的方法有许多，从大的分类看，有趋势外推预测法、因果关系预测法；从具体预测方法看，有量本利分析预测法、比例计算预测法、回归预测法等。进行资本经营收益预测，这些方法都是可选用的。但问题的关键不是预测的技术方法问题，而是预测指标与内容的选择问题。资本经营收益预测，一定要以资本的占用量及资本经营的目标为基础。

对于营业利润和投资收益的预测，无论采用何种方法，最终必须归结到资本（产）占用量预测和资本（产）收益率预测两个方面，即：

预测营业利润＝预测营业资本占用量×预测营业资本收益率

预测投资收益＝预测对外投资总量×预测投资收益率

对于净利润的预测，最后还应落实到净资产的预测和净资产收益率的预测上来，即：

预测净利润＝预测净资产×预测净资产收益率

资本经营收益决策是在资本经营收益预测的基础上，结合企业资本经营目标，综合平衡影响净利润目标的因素，最后确定资本经营收益目标的过程。资本经营收益决策可根据决策的项目或内容的特点，采用确定性决策方法、风险性决策方法或非确定性决策方法。

资本经营收益决策的关键是确定企业的资本收益率目标或标准。因为资本经营目标是使企业价值和所有者价值最大化。在企业总资产和所有者权益一定情况下，企业价值或所有者价值的增加，取决于总资产报酬率或资本收益率。当企业预测总资产报酬率（或资本收益率）高于企业现在的总资产报酬率（或资本收益率）时，才能使企业资本（或所有者权益）增值。资本收益率标准的确定要考虑社会平均资本收益水平和企业资本收益水平两方面。当企业资本收益率低于社会平均资本收益率时，应尽可能以社会平均资本收益率为标准进行项目选择，这既可增加企业及股东价值，也使企业资本经营水平达到社会平均水平，保证企业资本不流失。当企业现有资本收益率高于社会平均资本收益率水平时，应以企业资本收益率为标准，这样才能保证企业价值和股东价值增加。当选择的标准低于企业现有资本收益率水平，高于社会平均资本收益率水平时，原有股东的市场价值将受到影响，不符合股东价值最大化的要求。

有了合理的资本经营收益决策标准，决策中应将资本收益率的预测值与标准值进行比较，对达不到标准要求的预测值，要进行修正。在此基础上，再综合平衡各资本投向及其额度，保证以尽可能少的资本投入，实现资本经营收益目标。

四、资本经营收益控制

资本经营收益控制是资本经营收益管理的重要环节。进行资本经营收益控制，是指在企业资本收益经营过程中，以资本经营收益预算为依据，对资本收益经营的各个环节和各项内容进行日常核算与考核，及时发现偏差与消除偏差，保证资本经营收益预算目标的实现。

资本经营收益控制的程序为：首先，确定资本经营收益目标与标准，即进行资本收益预算；其次，资本经营收益预算执行情况核算；再次，以资本经营收益标准为依据进行差异分析，发现偏差与消除偏差；最后，进行考核奖惩。资本经营收益控制的内容根据资本经营收益的内涵主要包括：营业利润控制、投资收益控制和营业外收支控制。

营业利润是企业利润的主要来源。营业利润的实现直接反映了企业产品经营和商品经营的效果，也是企业资产经营和资本经营综合效果的体现。因此，进行营业利润控制涉及许多领域和环节。从营业利润的直接影响因素看，涉及对营业收入的控制、营业成本的控制、营业费用的控制、管理费用的控制及财务费用的控制等。从营业利润的间接影响因素看，涉及对资本使用量的控制、资本使用效率的控制、资产结构的控制、资本结构的控制、行业结构的控制和产品结构的控制等。

投资收益在企业利润中的比重，随着企业资产经营和资本经营的不断发展与完善，而逐步加大。投资收益控制在资本经营收益控制中的地位也显得越来越重要。投资收益控制，应以投资收益控制标准即投资收益率为基本准绳，从对外投资方式、对外投资领域、对外投资组合等方面对投资收益进行控制，及时发现实际投资收益与投资收益预算的差异，并加以解决，保证投资收益预算目标的实现。

营业外收支是指与企业经营活动没有直接联系的收入与支出。虽然其与生产经营无直接关系且在利润总额中所占比重较小，但由于其在一定程度上可反映企业的管理水平并对企业利润总额和净利润都会产生影响，因此，也应将其纳入资本经营收益控制的范围。特别对于那些与资产经营和资本经营相关的固定资产盘盈、盘亏、出售，非季节性和非修理期间的停工损失等的控制，对提高资本经营收益是十分必要和有益的。

第七节　资本经营与企业可持续发展

一、选择合理的经营方式，实现资本经营形式多样化

资本经营方式对资本经营效果的影响很大。为实现企业资本的有效经营，应合理

选择资本经营方式。应该根据实际情况，分别采用不同的资本经营方式来优化企业的资源配置，实现投资主体的多元化。根据企业资本经营的实际情况，在企业生产经营的不同阶段采取不同的资本经营方式，才能取得较好的资本经营效果。

二、培养经营管理与资本经营的复合型人才

资本经营是一项融专业性和复合性于一体的经济活动，对人才的要求很高。因此，应根据市场发展情况，不断地培养出适合资本经营的专业化经营人才。一是完善高校教育，加大对教育的投入，培养具有现代管理知识的复合型人才和专业技术人才；二是举办中短期或业余培训班，以弥补短期从业人员的不足；三是在整个企业范围内形成知识创新的企业文化机制，加强人力资源的开发和管理，吸引高素质的专业化人才，提高员工素质。

三、创造良好的企业外部环境

首先，完善资本市场环境。资本市场的高效运作，必须具备合理的市场结构和良好的监管机制。应进一步改进和完善市场结构，增进市场流动性，完善市场的价格机制，建立与整个经济开放程度相适应的高度权威的管理体制。其次，完善法律制度，包括：完善证券法律制度，规范证券机构、发行公司和上市公司；扩展金融市场容量，完善金融法规体系；完善公司法律制度，规范公司的合并、分立和破产等行为，完善国有资产管理法律制度，规范国有资产监督管理、国有企业产权界定、国有资产评估以及国有资产产权登记行为。

四、加强资本经营中介组织的建设

资本经营是一项系统性、操作性极强的活动，这一活动的各个环节均需中介机构参与运作，中介机构的行为直接关系到资本经营的成败。要建立并规范包括信息网络、金融机构、会计师事务所、律师事务所、资产评估所在内的中介机构。

五、处理好资产管理与企业法人治理的关系，完善资本经营的决策机制

企业资本经营必须正确定位，明确决策的权限和管理责任，形成良好、快捷、有效的决策机制。一是建立和完善企业资本经营决策的分权模式，明确划分决策权限；二是明晰企业资产决策的责任，构建资本经营决策的风险约束机制；三是要广泛建立法人产权制度，构建以企业法人产权为核心的企业资本经营体系。

推荐阅读

1. 梁积江，李媛媛. 企业资本运营管理［M］. 北京：企业管理出版社，2019.

2. 胡梦瑶. 格力电器资本运营风险管理研究［D］. 武汉：武汉轻工大学，2021.

思考题

1. 资本经营的内容与资本经营的特征各是什么？

2. 企业资本经营的形式与类型各有哪些？

3. 资本经营评估的程序与评估报告的主要内容包括哪些？

4. 企业资本经营设施条件主要包括什么？

5. 资本经营风险的特点、类型及管理的主要程序各有哪些？

6. 资本经营效益分析包括哪些方面？

7. 资本经营与企业可持续发展包括什么？

第二十四章　企业兼并重组

学习目标

1. 了解企业兼并的类型、形式与方法；
2. 熟悉企业重组的方式、内容；
3. 把握企业兼并程序和成本与收益分析；
4. 掌握企业兼并重组整合。

第一节　企业兼并概述

一、企业兼并的定义

企业兼并是指通过产权的有偿转让，把其他企业并入本企业或企业集团中，使被兼并的企业失去法人资格或改变法人实体的经济行为。通常是指一家企业以现金、证券或其他形式购买取得其他企业的产权，使其他企业丧失法人资格或改变法人实体，并取得对这些企业决策控制权的经济行为。

二、企业兼并的类型

根据企业生产产品或从事的服务类型划分，企业兼并可以分为三种基本类型：横向兼并、纵向兼并和混合兼并。

1. 横向兼并

横向兼并又称水平兼并，即生产、经营相同产品的企业之间的兼并。兼并的目的是迅速扩大生产规模，提高规模效益和市场占有率。横向兼并的基本条件是，兼并企业需要并且有能力扩大自己产品的生产和销售，兼并双方企业的产品及产品生产与销售，有着相同或相似之处。

对兼并企业来说，实施横向兼并，具有以下益处：

（1）通过并购竞争对手，能够获得现成的生产线，迅速形成生产能力，提高市场份额，增加竞争力。

（2）实现规模经济，提高行业集中度。

（3）利用规模经济降低成本，增加企业的经济效益和抗风险能力。

但横向兼并也存在其缺陷，容易破坏竞争，特别是大型企业的兼并容易破坏竞争，形成高度垄断的局面。

2. 纵向兼并

企业纵向兼并，也称垂直兼并，即在生产、经营、销售、流通过程中具有前后关联的企业之间的兼并。纵向兼并的目的主要是提高经济协作效益，是一种经营单位向其产品的加工和销售各阶段的延伸。纵向兼并既可能是兼并投入要素或原材料的生产企业，也可能是兼并最终生产和销售企业。

纵向兼并使企业将关键性的投入—产出关系纳入企业控制范围，以行政手段而不是市场手段处理一些业务，以提高企业对市场的控制能力。企业通过纵向兼并，对原料和销售渠道及用户实施控制，以提高同供应商和买主的讨价还价能力。

从管理上来说，纵向兼并给企业提供了许多提高收益潜力的机制：

（1）通过纵向兼并，可以减少收集有关供应、需求和价格等市场信息的需要，或者使收集信息的渠道更畅通，如对销售企业的兼并可使企业能更快地了解需求的变化，从而有计划地调节生产。

（2）纵向兼并能够为企业提供一个较稳定的经营环境，保证企业在供应紧张阶段得到有效的供应，或者在总需求量不大的阶段保证产品有销路。

（3）纵向兼并通过对原材料生产企业或产品销售企业的兼并可以提高企业的竞争优势。比如，实施兼并后对原材料和产品质量能进行直接控制，可以提供更好的销售和售后服务，使企业保持更好的竞争地位。

3. 混合兼并

企业混合兼并又称复合兼并，是指分属不同产业领域，即无工艺上的关联关系、产品也是完全不相同的企业间的兼并。兼并的目的通常是扩大经营范围，进行多元化经营，以增强企业的应变能力。

从管理上分析，企业实施混合兼并，主要出于以下一些动机：

（1）分散风险。任何企业都会遇到市场风险或波动的影响。运作于单个产业中的企业，其销售收入和利润受市场周期波动风险影响较大，有可能束手无策。如果经受周期性波动产业中的企业通过混合兼并，将其业务分散到不相关的市场中经营，那么，它们可以熨平收入流量的波动，能够成功地稳定它的收入来源，分散市场波动风险。

（2）扩大企业规模。企业实施混合兼并，是企业扩大规模的有效途径。企业可以通过混合兼并，进入新的经营产业和领域，实现规模扩张。

（3）降低交易成本。混合兼并或多样化经营代表了一种获取联合经济收益的机制。混合兼并可以把共同诀窍、技术知识或专用性实物资产用于不同最终产品企业的生产，使用于经营多样化产业的企业，从而可以降低交易成本，形成范围经济效应。

（4）接管低效率企业。混合兼并是淘汰低经营效率企业的机制。通过混合兼并可以把低效率企业的经营管理权或职能配置到高效率企业中，换言之，高效率企业接管或并购低效率企业。接管是替代无能经营者的一种有效的市场途径。接管低效率经营企业或低市价企业的机会对于试图进行混合兼并的多样化经营企业是混合兼并的动力。

（5）实施企业战略转移。企业战略转移是指企业基于长远发展的需要，对企业的经营重心进行重大调整。企业可以运用混合兼并，实现经营领域、市场区域、服务对象战略转移。

阅读专栏 24-1 企业并购重组的理论

企业并购，就是企业间的兼并与收购。兼并，泛指两家或两家以上公司的合并，权利、义务由存续（或新设）公司承担，一般是在双方经营者同意并得到股东支持的情况下，按法律程序进行合并。收购是指一家企业用现金或者有价证券购买另一家企业的股票或者资产，以获得对该企业的全部资产或者某项资产的所有权，或对该企业的控制权。企业并购重组通常是在企业竞争中，一部分企业由于某些原因无法继续正常运行，考虑到员工等各方面利益，按照一定的程序进行的企业兼并和股权转让，从而实现企业的变型，达到企业重组的目的。

一、交易费用理论

所谓交易费用是指企业用于寻找交易对象、订立合同、执行交易、洽谈交易、监督交易等方面的费用与支出，主要由搜索成本、谈判成本、签约成本与监督成本构成。企业运用收购、兼并、重组等资本运营方式，可以将市场内部化，消除由于市场的不确定性所带来的风险，从而降低交易费用。罗纳德·科斯指出：市场和企业都是两种不同的组织劳动分工的方式（两种不同的"交易"方式），企业产生的原因是企业组织劳动分工的交易费用低于市场组织劳动分工的费用。一方面，企业作为一种交易形式，可以把若干个生产要素的所有者和产品的所有者组成一个单位参加市场交易，从而减少交易者的数目和交易中的摩擦，降低交易成本；另一方面，在企业之内，市场交易被取消，伴随着市场交易的复杂结构被企业家所替代，企业家指挥生产，因此，企业替代了市场。由此可见，无论是企业内部交易，还是市场交易，都存在不同的交易费用；而企业替代市场，是因为通过企业交易而形成的交易费用比通过市场交易而形成的交易费用低。

二、竞争优势理论

竞争优势理论认为，并购产生的原因在于以下三方面：第一，并购的动机根源在于竞争的压力，并购方在竞争中通过消除或控制对方来提高自身的竞争实力。第二，企业竞争优势的存在是企业并购产生的基础，企业通过并购从外部获得竞争优势。第三，并购动机的实现过程是竞争优势的双向选择过程，并产生新的竞争优势。并购方在选择目标企业时正是针对自己所需的目标企业的特定优势。

三、规模经济理论

对规模经济的追求是驱动企业并购的重要原因之一。规模经济是指随着生产和经营规模的扩大，产品或服务的单位成本逐步下降、收益递增的现象。古典经济学和产业组织理论分别从不同的角度对规模经济的追求给予解释。古典经济学主要从成本的角度论证企业经济规模的确定取决于多大的规模能使包括各工厂成本在内的企业成本最小。产业组织理论主要从市场结构效应的理论方面论证行业规模经济，同一行业内的众多生产者应考虑竞争费用和效用的比较，企业并购可以获得企业所需要的产权及资产，实行一体化经营，获得规模效益。

企业通过并购对资产进行补充和调整，一方面，可达到最佳规模经济的要求，使其经营成本最小化；另一方面，可使企业保持整体产品结构的同时，实现产品化生产，或者运用统一的生产流程，减少生产过程的环节间隔，充分利用生产能力，尽可能地增加企业的利润，追求规模经济是西方第一次并购浪潮产生的主要驱动因素。

三、企业兼并的形式

企业兼并主要有下列形式：

1. 承担债务式兼并

承担债务式兼并即在被兼并企业的资产与负债等价的情况下，兼并企业以承担被兼并企业的债务为条件接受其资产。被兼并企业所有资产整体归入兼并企业，法人主体资格丧失。兼并企业取得被兼并企业财产后，不得拒绝承担其债务。这种兼并可以视为一种特殊的购买净资产式兼并，即兼并方以数目为零的现金购买资债相抵为零的净资产。兼并的性质是合并还是收购，按照购买净资产式兼并的处理方式确定。这种兼并避免了被兼并企业宣告破产。

2. 购买式兼并

购买式兼并即兼并方出资购买目标企业的资产，取得对资产的全部经营权和所有权，被兼并的法人资格自行消失。这种形式一般是以现金为购买条件，计算目标企业的整体资产价值作为购买价格，将目标企业的整体产权买断。企业在完成兼并的同时，对其债务进行清偿。这种形式主要是在不同所有制或不同隶属关系的企业之间进行，是一种完全意义上的有偿兼并。具体又可分为一次性购买和分期购买形式。

3. 控股式兼并

控股式兼并，即一个企业通过购买其他企业的股票达到控股，实现兼并。被兼并企业作为经济实体仍然存在，具有法人资格，不过是被改造成股份制企业。兼并企业作为被兼并企业的新股东，对被兼并企业原有债务不应负连带责任，其风险责任仅以控股出资的股金为限。因此，被兼并企业债务由自己以其所有额经营管理的财产为限清偿，日后破产了照此处理，与兼并企业无关。

控股式兼并不再以现金或债务作为必要的交易条件，而是以所占企业股份的份额为主要特征，以达到控股条件为依据，实现对被兼并企业的产权占有。这种控股式兼并一般都是在企业运行之中发生的兼并行为，而不是以企业的停产实现转移。这是一种平和的兼并形式。

4. 吸收股份式兼并

吸收股份式兼并，即将被兼并企业的净资产作为股金投入兼并方，成为兼并企业的一个股东。吸收股份式兼并符合合并的各种法律特征，是典型的合并，合并各方的债务应由合并后的企业承担。

吸收股份式兼并的特点是，使被兼并企业的整体财产并入兼并企业，被兼并企业作为经济实体已不复存在。吸收股份式也发生在被兼并企业资大于债的情况下。被兼并企业所有者与兼并企业一起享有按股分红的权利和承担负亏的义务。

5. 受托管理式兼并

受托管理式兼并是指以取得某一目标企业控制权为目的，与目标企业的投资者达成协议，长期接受委托经营管理目标企业，或者在一定条件下先接受委托经营管理目标企业，后接受转让（有偿或无偿）而中止信托关系的行为。

受托管理式兼并也可简称为"托管式兼并"，这种兼并是我国企业改革实践中提出的一种形式，已经被越来越多的人所认识。受托管理式兼并双方构成的是信托关系，兼并方是受托方，被兼并方的投资者是委托方。受托方的主要责任是接受委托方的委托，经营管理好被兼并企业。委托人、受托人的权利、义务均由协议确定。

受托管理式兼并，是信托管理在企业兼并中的运用。委托人将企业委托给受托人，

职业经理人培养教程

往往是自身不具有经营管理的能力，企业经营严重亏损，或者自己虽有能力，但不如受托人经营得好，或者自己虽有能力完全经营好，但有其他更重要的事要办。受托人作为兼并方往往具有较成熟的经营管理人才和经验，经营管理专业化、集中化、成本低。

四、企业兼并的方法

1. 协议并购

协议并购是指并购方与目标企业或其各股东以友好协商的方式确立交易条件，通过达成并购协议来完成企业并购。

2. 要约收购

要约收购指通过向目标企业的股东提出并购条件、价格、期限以及其他事项作为条件收购其公司股份的行为，上述内容会以书面意见提出，以达到并购目标公司股份的目的，另外，这种并购方法为最常见的，主要出现在上市公司的并购中。

3. 竞价收购

竞价收购与上述方法有所不同，其是由目标公司发布出售公司的形式进行的，目标公司会邀请具有一定实力的潜在购买方，通过公开竞价的形式由价高者获得并购资格。而根据招标的形式不同，可以被分为公开招标、公开拍卖、竞争性谈判、议标等形式。

4. 财务重组并购

财务重组并购通常是在企业面临巨大财务危机，但是企业仍有机会和重建价值的情况下，根据一定的程序进行重组，进而让企业焕发活力和维持的处置方法。这种并购重组主要分为承担债务式并购、资产置换式并购、托管式并购。

第二节　企业重组概述

一、企业重组的定义

重组企业以资本保值增值为目标，运用资产重组、负债重组和产权重组方式，优化企业资产结构、负债结构和产权结构，以充分利用现有资源，实现资源优化配置，从整体上和战略上改善企业经营管理状况，强化企业在市场上的竞争能力，推进企业创新。

二、企业重组的方式

（1）合并（Consolidation），指两个或更多企业组合在一起，所有原有企业都不以法律实体形式存在，而建立一个新的公司。如将 A 公司与 B 公司合并成为 C 公司。

（2）兼并（Merger），指两个或更多企业组合在一起，其中一个企业保持其原有名称，而其他企业不再以法律实体形式存在。

（3）收购（Acquisition），指一个企业以购买全部或部分股票（或称为股份收购）的方式购买了另一个企业的全部或部分所有权，或者以购买全部或部分资产（或称资产收购）的方式购买另一个企业的全部或部分所有权。股票收购可通过兼并或标购（Tender offer）来实现。

（4）接管或接收（Take over），指某公司原具有控股地位的股东（通常是该公司最大的股东）由于出售或转让股权，或者股权持有量被他人超过而控股地位旁落的情况。

（5）标购（Tender off），指一个企业直接向另一个企业的股东提出购买他们所持有的该企业股份的要约，达到控制该企业目的的行为。这发生在该企业为上市公司的情况下。

（6）剥离，指一个企业出售它的下属部门（独立部门或生产线）资产给另一个企业的交易。具体是指企业将其部分闲置的不良资产、无利可图的资产或产品生产线、子公司或部门出售给其他企业以获得现金或有价证券。

（7）售卖，是剥离的一种方式。售卖是指企业将其所属的资产（包括子公司、生产线等）出售给其他企业，以获取现金和有价证券的交易。

（8）分立，指公司将其在子公司中拥有的全部股份按比例分配给公司的股东，从而形成两家相互独立的股权结构相同的公司。

（9）破产，简单地说是无力偿付到期债务。实际上是企业重组的法律程序，也是社会资产重组的形式。

三、企业重组的内容

1. 产权重组

产权重组是指以企业财产所有权为基础的一切权利的变动与重组。它既可以是终极所有权（出资者所有权）的转让，也可以是经营使用权的让渡；产权转让的对象既可以是整体产权，也可以是部分产权。产权重组是企业组织结构的调整和企业组织形式的创新过程。

产权重组的目的是确定合理的资本结构，合理利用不同性质的资本来源，促使企业价值和所有者价值最大化，确保资本保值增值目标实现。进行企业产权重组，关键在于搞好产权界定和股权设置。

2. 产业重组

宏观层面的产业重组是通过现有资产存量在不同产业部门之间的流动、重组或相同部门间的集中、重组，使产业结构得以调整优化，提高资本增值能力。微观层面的产业重组指通过并购（M&A）或通过分立和资产剥离出售等方式，对企业的经营范围及相关资产、资产控制方式进行调整。

3. 组织结构重组

组织结构重组是指在公司产权重组、资本重组后如何设置组织结构和组织形式的重组方式，旨在解决设立哪些组织机构，具备哪些职能，机构间的相互关系如何处理、协调，管理层人选如何调整等问题。

4. 管理重组

管理重组是指企业重组活动相应地涉及企业管理组织、管理责任及管理目标的变化，由此而产生的重新确立企业管理架构的一种重组形式。其目的是创造一个能长远发展的管理模式或方式，帮助企业在激烈的市场环境中更好地生存与发展。企业管理重组是企业在进行资产重组后，形成以市场为导向，以制度创新为基础，以技术创新为手段的商务模式，对战略重组、财务重组、组织结构重组、人力资源重组、企业文化重组以及管理信息系统重组等企业管理各方面的综合调整，并最终形成新组织的核心竞争力。

5. 债务重组

债务重组是指对企业的债权债务进行处理，并且涉及债权债务关系调整的重组方式。债务重组是一个为了提高企业运行效率，解决企业财务困境，对企业债务进行整合优化的过程。债务重组从本质而言，是一项法律活动，其旨在通过一定的方式改变债权人与目标公司（债务人）之间原有债权债务合同关系。

第三节　企业兼并程序

企业兼并一般都要采取以下程序：

一、兼并决策

1. 做出兼并决策

企业通过与财务顾问合作，根据企业行业状况、自身资产、经营状况和发展战略确定自身的定位，形成兼并战略，即进行企业兼并需求分析、兼并目标的特征模式分析，以及兼并方向的选择与安排。

2. 兼并目标企业的选择模型

（1）定性选择模型：结合目标公司的资产质量、规模和产品品牌、经济区位，以及与本企业在市场、地域和生产水平等方面进行比较，同时，从可获得的信息渠道对目标企业进行可靠性分析，避免陷入并购陷阱。

（2）定量选择模型：通过对企业信息数据的充分收集整理，利用静态分析、ROI分析，以及 Logit、Probit 还有 BC（二元分类法），最终确定目标企业。

3. 并购时机的选择

通过对目标企业进行持续的关注和信息积累，预测对目标企业进行并购的时机，并利用定性、定量的模型进行初步可行性分析，最终确定合适的企业与合适的时机。

二、企业兼并成本与收益分析

1. 兼并成本分析

企业兼并成本具体包括：交易成本、整合成本、机会成本。

（1）交易成本：兼并方必须全面收集目标企业财务信息，主要有目标企业的资产规模、资产质量、产品结构、主营业务的盈利能力、成本结构、融资能力等，从而对目标企业作出一个基本、全面的财务评价，并依据这些信息进一步确定兼并价格。

（2）整合成本：指兼并后为使被兼并企业健康发展而需支付的长期运营成本。具体包括整合改制成本、注入资金成本。整合成本具有长期性、动态性和难以预见性。

（3）机会成本：兼并过程需要耗费企业大量的资源，包括资金的输出、物资的调拨、人员的调配，一旦进入兼并过程，就很难有充足的资源进行其他项目，因此，兼并行为丧失的其他项目机会和资金收益就构成了兼并的机会成本。

2. 兼并收益分析

企业在进行兼并时，应当根据成本效益分析进行决策，其基本原则是兼并净收益大于零。兼并净收益的计算，通常可以通过以下方式：

首先，计算兼并收益。兼并收益为兼并后新公司整体的价值减去兼并前兼并方和被兼并方（目标公司）整体价值后的余额。即：

兼并收益=兼并后新公司价值-（兼并前兼并方价值+兼并前被兼并方价值）

其次，计算兼并净收益。在兼并收益的基础上，减去为兼并被兼并公司而付出的兼并溢价（兼并价格减去兼并前被兼并方价值后的差额）和为兼并活动所发生的律师、顾问、谈判等兼并费用后的余额，即兼并净收益。其计算公式如下：

兼并净收益=兼并收益-兼并溢价-兼并费用

三、兼并初期工作

根据中国企业资本结构和政治体制的特点，与企业所在地政府进行沟通，获得支持，这一点对于成功的和低成本的收购非常重要。对目标企业进行深入审查，包括生产经营、财务、税收、担保、诉讼等的调查研究。

四、兼并实施阶段

与目标企业进行谈判，确定兼并方式、定价模型、兼并的支付方式（现金、负债、资产、股权等）、法律文件的制作，确定兼并后企业管理层人事安排、原有职工的解决方案等相关问题，直至股权过户、交付款项，完成交易。

五、兼并后的整合

对于企业而言，仅仅实现对企业的兼并是远远不够的，而在于对目标企业的资源进行成功的整合和充分的调动，产生预期的效益。

第四节　企业兼并重组整合

一、经营战略的整合

企业并购是否服务于企业长期发展战略是并购成败的关键因素之一。只有符合科学合理的企业发展战略，建立在理性并购动机之上的企业并购行为才能保持正确的方向，为企业创造效益。在并购过程中的经营战略整合，就是对并购企业和被并购企业的优势战略环节进行整合，以提高企业整体的盈利能力和核心竞争力。

（1）对于同一行业的并购与被并购企业的竞争性战略整合，首先要分析，通过本次并购，是否已经改变了其市场地位，市场占有率是否已经提高，相应的竞争优势是否得到了加强，对竞争对手是否形成新的竞争压力。要通过整合提高兼并后企业的市场竞争位次和所处的市场地位，提高企业的综合竞争力。

（2）对于不同行业企业兼并的战略整合，要从业务战略和竞争战略实施经营战略整合。

业务战略的整合，包括：①对兼并重组后的企业业务或产品重新进行分析设计，确定主导和次要业务或产品；②根据生产需求分析和环境变化确定各个业务或产品的目标计划；③根据各个业务或产品的特点和要求，确定各个业务或产品的管理和运作模式；④根据各个业务或产品的重要程度和发展规划，对企业内部资源进行创新配置；⑤对每个业务或产品已经具有或需要培育的核心竞争力进行评估，提出融合和发展的策略。

竞争战略的整合，包括：①对兼并重组后的企业或业务面临的竞争环境进行分析、评估；②根据制定的业务战略目标，对目标市场进行细分，对竞争对手进行创新评估，通过运用内部资源提高新的竞争策略；③根据竞争策略对业务或产品进行重新组合，对渠道、人员、促销、价格、服务等进行优化配置；④制订阶段竞争战略计划并做好绩效评价。

二、战略型资产的整合

资产整合是指在并购后，以收购方为主体，对双方企业范围内的资产进行分拆、整合等优化组合活动，通过整合，剥离不必要的资产，重新组织安排优质资产，从而最合理、最有效地使用企业资产，实现企业资本最大限度的增值。

企业资产（包括资源和能力）有其战略地位的差异性，有的资源和能力构成企业的战略性资产，一般是指独特的资源、技能和知识，有的是辅助性资产。因此，在整合管理过程中对于这些资产的整合有战略优先度的不同。整合管理过程中的首要问题是解决战略型资产的整合。并购整合过程的指导思想就是围绕核心能力构建和培育企业的战略型资产，所有的整合活动都要围绕这个核心展开。由于企业的战略型资产是以独特的资源、技能和知识为根本因素的，所以在整个整合管理过程中应识别出并购双方在资源、技能和知识之间的互补性。对于具有战略型资产特征的要素，在整合过程中要进行重组整合，对于不具备战略型资产特征的要素可以剥离，但剥离要以不影响战略型资产发挥作用为原则。

三、组织机制的整合管理

企业并购中的组织与制度整合对企业并购的最终成功有很大影响，其目标是在企业并购后形成有序、统一的组织结构及管理制度体系，以尽快实现企业的稳定经营。企业组织机构的调整目标是形成一个开放性与自律性有机统一的组织系统，使整合后企业的生产要素、资源要素能够高效融合，能适应外部环境的变化。在对组织的调整中，企业必须根据统一指挥原则、权利对等原则、弹性原则、专业化原则和管理幅度原则等处理，但组织机制整合不应是一个"打补丁"式的过程，而应该是一个与组织资源重组紧密相关的组织再造过程，而组织机制重组则是组织再造中各种组织要素联结方式的再造。企业并购后的整合过程本身也是一种创造性破坏的过程，因而可以把组织机制整合看作对公司能力进行更新的一种手段。一个组织在长期发展中积累的惰性、不合时宜的惯例和规范，以及其他消极因素降低了企业的效率，因而可以把并购整合过程看成是组织流程再造的时机。

当双方经营业务领域在生产、技术和市场等方面存在相关性时，通过重新配置组织双方不同的资源，往往能弥补双方内部能力的不足，加速公司核心能力的成长，这就是组织机制整合的重要功能。为了更有效地控制被并购企业，在整合阶段，并购方一般都将自己良好的制度移植到被并购企业中。对于那些组织完善、业绩优良、财务状况良好的企业，并购方可不改变其管理制度，以保持制度的稳定性和连续性。但大多数情况下，尤其是在我国发生的企业并购中，管理不善、制度落后、机制陈旧的被并购企业数量很多。因此，建立过渡时期的管理组织、将并购方的良好制度植入被并购企业非常重要。

四、管理系统的有效整合

管理系统整合首先体现在管理制度整合上，即双方在各职能管理制度上实现统一规范、优势互补，由此带来管理协同效应。制度是用来指导实践的，对它的整合可以通过共同的组织活动逐步进行。企业从事的组织活动可分为三类：构建和运营各种生产经营设施的基础活动、寻找和建立客户联系的客户关系活动、发展新产品或服务并将其市场化的创新活动。在并购初期有意识地共同从事第一类活动是制度整合的有效途径；经过逐步摸索和学习，当面临外部环境压力时共同有效地实现第二类活动，可以说是制度融合的巩固过程；只有当双方的制度达成高度融合后，从事创新类活动才可能取得显著成果。

管理系统整合还涉及管理能力整合，因为管理能力和才能是创造价值最重要的工具。管理者的才能是一种很稀缺的资源，它包括决策能力和实施能力，而实施能力是将企业决策贯彻下去以取得预期效果的能力。管理能力的核心载体是那些具有创新精神和冒险精神的企业家，对并购来说，管理者的选择至关重要，因为他们是最有动力进行合并并应当学会如何与新的母公司成功合作的人。获取管理人员的途径有对现行经理人员的重新评估、内部晋升或聘请外部专家等，但绝大多数并购企业倾向于继续聘用原目标公司的经理，这不仅有利于稳定被收购公司的人心，更重要的是他们熟悉业务，还可以降低人员更换的转换成本和风险。

在整合管理系统时，还要对管理制度和管理能力的有效性进行诊断，以选择最终采取的方式，如营销、服务和销售理念等。这一点在并购双方优劣势比较明显时最易出现判断错误，因为优势方总想主导劣势方，因此，在"并购方主导"和"双方共同参与"这两种典型的管理系统整合模式中，应尽量选择第二种模式。除非是母公司完全吸收合并了被并购企业，采取第一种模式才可能获得成功，因为在现实并购过程中，管理制度和能力的转移往往是双向的。

五、人力资源的整合管理

现代企业竞争的实质是人才的竞争，人才是企业的重要资源，人力资源整合管理是企业并购成功的关键所在，而并购交易完成后，被并购方员工会产生明显的压力感和焦虑，这种压力感和焦虑如果不能得到释放，就会出现人力资源流失，最直接的后果是企业短期经营业绩滑坡，长期持续则会导致人力资源遭到破坏。因此，在人力资源整合时，公司高层、人力资源部和参谋人员、直线管理人员都要共同关注人员的心理，特别是被并购方工作人员的心理。采取有效的沟通策略缓解心理压力，使并购双方人力资源有效地融为一体，以最大限度地发挥员工的积极性、主动性和创造性。

六、财务管理的再造

并购前的两部分资产可能不完全适用于并购以后的生产经营需要，或原来的两部分资产还没有完全发挥出应有的效益，这就需要对生产要素进行有机整合。有些没用的资产应及时变现或转让，尚可使用但需改造的资产或生产流水线应尽快改造。通过整合，使并购以后的生产要素发挥出最大的效应，最终实现盘活资产存量、提升公司市场竞争力的目的。并购的初始动机是与节约财务费用、降低生产经营成本联系在一起的。因此，企业并购后，为了保证并购各方在财务上的稳定性及其在金融市场和产品市场上的形象，并购双方在财务制度上互相连通，在资金管理和使用上协调一致是必需的。在企业资源整合过程中，企业财务整合是一项基础性的整合，并购后的企业只有统一财务管理方式，健全新的财务运作体系，才能实施有效的并购战略意图。

七、企业文化的整合

企业文化的整合，涉及兼并重组各企业的理念、价值观、经营哲学、行为规范及领导人的风格喜好等。企业文化整合一般有文化强化和文化融合两种模式。

1. 文化强化

文化强化是指兼并企业的文化强化到各被兼并企业的文化中。这种情形一般是兼并企业具有较为先进的强势文化，而被兼并的企业的文化则是较为落后的弱势文化。兼并企业实施文化强化整合，要重点把握以下三个主要方面：

（1）兼并企业要结合被兼并企业的文化进行调查研究分析，指出被兼并企业的文化落后的表现是什么，落后的原因及其结果是什么，有的放矢地推出较为先进的强势文化，并充分说明新文化会给强化带来哪些变化和好处。

（2）要做好新文化的导入、实施和推进工作。要做到推进目标明确，重点做好新领导班子的文化融合和推进工作，对企业高管人员进行企业文化的融合交流，进行人员调整。对企业中层管理人员、一线员工进行文化培训。同时，要对企业客户和用户进行文化导入宣传和交流，使其对企业"新文化"有所了解，增强认知和认同感。

（3）要做好文化实施推进阶段评审工作。文化的导入、传播和融合不可能一蹴而就，而是要循序渐进、扎实推进，这就需要做好各个层面、各个环节的评审工作，纠正偏差，处理好文化冲突和抵触，锲而不舍地系统推进尤为重要。

案例 24-1　海尔兼并青岛红星电器公司后的企业文化整合

青岛红星电器公司曾是我国三大洗衣机生产企业之一，年生产能力 70 万台，员工 3500 人。但从 1995 年开始，其经营每况愈下，亏损严重，资产负债高达 143.65%。按照青岛市政府的部署，由海尔集团兼并青岛红星电器公司。

红星电器作为一个洗衣机厂，其设备、技术以及员工的熟练程度在当时都是较好的。其缺乏的就是科学的管理和市场导向的生产经营模式，更缺乏先进企业文化。海尔对青岛红星电器公司实施兼并后，以其先进科学管理、市场导向模式和先进企业文化实施兼并整合。首先，贯彻企业文化先行成立，将海尔的"敬业报国、追求卓越""人人都管事，事事有人管""忠诚到永远"等先进文化植入红星公司，使原红星人受到很大震撼，兼并后的短短几个月，使原来的红星公司一下子红火起来，当年实现了盈利，企业职工也得到实惠。海尔以其先进的强势企业文化激活了红星员工，也盘活了红星的资产。

（资料来源：张文勇. 并购与整合 [M]. 北京：中国财政经济出版社，2011.）

2. 文化融合

文化融合是指兼并企业与被兼并企业完成兼并后，根据兼并后公司的发展战略、业务规划和价值取向等因素进行客观分析后，结合兼并和被兼并企业各自的文化优势、劣势，提出建设一个新文化的模式。具体是：

第一，要对各家企业的企业文化进行评估，提炼各自文化的优势和精华，提炼出新的企业文化要素。

第二，在提炼出新的文化要素后，提出融合型文化定义、特征及其推进方案，广泛征求各方高级管理人员和员工的意见，以及客户和企业利益相关方的意见和建议。

第三，在征求意见和建议的基础上，确定新融合文化的表述和内涵，实施新的企业文化推广。

案例 24-2　吉利汽车并购沃尔沃的整合

吉利汽车隶属于浙江吉利控股集团（以下简称吉利集团），吉利集团于 1986 年成立于浙江杭州，1997 年开始转型进入汽车行业。吉利集团旗下包含多个业务，主要涉及汽车生产和销售、机电产品生产、汽车零部件生产和销售、汽车整车设计、房地产投资、教育等。

吉利汽车经过20余年的发展，已经成功跻身我国汽车制造企业第一梯队。吉利汽车从购买其他企业的汽车生产资质进入汽车制造行业，到如今拥有沃尔沃、吉利、领克、Polestar、宝腾、莲花、伦敦电动汽车和远程新能源商用车等汽车品牌的发展格局，和其频繁的海外并购活动不无关系。而从历史的角度分析，吉利汽车发起的多起并购案，正是其不断发展壮大的外部因素之一。

在吉利汽车20年的发展历程中，发生了多起海外并购案，实现了企业的快速持续发展，而其中最具有代表性，甚至堪称中国汽车界并购经典案例的就是吉利汽车并购沃尔沃。

沃尔沃于1927年在瑞典哥德堡成立，是享誉世界的豪华车品牌。沃尔沃汽车以安全性和可靠性著称。它在多个国际碰撞测试中都获得了优异的成绩，并被称赞为世界上最安全的汽车。沃尔沃汽车公司于1999年被美国汽车公司福特以64亿美元收购，沃尔沃汽车公司成为福特汽车公司的全资子公司。受到大规模扩张和市场环境变化的影响，福特公司开始出现连续亏损，为摆脱这种困境，福特提出"One Ford"口号，专注于发展自有品牌，最终决定出售沃尔沃的全部股权。

2010年，吉利汽车以18亿美元的价格购得了沃尔沃汽车公司100%的股份。吉利汽车完成对沃尔沃汽车的收购后，便开始整合沃尔沃。

吉利汽车并购沃尔沃后，采取了多维度的整合措施，包括技术整合、财务整合、文化整合和人力资源整合等。

一、技术整合

吉利收购沃尔沃之后，它并未拆分沃尔沃品牌，而是保持了沃尔沃品牌的独立性，具有前瞻性。吉利汽车公司不仅保留了瑞典总部和比利时的生产基地，而且在生产和运营方面拥有极大的自主权。这就避免了沃尔沃自身的技术体系和吉利汽车技术体系出现交叉的情况，沃尔沃保留独立性之后，可以再次回归到技术研发上，并和吉利汽车实现技术共享。吉利汽车还与沃尔沃合并前的供应商法国弗朗西斯科·弗吉尼亚和美国江森自控建立了长期合作关系，从而保持沃尔沃的质量。

为了顺利将沃尔沃先进的技术体系导入吉利汽车，吉利汽车设立了沃尔沃中国总部，该总部中心位于中国上海。依托中国总部，沃尔沃开始了本土化运营，其经营范围已经涵盖了生产制造、质量控制、产品研发、销售、市场、采购、财务、人力资源、客服、投资者关系法律以及公共事务等领域。

2014年，沃尔沃在上海建立了中国研发总部。中国研发总部是中国唯一具有豪华轿车核心技术研发能力的研发部门。沃尔沃可以以此进入中国的豪华车阵营，并实现沃尔沃的全球复兴战略。在归属关系上，沃尔沃汽车中国研发总部属于沃尔沃汽车瑞典总部，双方的研究资源可以共享和互操作。至此，吉利汽车对沃尔沃的技术整合达到了新的高度，并形成了和沃尔沃总部（瑞典）统一研究方法、统一工作流程、统一标准和统一设备的研发新局面。

二、财务整合

沃尔沃在福特旗下时，因为投入的资源有限，资金支持不足，严重限制了沃尔沃的发展。沃尔沃被吉利汽车收购后，财务整合扮演着非常重要的角色，关系着企业的效率以及企业并购的成败。

吉利汽车完成对沃尔沃的并购后，对中国的汽车市场进行了全面调查和分析，制订了沃尔沃的发展规划。这项计划在 2011 年进入实施阶段，主要是在上海成立新的总部，并在四川成都和黑龙江大庆设立生产基地。

吉利汽车通过创新的财务管理模型、管理系统和平台，开发了集团范围内的统一会计系统和报告管理系统。该系统与国标和中国香港标准兼容，并符合国际财务报告准则的报告披露要求。一些基础性的财务数据可以通过国标和中国香港标准来进行转化，并生成不同类型的财务报表。统一的会计报表，可以提高集团公司财务部门的工作效率，并压缩财务数据的合并时间，提高财务报表的质量。

吉利并购沃尔沃初期，国内的会计制度仍然处于起步期，和欧美等发达国家（地区）的会计制度有明显差距，这一问题成为吉利汽车并购沃尔沃之后面临的一大难题。为此，吉利汽车最大限度地保留了沃尔沃的独立性。主要措施是保留其原始财务管理人员。此外，吉利还在不断扩大财务人员的招聘，也在不断学习沃尔沃的财务管理经验，提高和吉利财务报表并表的效率，并充分发挥财务整合后的协同优势。

三、文化整合

企业文化通常包含三个维度：企业价值观、员工行为和员工行为的结果。而其中企业价值观最能体现不同公司各自的核心价值观，也能代表其员工行为习惯，是企业文化的核心。在跨国并购案中，后期整合工作最具挑战性的就是文化上的整合。

（一）吉利汽车与沃尔沃的文化差异

1. 品牌差异

吉利汽车发起收购时，其成立时间不过十年，此时吉利汽车的产品体系主要分布在低端市场。而沃尔沃则是较为典型的欧洲资本主义国家的豪车品牌，属于高端品牌。那么，两种不同的品牌定位，会不会带来既定消费者的消费偏见，沃尔沃在全球的销量会不会一落千丈，这些都是品牌差异过大而可能带来的冲突。

2. 管理差异

沃尔沃拥有近百年的历史，在管理理念和经营策略上沃尔沃都有一套成熟的体系。而吉利汽车属于刚刚起步阶段，管理水平和沃尔沃有明显的差距。双方的管理差异体现在以下两个方面：其一，进口车国产化方面。吉利汽车根据中国人的消费喜好，认为有必要引进更大的汽车用于国内生产，因为中国人喜欢宽敞的空间和良好的视野。根据欧洲人的消费特征，沃尔沃认为，小型汽车因为消耗较少的资源，价格低廉、更加便捷，并且会占据更大的市场份额，因此更适合未来的汽车行业。其二，扩张速度方面。该并购案发生时，我国的乘用车市场发展速度非常快，此时的民营造车势力纷纷开启了扩张的模式，希望快速抢占市场。吉利汽车并购沃尔沃后，希望尽快分享沃尔沃的先进技术，通过建立汽车研发中心实现沃尔沃的技术输出；同时扩大产品线，提高产品的覆盖率；但是，沃尔沃管理层的想法是时时刻刻都应该坚守沃尔沃的发展理念，坚守质量优先的底线，在获得良好的市场口碑后，再来尝试常能扩张。这些差异和冲突不仅是由于吉利和沃尔沃之间的文化差异，而且部分是由于公司所代表的民族和民族文化之间的差异。

3. 文化隔阂

中欧分属于不同的种族，在文化上的差异十分明显。沃尔沃品牌所在的瑞典和中国的文化差异异常明显，有关两国的文化差异对比结果，如表 24-1 所示。

表 24-1　中国和瑞典的文化差异

文化元素	瑞典	中国
时间观念	非常守时	较淡薄
个人主义/集体主义	倾向于个人主义	推崇集体主义、艰苦奋斗，鄙视个人主义、享乐思想
参与精神	较高	较低
长/短期取向	偏好短期定位	关注长期利益
权利距离	相对较小	集中度很高

从表 24-1 中可以看出，中国和瑞典的文化差异主要体现在权利距离、个人主义/集体主义、长/短期取向等方面。在中国，上级和下级之间的层级观念还十分浓厚，而瑞典则更加注重个人的价值。这种差异也导致中国和瑞典员工对待上级的态度完全不一样，加剧了双方文化整合的难度。

而关于吉利汽车和沃尔沃之间的企业文化差异，其对比结果如表 24-2 所示。

表 24-2　吉利汽车和沃尔沃的文化差异

文化元素	沃尔沃	吉利汽车
核心价值观	安全、质量以及环境保护	尊重人、成就人、幸福人

文化元素	沃尔沃	吉利汽车
企业使命	坚持专业知识，满足客户需求；为客户创造价值，同时为股东增加财富	让吉利汽车走遍全世界
领导行为关注品质	以人为本；稳健性发展模式	成本控制，以利为本；风险性发展模式
员工行为	员工对企业文化的认同度高	员工对企业文化的认同度较低
语言文化	工作语言是英语，官方语言是瑞典语；低语境文化，倾向于逻辑和直觉	汉语；属高语境文化，"重意会"

从表 24-2 中可以看出，两家车企在企业文化上也存在明显的差异。在核心价值观上，汽车更加讲究大众化，这和吉利汽车定下的低端品牌定位是相契合的；而沃尔沃属于北欧高端品牌，更加讲究生活质量、汽车安全和环境保护。在企业使命上，吉利汽车旨在让每一个人都可以买得起车；而沃尔沃旨在以更加精益求精的技术为客户提供安全的汽车。在领导行为上，吉利希望通过降低成本的方式来扩大市场占有率，以此来获得利润；而沃尔沃则始终将发展中心集中在汽车整车设计和汽车安全上。在员工行为上，吉利汽车的员工对汽车的认同度不高，而沃尔沃的内部员工对企业的认同度高。

吉利和沃尔沃在管理理念。领导行为和员工行为上都有一定的矛盾。作为管理人员，不能一味追求效益。双方都需要有一个适应过程，在企业文化的融合过程中，来加深彼此的了解。

（二）整合措施

吉利汽车为了打破和沃尔沃之间的文化隔阂，采取了以下三种措施：

第一，确保沃尔沃品牌独立运作。如果吉利汽车要强行对沃尔沃的企业文化进行整合，那么双方必将面临企业文化的塑造和融合。如果沃尔沃的经营遇到问题，也会影响到吉利的正常经营。在确立这种影响关系后，吉利的李书福提出要在吉利和沃尔沃之间构筑一道隔离墙。这一整合策略确立了双方将以兄弟关系存在，并最大限度地保留沃尔沃的独立性。这样不仅能够防止两个品牌之间相互影响，也可以避免文化整合耗费的巨大精力。

第二，增加双方的交流。欧洲企业的管理水平在全球都处于较高的水平，吉利汽车并购沃尔沃以后，这是可以利用的优秀资源之一。吉利显然意识到了这一点，并加强了对沃尔沃的学习，吉利首先向沃尔沃派遣了一批工程师，进入沃尔沃的生产基地进行现场学习。此外，还安排了部分沃尔沃的工程师到中国来工作，向中国的员工介绍它们的生产经验，并组织基层员工培训；介绍部分沃尔沃的中高层管理人员来中国工作，以促进双方之间的交流。

在这种交流机制确立后，双方在文化、风俗、价值观和宗教信仰等方面可以建立互信机制，增进彼此之间的理解。

第三，国际化管理团队的引入。作为北欧经典汽车品牌的沃尔沃，已经在全球范围内建立了完善的生产、销售和售后网络。作为豪华汽车品牌，沃尔沃海内外知名度高，产品行销亚洲、美洲、欧洲、大洋洲等总计 190 多个市场。也就是说，沃尔沃是一家典型的跨国性企业，在其管理中，更加依赖全球性的管理人才。为此，吉利汽车迅速组建了国际管理团队。团队成员包括：奥迪前首席执行官、国际航运巨头马士基前首席执行官、德国重型卡车公司 MAN 前首席执行官以及福特前高级副总裁。新成立的国际管理团队更适应沃尔沃的发展需求，对了解沃尔沃的企业文化也有很好的帮助。

四、人力资源整合

吉利汽车并购沃尔沃属于典型的需求型对外直接投资（OFDI）并购，来自发达国家的一个有着百年历史的汽车品牌被一个发展中国家的民营公司收购。在沃尔沃的整合中，人力资源的整合已成为一个棘手的问题。由此，吉利汽车在并购决策阶段、并购实施阶段和并购结束阶段分别采取了不同的整合措施。

（一）并购决策阶段

吉利汽车 2009 年 3 月向福特提交标书时，在欧洲瑞典引发了不小的躁动。当地媒体《每日新闻》进行了这样的报道：沃尔沃不是用钱能买到的。在汽车大规模生产的中国，沃尔沃品牌的精髓将面临被慢慢挖空的风险。在沃尔沃内部，则遭到由下到上的一致反对。有沃尔沃的员工表示：像沃尔沃这样享誉近百年声誉的欧洲公司不应该被中国一家不知名的私人公司收购。而沃尔沃工会则表示：如果吉利汽车要收购沃尔沃，沃尔沃总部必须还留在瑞典，不能裁员，员工的工资水平必须每年有所提高，工人的福利必须同欧洲其他国家保持一致。在沃尔沃高层，同样不看好这桩并购案。2009 年 12 月，有沃尔沃高管发出联名信，反对沃尔沃被吉利收购。

为了解决这些收购前的难题，吉利汽车向沃尔沃方面承诺：收购完成后，沃尔沃的总部将继续留在哥德堡，同时管理、产品研发以及经营都保持最大的独立性。同时，表示沃尔沃同吉利汽车为兄弟关系；满足沃尔沃工会提出的要求，不会对沃尔沃进行裁员，并且保持沃尔沃员工原有的福利。

（二）并购实施阶段

2010 年 8 月，吉利汽车正式完成对沃尔沃的并购交易，此后，便进入并购实施阶段的人力资源整合。吉利汽车首先完成了沃尔沃董事会的重组。吉利汽车已在全球招聘人才，确定了以李书福为董事长，瑞典人奥尔森为副董事长的董事会，一共 11 名人员，其中沃尔沃公司占比一半以上。在沃尔沃的内部管理上，吉利汽车保留了原有的高管团队和员工队伍，并遵守沃尔沃原始的绩效评估系统和管理规则与规定。整合的这一阶段对员工（尤其是中层和基层员工）的影响相对较小，并且实施过程相对平稳。

（三）并购阶段

并购案进入后期，一些融合问题才会逐渐显现出来，而且这一阶段的问题更加复杂。相关问题吉利汽车也早有所意识，成立了一个对话与合作的委员会，来协调由两方差异带来的冲突，还进行了双方合作与交流，相互间增进了解。双方能这么快整合开发中国市场，其中沃尔沃中国的成立起到至关重要的作用。

（资料来源：胡双依. 吉利汽车并购与企业可持续发展研究［D］. 上海：华东交通大学，2021. ）

推荐阅读

1. 张夕勇. 并购与整合［M］. 北京：中国财政经济出版社，2011.

2. 胡双依. 吉利汽车并购与企业可持续发展研究［D］. 南昌：华东交通大学，2021.

思考题

1. 企业兼并的类型、形式与方法各有哪些？

2. 企业重组的方式有哪些，企业重组的内容包括哪些？

3. 企业兼并的程序包括哪些，企业兼并的成本与收益分析包括哪些方面？

4. 企业兼并重组整合应注意哪些方面？

第二十五章　企业公共关系管理

学习目标

1. 了解企业公共关系的对象、企业公共关系管理的内容；
2. 理解企业公共关系战略思想、战略目标、战略重点、战略对策等；
3. 把握企业利益相关者分类，掌握利益相关者对企业的影响；
4. 懂得企业利益相关者的三类角色，掌握企业利益相关者关系管理措施；
5. 了解企业社会责任的特点、主要维度，掌握企业履行社会责任与企业可持续发展；
6. 掌握企业社会责任管理体系的内容与主体功能。

第一节　企业公共关系管理概述

一、企业公共关系概述

（一）企业公共关系的含义

企业公共关系（Corporate Public Relations，CPR），简称企业公关，是指企业在生产和商业行为中所需要面对和处理的公共关系。

企业公共关系包括对内、对外两个方面。对内是企业与其内部相关公众之间通过双向信息交流，达到相互理解与支持的活动，主要包括员工关系和股东关系。其工作目的在于加强企业内部团结，提高企业素质，为企业开展对外公共关系奠定良好的基础。对外是企业与其外部相关公众之间通过有效的信息沟通，达到相互理解与支持的一种活动。其目的是建立企业信誉，树立企业形象，协调彼此间利害关系，消除可能出现的冲突和矛盾，为企业的可持续发展创造一个良好的经营环境。

（二）企业公共关系的对象

企业公共关系对象，即企业公众。企业公众是指与企业公共关系主体利益相关并相互影响和相互作用的个人、群体或组织。

依据公众与企业有无归属关系,可以把企业公众分为内部公众和外部公众。

1. 企业内部公众

企业内部公众包括员工、股东以及员工家属。

员工是企业直接面对而又最接近的公众,是企业赖以生存和发展的细胞,是社会组织内部公众的主体;股东是股份制经济组织的投资人和财产拥有者,是股份制经济组织活动最积极的赞助者;员工家属本来与企业没有直接的归属关系,但通过他们的亲属与企业组织发生关系,成为企业的“后院”,可以起到稳定或涣散员工军心、强化或损坏企业向心力的作用。

企业内部员工对企业形象的要求和感知有以下几点:

首先,内部员工喜欢的是“自己的企业”形象。这就是说,员工对企业有一种“认同感”和“我们感”,这是内聚力的根本。

其次,内部员工喜欢的是“可以依托和归属的企业”形象。员工真正把企业与自己的命运和前途联系起来,对所在的企业组织有信任感。

再次,内部员工喜欢的是“值得骄傲的企业”形象。激发广大员工的自豪感和荣誉感,是成功企业形象的条件。

最后,内部员工喜欢的是“融洽的工作环境”形象,员工在这样的“家庭氛围”环境中能产生对事业和工作的愉快感,这是激发员工努力奋斗的内在力量。

2. 企业外部公众

外部公众与内部公众相对应,是指除内部公众外的与企业的生存发展有着利益关系的全部公众,如顾客公众、社区公众、新闻媒介等。顾客是社会组织面对的数量最多的公众,是维系社会组织生命的动脉;社区公众是社会组织的“邻居”,与社会组织有着千丝万缕的联系;新闻媒介具有双重人格,既是公共关系的客体又是实现公共关系目标的重要中介。

企业外部公众对一个企业的印象,不仅来自看得见摸得着的外在事物,也出自长期为企业外部公众所感知和记忆的一个企业的行为和表现出的精神特质。一个企业,要受到其外部社会公众的赞誉和喜欢,应该具备以下特质:

第一,与人与事的公正态度与信用,这是企业受其外部公众欢迎的基础。

第二,企业对其产品和服务质量的卓越追求和不断改进、勇于进取的开拓精神。

第三,企业的管理特色和工作效率。独特的管理方式和快捷的工作效率,都可以使企业形象生辉。

第四,企业的规模、实力和人员素质以及其他外在条件,如设备、建筑、装饰、广告等。

第五，端正的经营作风，遵纪守法、诚实正派的社会态度和竞争态度，以及为社会服务的精神，对一个企业来说都是难能可贵的。

企业主要的外部公众包括：

（1）政府公众。政府公众是指政府各行政机构及其官员和工作人员。任何社会组织都必须接受政府的管理和制约，都必须与政府有关部门打交道，包括工商、人事、财政、税务、市政、治安、法院、环保、卫检、海关等政府职能部门及其工作人员。

政府公众属于权力性公众，对包括企业在内的社会组织行使管理、监督的权力，具有行政管理权，因而它能够决定组织的成立、组织的运行、组织的政策及组织的解散等，它对组织具有决定性影响，关系到组织的生存与发展。通常情况下，权力性公众总是作为公共关系的主体出现，但在以企业组织作为公共关系活动主体的情况下，政府公众成为企业公共关系活动的客体，它会对公共关系主体产生特殊的影响，因此企业要充分重视政府公众。搞好企业与政府公众之间的关系具有特别重要的意义。

（2）媒介公众。媒介公众又称新闻界公众，是指新闻传播机构及工作人员，如报社、杂志社、广播电台、电视台的编辑和记者。新闻媒介是组织与公众联系的最主要渠道，也是组织最敏感、最重要的公众之一。

新闻媒介传递信息迅速、影响力大、威望高，它可以左右社会舆论，影响、引导民意，对社会的经济、政治局势的变化具有不容忽视的作用。企业公共关系管理要特别重视新闻媒介对企业的影响。

（3）社团公众。社团公众是指保护消费者权益的组织、环保组织及其他群众团体等。企业生产经营活动关系到社会各方面的切身利益，社团公众有可能指责企业的产品损害了消费者利益，也有可能指责企业的经营活动破坏了环境，这些都会影响企业形象和产品形象，因此企业必须处理好与这类公众的关系，必须密切注意并及时处理来自社团公众的批评和意见。

（4）社区公众。社区公众是指企业所在地的区域关系对象，包括当地的权力管理部门、地方团体组织、当地的居民百姓。社区关系亦称区域关系、地方关系、睦邻关系。社区是组织赖以生存发展的基本环境，是组织的根基。

发展良好的社区关系是为了争取社区公众对企业的了解、理解和支持，为企业创造一个稳固的生存环境；同时，体现企业对社区的责任和义务，通过社区关系扩大企业的区域性影响。

二、企业公共关系管理的内涵

企业公共关系管理是指对企业与企业公众之间传播沟通的目标、资源、对象、手段、过程和效果等基本要素实施的管理。其包括以下四个方面的内容：

（一）公众信息管理

公众信息管理即企业与公众之间信息流通的管理，既包括对社会公众信息的收集、整理，又包括企业组织对公众环境的信息输出。

阅读专栏 25-1　企业内部公众信息来源

企业内部公众信息主要是指组织内部的全体人员，即企业的所有职工的要求、愿望、意见和建议，包括他们对企业各个方面活动的各种不同的评价和反映。由于组织成员关系具有公共关系起点的特殊地位，可以说，他们既了解外部公众意见，又站在与外部公众不同的角度来评价组织。他们的一言一行，他们提供的信息，都有重要意义。因此，了解员工对企业的评价和期待，看看企业树立一个怎样的形象，才能对员工产生凝聚力，显然是重要的公共关系信息。

内部信息渠道包括：内部职工群众的各种反映、意见书、各工作部门的工作报告、计划、总结和本单位内部的舆论工具等。

内部公众信息必须认真对待，因为管理者只有通过员工的行动才能实现自己的愿望，因此，要经常了解员工在想些什么，对组织领导层有些什么看法，对组织的前途是否有信心，对组织及其产品服务有什么建议，等等。

阅读专栏 25-2　企业外部公众信息来源

外部公众的信息，主要包括以下几个方面：

（1）公众需求的信息。公众的需求是多方面的，既有物质方面的需求，也有精神方面的需求；既有眼前需求，也有将来需求。满足公众的精神需求有时不一定会给企业带来现实利益，但它却可以联络企业与公众的情感。另外，公众的将来需求也不容忽视，它是组织开发新产品、提供新服务、增强竞争能力的最可靠的信息源泉。美国国际商用机器公司能够预测未来5~10年内其用户将要面临的问题和需要的装备，这不能不说是它成功的一个因素。

（2）公众对产品评价的信息。公众对产品的反映和评价是多方面的，如质量、性能、用途、价格、装潢、售后服务等。收集这些信息的最好途径是公共关系人员直接与顾客和消费者接触，听取他们对本组织产品的各种反映。通过和用户直接接触的方法，了解用户对产品的意见和建议，并根据这些意见和建议，不断改进产品或开发新产品。

日本企业家松下幸之助说："我们每天都要测量顾客的体温。"他要求手下的业务人员和业务经理对自己的顾客必须提出精确的统计数字，从中可以看出他们对公众信息的重视程度。

（3）公众对组织形象评价的信息。许多时候公众是因为产品或服务有问题而对组织形象产生怀疑，这时，他们就特别关心组织的服务宗旨和专业素质。公共关系人员应注意收集和了解社会各界对企业及其活动的反应，了解公众对企业的机构设置、管理水平、服务质量、人员素质、工作效率、产品质量、品种等各方面的反应，以便不断改进和完善企业的形象。

（4）竞争对手的信息。企业要在竞争中站稳脚跟，必须了解竞争对手的情况和特点，才能扬长避短或取长补短，使企业在竞争中处于优势地位。了解竞争对手的情况包括对方的人员配备、机构设置、技术力量、管理方式、产品质量和设计包装、服务项目和水平、资金实力和价格、利润等各方面的信息。

外部公众信息可以帮助企业及时了解各类公众对企业的态度和行为的变化，并根据公众环境的变化来及时调整企业的运行机制，为实现企业目标创造有利的条件。

（二）公众关系管理

公众关系管理即对企业与公众之间的关系，包括现实与潜在关系、直接与间接关系所进行的管理。

公众关系管理包括以下内容：

1. 研究公众

研究公众是维护公众利益的基础性工作，也是开展公共关系工作的依据。企业要科学地研究公众的现状，包括公众的文化知识状况、价值态度和观念、生活方式和风俗习惯、消费审美心理、愿望和需求等。

2. 企业要善于对各种公众进行分类，确定目标公众

所谓目标公众，是指具体公关活动所针对的某一类或某几类特定公众。任何一个公关活动都有一定的目的和目标，为有效地达到这些目的和目标，必须对公众进行分类，确定目标公众，以便对特定公众有针对性地开展工作。

（1）按照重要程度分，可以划分为：

1）首要公众即关系到组织生死存亡、决定组织成败的那部分公众对象。

2）次要公众指那些对组织的生存和发展有一定影响，但没有决定性意义的公众对象。

3）非公众与组织无关，其观点、态度和行为不受企业的影响，也不对企业产生作用的公众群体。

（2）按照关系分，可以划分为：

1）内部公众指企业内部沟通、传播的对象，包括企业内部全体成员构成的公众

群体。

2）社区公众指企业所在地的区域关系对象，包括当地的管理部门、地方团体组织、左邻右舍的居民百姓。社区关系亦称区域关系、地方关系、睦邻关系。

3）顾客公众指购买、使用本企业提供的产品或服务的个人、团体或组织。

4）媒介公众指新闻传播机构及其工作人员。

5）政府公众指政府各行政机构及其工作人员，即企业与政府沟通的具体对象。

6）名流公众指那些对社会舆论和社会生活具有较大的影响力和号召力的有名望人士。

7）国际公众指一个企业的产品、人员及其活动进入国际范围，对别国的公众产生影响，并需要了解和适应对象国的公众环境的时候，该企业所面对的不同国家、地区的公众对象。

3. 企业公众关系分类

企业公众关系包括员工关系、股东关系、消费者关系、社区关系、政府关系、媒介关系、名流关系、国际公众关系等。

（1）员工关系。不同于一般的人事关系和劳动关系，其最主要的责任是要实现一种介于组织管理者与员工之间双方的良好沟通，促使组织的决策及行为能充分体现组织与员工双方的共同利益，能同时反映双方的愿望和要求，同时说服员工将个体利益目标追求寓于企业整体利益目标之中，达成双方的相互信任与合作关系。

员工是形成组织力量的主体，是企业创一流产品或服务的主力军，是塑造和推销组织形象的积极因素。建立良好的员工关系，可以培养企业员工的认同感和归属感，形成向心力和凝聚力。其意义主要表现在以下两个方面：一是企业需要通过员工的认可和支持来增加内聚力；二是企业组织需要通过全员公共关系来增强外张力。

（2）消费者关系。可以说，失去了消费者，便没有了企业生存的基础；反之，了解消费者需求、掌握消费者需求脉搏，企业就拥有了一个生存空间。建立良好的消费者关系的目的，是促使消费者形成对企业及产品的良好印象和评价，提高企业及产品的知名度和美誉度，增加对市场的影响力和吸引力，为实现企业和消费者公众的共同利益服务。

建立良好的消费者关系的重要意义主要表现在以下三个方面：

第一，良好的消费者关系能够为企业带来直接利益。对于企业来说，消费者就是市场，有了消费者就有了市场，满足了消费者的需求，企业的经济效益就能够实现。得人心者得市场，良好的消费者关系是企业经营的生命线，可以给企业带来直接的经济利益。

第二，建立良好的消费者关系能够帮助企业树立正确的经营思想。"利润第一"还是"消费者第一"，是两种根本对立的经营观念。企业要实现自己的目标，最根本的任务就是使其产品和提供的服务得到消费者的认可和支持。企业认真做好消费者的公共关系工作，就是要树立"消费者就是朋友"的思想，不仅要满足消费者物质消费的需求，还要满足消费者信息知晓的需求、情感的需求、选择的需求、表达和参与等精神方面的需求，从而达到经济效益和社会效益的统一。

第三，良好的消费者关系能够形成稳定的消费者群体。认真做好消费者公关工作能够培养具有现代消费意识、自觉维护消费者权利的消费者公众，能为现代社会营造一个健康、良好、稳定的消费公众环境，即培养消费者的需求意识。

总之，企业要扮演起消费者的教育、引导和组织的角色，与消费者一起设计生活、美化生活，从而形成和谐的消费者关系。

（3）媒介关系。媒介关系具有两面性：其一，大众传播是社会组织与其他公众信息沟通的"中介"环节；其二，大众传播本身也是企业的目标公众。保持与媒体的良好关系是公共关系的重要内容。

新闻界公众是公共关系工作对象中最敏感、最重要的一部分。在信息化社会，人们对任何组织及产品的了解，已不再停留在亲眼目睹的直接接触阶段，更多的是通过传媒宣传对企业及产品"留下印象"。因此，建立良好的媒介关系的目的，就是争取新闻传播媒介对企业的了解、理解和支持，以便形成对企业生存与发展有利的舆论气氛，并通过新闻媒介实现与大众的广泛沟通，密切企业与社会公众之间的联系。建立良好媒介关系的重要意义主要表现在：良好的媒介关系就等于良好的舆论关系；建立良好的媒介关系是运用大众传播手段的前提。

（4）社区关系。社区公众是组织所在地的区域关系对象，包括当地的管理部门、地方团体组织、左邻右舍的居民百姓。建立良好的社区关系是为了争取社区公众对企业的了解、理解和支持，为企业创造一个稳固的生存环境；同时体现企业对社区的责任和义务，通过社区关系扩大企业在本区域的影响。其重要意义主要表现在：社区关系直接影响着企业的生存环境；社区关系直接影响着企业的公众形象。

（5）政府关系。政府是国家权力的执行者，是对社会进行统一、有序管理的权力机构。但在政府与企业之间的这种管辖与被管辖关系之中，还存在一种互相了解、互相沟通的关系。政府公众是所有传播沟通对象中最具社会权威性的对象。企业必须与政府各职能部门建立和保持良好的沟通，这是企业生存与发展的重要保障和条件。建立良好的政府关系的目的就是争取政府对企业的了解、信任与支持，为企业的生存和发展争取良好的政策环境、法律环境、行政支持和社会政治支持。其重要意义主要表现在：政府的认可和支持最具权威性和影响力；建立良好的政府关系能够为企业赢得好的发展环境。因此，企业应该主动建立和加强自己与政府有关部门之间的双向沟通。

企业要寻求政府公众的理解与支持，就必须充分认识到公众利益对于企业、社会责任对于企业责任的重要性。企业既要有报效国家之心，又要将其在行为上、决策过程中充分体现出来，做一个社会公益事业的热心倡导者和积极拥护者，以此作为对政府工作的一种支持，以行动赢得政府公众的高度认同与厚爱。

（6）股东关系。从本质上说，股东关系属于内部关系。但从形式上看，由于存在众多的、分散的股东，它又似外部关系。实际上，这是一种分散于外部的内部关系。股东们是一群具有"老板意识"的外行，但他们又是企业的"财源"和"权源"所在（是针对股份制企业来说的）。建立良好的股东关系是保证企业继续发展的重要条件。股东公众的主要特点有相关性、复杂性。

（7）名流关系。社会名流是指那些对公众舆论和社会生活具有较大影响的人物，如工商界、金融界首脑人物，科学界、教育界、学术界的权威人士，文化、艺术、影视、体育等方面的明星，新闻出版界的名记者、名编辑。这类关系对象的数量有限，但能在舆论传播中迅速"聚集"，影响力很强。建立良好的名流关系，借助于名流的知名度，有利于扩大企业或组织的公共关系网络，扩大企业或组织的社会影响，丰满企业或组织的外在形象。名流公众的主要特点是有极高的影响力，但缺乏稳定性。

（8）国际公众关系。国际公众包括对象国的政府、合作伙伴、媒介、顾客等。国际公众关系的一个显著特点就是跨文化传播与沟通；将涉及不同的语言、文字、历史、风俗、社会制度和公众心理等。

（三）企业形象管理

企业形象管理即对企业的知名度与美誉度的管理。

企业形象是指人们通过企业的各种标志（如产品特点、行销策略、人员风格等）而建立起来的对企业的总体印象。

企业要在社会公众中树立良好的形象，首先，要靠自己的内功，为社会提供优良的产品和服务；其次，还要靠企业的真实传播，通过各种宣传手段向公众介绍、宣传自己，让公众了解熟知、加深印象。

企业利用公共关系管理，加强企业形象管理，要善于运用一些便于传播、便于记忆的象征性标记，使人们容易在众多的事物中辨认，以此来加深外部公众对企业的印象。

1. 企业名称

有人认为这是树立企业形象的第一步。在商业中有这么一句老话叫"卖招牌"，因为招牌的好坏对于消费者的心理有一定的影响，它甚至会影响企业的经营效果。所以企业选名称应像给人取名那样有讲究，而且易懂好记、清新醒目、寓意深刻；避免那种空洞、乏味、概念化而无特色的名称。一些拥有名牌产品的企业有意识将产品牌号与企业名称统一起来，也能收到相得益彰的效果。例如，美国可口可乐公司和它的可口可乐饮料；华为公司和它的华为品牌产品，既提高了产品的信誉，同时也相应地加深了人们对该企业的印象。

2. 企业广告

这是一种诉求手段，一切应以加深公众印象为主，它要调动一切因素来影响公众对企业所发出信息的主观选择意向。这种宣传企业自身的公共关系广告，要比产品广告更难取得成功。它要求广告的特色与企业的特色和形象相映协调，而且要适当在某个基调上加以重复，并不断变化内容与形式，以求信息的新鲜感，但同时又不离开一个固定的主题。总之，它要达到这样一种效果，既令人感觉似曾相识，同时又不得不刮目相看，如董明珠亲自为企业代言做广告。

3. 企业标志

它是现代设计的一部分，它包括商标和组织的徽标。由于它具有容易识别、记忆、欣赏和制作的特点，因而在保证信誉、树立形象、加强交流方面起着举足轻重的作用。它是企业良好形象的一部分，是企业无形的财产，其价值是不可估算的。因而企业可以设计各具特色的标志作为自己的象征，用独到的艺术构思给人留下美好的印象，以达到加深公众感知的目的。

4. 代表色

心理学中曾指出，在感知上，颜色起着重要作用。一个企业可以选择某种固定色调，用于企业与外界交流的各个方面，如办公室、店铺、包装系统、广告、工作服装等，形成本企业特有的一种风格，从而在心理上加深公众的感知印象。

5. 环境设施

企业舒适优美的环境布置、先进的营业设施和作业环境能在生理上和心理上影响顾客和员工本身，进而直接影响营业和作业效果。

总之，企业形象的内容是全面的，它不仅是企业产品的形象，而且是企业总体文化的表现，涉及的因素比较多。因而作为形象设计的公共关系管理，应充分考虑企业自身的特点，以及公众的心理需求、兴趣和习惯，进行科学的规划和设计，以确保企业形象既完美，同时又与众不同、独具一格。

第二节　企业公共关系战略管理

一、企业公共关系战略管理的内涵

企业公共公关战略管理是一个企业为了实现其长远发展的目标，以对象为主体，以受众为导向，通过整合各种资源，与各方利益相关公众进行双向对称沟通，以达到企业无形价值的积累，是面向未来的、具备高度战略策划性的一项管理职能。

从公关战略的定义来看，公关战略有以下几个区别于一般公共关系的本质属性：

第一，着眼于企业发展的中长期计划，不同于为了实现短期目标而进行的新闻发布、营销推广等战术、手段；

第二，强调一种整合资源的能力，能够参与企业的战略决策和绩效考核；

第三，衍生为一项独立的管理职能，有明确的目的性，区别于一般公共关系的服务、从属地位；

第四，通过双向对称沟通的手段，树立良好的企业形象，提升品牌价值，以积累有利于企业长期发展的无形资产。

二、企业公共关系战略的基本框架

企业公共关系战略是一个系统，通常由八个基本要素组成：公共关系战略思想（方针）、战略环境、战略目标（任务）、战略重点、战略阶段（步骤）、战略对策（措施）等。

（一）公共关系战略思想

公共关系战略思想是制定公共关系战略与实施公共关系战略的基本思想和观念。它是公共关系战略的灵魂，是确定战略目标、战略阶段、战略重点和战略对策的总纲。

1. 满足公众需要的思想

企业公共关系管理就是为了更好地满足公众的需要，满足客户的需要。没有公众就谈不上公共关系，而不能满足客户和公众的需要，企业就得不到发展，满足公众需要是开展公共关系的出发点和落脚点。

2. 整体性和全局性思想

公共关系战略是组织公共关系整体的、长远的谋划，具有全局性与系统性的特征。企业是一个总系统，只有着眼全局，从整体的、系统的观点出发，才能把各方面的谋划有机地联系起来，彼此协调配合，实现总目标的要求。公共关系战略坚持整体性和全局性的思想是服务于企业总系统的具体体现。

3. 持续发展的思想

公共关系战略具有长远性的特征，因此，战略必须着眼于未来，为未来持续发展指明方向和道路。只有这样，才能对眼前的利益得失看得比较清楚，即使遇到暂时的困难和挫折，也能树立起战胜困难的信心和勇气，正确地把握现在、展望未来，对未来充满信心，坚持既定的方向，在克服困难中前进。

（二）公共关系战略环境

公共关系是人们对环境挑战的反应。组织公共关系环境的分析，指出目前组织公共关系状况的形成的理由和条件，可以为日后的公共关系战略规划提供现实的依据，为公共关系战略的导入找到好的切入口，为公共关系的整合变革提供关键点。公共关系战略环境包括：①国家政治、经济大势；②国际环境风云；③产业环境；④区位环境；⑤人文环境；⑥科技、信息发展态势；⑦内部环境。

（三）公共关系战略目标

公共关系战略目标是公共关系战略管理的核心，是公共关系战略管理其他环节、活动的根本依据。不同的环境、不同的目标，形成不同的战略。企业公共关系战略目标体系主要涵盖以下七个方面：

1. 树立组织新形象目标

在组织调整经营战略结构时，注意相应地调整组织的形象战略，树立与组织新运作战略相符合的新形象。

2. 服务顾客提高知名度目标

让社会公众充分了解企业所提供的产品、技术、服务项目的开发情况。创造良好的消费环境，引导社会公众向与本企业提供的产品或服务相关的生活方式靠拢。助力企业开辟新的市场空间，推销新的产品、新的服务，在社会公众中宣传企业及其相关组织的声誉，提高知名度。通过适当方式，使公众了解本企业及其相关组织的名称、标记、经营内容等。

3. 社会责任目标

积极介入社区公共关系活动，努力与组织所在地的公众进行多方位的沟通。参加赞助活动，热心于社会公益活动，通过多种方式对外宣传，增加社会公众对企业的了解和好感。宣传企业高层领导关心社会、参加各种社会活动的情况，以提高企业及其相关方面的知名度与美誉度。

4. 争取相关公众的支持目标

尽量使政府有关部门对本企业性质、发展前景以及需要得到支持的情况有所了解。介绍企业的历史，以赢得社会公众对企业所获得成就的赞赏；为隶属组织的各分支机构进行宣传；使社会公众充分了解其性质和作用；争取行业间尽可能多的朋友，以排除在竞争中被吞并的危险。处在竞争危急时刻，通过各种渠道联络感情，争取相关公众的支持。

5. 创造良好的融资环境目标

向社会公众介绍企业经营情况、发展前景、利润分配等。

6. 降低抱怨率目标

当本企业提供的产品或服务在社会上造成不良影响时，积极消除其后遗症，重新塑造良好的形象。发生严重事故后，要让公众了解企业的处理过程、采取的方式、事故的原因以及正在做出的努力。企业所作所为不可能是完美无缺的，但要让公众知道"我们一直在努力，持续改进、追求卓越、追求更好"，不断降低抱怨率。

7. 营造积极向上、和谐团队目标

努力争取树立企业全体员工齐心协力、整个集体生气勃勃的形象。

（四）公共关系战略重点

实现战略目标必须有重点。战略重点，既是实现战略目标的关键，又是发挥优势力量的地方，是实现目标的薄弱环节，是需要花大力气加强的环节。公共关系战略重点的确定，不是主观臆断出来的，而是根据公共关系战略目标的要求，由组织自身的条件和客观环境发展变化相结合而形成的。

公共关系战略重点作为战略中的关键部位，一般要考虑对战略目标的实现有重大影响而又薄弱的环节或部位，只有抓住关键部位，突破薄弱环节，才便于带动全局，实现战略目标。公共关系战略重点须紧紧围绕战略目标而选取，所以，要分析实力，找准关键部位。选择公共关系战略重点应坚持有所为和有所不为的思想，有取就有舍，以突出其重点的地位，以利于在资源上确保其所需。公共关系战略重点一般应具有长期性，否则，只能称其为公共关系战术重点。公共关系战略重点有其层次性，混淆它只会导致重点不重。层次性反映在公共关系战略重点包括以下内容：公共关系总体战略的战略重点；公共关系分战略的战略重点；公共关系阶段性战略的战略重点；公共关系区域性战略的战略重点。

（五）公共关系战略阶段

公共关系战略实现总目标必须经过一个过程，总任务必须分阶段逐步完成。在实施公共关系战略的过程中，必须事先明确实施战略的步骤，合理划分战略阶段，明确达到总目标的各分目标的要求和战略部署与实现方法。公共关系战略阶段指将战略制定和实施过程分为若干个阶段，一步一步地达到其目标。

战略阶段的划分，实质上是为了实现战略目标在时间上分阶段的部署。首先，对确定的阶段，都必须有分阶段的目标和实现目标的时间要求。其次，要做好各阶段之间的连接和转换，前一阶段是后一阶段的准备，后一阶段是前一阶段的继续和发展。

（六）公共关系战略对策

对公共关系战略对策一般有以下要求：

1. 针对性

就是针对公共关系战略目标的要求，在企业的现有环境与条件的基础上，去创造、寻求实现目标的可行措施。要抓住公共关系战略目标要求的关键因素或企业有关的薄弱环节去寻求对策。对创新性公共关系活动的开发，首先是收集与企业形象有关的信息、竞争对手的公共关系动态、本企业技术能力和公共关系人员素质与水平，开创这些新活动、新项目的可能性与时间，以及活动的影响力和实际效果等。在分析惬意条件与竞争状况的基础上，提出克敌制胜的措施。

2. 整合性

一套公共关系战略活动方案从策划构思到全面推出，必须整合各方面力量密切配合才能实现。要有信息人员收集公众新的动态与趋势、公共关系策划人员的构思与准备、计划人员的组织安排、财务人员的资金筹措与预算、传播人员的媒体运用传播实施、管理人员的组织控制、后勤行政人员的生活条件的保证，如此等等，缺一不可。这些内容都必须有具体安排和保证实现的措施，才能使整个战略任务得以完成，这就明确地体现了战略对策的整合性。

3. 灵活性

公共关系战略对策必须具有灵活性，它将随着客观环境或条件的变化而变化，当环境与条件出现重大变化时，需要用新的方法与措施取代原定的方法与措施；否则就会造成战略的失误。或者，随着内部条件和外部环境的变化，应该对原有的措施进行修订，有时还要将不适应新环境的措施加以淘汰。总之，灵活性主要应体现为适应性，对不适应公共关系战略目标实现的有关规定和措施，应及时改进，以求得公共关系战略目标的顺利实现。

第三节　企业利益相关者管理

一、企业利益相关者的定义

国内外理论研究关于企业利益相关者的探讨中对其有多种定义。管理学意义上的企业利益相关者（Stakeholder）是企业外部环境中受企业决策和行动影响的任何相关者。这些利益相关者与企业的生存和发展密切相关，他们有的分担了企业的经营风险，有的为企业的经营活动付出了代价，有的对企业进行监督和制约，企业的经营决策必须要考虑他们的利益或接受他们的约束。

二、企业利益相关者的分类

"Stakeholders"一词的起源可以追溯到 20 世纪 60 年代，该词语用来表示与企业有密切关系的所有人。学者们通常将 Freeman 于 1984 年出版的《战略管理：利益相关者方法》一书当成利益相关者理论正式出现的象征，而 Freeman 对利益相关者的内涵界定也成为经典。从利益相关者理论学者们的研究成果中可以找出各种利益相关者划分方式。

（一）按利益相关者的权—利关系划分

按企业的利益相关者的权利和利益关系划分，依据所有权、社会利益和经济依赖性，可以划分为三类：

第一类包含董事、管理者和另外的投资者等，他们持有公司的股权，身为利益相关者，拥有企业资产的所有权；

第二类包含媒体、政府的各级管理机构和特殊团体，身为利益相关者，他们和公司有着不同社会利益的关系；

第三类包含的群体较多，有员工、管理机构、公司的管理者、竞争对手、客户、债权人和供应商等，身为利益相关者，他们和企业在经济上互相依赖、紧密相关。

（二）按与企业利益紧密程度划分

按与利益紧密程度可以划分为间接利益相关者及直接利益相关者两类。

第一类间接利益相关者包含社会团体、政府、媒体、公众和其他群体等，身为利益相关者，他们与企业的发展和生存没有市场交易关系；

第二类直接利益相关者包含代理商、股东、潜在和同行业的竞争者、员工、供应商和债权人等，身为利益相关者，他们和企业的决策活动及经营管理存在市场交易关系。

（三）按承担或承受风险的意愿划分

根据利益相关者在企业的经营管理与决策活动中承担的风险种类，可以将企业利益相关者分为自愿利益相关者和非自愿利益相关者。

第一类自愿利益相关者主要是指在企业的经营管理活动中主动与企业进行人力或者物质资本投资的群体或者个人，他们在承担企业的决策活动及经营管理过程中将要出现的风险时是自愿的；

第二类非自愿利益相关者，即这部分的群体或者个人，在承担企业的决策活动及经营管理过程中将要出现的风险时是非自愿的。

（四）按利益相关者对企业的影响方式划分

有的学者按照合法性、权力性和紧急性三个属性来给企业可能的利益相关者进行评分，划分利益相关者。合法性是指特定利益相关者是否在法律或者道义层面拥有对企业剩余的索取权；权力性是指特定利益相关者是否能够通过手段影响企业的经营决策；紧急性是指特定利益相关者的需求是否能够引起企业高管的关注。

基于上述三个属性，可将企业利益相关者分为两类：

第一类利益相关者同时具有合法性、权力性和紧急性三个属性，这一类被称作确定型利益相关者。确定型利益相关者与企业的联系最紧密，对企业的影响最大，因此企业管理层应该高度关注他们的需求，争取让他们满意，这样才能让企业发展得更好。股东、顾客以及员工都是确定型利益相关者。

第二类是具备三个属性当中两个属性的利益相关者，和企业的联系也比较紧密，这一类被称作预期型利益相关者。根据具备的属性不同，这类利益相关者有三种情况：具备合法性和权力性的利益相关者渴望得到企业管理层的关注，由于具备合法性和权力性，一般情况下他们能够实现自己的诉求，有时甚至可以参与到企业的管理和决策当中；具备合法性和紧急性的利益相关者实现自己的诉求比较困难，往往需要更强大的利益相关者的帮助；具备紧急性和权力性的企业利益相关者对企业来说是极度危险的，因为缺少合法性，为了实现自身诉求，他们很有可能会采取极端行为来实现自己的目的。

阅读专栏 25-3　企业利益相关者类型

一、企业的债权人

企业的债权人是指企业贷款的提供方，银行和债券持有者都可能是企业的债权人，企业的债权人将资金借贷给企业，获得利息等报酬，同时承担企业经营不善违约的风险。

二、企业的所有者股东

企业的所有者股东是企业的所有资源、权益和责任等的所有者，自有企业的概念、有股份制的企业性质开始，股东或者企业所有者都是企业经营的最直接影响者，也长期被认为是企业经营决策需要考虑的最主要目标。

三、企业的经营者

企业的经营者主要是指企业的管理者，即具有一定管理级别，能够对企业决策造成影响的高级管理人员。国有企业的高级管理人员是由企业股东或出资人国资委任命，国资委本身并不从企业获利，但是承担经营管理风险。

四、企业的员工

企业的员工是指企业除高层管理者以外的员工，企业的员工是企业一切战略、决策、方针、政策的实行者，也是企业信息资源资料、分析管理依据等的来源。企业员工受到企业经营者的领导，其工作结果将直接影响企业的发展和战略执行。

五、企业的供应商

企业的供应商是指为企业提供生产所需原材料、设备、辅助材料和设施的企业或组织。供应商将自身的产品或资源提供给企业，同时从企业获得回报，取得利润。供应商离不开企业，其状态和表现也对企业的健康发展有深远影响。

六、企业的消费者

企业的消费者是指消费企业各种产品和服务的对象，也包括分销商。企业的消费者是企业生产运营的总体目标，是企业最核心的资源，是企业价值和利润的来源。消费者同企业的合作状态将直接影响企业的生存和发展。

七、政府

政府是同任何企业都有密切联系的，是对企业全方位的间接或直接的支持。作为国有企业，政府则是更为特殊的利益相关者。相对国有企业，政府可以发挥的作用是投资人股东、征税者、经济管理者、治安管理者、安全管理者和环保管理者等。

八、公众

公众指的是对社会大众、社区等群体和人员的统称。随着社会文明的进步，企业经营过程中对社会责任的要求越来越高，企业大都积极主动地履行社会责任，使社会大众更多受益，更少受损。作为国有企业，公众是企业的名义所有者，因此，国有企业对公众需要担负更多责任。

三、利益相关者对企业的影响

（一）利益相关者对公司治理的影响

企业的本质是利益相关者的契约集合体，这些利益相关者实际上对企业处于一种共同治理状态。利益相关者参与公司治理，公司的本质应当是各个利益相关者通过向公司投入不同的资本，以不同的方式参与公司治理，公司治理的好坏直接关系到这些利益相关者的切身利益。这些利益相关者为了获取预期利益，有动力对经营管理层进行监督，他们来自不同的行业、领域，有着不同的专业技能与知识，这些利益相关者共同参与公司的治理，可以充分发挥自己的专长，相互配合，有利于公司长期稳定的发展。

1. 利益相关者参与公司治理有助于企业履行社会责任

企业的发展离不开社会政治、经济、文化等方面的共同影响。随着现代公司的发展，公司对当代社会的影响也越来越大，社会逐渐变成"公司社会"，公司的经济基础应当包括公司社会责任的承担。倘若公司想要长期可持续发展，应当承担起一定的社会责任。公司社会责任作为纽带，将利益相关者理论与公司治理连接在一起。在公司治理过程中，各个利益相关者的利益侧重点不总是一致的，但在社会公众层面，这些利益相关者具有相同的利益。若公司在经营过程中，维护好利益相关者的权益，就可缓解社会中的不稳定现象；相反，若在日常经营中，公司背离其应当承担的社会责任，则会造成社会的不稳定。保护利益相关者的权益，可以稳定其心，更好地缓解公司与利益相关者之间的矛盾，这属于公司对社会的义务，对公司承担社会责任有利，并且进一步促进公司长期稳定发展。

2. 利益相关者参与公司治理有助于企业实现盈利目标

在企业利益相关者中，企业职工和债权人是与企业联系最密切的群体。在现代公司中，同时也是对公司影响最大的利益相关者。但这两者对公司来讲又分属于不同的领域，职工属于公司内部治理关心的环节，债权人属于公司外部治理关心的环节，若能将这二者有效地融入公司治理的制度框架中，将可以大幅度降低信息不对称的现象出现在公司治理监管过程之中的频率。将职工和债权人纳入公司治理中，还可有效地缓解与减少公司委托代理制度下存在的一些现象，如监督不足、信息不对称等，进一步在公司内部达到一种有效制衡，最终实现代理成本降低的目标。因此利益相关者参与公司治理，不但可以有效地防止道德风险的发生，还可以降低公司委托其他经理人管理公司的成本，形成有效的公司内部控制。伴随公司治理成本的降低，公司盈利收益便会相应地增加，这有助于实现公司的盈利目标。

（二）利益相关者对企业战略管理的影响

企业的生存和发展离不开利益相关者的支持，利益相关者同企业战略的联系是非常紧密的，企业管理者应时刻关注利益相关者的变化，在制定企业战略时主动考虑利益相关者的利益，充分利用好内外部资源建立优势，获得更好、更长远的发展。

企业与其利益相关者在战略管理方面是相互影响的。利益相关者将对企业的战略决策过程产生影响，同时企业的战略决策也将相应地影响企业利益相关者的受益情况。

这里主要论述企业外部利益相关者对企业战略管理的影响，主要表现在下列五个方面：

1. 利益相关者对企业战略定位的影响

基于利益相关者进行战略考虑的企业，将着眼于更多样的发展目标，企业将更大程度地承担社会责任，更倾向于长远可持续的发展，而不会只在意短期效益。

2. 利益相关者对企业战略分析的影响

基于利益相关者的战略管理的企业，在环境分析过程中将结合企业各类利益相关者的影响，使企业进行战略分析时的视野更为开阔，能够形成对企业战略决策更为科学的决策支持基础。

3. 利益相关者对企业战略选择的影响

基于利益相关者的战略选择的企业，将企业置于更高的高度，以更清晰的认识，全面抉择企业战略，将形成对企业利益相关者有更广泛受益的战略选择。

4. 利益相关者对企业战略变革的影响

利益相关者能够促进企业的战略变革，通过对利益相关者满意度和贡献率的分析，可以使管理者明确谁是企业最有影响力的利益相关者，他们需要什么，企业想从利益相关者那里得到什么。当企业把这些问题思考清楚之后，就能够促进企业战略变革，使企业重新思考组织与环境的关系，更加注重企业内部和外部利益相关者的利益与企业股东利益的一致性，更加注重企业的长远发展与可持续进步。通过利益相关者分析，可以发现企业来自利益相关者的机会和威胁，亦可以发现企业来自利益相关者的资源优势和劣势。企业可以把利益相关者的优势转化为企业的核心资源与能力，从而提高自己的核心竞争力，也可想方设法处理来自利益相关者的威胁，并尽可能地创造合作的机会，形成战略联盟关系。

5. 利益相关者对企业战略实施的影响

利益相关者能够显著影响和优化企业的战略流程，提高战略绩效。企业为了履行企业对员工、政府和消费者等利益相关者的责任，企业必须在经营活动中遵循相关的法规，改进健康、安全、环保等流程。为使利益相关者满意，公司要特别注重对投资者关系管理、客户关系管理、员工关系管理、供应商和联盟伙伴关系管理等相关流程的改进和优化，提高为利益相关者创造价值的能力，使企业竞争优势得以充分发挥。

四、企业利益相关者角色与行为

（一）企业利益相关者身份角色界定

所谓企业利益相关者的角色界定，就是建立界定标准，确定企业利益相关者角色地位。在这里，我们采用与企业相关的风险性、契约性和重要性来确定利益相关者的角色。

（1）风险性：某一群体对其投资所承担的风险程度。

（2）契约性：某一群体是否与企业有直接的契约关系。

（3）重要性：某一群体与企业的生产经营的重要性关系。

（二）企业利益相关者的三类角色

1. 核心利益相关者

这类利益相关者往往都是对企业投入了专用型资产，对其投资往往都承担了较高风险，同时这类群体都和企业签订了直接的契约关系，并且对企业的生产经营产生直接的重要影响。

2. 一般利益相关者

这类利益相关者与企业有比较密切的联系，具备上诉三项属性中的两项。这类利益相关者又可以分为以下三种类型：

（1）同时承担较大投资风险并与企业签订直接契约关系的群体，这类群体由于其对企业的生产经营没有影响力或影响力不够，所以其利益要求往往被忽略，然而这类群体往往对企业进行了直接的专有性投资并与企业签订了契约，一旦其利益要求无法满足往往会对企业的生产经营产生较大的影响。因此，要给予这类利益相关者格外的重视。

（2）同时承担较大投资风险并与企业生产经营有直接重要关系的利益群体。这类群体没有与企业签订直接契约，往往与企业密谋进行某项经营活动，并没有直接的契约对双方行为进行约束，所以这类利益相关者往往是非常危险的，需要引起注意。

（3）同时与企业签订直接契约关系，并与企业生产经营有重要关系的一类群体。这类群体往往会受到企业管理层的重视，在某些情况下还会正式地参加企业的决策，同时其利益要求也往往能够得到满足。

3. 边缘利益相关者

这类群体只是拥有风险性、契约性和重要性这三类属性中某一类的群体。

（三）利益相关者的行为分析及界定

1. 股东

股东作为物质资本的提供者，在现代企业制度中，股东是经营风险的承担者。股东投资的非偿还性，使得股东的回报更大程度上依赖于企业这种经济组织。对股东来说，一方面，企业有利于实现其投资回报；另一方面，由于物质资本的可分离性以及企业法人地位的独立性，股东承担投资受损的风险是不可避免的。所以，出于确保投资回报和规避风险的动因，股东最有动力和能力参与到公司治理当中去，对企业资产的利用情况进行监控。作为企业利益相关者，股东是企业的所有者之一，由于股东拥有上面所规定三类属性的全部，股东属于企业的核心利益相关者。

2. 经理人

企业作为一个经济组织，其目的在于输出有竞争力的产品或服务。这一目标的实现要求企业必须有一个强有力的管理层，他们以远见审时度势，拥有较高的个人魅力，实现企业财富的增值。

与企业一般的员工不同，经理人属于异质性人力资本，经理人向公司投入了大量专有性资产，一旦公司亏损或倒闭，不仅面临投资损失，甚至还会危及自己及家人的生存。人力资本的提供者对企业的经营也是承担风险的，因此他们主观上具有参与公司治理的强烈愿望。

从核心利益相关者的角度考虑，经理人剩余索取权的实现与企业财富的增值休戚相关，所以说，我们把经理人作为核心利益相关者来对待，充分满足其利益要求，才能使经理人有足够的动力和能力参与公司治理。

3. 员工

毫无疑问，员工是企业内最重要、最直接的利益相关者。员工是业务流程的直接操作者，企业的任何计划和方案最终都要由员工去执行和实施。员工的行为直接影响顾客及其所接触到的其他利益相关者。要让外部的顾客满意，首先就要让企业内部的顾客——员工满意。作为企业利益相关者，员工追求安全舒适的工作环境、公平的招聘和晋升政策、优厚的报酬待遇、适当的授权、充分的职业教育和培训等利益。

员工作为与企业有直接契约关系的一类群体，虽然作为个体对企业的生产经营的影响力不是很大，但员工这个整体是企业方方面面流程的具体执行者，对企业的重要程度可见一斑。从风险承担性上来看，企业的一般员工属于同质性人力资本，其所有者并没有或者很少进行企业专用性投资，所拥有的知识多为通用的、显性的，他们在退出企业时并不存在过多障碍，也不会产生专用性投资损失。相反，他们在企业中增强了操作的熟练性，增加了工作经验。多数情况下，此类人力资本往往不能满足企业的需求而被迫离开，所以同质型人力资本经常面临着被解雇的危险，同时其个体谈判力比较差，靠其自身力量很难实现其人力资本权益。他们更多时候是通过集体或团队的形式来进行谈判的。为此我们将员工作为一般利益相关者来看待。而对于掌握较强技术能力的异质性员工，他们往往向企业投入了专有性投资，其资本退出的成本很大，承担较大的风险性，我们把这类员工看作企业的核心利益相关者。

4. 供应商

供应商与企业之间的关系更多的是一种契约关系、交易关系。他们之间的权利与义务通过契约的形式确定下来，并且可能会通过采用长期合同、关系合同等方法来避免重复缔约所产生的交易成本。

然而，随着社会分工的不断细化，供应商对企业进行专用性投资的情况也不在少数。像海尔、海信等大型的生产企业所需的许多零部件都是由一些供应商专门提供的。由于这些零部件具有独特的规格等方面的要求，这些企业实质上是对其进行了专用性投资。此时，供应商与企业的关系不再仅仅是契约关系、交易关系，且仅仅通过契约关系也很难解决资产专用性所引发的敲竹杠问题，供应商面临着因企业机会主义行为被剥夺准租金的危险。供应商投资的退出会存在不同程度的风险。

可从以下情况进行分析：

（1）若供应商是既已存在的，企业通过与供应商进行协商确定了双方的合作关系，且不需要供应商做出调整或只需要供应商做出很小的调整，即能生产企业所要求的产品。这种情况下，供应商的投资不具有专用性或专用性程度较低，且由于企业受"声誉机制"的影响，若企业与供应商的交易是长期的博弈关系，企业与供应商之间通过契约形式便能够较好地处理双方的关系，并能避免企业的机会主义行为。而且由于供应商对企业的专用性投资程度较低，其退出并不存在多大的障碍，承担的风险程度也不是很高。

（2）若供应商是既已存在的，企业通过与供应商进行协商确定了双方的专用性投资关系，但这种投资需要供应商做出较大的调整才能生产企业所要求的产品。此时，供应商对企业的专用性投资程度较高，其资本退出存在较大的障碍。仅仅通过契约很难避免企业的机会主义行为。

（3）若供应商不是既已存在的，而是为企业生产特定产品专门进行投资而存在，此时供应商的投资完全属于专用性投资，资本退出存在更大的障碍。这种情况与（2）基本相同，只是在投资的专用性程度上存在差异。

由此，第一类供应商在风险性和重要性这两个方面的影响都微不足道，可以看作企业的边缘利益相关者，后两类供应商往往向企业投入了专有性资产，其退出存在较大障碍，并承担了较大风险，同样也是这样两类供应商的利益要求如果无法满足，一旦报复性撤出将会对企业生产经营产生巨大影响，所以在对供应商进行界定时，针对这种与企业签订直接契约同时又承担较大投资风险的供应商，可将其视为一般利益相关者，在处理这类利益相关者群体时需要对其利益要求保持足够的重视。

5. 债权人

相对于企业的股东，债权人是求索权优先的资金提供者。当企业资金不足时，银行等债权人的贷款就缓解了企业资金周转的压力。良好的银企关系对企业来说也是非常重要的。如果企业有几家关系良好、互相信任的银行作为资金后盾，那么这些银行不仅能在企业困难时帮助企业，与企业共渡难关，而且往往能让企业抓住稍纵即逝的市场机会，如抢先引入先进的技术，开发新产品，率先占领市场。从债权人的立场来看，他们关心的是贷给企业的款项的安全程度，也就是能否按期收回本金和利息。如果企业没有足够的现金来偿还到期的债务，企业的信用等级就会下降，甚至面临债权人向法院提出企业破产的请求的情况。满足债权人的利益要求是企业在市场上生存的基本条件。

企业的大债权人向企业投入了巨额资金，他们也承担了很大的风险，我们把这类利益相关者看作核心利益相关者。对于企业的中小债权人，其承担的风险相应较少，可看作企业的一般利益相关者。

6. 顾客

顾客是消费企业产品和服务，并为企业买单的群体。没有顾客，企业的任何目标都无从谈起，因而客户一直被奉为至高无上的上帝。

企业只有不断地提供受顾客青睐的产品和服务，才能产生源源不断的收入。随着时代的发展和科学技术水平的提高，市场上的产品大大丰富，不仅在数量上大大增加，而且产品的类别日益繁多。迈克尔·哈默（Michael Hammer）认为，世界经济具有划时代意义的变化是权力已经由卖方转移到了买方手中。面对可选择范围的扩大，顾客不仅关注产品的价格，而且开始注重产品的质量和售后服务等。

在环保意识日益增加的今天，人们还关注产品的使用是否对环境产生影响。有研究表明，拥有较高客户满意度和忠诚度的企业在长期内盈利丰厚。忠诚的客户通常会增加购买，推荐新的客户给企业，并且愿意为他们信任的产品和服务付出更大的溢价。满足顾客的利益，使顾客满意，是企业成功经营的法宝。但是不同的客户类型对企业而言其重要程度不能一概而论，客户对生产消费品型产品的企业和生产工业型产品的企业的重要程度会有很大不同。因此，必须对客户进行细分，划分出核心利益相关者客户、一般利益相关者客户和边缘利益相关者客户。

7. 社区与政府

任何一个企业与其所在的社区之间都有着密切的联系。社区是企业劳动力的重要来源，因而社区的人口和教育发展将影响到企业员工的储备和员工素质的提高。企业所在的社区也往往是企业重要的客户。同时，社区的发展也受到企业经营活动的重大影响。企业是当地税收的重要来源，是就业机会的主要提供者，企业的发展和壮大会带动整个社区经济的繁荣和增长。但是，企业的经营活动也可能会给当地社区带来环境污染问题，如废气、废水的排放和工业噪声等。一个企业要获得所在社区的支持，实现长期的生存和发展，就必须遵守当地的政策法规，树立良好的企业公民形象，建立和谐的社区关系，避免社区对企业产生敌对和抵制的心理。

政府也是企业不可忽视的一个重要的利益相关者。政府为企业提供了宏观的运行环境，包括制定行业发展政策、公平竞争规则及提供一些公共基础设施。企业与政府之间的利益关系主要体现在税收和企业对政策环境的适应和利用能力上。与政府部门建立良好的关系，如按照税法的要求按时足额地交纳税款，遵守有关部门的规章制度，对国家的产业政策方针积极响应等，能为企业的发展创造一个良好的环境。

社区和政府对于企业的影响也常常很重要，如为了准备北京 2008 年奥运会同时也为了北京市的城市环境建设，首钢作为一家超大型国有企业由政府安排迁往唐山，这种影响已经相当重要了，所以某些行业的企业与当地社区和政府往往有着很重要的关系，因此，不能一概而论。

综上，可以对企业的利益相关者，大致进行如下划分：

（1）核心利益相关者，包括企业的股东、经理人、异质型员工、企业大债权人、重要供应商。

（2）一般利益相关者，包括企业的同质型员工、一般债权人、重要客户、供应商。

（3）边缘利益相关者，包括企业的客户、所在社区和当地政府。

五、企业利益相关者关系管理措施

（一）维护良好的沟通

维护良好的沟通是利益相关者管理的基础，可以帮助企业更好地了解他们的需求和期望，从而采取有效的行动。应采取手段经常联络利益相关者，了解并捕捉他们的新想法、新情况和新需求。让利益相关者乐于参加管理者定期召开的会议，收集他们的看法和思考，发展良性的合作关系。解决纠纷时应当保持公正公平，有序地与利益相关者协商，以免对彼此的沟通有不利影响。

（二）建立良好的合作伙伴关系

企业及其利益相关者之间通过合作产生的力量越来越大，首先要建立良好的合作伙伴关系，以便朝着共同利益的目标进行共同协作，促进业务协同发展。因此，在建立企业与利益相关者之间的联系之前，企业可以定期进行咨询，共同洽谈，解决问题。另外，需要给讨论和处理议题营造一个积极的环境，这样才能使双方的利益得到满足。

（三）制定有效的行为准则

制定一套有效的行为准则有助于企业和利益相关者之间的合作，因此，企业需要重视合规性和行为准则的规定，确保行为的可持续性和遵从性，并将其光彩的一面展示给所有利益相关者。同时，要尊重企业和其他利益相关者之间事先建立的权利义务关系，改进合作机制，使利益相关者能够及时受到关怀和尊重。

（四）注重企业社会责任

在当今经济社会中，不仅要满足利益相关者对经济利益的期望，还要满足他们对社会责任的期望。因此，企业应该注重企业社会责任，考虑社会及环境的发展，遵守行业强制性的法规，提出与社会有关的目标，并及时履行自己的社会责任。在理解利益相关者的需求和期望的同时，尊重其他利益相关者的权利，实现双赢的合作关系。

第四节　企业社会责任管理

一、企业社会责任概述

（一）企业社会责任的含义

企业社会责任（Corporate Social Responsibility，CSR）并不是一个陌生的概念，它

最早出现于 20 世纪初的西方发达国家，在这近一个世纪的历程中，企业经历了从不择手段地追求利润最大化到兼顾股东及利益相关者的利益，企业的社会责任也从以处理劳工矛盾和环保问题为主题扩展到实施企业社会责任战略、提升企业国际竞争力的阶段。企业社会责任成为调剂经济发展和社会发展的重要因素，也成为企业持续发展的重要指标。全面、正确、客观地认识企业社会责任，对企业切实实施企业社会责任战略、提升企业国际竞争力、保持企业可持续发展能力具有深刻的意义和价值。

所谓企业社会责任是指企业在创造利润、对股东和员工承担法律责任的同时，还要承担对消费者、社区和环境的责任，企业的社会责任要求企业必须超越把利润作为唯一目标的传统理念，强调在生产过程中对人的价值的关注，强调对环境、消费者、社会的贡献。

（二）企业社会责任的特点

企业社会责任，是企业在谋求股东利润最大化之外所负有的维护和增进社会公共利益的义务。同其他责任比较，它具有以下几个特点：

1. 企业履行社会责任的对象包括非股东的其他利益相关者

企业在生产经营的过程中，必须为股东创造尽可能多的利润。但股东不应作为企业唯一的利益相关者，企业的管理者应站在增加企业整体利益的角度，考虑包括员工、消费者、政府及环境在内的所有利益相关者，实现所有利益相关者的利益要求。所谓"企业的利益相关者"是指除股东以外，受企业行为影响或可影响企业行为的个人、群体和组织，通常包括企业所有者、员工、客户、合作伙伴、政府、社区等，利益相关者能够影响组织。这些群体或多或少地影响着企业的发展，因此应将其纳入企业社会责任所关注的范围之内，与他们建立长期合作的关系，企业才会长久发展。

2. 企业的社会责任是基于企业法律责任与道德责任的统一体

社会责任是一种对企业行为的约束机制，任何约束机制都至少有两个层次，首先是道德约束机制，这种约束所体现的义务不以国家强制力保证其履行；其次是法律约束机制，法律的约束是道德的底线，不仅有具体的内容和履行上的要求，而且还有不履行或怠于履行义务的否定性评价和不利后果。企业社会责任的履行应以法律规定为基本保障，同时通过企业的责任感以及教育、规劝、鼓动、舆论评判等非法律手段的促使来确保其承担。因此企业履行社会责任应将"硬约束""软约束"相结合，可见，就企业社会责任整体而言，它应是法律责任与道德责任的统一体。

3. 企业履行社会责任的社会目标的实现是以基本的经济目标为基础的

任何企业都是为追求利润最大化而运营的经济组织，因此，企业的经济目标是企业的首要目标。但企业要有效履行社会责任，实现其对员工、消费者、社会、政府及环境等的社会目标，必须以实现经济目标为基础，只有企业有了经济条件，才可能实现履行社会责任的社会目标。

4. 企业社会责任是企业通过竞争的市场所体现的

企业以其他非股东利益相关者为对象承担社会责任，应与其他管理目标相一致，必须深深立足于企业的文化及实际情况，不只是采用任意的公共关系和赞助形式，而是要与公司的其他管理目标合而为一。归根结底，企业的生存和发展要在竞争的市场中实现。企业要发展，就要扩大生产规模、招聘员工，这就扩大了社会就业。企业追求利润的不断扩大，就为政府增加了税收。对企业社会责任的最大检验就是市场行为。

（三）企业社会责任的主要维度

关于企业社会责任的维度或者范围，在不同时期无论是内容还是侧重点都有所不同。但就其发展的整体趋势来看，是在利益相关者前提下由内到外的不断延伸。一般地，以下为企业应该履行社会责任的主要维度：

1. 盈利的责任

企业必须根据自身的实际情况承担相应的社会责任，这是毋庸置疑的。但"巧妇难为无米之炊"，如果企业自身没有实现其作为经济主体的盈利目标，一切社会责任都是"海市蜃楼"，都只不过是夸夸其谈。企业作为经济实体的首要责任是洞察市场的需求，不断完善和提高企业的生产技术水平和服务质量，提高劳动生产率，采用适合具体行业和企业规模的先进管理方法，实现企业的利润目标。企业只有在总体盈利的前提下才能有资金不断进行扩大再生产，实现企业的可持续发展，也只有企业实现了长效的发展，才有能力承担企业社会责任。

2. 对员工的责任

员工是企业生存和发展的基础，是企业利润目标实现的主体，也是企业社会责任维度中最重要的维度。企业应该按照国家相关的法律法规为员工购买社会保险，为员工提供安全的工作场地和生产设备，不恶意克扣和拖欠员工的工资津贴。同时，企业还应该努力提高自身的经营业绩，为员工提供长期的工作机会，并根据自身实际发展情况为员工提供培训机会和晋升机会。在此，还要特别指出，企业对员工的责任还应该包括尊重员工和关心员工的心理健康。员工是企业利润和财富的缔造者。虽然不同员工在企业中的职位和作用各不相同，但企业作为一个整体，之所以能健康有序地发展，离不开每一个员工的努力。因此，企业应该尊重和关心每一个员工的身心健康。

3. 对消费者的责任

企业要实现其利润目标就必须将企业的产品拿到市场上去交换，通过交换使产品变成具有使用价值和价值二重属性的商品，再通过向消费者让渡商品的使用价值来获得利润。而市场经济的基本特征就包括了开放性和竞争性。消费者在开放的市场环境中自主地选择"心仪的商品"。企业如果想尽可能合理实现自身利益最大化和可持续发展，就必须履行对消费者的责任，向消费者提供符合国际和国家关于各行业质量标准的产品和服务，并做好相关的售后服务。在产品成分的标注上避免虚假信息，不蓄意误导消费者，更不能使用劣质的材料进行生产和加工。

4. 对股东的责任

企业对股东负责任的实质就是企业要盈利。企业必须在成长和发展过程中保持和扩展自己的市场份额，努力在资本市场上吸引投资。同时，应在企业内部建立和健全合理有效的规章制度，保证决策层的决定是科学有效的，保证执行层能够正确领会和执行决策层的决议。避免企业在"上传下达"过程中因为低效率和错误理解而造成的成本增加。企业对股东的社会责任还必须包括保证股东对企业经营决策信息的知情权。企业必须及时准确地向股东公布公司的经营状况和财务报表，并根据法律规定定期召开股东大会，不得蓄意向股东隐瞒和虚报企业信息。在这里，还要特别强调企业在承担对股东社会责任时存在的普遍现象，即企业在承担对股东的责任时往往关注大股东的权益而忽视了中小股东的权益，没有合理有效地保证中小股东对投资回报和企业现状的知情权，没有有效发挥股东大会的作用，使大股东从中获取不正当利益。这不仅不利于企业自身的可持续发展，而且还不利于建立公平、公正和良好的经济秩序。

5. 对自然环境的责任

企业要实现其利润目标和可持续发展，就必然离不开自然环境所提供的生产资料和生活资料。脱离自然环境的企业是不可能存在和发展的。企业在发展过程中必须承担起保护环境和合理利用资源与能源的社会责任。企业在发展过程中既要注意在生产活动中合理有效地节约能源和资源，又要注意在日常的办公事务中贯彻节约的理念，节约用水用电，注意纸张的循环利用。同时，企业在生产过程中必须遵守国家相关的法律法规。不随意排放污水和废气，不随意填埋建筑垃圾和废物，避免造成空气污染、水污染和噪声污染，承担与企业相关的环境保护和治理的费用。对于一些实力雄厚和已具有一定规模的企业，还应该在保护环境方面发挥积极主动的带头作用，踊跃参加各种保护环境的公益活动，主动支持有利于环境保护的科研活动，支持环境教育活动，促进社会环境意识的提高。

6. 对政府的责任

企业的经营和可持续发展离不开政府为其提供的公共设施和公共服务。比如，政府履行国家安全职能加强国防和军队建设，维护社会治安，为企业生产和经营提供了安定有序的社会环境。政府为企业的运营提供交通设施和修建道路。同时，政府倡导的义务教育和免费职业教育等也有利于为企业提供合格的劳动者。因此，企业也必须承担起对政府的责任，在从事生产和经营活动的过程中自觉遵守政府制定的法律法规，做到依法纳税，并不断提高企业的劳动生产率和经济实力，为促进国家经济的可持续增长贡献力量。同时，企业在力所能及的情况下还应为社会慈善事业贡献自己的力量。企业对政府的责任还应包括承担建设一个"民主法治，公平正义"的社会环境所应承担的责任。企业在经营过程中应该坚持公平竞争、品质取胜的原则。杜绝为了企业的一时之利去腐蚀和拉拢政府官员，杜绝用不正当手段牟取暴利。

二、企业履行社会责任与企业可持续发展

（一）企业履行社会责任与企业可持续发展的关系

可持续发展战略是站在一个地区、一个国家，甚至是全人类利益的高度来看待发展，是一种新的发展观，它的出现对企业提出了新的要求，企业要满足可持续发展战略的上述新要求，就必须有新的或追加的投入。其实质是在经济和社会发展过程中既要考虑当前发展的需要，又要考虑未来发展的需要，关注全社会及子孙后代的利益，不以牺牲后代人的利益为代价来换取当代人的利益。可持续发展要求企业承担社会责任成本，企业社会责任是通向可持续发展的重要途径，企业只有确实地履行了对社会的相应责任，才能实现企业的可持续发展。

1. 企业履行社会责任为企业可持续发展战略奠定了物质基础

企业在获取盈利的同时，必须以保护和改善生态环境为前提，保护人类赖以生存和发展的环境，节约资源，进而达到企业长久稳定的发展。企业通过履行保护和改善生态环境的责任，使地球生命系统得到保护，企业生产所需的各种燃料、原材料供给充足，物种多样而丰富。总之，企业履行社会责任不仅为企业的持续生产提供了丰富的自然资源，而且对企业职工的身心健康也产生了积极的影响。否则，企业可能因原材料不足而停产，因天灾人祸的侵害而使正常生产经营活动被迫中断。这样，企业的正常生产经营活动都难以为继，社会的持续、健康、协调发展将无从谈起。

2. 企业履行社会责任能够为企业可持续发展战略提供良好的外部环境

企业是社会经济的基本组成，企业追求的是长期发展，而不是短期发展，企业履行环境责任，包括公司在营利过程中与其他社会成员之间的利益冲突与摩擦的调整，是企业获取和保持持续的生存能力和发展能力，同时兼顾自然资源、生态环境的协调发展的有效途径。企业通过履行社会责任，使职工工作生活条件得到改善，生态环境得以保护，社会弱势人群各安其所，企业和顾客之间诚信友善，企业的持续生产经营就会有良好的外部环境和安定团结的政治局面。因此，公司在致力于经济和社会发展的同时，还要致力于建设健康的环境、稳定的社会。

3. 企业履行社会责任是实现可持续发展战略的重要保障

企业在追求自我发展的过程中，拥有长远利益和发展是其追求的目标及方向。而企业社会责任则直接关系到企业的生死存亡。企业社会责任不仅能使员工在心理上产

生一种凝聚力，而且符合社会的道德观和价值观，与社会文明发展的方向同步并协调一致。首先，企业履行社会责任要求企业要人性化，保障劳动者生产安全、职业健康和其他合法权益。在"以人为本"理念的影响日益深远的今天，对于消费者来说，接受一件由牺牲劳动者的安全与健康所生产的商品变得不可思议。其次，现代企业的人才竞争使一个没有良好社会责任和商德声誉的企业难以吸引并留住人才。最后，经济全球化和日常商务往来要求企业必须遵循共同的游戏规则和伦理价值观，认同并践行企业社会责任。此外，企业绝对承受不起让社会失望的代价，发达国家的如安然、安达信、世通等一些大公司在诚信方面所引发的地震，引起了全世界的震撼，给企业带来了重大损失。

4. 企业履行社会责任有利于树立良好的形象，从而促使企业快速发展

随着企业环境保护意识、公众意识、社会责任意识的不断增强，公众对企业承担社会责任的呼声也越来越高。对于积极参与支持社会公益事业和社会福利事业，在生态环境及资源保护方面有特殊贡献的企业，必定会获得公众对其企业文化、产品、服务的好感，从而提高企业的公众形象。否则，公众必定会产生抵触情绪。企业通过履行社会责任树立良好形象，不但可以避免企业与顾客之间不必要的摩擦，还可以稳定顾客并充分利用群众舆论的作用招揽新的顾客，从而节省广告费，提高产品的市场占有率。此外，企业在生产经营过程中应坚持诚信原则，切实为顾客提供安全优质的产品或服务，对企业的长远发展而言，也是一种双赢的策略。

（二）企业可持续发展对企业履行社会责任的具体要求

1. 企业可持续发展对环境资源保护的要求

保护生态环境，是企业实现可持续发展的重要基础和内容。自然资源并非取之不尽、用之不竭，自然环境对人类废弃物的吸纳、净化也是有限的，以浪费资源和牺牲环境为代价，发展就不可能长久。自然资源和生态环境是任何国家经济社会发展的基石。人类基本生活需要的供养，以及企业建设发展所需的一切原材料，都来自大自然。

可持续发展对企业实施环境资源保护的要求主要是：①企业的生产经营活动不应建立在危害支持地球生命的水、大气、土壤、生物等自然系统要素的基础之上，企业应把对自然系统要素的不利影响控制到该要素可以承受的限度内。企业在生产出高质量的产品的同时，可能会产生硫氧化合物、氮氧化合物、碳氢化合物等破坏大气质量的物质，这些物质不仅会影响人体健康和农牧业生产，严重破坏大气质量，而且会引发酸雨和温室效应等更具危害性的后果。企业应采取切实有效的措施将这种排放量降到法律规定的范围内，承担起相应的治理成本。②企业应积极主动地对生物的多样性进行保护。确保生物多样性的丰富程度，实现生物资源的永续利用，确保国民经济和社会可持续发展的良好社会基础。③企业在资源利用时应充分考虑资源的承受能力，

进行合理有效的规划和利用。特别地，对于可再生资源，企业必须有计划地合理利用，其利用率必须控制在资源的再生和自然增长的限度内。

2. 企业可持续发展对改善职工条件的要求

企业职工是企业开展生产经营活动的主力军，企业为了自身的可持续发展，必须为职工提供舒适的工作环境及良好的福利待遇，确保职工不因工作而使身心受到伤害甚至摧残。必须从提高职工的业务文化素质出发，为职工提供培训和再教育的机会，从而为企业的持续发展注入新的活力。企业在可持续发展战略下，要求改善和提高企业职工的工作和生活等各方面的条件。

3. 企业可持续发展对企业履行慈善公益职责的要求

企业承担社会责任必须关注社会弱势群体，在促进社会公平、维护社会稳定、实现共同富裕方面发挥着应有的作用。企业是发展慈善事业的最重要主体，企业作为市场经济的主体，相对于个体公民在慈善活动中发挥的作用更大，企业应积极地参与公益事业和社会福利事业，企业通过慈善活动，不仅推广了一种慈善理念，教育了本企业的员工，同时也树立了良好企业公民形象，对同行也有示范带动作用。因此，企业应立足于长远，着眼于大局，在力所能及的范围内做一个对社会负责任的企业。

4. 企业可持续发展对"诚信"的要求

企业诚信是一种社会责任，著名管理学家克拉伦斯·沃尔顿说：企业经理人应该用一种全局观念来看待企业的责任。因为在这种观点之下，企业被看成是讲信用、讲商誉、讲道德的组织而不是赚钱的机器。由此可见，诚信是一种信守承诺的社会责任感。诚信是一种道德观念。企业作为直接参与市场竞争的主体，必须把诚信作为基本的道德操守，遵循"游戏规则"，以诚为本，打造企业品牌，做到企业可持续发展。

三、企业社会责任管理体系

（一）企业社会责任管理体系的含义

企业社会责任管理体系是指确保企业履行相应的社会责任、实现良性发展的相关制度安排与组织建设，建立企业社会责任管理体系是一项涉及企业的远景与使命、企业文化和企业发展战略，事关企业长远发展的重大任务。

（二）企业社会责任管理体系的内容

根据企业社会责任管理流程所涉及的要素，一般一个完整的企业社会责任管理体系大致应包含六个方面的内容：

1. 企业社会责任组织管理体系

企业社会责任组织管理体系，是指为服务和促进企业全方位履行社会责任而建立的组织机构与运行程序，其组织结构通常包括组织机构、人员的职责、权限和相互关系的安排。

2. 企业社会责任日常管理体系

企业社会责任日常管理体系，是指把履行社会责任的要求融入企业运营全过程和日常管理，完善公司各部门、各单位、各岗位的工作职责、管理要求与行为守则。其职能管理支持体系包括人力资源管理、财务资源管理、科技资源管理、信息资源管理、企业文化建设和风险控制体系等。企业社会责任日常管理体系是对企业现有的日常管理体系的改进、丰富和完善。企业各部门、各单位、各岗位的日常管理要全面落实履行社会责任的要求，在制度、资源和人员上保障企业运营满足安全、高效、绿色、和谐的要求，确保企业全面、全员、全过程履行社会责任，将企业利益相关方的期望和需求的满足融入企业的日常管理和运营工作中。

3. 企业社会责任指标体系

企业社会责任指标体系是企业社会责任管理体系的重要组成部分，它是由相互联系、相互独立、相互补充的一些社会责任指标所组成，主要用于推进企业社会责任管理，加强与利益相关方的沟通，对企业社会责任的绩效进行评价而提供的一套完善、系统的工具和标准。

企业社会责任指标体系的运用要求遵循的一些基本的原则：一是及时性原则。就是指标数据的采集应该根据要求按时进行，保证指标能够及时反映企业各项工作的最新发展。二是准确性原则。就是企业社会责任指标的采集和处理应该严格按照要求进行，不能随意改变数值的大小，要保证指标能够准确反映企业社会责任的基本状况。三是动态性原则。就是指标体系的指标不是孤立不变的，它是根据企业内外环境的不断变化而有所调整和改善的，指标要能够反映企业在推进社会责任方面的实际情况。四是灵活性原则。就是企业社会责任的工作应该坚持强制性和自愿性相结合的方针，这些指标的运用要根据实际情况的变化灵活把握，区分为不同性质的指标。

4. 企业社会责任业绩考核体系

企业社会责任业绩考核是指对公司整体、各部门、各单位以及员工个人履行社会责任的行为和结果符合职责要求和考核目标的程度进行具体评价与奖惩安排，旨在建立促进公司履行社会责任的激励与约束机制，由公司社会责任业绩考核制度和业绩考核程序等组成，是公司业绩考核体系和全员绩效管理的重要组成部分。其中，建立企业社会责任业绩考核制度，是公司全面履行社会责任的机制保障。企业没有建立一个有效的社会责任业绩考核体系，企业履行社会责任的效果就难以衡量，企业也难以有进一步履行社会责任的目标和方向，企业履行社会责任也难以持续。企业应坚持效果导向，循序渐进，持续改进，完善企业社会责任考核内容、标准与方法，不断提升企业社会责任管理能力。

5. 企业社会责任信息披露体系

企业社会责任信息披露体系是指建立企业社会责任信息披露的程序，健全企业社会责任信息披露的渠道，向利益相关方提供必要的信息，并且接受利益相关方监督和管理的运作体系。通过建立多层次、多角度、多渠道的信息披露渠道，向利益相关方完整、准确、及时地提供企业在履行社会责任方面的信息，有助于各方达成共识、赢得信任，建设和谐的与利益相关方的关系。

企业社会责任信息披露的形式有两种：一是定期全面披露形式——企业社会责任报告。在企业社会责任报告披露过程中，要把企业社会责任内部学习培训、外部对话，包括议题讨论，企业社会责任的优化方案贯穿于整个企业社会责任报告的编制和发布过程，将企业社会责任报告机制建设为学习机制、对话机制和改进机制。二是临时披露形式——企业社会责任危机处理。危机处理是指企业在履行社会责任的过程中，由于各种不确定因素，特别是企业跟利益相关方之间引发了某种冲突而造成对企业声誉的潜在威胁或者说是一种实际危害时，企业采取的信息披露形式。主要包括预警阶段、应对阶段、善后阶段的信息披露工作。

6. 企业社会责任能力建设体系

企业社会责任能力是指企业实现履行社会责任的目标或职责所具有的知识、技能和意愿。每个员工在自己的岗位上明确自己对社会责任管理应尽的义务和应承担的责任，并积极地做好它，整个组织管理体系方可有效运行，这就需要在明确职责的基础上不断提高员工的社会责任整体能力。

（三）企业社会责任管理主体功能

1. 董事会的社会责任管理决策职能

董事会对企业社会责任管理实施决策职能，主要包括：

（1）将社会责任融入企业经营战略；

（2）构建企业社会责任治理结构；

（3）制定企业社会责任绩效与政策。

2. 监事会的社会责任管理控制职能

（1）将企业社会责任融入控制战略；

（2）制定企业社会责任风险控制制度与标准体系。

3. 高级经理的社会责任战略执行和经营管理职能

该层次主要是建立体系，以执行和落实董事会、监事会制定的企业社会责任战略目标及措施，其管理职能包括：

（1）将企业社会责任融入经营计划；

（2）制定企业社会责任管理制度体系；

（3）制定企业社会责任绩效目标体系；

（4）建立企业社会责任企业文化。

4. 部门经理的社会责任管理业务实施和流程管理职能

该层次是将公司有关企业社会责任的管理目标、计划和政策转化为具体的职责、绩效目标和执行程序等，其执行职能包括：

（1）将企业社会责任融入岗位职责；

（2）制定企业社会责任管理/工作流程；

（3）制定工作目标和控制措施。

阅读专栏 25-4 企业社会责任报告

企业社会责任报告是指企业为全面反映管理自身运营对利益相关方和自然环境的影响所进行的系统的信息披露，是企业与利益相关方进行全面沟通交流的重要过程和载体，是对企业履行社会责任的理念、行动、业绩和计划的综合反映。

一、企业社会责任报告的内容

企业社会责任报告是为了综合反映企业对社会所承担的责任，因此，需要回答以下五个基本问题：

（一）企业社会责任的内容

企业社会责任报告对企业社会责任内容的披露通常包括三类：

一是从角色定位出发确定的责任或义务。企业在经济社会乃至全球发展中扮演的角色和可能发挥的作用，决定了企业应该和必须担负的使命和责任。比如，美国通用电气认为，由于公司在商业领域和全社会都扮演着极为重要的角色，因此公司有责任发挥极少数公司才拥有的强大影响力，改进人们的生活和工作方式。

二是对利益相关方的具体责任。报告一般要分别披露对股东、用户、雇员、供应商、社区等利益相关方所担负的具体责任。如国家电网公司提出企业应对用户承担优质服务责任、对雇员承担雇员发展责任、对伙伴承担合作共赢责任等。

三是按不同性质划分的具体责任，如经济责任、法律责任、道德责任等。美国通用电气认为，作为全球社会的优秀企业公民，必须做到履行好经济责任，持续保持优秀的业绩水平；必须履行好法律责任，严格遵守会计准则和依法经营；努力履行好道德和慈善责任，做到超越遵纪守法，实践高尚的商业道德行为。

（二）社会责任的动力

企业履行社会责任，既是政府和社会对企业的期望、要求与约束，也是企业提升核心竞争力、实现持续健康发展的内在需要。企业社会责任报告一般会从企业价值观和追求企业成功的角度对企业积极履行社会责任的动力作出回答。

一是企业价值取向的推动。比如，法电集团（EDF）认为，积极履行社会责任是法电集团的根本使命。EDF认为，电力和能源是重要的生存资源，是经济和社会发展的基本条件。发电、输电、配电和经营电力需要有高度的责任感并切实落实到涵盖该领域活动的所有企业和全体雇员。EDF的价值观注重全面履行社会责任，强调尊重人、尊重环境、平衡绩效、团结、正直。

二是企业成功的客观需要。国家电网公司提出，企业认真了解利益相关各方的期望和要求的过程，就是对企业定位和使命的认识不断深化、丰富和完善的过程；全面关注企业运营对社会和环境的影响与作用的过程，就是企业分析发展环境、把握机遇、应对挑战、明确战略发展方向的过程；积极回应利益相关方需求、充分考虑对社会和环境影响的过程，就是推动企业不断学习创新，持续提高管理能力和服务水平、改进绩效、培养核心竞争优势的过程。

（三）履行社会责任的方式

履行社会责任要求企业在战略上和日常运营中要认真了解和回应利益相关各方的期望，充分考虑企业发展对社会和环境的影响，统筹兼顾社会可接受性与可持续发展要求，实现经济、社会和环境价值的综合平衡。履行社会责任的方式，是企业社会责任报告信息披露的最重要内容，一般包括企业价值观与企业文化的保障、企业战略保障、企业治理机制、利益相关方参与机制、企业社会责任指标和业绩考核等。比如，国家电网公司认为要更好地履行社会责任必须努力做到坚持科学发展、实施卓越管理、推进自主创新、坚持共同发展、加强沟通交流、树立全球视野。

（四）履行社会责任的绩效

企业社会责任绩效，反映企业实现社会责任目标和履行社会责任职责的程度，既反映了企业履行社会责任的结果的有效性，也反映了企业履行社会责任的行为、过程的有效性，是利益相关方考核企业社会责任工作成效的重要依据。企业社会责任业绩有助于形成有效地履行社会责任的激励和约束机制，调动全员履行社会责任的积极性，推动企业社会责任工作融入企业的日常管理和经营中，实现企业社会责任绩效的持续改进，促进员工行为与公司责任目标相一致，促进公司责任目标符合利益相关方的期望与要求。

（五）履行社会责任的未来计划

企业社会责任报告除要披露报告期间的企业履行社会责任的行动、过程和结果外，还要在此基础上，提出未来的行动目标和方案。

一个带有中长期企业社会责任发展计划，并配之以可测性目标的企业社会责任年度计划以及实施情况的报告，能较好地体现企业履行社会责任的程度。它能较综合地反映企业将社会责任融入其战略、组织、绩效管理及日常运营的水平和程度。在这一点上，许多日本企业的报告显示出独到的特色。

综上所述，企业社会责任报告首先必须是全面的。它既要充分反映企业的社会责任理念，又要全面总结企业的社会责任实践；既要反映企业社会责任实践良好的一面，也要反映企业运营对社会和环境的消极影响及企业社会责任实践不足的一面；既要体现企业的经济价值，又要体现企业的社会价值和环境价值，是从责任角度对企业与社会关系的全面反映。

二、企业社会责任报告的分类

以反映程度是否全面为标准，可以划分为广义的企业社会责任报告和狭义的企业社会责任报告两类。广义的企业社会责任报告，包括以正式形式反映企业对社会承担的某一方面或几方面责任的所有报告类型，即单项社会责任报告，如环境报告、环境健康安全报告、社会报告及其他综合性报告等。狭义的企业社会责任报告，一般特指以正式形式全面反映企业对社会承担的所有责任的报告，即综合社会责任报告。由于对企业社会责任的理解以及报告关注重点的差异，企业社会责任报告有着多种不同的名称、类型和特点，如目前的企业社会责任报告、可持续发展报告、企业公民报告、企业社会与环境报告等。本书所指的社会责任报告，都是指狭义的社会责任报告，即综合社会责任报告。

三、企业社会责任报告的作用

对企业的总体作用而言，编制社会责任报告可以增强企业的战略管理能力，使企业由外而内地深入审视企业与社会的互动关系，促进企业对战略环境的分析更加全面；可以提升企业的日常管理与服务水平，有利于企业从思想上、制度上，依靠内外部约束推动现行管理制度、程序与绩效的突破，全面提升企业服务能力和水平；可以提升企业的品牌形象和价值。

发布企业责任报告，对企业具有如下作用：

第一，可以对以往业绩和未来预测的业绩进行衡量和报告，而且这已成为一个关键的管理工具。

第二，可以作为建设、维持和不断完善利益相关方参与的重要工具。

第三，从更高的层次上帮助组织传递与经济、环境、社会机遇和挑战相关的信息。

第四，有助于加强公司与外部各利益相关方（消费者、投资者、社区）关系，建立信任。

第五，以更具战略意义的方式将财务、营销和研究开发等公司职能部门联系起来，建立内部对话机制。

第六，制定社会责任报告的过程也是建立预警机制的过程，即针对供应链、社区、监管机构及声誉和商标管理过程中存在的问题，以及未曾预测的机遇提供警示。总体而言，发布可持续发展报告有助于管理层防患于未然，在可能产生危害的事件发展成负面的突发事件之前就对其进行评估。

第七，有助于提高管理层的评估能力，评估组织对自然、人文和社会资本所做的贡献，从而更加完整地反映组织的发展远景。

第八，可以减少上市公司股价的波动和不确定性，也可以减少资金成本，全面和定期地披露信息，包括披露分析临时从管理层获取的许多信息，可以避免不及时披露或突然披露所引起的投资者行为的重大转变，从而增加公司财务状况的稳定性。

推荐阅读

1. 杨瑞龙，周业安. 企业的利益相关者理论及其应用［M］. 北京：经济科学出版社，2000.

2. 韩宝森. 公共关系理论、实务与技巧［M］. 北京：北京大学出版社，2009.

3. 徐彻. 基于利益相关者视角的企业社会责任管理研究［D］. 济南：山东大学，2008.

思考题

1. 企业公共关系的对象有哪些，企业公共关系管理的内容包括哪些？

2. 企业公共关系战略思想有哪些？企业公共关系战略目标、战略重点、战略对策各是什么？

3. 企业利益相关者分类包括哪些，企业利益相关者对企业的影响主要有哪些？

4. 企业利益相关者的三类角色包括哪些，企业利益相关者关系管理措施包括哪些？

5. 企业社会责任的特点与主要维度都包括哪些，如何理解企业履行社会责任与企业可持续发展的关系？

6. 企业社会责任管理体系的内容与主体功能包括哪些方面？

第二十六章　企业生态建设管理

学习目标

1. 了解企业生态化的含义和特征；
2. 熟悉企业生态管理的主要内容；
3. 把握企业绿色生产和绿色经营的含义与主要内容；
4. 理解企业绿色管理体系的特点、原则和基本框架；
5. 把握企业生态文化的构成、企业生态文化建设的内容与措施；
6. 懂得企业环境管理体系建设的主要内容及主要措施。

第一节　企业生态化的内涵

一、企业生态化的含义

学术界对于企业生态化的概念的界定尚未统一，大多数学者认为：企业生态化是企业根据可持续发展思想和环境保护的要求形成的一种生态经营理念，它是以树立生态价值观为灵魂，以使用生态技术为核心，创立无污染、着重于避免废物的生产系统，建立物质多层次利用的生态体系，同时在企业中树立生态的组织文化并改善其组织结构与管理机制，既要着力于企业的自然属性，追求和有效实现企业内部经济性；又要使企业致力于它的伦理属性，追求和实现企业外部经济性，使企业的全部生产经营活动朝低消耗、低污染、高附加值的方向发展，从而使企业行为既满足消费者需要，又满足环境保护的要求，以实现经济效益和生态效益最优化为目标的企业经营模式。企业生态化的目标是建立生态企业，追求企业的可持续发展。

阅读专栏 26-1　生态企业

生态企业是依据生态经济规律和生态系统的高效、和谐优化原理，运用生态工程手段和各种现代先进的科学技术，建立起来的对自然资源充分合理运用、节约资源、废物循环再生、能量多重利用并对生态环境无污染或少污染的一种现代工业企业。

一、生态企业的构架

（一）经营思想

生态企业以可持续发展为经营的指导思想。可持续发展是以自然资源的可持续利用和良好的生态环境为基础，以经济的可持续发展为前提，是既满足当代人的要求，又不对后代人满足其需求的能力构成危害的发展。

（二）经营理念

生态企业以循环经济作为企业的经营理念，循环经济是指在人、自然资源和科学技术的大系统内，在资源投入、企业生产、产品消费及其废弃的全过程中，把传统的依赖资源消费的即"资源—产品—污染物"的简单流动的线性增长经济，转变为依靠生态型资源即"资源—产品—再生资源—再生产品"的反馈式或闭环流动循环来发展的经济。

（三）生产形式

1. 按清洁生产的方式组织生产

生态企业要按清洁生产要求的生产方式组织生产，即从生产设计，能源与原材料选用，工艺技术，设备维护管理，产品的生产、运输、消费直至报废后的资源利用等各个环节力争做到自然资源和能源利用的最合理化、经济效益的最大量化、人类与环境的危害最小量化。

2. 按循环经济的生产观组织生产

生态企业要按循环经济的生产观组织生产。循环经济的生产观就是要充分考虑自然生态系统的承载能力，尽可能地节约自然资源，提高资源的利用率，循环使用资源，创造良性的社会财富。在生产过程中遵循循环经济的3R基本原则实施生产，即资源利用"减量化"、产品的"再使用"、废弃物的"再循环"原则。

3. 按新型工业化道路的要求组织生产

现阶段中国新型工业化道路，就是科技含量高、经济效益好、资源消耗低、环境污染少、人力资源得到充分发挥的工业化道路。其内涵之一就是在实现工业化的过程中就特别强调生态建设和环境保护，强调处理好经济发展与人口、资源、环境之间的关系，依托以信息技术为代表的科技革命，为在加快发展中降低资源消耗，减少环境污染，提供强大的技术支撑，而不是"先污染，后治理"。生态企业要求按新型工业化道路的要求组织生产。

（四）环境管理

生态企业首先要通过国际标准化组织推出的 ISO14000 环境管理体系标准认证，并按 ISO14000 环境管理系列标准要求实施环境管理；通过清洁生产审核验收并坚持实施；各类污染物要达到国家或地方相应标准要求，达标排放，同时对外部环境不造成影响；污染物排放总量要达到区域环境容量要求，不得超过总量控制指标排放。

（五）环境建设

生态企业的厂区环境要按"花园式"工厂、国家环保模范城市、国家生态城市相关指标建设。

二、生态企业建设的基本要求

生态企业是进行生态化的企业。生态企业的基本要求是要实现企业生态经济管理优化，表现为以下几方面：

1. 正确处理企业个体和社会整体、眼前利益和长远利益的关系

在市场经济条件下，企业生产经营活动与各种不同经济利益载体的关联程度很不相同，可能使企业为了从生态系统中谋取更多的经济利益，忽视社会生态利益（整体利益）。企业掠夺性经营和大量消耗环境资源来发展经济，任意排放废弃物，污染环境，谋取自身的经济利益，造成的生态损失，主要不是落在企业身上，而是转嫁给社会和公众，使企业的经济性转变为社会的不经济性，但最终也会变为企业的不经济性，导致企业经济利益和社会生态利益的矛盾尖锐化，所造成的对生态的破坏，往往是长远的、根本性的、难以恢复的。生态企业必须遵循生态整体性原则，强调整体效益最大化，将这种矛盾性转化为一致性。

2. 改变企业外部不经济的生产经营方式

企业的直接生产经营目的是追求企业内部经济性，也即利润的最大化。由于企业的经济效益与外部影响或生态环境密切相关，而且在一定条件下，经济资源与生态资源有替代关系，企业为了取得最大限度的利润，就会在其掌握的范围内，尽可能利用不计成本的社会生态资源，来替代其货币成本，或将其污染的液体、固体、气体等有害物质不加处理地向外排放，从而节约治理费用，减少货币成本，以增加利润。这是外部不经济的生产经营管理方式，它追求和实现企业内部经济性，使企业成本外在化，即生态成本外在化，将其费用转嫁给社会来承担和补偿，即构成了社会成本。

直接责任者企业只分摊了成本中很小的一部分，而那些不这样做的企业却要分担

这些企业外部不经济生产经营管理方式所产生的社会成本。这样，它们在竞争中就处于不利的地位。它们为了避免这种不利的后果，也只采取同样的外部不经济生产经营管理方式，从而在更广泛的范围内形成了生态经济的恶性循环。这种微观生态经济管理方式导致的恶果，必然导致宏观经济的崩溃，反过来又必然损害企业的发展。

3. 实现企业生产工艺的生态化企业的发展模式

应模仿自然生态系统的物质和能量循环。技术工艺不仅应遵守物理、化学规律，还必须考虑到不违反生物学、生态学的原理和规律；考虑到节约资源，减少废弃物和有毒物排放，不造成环境污染，从而实现经济和生态环境之间的协调。生态企业的生产工艺经过缜密的布局，使每一种自然物的价值都得到体现，将污染物吸收在生产过程中，减少资源消耗，提高资源综合利用效率。

对于生态化企业而言，它有如下特点：第一，理解和执行政府制定的产业生态化的政策，将企业对利润的追求和为社会做贡献结合起来，在企业层次上推进产业的可持续发展；第二，运用生态学思想设立企业远景目标，追求企业生态经济效率的发展而不是只追求利润；第三，促进企业生产经营活动与生态环境的协调，提高资源的利用率，减少有毒物的排放，将清洁生产工艺作为生产的中心环节。

二、企业生态化的特征

企业生态化可以理解为企业生存和发展的主要经营思想，它要求企业家具有把企业建成生态企业的意识和谋略。

企业生态化具有以下五个方面的特征：

1. 经营理念生态化

一方面，在企业生态化过程中，企业本身具备生态化的经营理念，企业管理者对企业全体员工进行生态及环保知识的普及和培训，各级各部门的管理者具备一定的生态观念与生态意识；另一方面，企业在发展过程中不以个体利润最大化为最终目的，而同时将环境成本纳入企业生产成本评价体系中，平衡企业效益与生态效益，从而实施可持续的企业发展战略。由此可见，企业经营理念生态化是企业生态化建设的基石。

2. 产品设计生态化

企业生态化过程中既要考虑产品如何进入消费领域还要考虑产品的使用周期，生态化的产品应当具备低碳环保等特点，在产品的设计与原料使用上充分满足客户在生态方面的需求，而后还要考虑剩余部分的分解、拆卸和重新使用，使产品废弃后对生态的影响和破坏减小到最低。以传统碱性电池为例，其内胆中有污染物质，技术人员通过生态化的产品设计，设计出了高性能、无污染的绿色电池取而代之，不仅大大减少了对生态环境的污染而且还降低了企业的生产成本。

3. 生产技术生态化

生产技术生态化的本质特征是生产中采用节约资源，不造成或很少造成环境污染和生态破坏的绿色技术进行生产。绿色技术能达到低消耗、高产出、自循环、无公害的要求。一方面，企业通过应用绿色技术减少或高效利用自然资源，在生产末端向自然环境的废弃物排放最少或零排放；另一方面，利用绿色技术高效率地回收利用废旧的物资和副产品，把一个生产过程产生的废品变成另一个生产过程的原材料，保持资源利用的不断循环。企业生产技术生态化的最终目的是既能满足目前需要又不损害未来世世代代的利益，不会造成资源枯竭或在环境方面造成无法承受的后果。

4. 生产资料生态化

生产环境的绿色化、有效提高资源利用效率是企业生态化生产的基本要求，在产品的生产过程中尽量采用无毒无害或毒性较低的原材料，无污染、少污染的高新技术设备，对废弃物采取一系列合理的处置，从而减少对环境有害的废弃物的产生。

5. 产品营销生态化

产品营销生态化就是要求企业在产品包装时降低产品包装物或产品使用剩余物的污染，积极引导消费者在产品消费、使用和废弃物处置等方面尽量减少环境污染，是企业生产活动的最终环节中衡量一个企业产品竞争力的关键，随着人们环保意识的不断加强，除了要考虑价格因素与包装、品牌等非价格因素以外，生态因素也逐渐被人们所重视，随着人们对生活质量要求的提高，"绿色产品"越来越受到消费者喜爱，因此，产品营销环节的生态化成为企业生态化的显著特征。

三、企业生态化的功能

企业生态化的功能主要表现在以下几个方面：

1. 企业生态化有利于全面促进资源节约

企业生态化是节约资源的有效形式和重要途径。企业生态化要按照减量化、再利用、资源化原则，注重从源头上减少进入生产和消费过程的物质量以及产品完成使用功能后重新变成再生资源，加强资源循环利用的技术研发，大力推进循环经济发展，促进生产、流通、消费过程的减量化、再利用、资源化，加快形成覆盖全社会的资源循环利用体系。

2. 企业生态化有利于自然生态系统和环境的保护

企业生态化生产所产生的废弃物具有低毒、低污染甚至无毒、无污染的特点，最大限度地减少了工业废弃物对生态系统的污染与破坏，有利于自然环境的自我调节机制的发挥，减少了永久性环境破坏的发生概率，保障了人与自然的协调发展。企业生态化能够在生产中节约利用资源，很少造成或不造成自然生态破坏，实现人类与自然在物质和能量交换过程中达到平衡，既不阻碍人类的生存和发展又不破坏自然生态，最终达到人与自然的和谐共生。

3. 企业生态化是我国生态文明建设的有效途径

良好的生态环境是经济社会可持续发展的重要条件，是转变经济发展方式的必然要求，也是一个民族生存和发展的重要基础。企业通过"绿色产品"的生产和销售，能够引导消费者自觉选择节能环保、低碳排放的消费模式，为推进我国社会主义生态文明建设提供了一条有效途径。

第二节　企业生态管理的内容

一、生态管理是管理史上的一次深刻革命

生态管理（Ecosystem Management，也有学者称为 Eco-Management）20 世纪 70 年代起源于美国，生态管理的理论基础非常广泛，它跨越了生态学、生物学、经济学、管理学、社会学、环境科学、资源科学和系统论等学科领域。20 世纪 90 年代成为研究和实践的热门。但由于自身的复杂性，生态管理无论是作为理论还是实践至今仍处于发展中。

生态管理是管理史上的一次深刻革命，虽然目前它还不成熟，但是仍存在一些共性的认识。

第一，它强调经济与生态的平衡可持续发展。第二，它意味着一种管理范式的转变，即从传统的"线性、理解性"管理转向一种"循环的渐进式"管理。第三，生态管理非常强调整体性和系统性，要求认知到所有生命之间的相互依存——个体和社会都是自然界的组成部分，及生态系统内各组成部分彼此间的复杂影响，要用整体论和系统的思想来指导经济和政治事务，谋求社会经济系统和自然生态系统协调、稳定和持续的发展。第四，生态管理强调更多公众和利益相关者的更广泛的参与，它是一种民主的而非保守的管理方式。

二、企业生态管理的主要内容

对企业来说，其生态管理的内容应有：

1. 管理主体的生态化

生态管理要求对企业全体员工进行环保知识的普及和培训，各级管理者具备的知

识结构中应当具备基本的生态意识和生态观念；同时企业在发展过程中不应以个体利润最大化为目标，应把环境保护纳入长远的发展战略和决策中，注意企业和自然环境的协和发展，实施可持续发展战略，维护经济增长所依赖的生态环境的有序性，保障企业经营增长有一个稳定的生态环境基础，而不是仅从利己角度出发对资源无限索取。

2. 管理效益的生态化

传统管理理论认为，企业管理者的主要责任是按股东利益经营业务，企业的管理效益是使股东利润最大化，为此企业可以置自然、生态环境于不顾去追求效率、利益，以博取股东的欢心和信心。但随着生态时代的到来，企业除对股东负责外，还必须建立和维护他们的社会责任，不仅让员工，更重要的是要使顾客、社会感到满意。

3. 产品设计生态化

与传统产品设计思路不同，企业生态管理强调生态设计，首先，应考虑如何以低耗、低污染的材料为亮点去满足客户的"绿色需要"；其次，还应考虑残余产品的分解、拆卸和重新使用，使产品废弃后对生态的影响和破坏降至最低。

4. 产品生产的生态化

产品生产的生态化基本内容至少应有：生产环境的绿色化；最有效地利用资源；生产中尽量使用无毒无害、低毒低害的原材料；采用无污染、少污染的高新技术设备，采取一系列对废弃物的合理处置。

5. 营销的生态化

目前，生态管理在市场营销中，应考虑企业产品的"生态竞争力"。随着环保意识的加强，人们对生活质量要求的提高，人们对绿色产品的需求不断增长，"绿色营销"应运而兴。营销的生态化就是要求企业在产品包装、装潢时应降低产品包装物或产品使用剩余物的污染；积极引导消费者在产品消费、使用和废弃物处置等方面尽量减少环境污染。

第三节　企业绿色生产和绿色经营

一、企业绿色生产和绿色经营的含义

作为一种新的企业经营理念和思想，绿色生产和绿色经营是对传统企业经营管理理论的有益补充和完善；而在实际运营方面，作为一种新的企业实践运营方式，绿色生产和绿色经营是对传统企业经营方式的彻底转变和创新。

1. 绿色生产的含义

绿色生产是面对人与资源环境关系日趋紧张以及经济长久发展的客观需要而提出

的，以企业效益、生态效益和社会效益的最大化为目标，将绿色思想应用于生产之中，以资源有效利用与清洁使用、生产过程无污染、产品健康可回收为核心的现代生产模式，这是生态文明的重要组成部分。

在具体内容上，绿色生产是将环境影响与资源消耗纳入生产管理之中的现代生产模式，是综合使用现代绿色生产技术、污染防治技术、绿色管理技术来达到资源的最大化利用和污染物最小化排放的一种可持续性生产体系。具体包括绿色加工、绿色产品、绿色包装等，还包括使用绿色原料、绿色能源、绿色技术设备、绿色工艺以及绿色回收处理。

在追求目标上，绿色生产以提升自然资源利用效率、对人体健康和环境危害最小化为目标，产品在从设计、生产、包装、运输、使用到报废处理为止的整个生命周期中，对环境负面影响更小，资源利用率更高，追求的是企业利益、消费者利益、社会利益的统一。

2. 绿色经营的含义

企业绿色经营是指企业适应社会经济持续发展的要求，把节约资源、保护与改善生态与环境、有益于消费者和公众身心健康的理念，贯穿于企业经营管理的全过程和各个方面，以实现企业的可持续增长，达到经济效益、社会效益和环保效益的有机统一。绿色经营的核心是要改变传统的大量消耗和浪费资源甚至破坏环境的生产经营方式，建立新的有利于环境保护的资源节约型的生产经营方式。

绿色经营强调企业新的竞争优势来自绿色生产、绿色管理、绿色营销等一系列保护生态环境的活动。

二、企业绿色生产和绿色经营的内容

在这里，我们主要讲企业生产和绿色经营的内容。

（一）企业绿色生产的内容

企业绿色生产就是建立绿色生产方式，从原料采集到生产过程，再到产品包装都要绿色环保，从能源到生产工具和工艺，整个产业链都要绿色高效，以绿色生产方式的建立推动绿色生产发展。

1. 生产原料绿色

进行绿色生产的第一步就是要保障生产的原料无毒、无污染。通过政策引导企业综合原料的价格、质量、性能条件等，选用最能符合绿色生产需要的绿色原料。

首先，原料选取的首要原则是对人与环境无害。在选取生产原料时，生产者要对原料进行检验检测，确保原料中不含有毒物质，不会危害人体健康，不会影响或污染环境。其次，在原料的开采过程中尽量减少对环境的负面影响。从自然界中获取原料或多或少会影响自然生态系统，要将其对自然的负面影响降到最低。同时，对破坏的地表植被等及时做好恢复工作。最后，在原料运输与储存过程中，做好密封保存工作，减少在运输过程中的损耗和对大气的污染。在原料储存过程中，做到不露天堆放，不随意乱放，避免与空气接触产生化学反应，这既浪费原料又污染环境。

2. 生产能源绿色

生产能源的清洁环保是实现绿色生产的一个重要环节。以更清洁的能源来代替传统能源的使用，推动能源消费结构的改善，是实现生产环保的一个环节。

首先，以石油、天然气代替煤炭。煤炭在我国能源消费结构中占比巨大，超过60%。其他能源尤其是水电、太阳能、核电等清洁能源的占比总和不到10%。煤炭是对环境污染最为严重的一种化石能源，从开采、炼化到使用，产生的废气、废水、废渣异常严重，这种严重的环境污染，引起肺病等多种疾病发生，危害人们的身心健康。为减少煤炭能源的使用，应以更为清洁的石油、天然气来代替，减少环境污染。

其次，以可再生能源代替不可再生能源。与不可再生能源相比，可再生能源的一大优势是取之不尽、用之不竭。在不可再生能源储量日益枯萎的背景下，可再生利用的风能、太阳能、水能已成为人们解决能源枯竭问题的新方法。同时，可再生能源更具有清洁、环保的优势，且分布范围广，适宜开发利用。

最后，以生物能源代替化石能源。与化石能源相比，生物能源在生产成本、安全性能、环境保护上具有多重优势。以石油、天然气代替煤炭，以生物能源代替化石能源，以可再生能源代替不可再生能源，改进我国的能源生产和消费结构，提高清洁能源在整个能源结构中的比重，推动绿色生产发展。

3. 生产绿色产品

绿色产品是绿色生产的基本内容，也是科技运用于生产的具体体现。首先，产品质量与技术要符合绿色生产、安全生产的标准，企业必须生产质量与技术合格的、具有市场竞争力的绿色产品。其次，产品满足绿色消费的需要，有利于消费者身心健康，产品设计要做到以人为本，符合人性化需求。这样，企业在市场竞争中才会更具有竞争优势，为绿色生产者带来更多的利润。最后，产品要有利于资源节约与环境保护。在原料选取、生产与消费以及最后回收处理过程中做到对资源的消耗更少，产生的废弃物更少，对环境的负面影响更小。

4. 包装绿色

产品包装也是生产过程中的一个重要环节。进行绿色生产也要保障产品包装材质的绿色，应遵循保护环境与节约资源两个原则来选取包装原料和包装生产。

首先，在包装原材料的选取上，尽量选取像秸秆这样天然环保的材质。原料应来源广泛，价格低廉，最大程度地利用自然资源。天然植物等的利用减少了秸秆燃烧带来的环境污染，保护生态环境。其次，产品包装应尽可能重复利用、多次利用。减少一次性包装物的生产与使用。最后，产品包装使用后，包装材料具有可回收性、再利用性或可降解性。产品包装在多次利用之后，可通过技术进行生产降解，使最终无污染的物质再次进入自然界。

（二）企业绿色经营的内容

1. 绿色战略

绿色战略，是指企业根据其所处的包括"绿色浪潮"在内的外部环境，以及企业自身的经营条件、企业生产经营活动的绿色化，为实现企业生存与发展质量持续提升，而对企业绿色可持续发展目标、达到目标的途径和手段等进行全局性、长远性总体谋划。从实践角度看，它是指企业在绿色经营观指导下，对企业进行绿色开发、实施绿色生产、开展绿色营销和培育绿色企业文化的总体规划。

企业应当从外部环境和内部条件上进行分析，制定和实施绿色经营战略。

（1）从企业外部经营环境分析。首先，从政治、法律环境角度看，当政府在环境方面的法制规定日益健全，甚至直接影响到企业的经营活动时，企业有必要展开环境管理，实施绿色战略。

其次，从经济因素看，当市场呈现出绿色化消费趋势，企业产品必须针对绿色需求、服务绿色顾客，企业使用的资源能源面临绿色压力时，就应该考虑实施绿色战略、展开环境管理的必要性。

再次，从社会文化角度看，当公众的环境意识日益觉醒，环境要求不断提高，对生活、工作、消费等方面发生倾向于环保的方式变更时，企业有必要理解和接受公众的变化，实施相应的绿色发展战略。

最后，从技术层面上说，当政府和企业对绿色技术创新日益重视，不断增加研究、改造投入，绿色技术创新成为可能，企业有条件使用效率更高、损耗更低的改进工艺技术时，企业必须实施清洁生产，实现全过程污染控制，达成绿色化发展目标。

（2）从企业内部条件分析。当企业经营的绿色化能够使企业从满足绿色需求方面获得企业所追求的利润时，企业就拥有了实施绿色战略的内在动力；当企业由于环境成本的内化而感到自身经营压力不断加重时，企业就有了进行绿色技术创新、实施绿色战略、降低环境成本的内在压力；当企业的股东、雇员以及其他"共同参与治理"者的绿色发展要求不断明确和坚定时，企业就将具备实施绿色战略的现实推动力。

2. 绿色设计

绿色设计（Green Design）也称生态设计（Ecological Design）、环境设计（Design for Environment）等。其基本思想是：在设计阶段就将环境因素和预防污染的措施纳入产品设计之中，将环境性能作为产品的设计目标和出发点，力求使产品对环境的影响最小。不仅要减少物质和能源的消耗，减少有害物质的排放，而且要使产品及零部件能够方便地分类回收并再生循环或重新利用。

绿色设计的特征：

（1）安全性。设计不能危及使用者的人身安全以及正常的生态秩序，这是绿色设计的前提。材料的使用要充分考虑到对人的安全性。

（2）节能性。未来的设计应以减少用料或使用可再生的材料为基础，这也是绿色设计的一个原则。

（3）生态性。绿色设计应努力避免因设计不当和选材失误而造成的环境污染与公害。"绿色设计"应提倡使用自然环境下易降解的材料和易于回收的材料。

3. 绿色制造

绿色制造是一种闭环生产系统。绿色制造的"制造"是物质从自然来到自然去的可持续发展的无穷循环的一个环节，是构成广义绿色物质世界的大通道，是面向产品全生命周期的制造。因此，绿色制造涉及多学科的交叉和集成，体现了现代制造学科的"大制造、大过程、学科交叉"的特点。

绿色制造不仅是一个社会效益显著的行为，也是取得显著经济效益的有效手段。企业实施绿色制造，最大限度地提高资源利用率，减少资源消耗，可直接降低成本；同时，实施绿色制造，减少或消除环境污染，可减少或避免因环境问题引起的罚款；并且，绿色制造将全面改善或美化企业员工的工作环境，既可改善员工的健康状况和提高工作的安全性，减少不必要的开支；又可使员工们心情舒畅，有助于提高员工的主观能动性和工作效率，以创造出更大的利润；另外，绿色制造将使企业具有更好的社会形象，为企业增添了无形资产。

4. 绿色营销

绿色营销是指企业以环境保护为经营指导思想，以绿色文化为价值观念，以消费者的绿色消费为中心和出发点的营销观念、营销方式和营销策略。它要求企业在经营中贯彻自身利益、消费者利益和环境利益相结合的原则。

同传统营销相比，绿色营销建立在有利于节约能源、资源和保护自然环境的基点上，促使企业市场营销的立足点发生新的转移，将绿色环境作为形成和创造新的目标市场、竞争制胜的法宝，形成绿色营销措施，实现企业长远经营目标。

绿色营销在进行绿色设计和绿色制造的基础上，制定绿色产品和服务价格，建立绿色营销渠道，实施绿色营销策略，形成绿色品牌，实施绿色推广和绿色公关，获取绿色效益，形成企业绿色竞争优势。

案例 26-1 GE 的绿色战略

美国通用电气公司（General Electric Company, GE）是化石燃料时代最重要的发明者，电灯、电力机车、喷气式飞机引擎、核电站等无数划时代的技术创新都诞生于此。2005 年 5 月 9 日，GE 的 CEO 杰夫·伊梅尔特突然宣布推出一项名为"绿色创想"的新商业战略，以更环保的产品推动公司业绩和环境效益共同增长。

一、转身思考

GE 的"绿色创想"战略之所以如此出人意料，是因为"全球最大的能源设备巨头"的称号过去带给它的并不只是荣耀。它的产品广泛使用在能源、电力、水资源、运输等基础行业中，在人们享受电力和发动机带来便利的同时，也为其产生的温室气体感到不安。电力公司、航空公司等主要客户承受着提高能源利用率和减少排放的巨大压力，这些巨大压力也间接传递到 GE 的身上。

更糟糕的是，GE 在环境问题方面的历史也不甚光彩。著名的 PCBs 事件一度在全美媒体上长篇累牍地被报道：几十年前，GE 在纽约州哈德逊河上游的两个工厂使用多氯联苯（PCBs）并排进了哈德森河里，当人们意识到它对人类健康和环境有害后，法律禁止了这种做法，但是如何处理排进河道里的 PCBs 引发了广泛的争议，美国环境保护署要求 GE 疏浚河段，从 1976 年起，GE 已经为此花费了数亿美元，但仍然无法弥补对公司形象造成的损害，以及与环保人士之间的紧张关系。

在未来的若干年里，资源和环境方面将面临全球性的问题同时客户仅凭自身力量无法解决，人们急于在代价变得不可承受之前找到解决办法。在这个"大"往往被看作负面因素的时代，GE 计划让"大"发挥了正面影响。通过积极地投资海水淡化和过滤技术、清洁能源技术和高效率的发动机等"明天的技术"，满足未来的迫切需求。

伊梅尔特认为变绿不仅是 GE 所必须承担的责任，同时也是必须抓住的商业机会。

将绿色视为责任会束缚企业的眼界，而将绿色视为商业机会能够带来更广阔的想象空间和创造性。

二、可感知的"绿"

伊梅尔特也许是个理想主义者，但绝对是个很务实的理想主义者。这从他亲自宣读的"绿色创想"的四项目标中就能看出：用于研究清洁技术的经费从 2005 年的 7 亿美元增加到 2010 年的 15 亿美元，到 2010 年至少投入绿色资金 200 亿美元，减少了公司运营中的温室气体排放，增加了企业公民行为的透明度。

投入多少，回报多少，何时实现"绿色创想"确实是个毫不含糊的商业计划。正如伊梅尔特在很多场合不断重复的"green is green"（绿色就是美钞），绿色技术必须展现自己的商业魅力。

要想让绿色创想成为成功的产品战略，第一步便要将模糊笼统的"绿色"，转变为可量化、易理解、便于进行管理和销售的"产品价值"。

通过与一家名为 Green Order 的评估公司合作，GE 建立了一套针对绿色畅想的产品认证过程和评分标准。

GE 的认证程序首先根据两项指标为"绿色创想"产品制定了明确的标准，这两条指标是：

（1）能提高客户的业绩或价值主张；

（2）能显著改善客户环境方面的表现，或者是那些能切实帮助实现以上改进的服务。

根据这套标准，GE 通过比照竞争企业的产品、原有产品、法定标准和历史业绩等基准数据对每一种产品的环境属性加以分析，就能够对每一种产品的环境效益进行衡量，甚至得出一个评分表。无论是客户、投资人还是产品经理，想了解产品到底蕴含多大的环保价值，一张表格便能表达得一清二楚。

三、让客户选择谁留下

如果有一天，投入一块煤就可以生成电、燃料、清洁用水以及其他各种各样的物流，排放的气体甚至比吸入的气体更加清洁，这该有多么奇妙呀。这是 GE 全球研究中心能源系统实验室经理 Mike Bowman 对自己所从事项目的介绍。

杜绝好高骛远的绿色技术，确保绿色创想战略保持商业本质的最主要一环，就是让顾客和市场决定，什么是应该留在绿色创想里面的产品。

其实，绿色创想产品的很多创意都来自客户直接表达的需求。GE 定期会邀请各个行业的客户高管，讨论未来面对的种种挑战和困惑。这些必须时刻对未来高瞻远瞩的企业高管，频繁提到环境问题带来的压力，这些都成为 GE 提供绿色产品的灵感来源。

GE 新近推出的一款非常畅销的飞机发动机 GEnx，创意就来自航空公司老板的忧虑。除了燃油价格不断上涨，温室气体排放的限制也越来越严格，欧洲很多机场开始控制飞机的排放量，超出额度将要收取排放费。航空公司提出需要更加环保和省油的飞机发动机，并愿意为此支付稍高的价格。

GEnx 喷气式发动机采用新的双环形预混燃烧室技术，减少了 15% 的油耗，氮氧化物的排放也减少了 57%，排放值比于 2008 年出台的喷气发动机国际排放新标准还低约 50%。

GE 对销售部门也不设定绿色创想产品的销售指标，因此要获得销售部门的鼎力推荐，GEnx 必须跟所有传统产品同台竞争，由客户用钱包投票。

虽然这款发动机的价格更贵，但是仅节省燃油一项，便已绰绰有余，航空公司在体现社会责任的同时，商业利益上也很合算。目前，这款发动机预计的销售已经达到120 亿美元。

虽然仅仅三年时间，但是绿色创想的产品已经实现了 3 倍于公司平均增长速度的快速增长。2007 年 5 月，GE 宣布 2006 年来自节能、环保的产品和服务的收入已经突破了 120 亿美元，比之 2005 年的收入承诺已经提前一步。得到"绿色创想"认证的产品也达到了 30 种，分布于可再生能源、运输、水处理等关键领域，它的海水淡化平台每天可处理 1.5 亿人每天所需各种用途的水，风力涡轮机每年提供的电力相当于 1200 万个中国家庭的年耗电量。

伊梅尔特这样评价绿色创想战略：它是其在 GE 25 年所经历的前所未有的营销战略。

（资料来源：苏醒 . GE 的"绿色"战略 [J]. 21 世纪商业评议，2007（11）.）

三、企业绿色管理

（一）企业绿色管理的含义

绿色管理思想作为一种现代管理思想，就是把生态环境管理纳入企业管理之中，使生态环境管理和企业经营管理紧密结合起来，在企业的各个层次、各个领域、各个方面、各个过程中，时时处处考虑环保、体现绿色，形成生态经济协调互促型的现代企业管理模式。

企业的绿色管理是联系自然界与人类社会的一座桥梁，绿色管理具有自然属性和社会属性。自然属性是指绿色管理与社会化大生产及生产力相联系，即企业的绿色管理要运用先进的技术、工艺设备，实现生产效率的提高，生产满足人们需求的物质产品。绿色管理与先进的生产力相联系，形成了绿色生产力。社会属性是指绿色管理与生产关系、社会制度相联系，即在企业内部形成人与人的关系，在外部企业作为社会集体的一分子与社会有着各种各样的联系，社会制度、法律法规对企业行为进行约束和规范，以实现企业与社会的协调发展。

（二）企业绿色管理体系建设

1. 企业绿色管理体系的含义

企业绿色管理体系是指以可持续发展理论为指导思想建立起来的绿色指导方针和实现绿色管理目标的系统。绿色管理的系统应包括企业文化系统、绿色设计与制造系统、绿色营销系统、绿色理财系统以及效益评价系统，这些子系统相互配合，组成了企业的绿色管理体系。

2. 企业绿色管理体系的特点

与企业传统管理体系相比，企业绿色管理体系具有下列特点。

（1）经营理念和指导思想的特点。绿色管理强调企业可持续发展，企业要以可持续发展为目标，注重经济与生态的协同发展，注重可再生资源的开发利用、减少资源浪费、防止环境污染；突出生态环境利益，强调消费者利益、企业利益、社会利益和生态环境利益的统一，将生态环境利益的保证看作前三者利益持久地得以保证的关键所在；注重企业的社会责任和社会道德，遵循社会道德规范，实现企业的社会责任。

（2）企业发展目标的特点。在传统经营管理体系中，无论是以产品为导向还是以顾客为导向，企业都是以取得利润作为最终目标。传统经营管理主要考虑的是企业利益，往往忽视了全社会的整体利益和长远利益。其研究焦点是由企业、顾客与竞争者构成的"魔术三角"，通过协调三者间的关系来获取利润。传统经营管理体系不注意资源的有价性，将生态需要置于人类需求体系之外，视之为可有可无，往往不惜以破坏生态环境利益来获得企业的最大利润。

绿色管理体系的目标是使经济发展目标同生态发展和社会发展的目标相协调，促进总体可持续发展战略目标的实现。企业实施绿色经营管理，往往在从产品的设计到材料的选择、包装材料和方式的采用、运输仓储方式的选用，直至产品消费和废弃物的处理等整个过程中，都时刻考虑对环境的影响，做到节约资源、安全、卫生、无公害，以维护全社会的整体利益和长远利益。

（3）管理要素全方位"绿色"。企业绿色管理，注重企业生产、经营和管理中的绿色因素。绿色管理体系要求和注重企业全方位的绿色化，包括管理思想的绿色化，如企业家的绿色化（绿色企业家）、企业战略的绿色化、生产经营与管理的思想观念和意识的绿色化；管理组织的绿色化；管理职能的绿色化；管理人才的绿色化；管理方法和管理手段的绿色化。总之，是企业一切行为和活动的绿色化，企业全方位整体的绿色化。绿色管理体系从企业的选址和建设到生产工艺流程，从原材料采购到生产制造过程，从产品设计到生产技术的选择，从能源的选用到产品的包装，从市场营销到消费过程及废弃物的处理，甚至整个产品的生命周期，都必须注意对生态环境的影响，做到绿色化。

3. 企业绿色管理体系建设的原则

（1）注重长期利益原则。当前，绿色浪潮席卷全球，"绿色食品""绿色消费""绿色法规""绿色政治""绿色奥运""绿色建筑""绿色汽车"……给企业生产经营提出了空前的要求和挑战。绿色经营、绿色发展是企业的必然要求。企业实行绿色管理，并非追逐眼前的短期利益，而是更注重企业的长期利益，包括长期可持续发展及远期经济利益等。绿色管理体系中所采取的措施和对策，大都是与企业长期利益相关的，绿色管理体系建设必然应该着眼于企业的长远发展和长远利益。

（2）统筹原则。企业绿色管理体系的建立要适应国家"碳达峰、碳中和"的战略要求，做到与国家法律法规的要求统一，积极贯彻有关标准要求；要统筹政府、社区、公众利益与企业利益，统筹企业消费者、用户、供应商、合作者利益。

（3）"三全"原则。企业绿色管理体系，要实现企业全面、全员、全过程的绿色化。与全面质量管理一样，首先，绿色管理需要企业从上到下，从最高决策人员、经理到企业基层班组每个职员积极主动的参与。其次，绿色管理应贯彻到企业生产经营与管理全过程的每一个环节，对环境的影响要考虑到整个产品生命周期。最后，企业绿色管理是整个企业方方面面全方位的绿色化。

（4）适度超前原则。企业建立绿色管理体系，要增强预见性，做到适度超前。要预见未来的变化，要积极主动地超在别的企业前面进行绿色管理，而不是被迫地跟随在别人的屁股后面去学习怎样开展绿色管理；企业采用绿色技术要超前，企业环保标准要走在政府法规的前面。在绿色管理上早走一步就可以使企业处于有利地位。企业在其他企业之前就推出绿色产品，企业的绿色产品比其他企业的产品更"绿"，在竞争中就形成了绿色竞争优势。

（5）持续改进原则。绿色管理的过程也是企业一步一步绿色化的过程，但是，绿色是相对概念而不是绝对概念，今天的绿色产品明天也许就少了"绿色"，本国的绿色产品拿到国际市场上可能也"绿"得不够。科技无止境，绿色无止境，绿色管理无止境。因此，绿色管理是一个循序渐进、不断提高、不断改进、追求完美的动态"绿化"过程。

4. 企业绿色管理体系的基本框架

（1）绿色管理模式。建立绿色管理模式包括以下三个方面的基本内容：

第一，建立绿色企业文化。企业文化是明确企业成长方向、提高企业竞争力的关键。构建绿色企业文化是企业主动、自主积极实施绿色管理的前提。绿色企业文化体现在绿色管理的各个方面。绿色企业文化既是绿色管理的重要内容，也是企业实施绿色管理的前提。企业要制定绿色经营战略、实施绿色生产经营方式，首先需要员工特别是经营管理者具有绿色意识。企业要开发绿色产品、进行绿色设计，研究开发人员的绿色价值观发挥着基础性的作用。企业要开发绿色市场、进行绿色营销，其营销人员对企业与自然、社会关系的认识起着决定性的作用。

第二，制定绿色经营战略。绿色经营战略是企业根据企业与自然、社会和谐发展，在促进社会经济可持续发展中实现企业可持续成长的理念，结合外部环境的变化和企业的实际情况，从总体上和长远上考虑成长目标，明确成长方向，并制定实现目标的途径和措施。绿色战略是企业长期稳定、持续实施绿色管理，避免一朝一夕短期行为，使绿色管理变成企业成长有力、持续、不可缺少的推动力量的保证；是企业采取节约资源、保护环境措施的纲领；是企业谋求通过实施绿色管理赢得竞争优势的前提。

第三，设立绿色组织机构。绿色管理是把持续发展观念融入企业生产经营之中，这不仅需要全体职工有绿色意识，还需要有形的、具体的职能部门来履行绿色管理的职能，需要设置相应的计划制订部门、执行部门及监督部门。例如，可以在企划部门中设立绿色环保规划处、绿色认证研究部门，设立产品质量环保成效监督部门、绿色产品研发部门、绿色技术研发部门、绿色市场开拓部门等，使企业形成一个绿色管理的网络。

（2）绿色理财。企业的生产经营活动离不开财务活动，绿色管理要涉及环境资源成本等，因此，在理财过程中要考虑到各种成本、收益，需在原有财会体系的基础上加以完善。绿色理财体系包括绿色会计、绿色审计、绿色投资等。

绿色会计是在适应环境问题的需要和对传统会计修正的基础上产生的，它试图将会计学与环境经济学相结合，通过有效的价值管理，达到协调经济发展和环境保护的目的。绿色会计的内容除自然资源消耗成本外，还包括环境污染成本，企业的资源利用率及产生的社会环境代价评估，全面监督反映经济利益、社会利益和环境利益。

绿色审计是指企业从绿色管理角度对现行的运作经营进行系统完整的评估，包括危险品的存放、生态责任的归属、污染的估计、政府环境政策的影响、绿色运动对企业的冲击、企业绿色形象的优劣等。审计能发现薄弱环节，为做出适当的绿色管理决策提供依据。这样既可降低潜在危险，又能比较准确地判断绿色管理的投入，更重要的是有助于企业发现市场中的新机会。

绿色投资是指企业抓住机遇，投入绿色环保项目，发展绿色产业，进一步提高企业的绿化程度。企业的发展不能仅局限于现有规模，应适当地开发新项目，扩大企业规模，增强企业实力。绿色投资不失为企业绿色管理中的一个突破点。

（3）绿色管理评价。任何一个管理体系都有一个检查与纠错和持续改进的问题，绿色管理体系的实施也迫切需要科学的评价体系，因此对评价体系的研究也是绿色管理的内容之一。

第四节　企业生态文化建设

一、企业生态文化的内涵与构成

（一）企业生态文化的含义

企业生态文化是生态文化在企业生产经营活动中的体现和运用，旨在维护人类社会与生态环境之间的和谐关系，兼顾社会效益、生态效益、经济效益，促进企业自身与生态环境及整个社会可持续发展，根据对生态关系的需要和可能最优化地解决人与自然的关系等问题所创造的一切物质成果的总和。它要求企业在生产经营活动中坚持科学发展观，走可持续发展的道路，实现企业生产经营活动的生态化。

（二）企业生态文化的构成

企业生态文化由三个基本部分构成。

1. 企业生态精神文化

企业生态精神文化是企业在生产经营中形成的一种生态化的企业意识和文化观念，它是一种深层企业文化。包括：

（1）尊重生态价值的企业精神。企业精神是现代意识与企业个性结合的一种群体意识。企业生态精神将生态理念融入企业本质的企业社会意识、效益意识、文明意识、市场意识、质量意识、道德意识之中，并外化到企业的发展目标、服务方针和经营特色之中。

（2）企业生态价值观。生态价值观是企业有意识、有目的地选择企业与生态环境和谐相处、共同发展的行为，去实现物质产品和精神产品的满足的思想体系。

（3）企业生态哲学。企业生态哲学即企业以生态价值观为导向的经营哲学，是对企业全部行为的一种根本指导。

（4）企业生态道德。企业生态道德是一种内在的以生态价值理论为指导的实现企业、社会、生态环境和谐的企业意识，是用以调整企业之间、员工之间关系的行为规范。

2. 企业生态行为文化

企业生态行为文化是企业员工在生产经营、人际关系中产生的活动文化。它是以人的行为为形态的中层企业文化，以动态形式作为存在形式。包括：

（1）企业生态文化活动。企业生态文化活动是企业为了向全体员工进行生态理论宣传、灌输生态价值观而发起的各项活动。企业生态文化活动具有功能性、社会性和开发性的特点。

（2）企业生态环境管理制度。企业生态环境管理制度是一种行为规范。它是为了达到企业对生态环境的控制，维护企业产品的环保标准而人为制定的程序化、标准化的行为模式和运行方式。

（3）企业生态目标。企业生态目标是以企业经营目标形式表达的一种企业观念形态的文化。企业生态目标作为一种意念、符号传达给企业员工、企业的供应商、合作者和消费者与用户等"企业人"，引导"企业人"的行为。

3. 企业生态物质文化

企业生态物质文化是由企业员工创造的产品和各种物质设施等构成的文化，它是一种以物质为形态的表层企业文化，是企业精神文化和企业行为文化的显现和外化结晶。包括：

（1）企业标识。企业标识是企业文化的可视象征之一，是体现企业文化个性化的标识，它主要包括企业名称、企业象征物等方面的内容，生态文化要通过企业标识显现出企业的生态理念和形象。

（2）企业器物。企业器物包括企业产品、企业生产资料、文化实物等方面的内容，其核心内容是企业产品。企业的产品以市场为存在前提，产品的存在价值也体现出企业精神。在当代环保浪潮席卷全球的消费背景下，企业产品的绿色程度在很大程度上决定了其被市场接受的程度。制造出绿色产品是企业生态文化物质化的体现。

（3）企业环境。企业环境是企业文化的一种外在象征，对企业周边环境的保护及治理，实现环境良好，体现了企业文化个性特点。企业环境一般包括工作环境和生活环境两个部分，要体现生态化的内在要求。

阅读专栏 26-2 生态文化

工业革命以来，随着整个世界工业化的进程而来的是环境污染和生态破坏。不仅阻碍了各国的经济发展而且危及了人类的生存。在人们不断反思和对生态环境的价值重新认识的过程中逐步兴起和发展了生态文化理论。

生态文化的概念最早于20世纪60年代由美国人斯图尔德提出，后于20世纪80年代被介绍到我国。主要包括以下几种理论观点：

第一种，生态文化是人与自然关系的新价值取向说。该学说认为，人类以技术手段对自然环境进行了过多的榨取从而破坏了人类自己发展的基础。提出如果我们想自救的话，只有进行文化性质的革命，即提高对人类在自然界的特殊地位所产生的应有的责任以及对策和手段的理解，进行符合时代要求的那种文化革命。这种"文化性质的革命"必然形成一种新的形式的文化，我们把它称为"生态文化"。生态文化是人与自然关系新的价值取向。这种新的价值取向集中表现为理解自然、尊重自然，强调人和自然和谐发展与共同进化的一种生态哲学。

第二种，生态文化是人类文化新阶段学说。该学说认为，人类文化按历史时态可依次划分为三种类型；即以自然中心主义为核心的"原始文化"、以人类中心主义为核心的"人本文化"及以人与自然协调发展思想为核心的"生态文化"。这三种类型的文化依次出现，其中生态文化是人类文化发展的新阶段。

第三种，生态文化是正在崛起的崭新文化说。该学说从人与自然关系的角度，把生态文化从精神文化领域扩展到物质文化领域，认为文化发展改变了生态，生态变化又推动文化进步，并正在形成一种新文化——生态文化。

第四种，生态文化即是绿色文化说。该学说认为，生态文化就是人类适应环境而创造的一切以绿色植物为标志的文化，是人类对所处环境的一种社会生态适应。人类在对环境长期的适应的过程中创造了生态文化，它包括可持续的生态工业、农业、林业等生态产业和工程，以及生态哲学、生态意识、生态伦理等，还包括与之相关的生态制度。

随着生态危机的日益严重及人们对自然界价值的重新认识，生态文化及循环经济等理论逐渐兴起。在全球范围内出现了环境保护运动及相应的理念，各国政府也相应地建立了保护生态环境的法律制度，消费者也从单纯地考虑产品的价格、品质转向更多地关注产品的环保因素，绿色消费已经蔚然成风。这促使企业在传统的管理目标之外也开始考虑生态环境因素，一些诸如环境管理认证标准等生态保护管理体系在企业中开始推行。企业生态责任的加强让企业及企业员工采纳生态导向的价值取向，生态理论也逐步融入企业文化中来。

二、企业生态文化建设的内容和措施

（一）树立企业生态价值观

生态价值观是生态文明建设的价值论基础，更是企业生态文化建设的基础。"生态价值"主要包括以下三个方面的含义：第一，地球上任何生物个体，在生存竞争中都不仅实现着自身的生存利益，而且也创造着其他物种和生命个体的生存条件，在这个意义上说，任何一个生物物种和个体，对其他物种和个体的生存都具有积极的意义（价值）。第二，地球上任何一个物种及其个体的存在，对于地球整个生态系统的稳定和平衡都发挥着作用，这是生态价值的另一种体现。第三，自然界系统整体的稳定平衡是人类存在（生存）的必要条件，因而对人类的生存具有"环境价值"。

企业的生态价值观就是要摒弃企业生产经营仅仅是一个经济的"利润最大化"过程的观念，确立和树立企业生产经营是一个生态过程的思想观念。企业生产经营所需的资源，来源于自然资源和自然生物，自然资源和自然生物有自身的生态平衡机制和过程。企业的生产经营不能损害自然资源和自然生物的平衡机制和平衡过程。企业生产经营有自身的机制和过程，企业生产经营机制必须与自然资源和自然生物的平衡机制和过程相协调、相平衡，这就是企业的生态价值观。建设生态文化，首先要确立企业生态价值观。企业管理者要认识到：重视企业生态化建设，可以赢得更多合作者，赢得更多信赖和支持，对企业在市场上取得竞争优势有利。可以为自己创造更多商机，增加企业的效益。同时，企业领导者要以身作则、言行一致、恪守自己所提倡的生态价值观，并不断向员工灌输，增强员工的生态意识，在企业内部形成对生态文化的认同，把生态价值观作为员工培训的重要内容，通过培训、讲座、生态改进项目的实施、领导员工积极参与环境保护和有利于可持续发展的社会公益活动及文化活动等多种途径，提高员工的生态意识。企业要通过践行企业生态价值观，形成企业生态品格，构建并运用一套礼仪和典礼来说明和展示企业生态价值观的行为准则。

（二）建立企业生态道德规范

企业生态道德建设的目的是正确处理企业利益与社会公众利益、自然生命利益和后代人利益的关系。这实际上也是正确处理企业眼前利益和社会长远利益、企业局部利益和社会整体利益、企业内部利益和外部社会利益的关系。企业要把生态道德建设作为文化建设的重要内容，以生态道德、生态文化为基础，创建名牌企业。企业要制定和实施与生态密切相关的道德规范，把保护生态环境、保护资源作为自己应尽的义务和责任。

（三）建立企业生态文化管理组织与制度

企业生态文化建设，必须建立与之对应的企业生态文化管理组织机构和管理制度。

企业应建立生态管理机构，赋予其生态文化建设职能，把生态文化建设按照生态经营的要求对企业内部管理进行定期督促检查和评价。运用经济、技术、教育等手段推进企业生态文化建设工作，并作为企业实施生态管理的工作进行评估考核。

（四）美化企业环境

要塑造良好的企业生态文化，就必须认真分析影响企业文化生成的环境因素。企业的环境是其精神风貌的直接体现，它从外在直观的视角反映企业的经济实力和管理水平。同时，树立良好的企业环境形象是建设企业生态文化的开始。美化企业环境，其宗旨在于通过美化企业的生活工作环境，为员工创造一个舒适和谐的工作劳动空间，保障员工的身心健康，满足员工的审美需要，使员工在愉快的心境中从事工作，从而激发并保护员工的工作和劳动的热情和创造力，提高工作效率，树立企业良好的社会形象，提高企业的知名度。

企业环境的美化应包括美化企业的厂区环境和生产劳动环境两个方面。首先要美化企业员工的生产环境，保持劳动场所空气新鲜，保持劳动场所的照明度，减弱噪声。这样才能使企业员工减轻疲劳和劳动的单调性，提高工作效率。其次，要美化厂区环境，增加厂区的绿树和草坪的种植面积，保持厂区内整齐干净、各种物品排放有序。只有企业的环卫工作做好了，企业员工的环保意识才会逐渐形成。同时要加强企业内部行为的"绿化"，营造一个崇尚自然、回归自然、保护自然的工作气氛，创造一个良好舒适的企业环境。

（五）树立企业生态形象

企业生态文化建设中非常重要的方面是树立企业的生态形象。

21世纪将是一个生态文明的世纪，在以可持续发展为主题的时代里，对企业来说既面临着机遇又面临着挑战。绿色消费的兴起必将带动一批新的知名企业的诞生。贯穿生态文化，把企业做成一个既对本企业负责又对社会负责的国内外知名的大企业，对于一个企业来说，一旦它成为一个誉满全球的生态化企业，它也就做到了企业的可持续发展。

1. 积极宣传企业生态形象

宣传企业绿色形象的方式多种多样，既可以通过一定的大众媒体开展，如通过演讲、报刊、环境保护活动、有声影视资料等，也可以通过绿色赞助活动及慈善活动等开展与环保有关的公关活动来宣传企业生态形象。例如，本田公司社长青木勤号召公司职员每生产一辆本田车，就在公路旁种植一棵树绿化交通环境。

2. 导入企业识别系统，取得绿色标志

导入企业识别系统（CIS），制订绿色企业形象计划，对于统一绿色产品标志形象识别，加强绿色产品标志管理，增强企业竞争意识，拓展市场、促进销售都十分重要。企业识别系统包括企业产品观念识别（MI）、行为识别（BI）和视觉识别（VI）三方面。观念识别包括产品发展战略、企业精神、经营准则等；行为识别指企业在其理念引导下为实现企业的方针、目标发展战略等所实施的组织结构、生产操作规程、销售手段、营销策略等具体的决策措施和行为，树立和展现企业魅力，使其得到社会各界的承认和肯定，以达到塑造产品及其企业形象的目的。行为识别主要通过稳定的产品质量、周到的售后服务、广泛有效的广告和各种公共关系等手段来实现；视觉识别和听觉识别，包括统一标志、标准图形、标准文字、广告用语、运输工具识别等方面内容。

绿色标志作为市场营销环节的一种环境管制措施，最近几年有不少国家相继实行，其主要目的在于提高产品的环境品质和特征，体现环保意识。在当前的国际贸易中，绿色标志实际上已成为一些国家的非正式技术壁垒。绿色标志制度正是运用市场这只"无形的手"将企业的经济效益与环境效益紧密联系在一起，并且提醒企业要想产品在市场上立住脚跟并获利。除重视产品的质量外观服务外，产品的环境效益已是必不可少的条件。谁拥有绿色产品证书，谁就有更大的市场份额。企业为获得绿色标志就必须主动调整产品结构，实施技术改造，自觉地节约能耗、物耗最大限度地减少污染的排放，提高资源的综合利用率，从而使企业在追求经济效益的同时实现对环境的有效保护。绿色标志的标准是比较高的，审核颁发的程序是严格的，所以其可信度远远高于目前市场上充斥泛滥着的各种省优、部优、金奖、银奖之类的宣传。绿色标志本身就是一个非常好的广告，可以为企业树立良好形象，赢得消费者的信任，提高产品在市场上的竞争力。

第五节 企业环境管理体系建设

一、企业环境责任

企业环境管理体系是基于企业承担的环境责任。这里的企业环境主要指的是企业生产。

企业环境责任是指企业作为一个"社会人"，在追求其自身经济效益的同时，应当主动承担起对利益相关者的环境责任，严格遵守环境法律，自觉提升环境道德，履行环境义务，以实现经济、社会的可持续发展。

企业的环境责任包括两个基本方面：

一是法律责任，体现为国家对企业的一种强制性要求，国家将这些强制性要求规定为义务性规范。立法上表现为环境法、税法、公司企业法等法律中有关保护环境的强制性规定。

二是道德责任，第一，"应当"承担的道德责任，它指的是企业所承担的消除其在守法经营过程中对环境造成的负的外部性的义务。此处的"应当"是道义上的"应当"，而非法律上的"应当"。打个比方，如果公司依照国家环境保护法规定的标准排放污染物时，仍然会对环境产生危害，由于其遵守了环境保护法，往往很难追究其法律责任，这时道德责任便发挥了作用，它要求一个有道德感的企业公民应尽可能地减少污染物的排放，并采取积极措施对可能的受害者给予适当的补偿。第二，"可以"承担的道德责任，即企业在消除其行为对环境产生的负的外部性的基础上，积极采取措施增进除股东以外其他利益相关者的利益，这是对一个品德高尚的企业公民的要求。

在这里，我们可以从企业运行的决策、生产经营活动以及环保教育三个层面来对企业环境责任的外延加以说明。

一是在企业运行决策层面，企业应当坚持可持续发展、开发与保护并重、预防为主、民主科学等基本原则，对各种成本动因和相关成本进行综合分析，实现"绿色成本"的最优化。在分析企业与供应商之间价值链时，应当将环境成本作为原材料购入的一个判断依据，选择兼顾经济效益和环境效益的环保型原材料；在分析企业与消费者之间的价值链时，应当根据消费者的需求，尽可能地提高消费作业的运作效率，消除"不增加价值的作业"；在分析竞争者的价值链时，以相应成本优势而非纯经济成本优势取胜。

二是在企业的生产经营层面，其环境责任主要体现于"清洁生产"模式中。根据联合国环境规划署的定义，清洁生产是在工艺、产品、服务中持续地应用整合且预防的环境策略，以增加生态效益和减少对于人类和环境的危害和风险。清洁生产是与传统的末端治理相对应的概念。一方面，它要求通过资源的综合利用、短缺资源的代用、二次能源的利用以及节能、降耗、节水，合理利用自然资源，减缓资源的耗竭，达到自然资源和能源利用的最合理化。另一方面，它强调减少废弃物和污染物的排放，促进工业产品的生产、消耗过程与环境相融，降低工业活动对人类和环境的风险，达到对人类和环境的危害最小化以及经济效益的最大化。

三是在环境教育层面，企业环境责任要求企业在深入贯彻绿色管理理念，制定绿色管理战略的同时，对企业内部各个级别的成员进行自上而下的环保教育，宣扬"绿色生产""绿色消费"意识，在企业中形成全面而正确的环境保护氛围。

二、企业环境管理体系的含义

在 GB/T 24001-2016 中，将环境管理体系定义为一个组织内全面管理体系的组成部分，包括制定、实施、实现、评审以及保持环境方针所需的组织机构、规划活动、机构职责、惯例、程序、过程和资源，同时包括组织的环境方针、目标以及指标等管理方面的内容。企业环境管理体系是在企业内部建立的与企业其他管理体系相符合的，能够用于企业系统管理和其他环境管理事务的管理系统，其使企业的生产经营行为符合环境保护法律法规方面的要求，并以企业规章制度、管理方案、应急预案和管理流程予以确定。基本思想是企业按照环境法律法规的要求，对自身的生产经营活动进行分析和评价，在充分识别自身及相关方在生产经营活动中的环境因素后，制订与企业发展相关联的环境目标、管理方案、应急准备与演练预案，在实施过程中对各项环境管理活动进行有效监测并采取纠正或预防措施，通过独立的外部评审机构对环境管理体系进行系统的审核，以此来不断完善企业的环境管理体系。

三、建立和完善环境管理体系对企业发展的意义和影响

GB/T 24001-2016 环境管理体系在企业中的应用强调以污染预防为主，要求企业管理应当与国家法律法规和标准体系相适应，以全过程控制来改善企业的环境行为，从而实现经济发展与环境保护工作的同步进行，为企业实现绿色、低碳、可持续发展打下了坚实的基础。在社会主义生态文明建设的发展环境下，完善环境管理体系对企业发展具有重要的价值。

1. 有利于践行生态文明建设，促进企业可持续发展

企业通过完善环境管理体系，不仅能够通过环境效益的提升来推动企业的发展，而且也能够进一步践行生态文明发展理念，从根本上对企业的管理体系和生产环境进

行有效的指导，实现对产品生产、员工生活以及企业相关方等各个环节的全过程、全流程控制管理。环境管理体系作为一种有效的管理方法和手段，通过在企业中的应用，使企业内部原有的制度体系和管理方案更加完善，提高了企业应对风险、化解风险的能力，提升了企业的综合管理水平与应变能力，为企业实现绿色可持续发展发挥着重要作用。

2. 有利于实现节能降耗，提升企业经济效益

GB/T 24001-2016 要求企业对生产的全过程进行有效的控制，以此来实现清洁生产的目的。完善的环境管理体系有利于企业实现从产品设计、生产到服务全流程的环境控制，通过管理目标和管理方案的设立，促使企业优化产品生产流程，加强节能技术改进工作，提升新技术、新手段的利用水平，重视环境检测工作，在生产中积极采用绿色环保、无污染的原材料，有效减少整个生产过程环境污染事件的发生，降低环境费用支出，达到降低生产成本的效果，实现经济效益与环境保护双提升。

3. 有利于促进企业环境保护工作，提升管理水平

完善环境管理体系能够帮助企业顺利通过环境管理体系的认证，对于促进企业环境与经济的协调发展，增强企业的竞争力，促进企业向绿色、低碳、可持续发展与转型有着至关重要的积极作用。目前，很多国家明确规定生产产品的企业都应当通过环境管理体系认证，实现履行企业的社会责任，只有通过了认证才能够为企业争取更多的竞争优势，能有效改善企业的发展形象，对于提升企业的市场竞争力和管理水平具有重要的实践价值。

4. 有利于减少企业污染排放，降低环境事故风险

当前环境污染已经成为全球人类面临的共同问题，给人类生存环境带来了极大的威胁，保护环境是全人类的共同责任。企业作为污染源的重要产生单位，建立完善的环境管理体系，既是确保企业安全生产、减少污染排放的重要路径，也是履行社会责任、提升企业社会效益的基础实践方式。建立完善的环境管理体系不仅能够降低污染事故或违反环保法规造成的环境风险，也能够为企业增加获得优惠信贷和保险政策的机会。

5. 有利于宣传环境保护意识，增强企业职工环保意识

在企业建立、完善、运行环境管理体系过程中，通过企业内部环境管理制度、管理方案、流程控制的制定和运行，并通过组织企业员工对 GB/T 24001-2016 标准条款、环境保护相关法律法规、应急预案和演练的学习，能够进一步宣传环境保护知识，丰富员工的知识结构，提高员工的环境保护意识，规范员工的行为，使员工充分认识到个人环境保护行为与企业发展、社会责任是一脉相承的，鼓励员工从自身做起，充分发挥主观能动性，不断优化环境管理体系工作流程，持续改进环境保护工作，切实投

入环境保护工作中来。

四、企业环境管理体系建设的主要内容

根据 ISO14001 国际环境管理体系系列标准和 GB/T 24001-2016 系列标准。企业环境管理体系包括五大部分、17 个要素。

五大部分是：

（1）环境方针；

（2）规划；

（3）实施与运行；

（4）检查与纠正措施；

（5）管理评审。

17 个要素是：

（1）环境方针；

（2）环境因素；

（3）法律与其他要求；

（4）目标和指标；

（5）环境管理方案；

（6）机构和职责；

（7）培训意识与能力；

（8）信息交流；

（9）环境管理体系文件编制；

（10）文件管理；

（11）运行控制；

（12）应急准备和响应；

（13）监测；

（14）违章、纠正与预防措施；

（15）记录；

（16）环境管理体系审核；

（17）管理评审。

1. 环境方针

环境方针是一个企业在环境保护方面总的指导方向和行动原则，是企业对其全部环境绩效的意图与原则的陈述，必须具备两项基本承诺，即预防污染和持续改进与符合法律法规及其他要求。环境方针反映最高管理者对环境行为的一个总承诺，是企业

关于加强管理，改进环境表现的态度和行动的声明书。

2. 规划

规划包括环境因素、环境与其他要求、目标和指标、环境管理方案四个要素。

（1）环境因素。根据 ISO14001 的定义，环境因素是企业的活动、产品或服务中能与环境发生相互作用的要素。环境因素有多种类型，如污染排放型、工艺设计型等，应根据组织的特点加以识别。

确定环境因素在建立环境管理体系中是一个极为重要的环节。由于组织的活动（包括准备、生产、排污、产品运输储存、管理）有许许多多对环境产生有益影响或有害影响的因素，将这些因素分析出来，确定产生的影响，识别和评估重大环境因素，提出控制的办法并付诸实施，这些工作都将为企业逐步消除污染、实现清洁生产奠定重要基础。一个组织欲建立环境管理体系必须以识别重大环境因素、消除对环境有害因素为目的，由此而确定组织的环境方针、目标和指标，并采用相应的管理手段。应当说，识别重大环境因素是管理体系明确管理对象的重要环节。如果一个组织的环境因素尚未搞清，建立环境管理体系则没有明确管理目标。

对于不同企业组织类型、不同生产工艺和不同规模，环境因素可以千差万别。环境因素和环境影响之间是因果关系。分析环境因素和评价其环境影响可以分为以下四步：

第一步：选择活动或过程（如生产工艺、产品使用与服务、原辅材料采购、设备更新等）；

第二步：识别其中的环境因素（污染排放状况、废弃物管理、土地污染、对社区的影响等）；

第三步：确定环境影响；

第四步：确定环境影响的重要程度。

环境因素的分析一般应考虑三种时态（过去、现在、未来）、三种状态（正常、异常、紧急）、对多种类型环境领域影响，如水环境、大气环境、噪声环境、自然景观、社区环境、资源利用等。

（2）法律与其他要求。法律与其他要求是 ISO 14001 环境管理体系中"规划"部分的第二个要素。其含义是在环境管理体系中要使国家或地方的法律、规定、标准以及组织应遵守的各种要求都能及时地、有序地传达到组织中，使其能迅速了解组织应当遵守什么，并保持对法律要求的跟踪性活动，使企业组织的行为始终能置于法律要求的约束之下。

（3）环境目标和指标。企业制定环境目标和指标必须根据法律法规的要求，针对重大环境因素考虑技术可行的能力、企业经营管理情况、相关方的要求等诸多因素来设立有关层次和环境的目标和指标，使环境方针与目标、指标一起形成企业在实施环境管理行动中具有联系的目标体系，如图 26-1 所示。

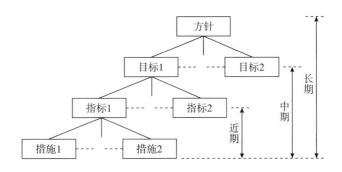

图 26-1　企业环境目标和指标的制定

环境目标是一个组织在确认了自身的环境方针后，规划自己的行动时确定的环境绩效的总体目的。确定目标时应考虑环境因素和环境影响，以及初始评审的结果。而环境指标是具体的、可测量的，以便在规定时间内达到这些目标。

（4）环境管理方案。环境管理方案就是制定每个有关职能和层次为实现环境目标、指标应具有的职责及达标时间表，以使环境方针得以付诸实践。包括：①规定每个有关职能机构在实现目标和指标中的责任；②实现目标和指标的方法和时间表。

这个环节在"规划"模块中很重要，起着承上启下的作用，由制订的方案而引导出"实施"模块。

环境管理方案是针对项目、产品、工艺等制定的管理专项活动内容，有助于约束、规范和改进组织的环境行为。特别是它将负责落实到人，并把时间表确定下来，因此，它是环境管理体系中"规划"与"实施"的承上启下性环节。

制订环境管理方案的步骤如下：

第一步：根据初始评审的结论，确定制定目标和指标的优先项并进行排序（可以分为急待解决、高度优先和低度优先）；

第二步：确定目标和指标；

第三步：制订一个短期行动计划并提出具体措施；

第四步：分析成本效益，以决定能否采纳列出的方案；

第五步：将上述结果文件化，可以列出一个综合表给承担行动的部门。

3. 实施与运行

环境管理体系的实施是指：为了实现组织提出的环境方针、目标和指标，必须具备的机制、资源和各种能力。包括：

①具备必要的资源——人力、物力和财力；

②建立一个科学的管理运行机制——相应的机构与人员；

③制定出明确的职责——总经理、环境主管、所有管理者、营销人员、财会人员、全体员工等；

④环境知识和技能的培训；

⑤建立通畅的内部与外部信息交流渠道；

⑥制定出一套完整的管理文件并采取必要的文件控制措施；

⑦运行发生紧急情况应有严密的应急响应措施。

上述都是实施环境管理体系必须具备的条件，也是对组织进行审核时的考察关键。

（1）机构和职责。一个好的环境管理体系必须靠全体员工努力完成各自职责来支持和运作。每个员工在自己的岗位上明确自己对环境管理应尽的义务和应承担的责任，并积极地做好它，整个环境管理体系方可有效运行。

因此，环境职责是 ISO14001 中很重要的环节，它包括四个重要因素：

①建立职责结构定位图；

②职责范围的描述；

③工作程序；

④汇报路径、行为指标。

建立职责体系的关键因素包括：

①应将环境因素融入企业所有员工的职责中；

②员工应对整个职责系统有基本的了解；

③所有雇员都知道：他应做什么；他应如何做；遇到问题或完成后向谁报告，并且向承担职责的员工提供必要的权力和保证条件。

（2）培训意识与能力。建立环境管理体系是全体员工的共同工作，每个成员都将承担一定的责任，因此必须开展组织内的培训。通过制订培训计划，确定培训人员层次，建立培训程序和提供必要物质条件完成这一环节。培训也必须根据持续改进、提高水平、减少失误的需求建立一套培训制度。

培训的层次和对象应依据培训内容不同而分别组织，显然一个在生产线上做具体岗位操作的工人与高级经理在环境管理体系中的任务和应培训的内容是大相径庭的。ISO14004 提供了下述类型的环境培训（见表 26-1）。

表 26-1　环境管理培训类型

培训类型	培训对象	目的
提高对环境管理战略重要性的认识	高级管理者	取得对组织环境方针的承诺和协调一致
提高总体环境意识	全体员工	取得对组织的环境方针、目标和指标的承诺，培养个人责任感

培训类型	培训对象	目的
提高技能	承担环境职责的员工	改进组织中具体部门（如运行、研究与开发、工程）的环境绩效
遵守法规	全体员工（其活动可能影响守法的员工）	确保培训的法规和内部要求得到满足

对企业全体员工，应当进行普遍的环境管理最基本内容的培训：

1）提高认识的内容：

①认识环境问题；

②应遵守的国家或地方法律、法规、标准；

③本组织的环境方针政策；

④现行状况的差距。

2）提高环境技能的内容：

①了解岗位的环境因素及其影响；

②掌握减少环境影响的技能技术；

③紧急状况应采取的措施。

3）编制工作及程序的内容：

①明确工作及程序的内容；

②明确报告路径；

③违背工作程序的后果。

（3）信息交流。一个好的管理体系必须解决信息沟通的程序问题，包括内部各层次的交流和外部相关方的信息交流，以使正面与负面信息及时传达到管理层最高管理者，必要时迅速传达到全体员工，以保证最快地改进和采取相应措施。

ISO14004提供了通报信息交流的形式。通报可以包含：组织介绍、环境方针、目标和指标、管理程序、目前环境状况的公布以及改进的要求等。其他如出版物、广告、会议、设立开放日也是开展内外交流的可取形式等。

（4）环境管理体系文件编制。文件化是环境管理体系的特点之一，其重要意义在于：

①可以将环境管理体系的所有程序和规定在文件中固定下来；

②有助于组织活动的长期一致性和连贯性；

③有助于员工对全部体系的了解并明确自己的职责和责任；

④一份完整的管理文件可以作为体系审核评审和认证的基本证据；

⑤可以展示本组织环境管理体系的全貌。

环境管理体系文件一般分为 4 类：

①原始记录；

②岗位操作指导书；

③环境管理程序规定；

④环境管理手册。

其层次可以概括如下（见图 26-2）：

图 26-2　环境管理文件层次

（5）文件管理。文件管理的主要事项包括：

①所有文件应注明日期（修订日期），以便于识别和管理，并在规定期限内保存；

②按部门职能、活动、联系人标识文件；

③文件应定期评审，必要时予以修订，并在发布前由主管部门人员批准；

④文件的现行版本应发送至多个有关场所；

⑤及时从发送和使用过的场所撤回作废文件。

（6）运行控制。为了确保环境管理体系的正常运行，保证环境方针和目标指标的实现，必须建立运行控制保证体系对日常管理要求设立规定性指标、标准、程序和要求，应制定一个辐射到全部管理体系的条款性文件，使全体员工了解而且必须加以遵守。对于重要环境因素相关的运行活动必须规定文件化的管理程序，避免非程序化的操作活动导致重大环境因素失控，产生非预期的不良环境影响。

对运行的控制应包括以下几个方面：

①控制输入，如采购原材料、设备等。

②控制操作活动，如原材料的搬运及储存、工艺条件的科学控制、工作程序的完备。

③控制输出，如产品及服务的运输、储存。

④控制文件与交流，如内外部交流、记录的保存。

⑤控制紧急状况下的反应。

（7）应急准备和响应。应急事件处理程序，包括以下主要内容：

①应急工作的组织和职责；

②参与处理事故的人员；

③服务事项；

④内外联络方式；

⑤应采取的措施；

⑥培训计划和有效性实验。

4. 检查与纠正措施

检查与纠正措施是环境管理体系五大部分中的一个。它突出体现了一个企业或组织在建立管理体系后的自我监督、自我评审与及时纠正问题的良好功能。

（1）监测。这里所讲的监测主要是组织内部的自我监控系统，这个系统对环境管理体系的运行与实施起到自我监督、自我评价与及时改进的重要作用。

①应针对本组织的实际状况建立监控指标，如排放浓度、数量、库存指标、公众投诉等。

②应有监测设备、监测制度以及相关的常规校准措施等。

③达标状况的监测及记录。应记录监测结果，形成连续的信息管理，通过自我审核、评价，把问题及时提出来，并向领导和员工做报告。

（2）违章、纠正与预防措施。因为不论策划工作多么完美无缺，由于执行人员的素质、技术能力和其他不可预见因素，在实施过程中都可能发生对方针和目标的偏离，因此，特别需要有自我检查、纠正机制和运行评价手段，采取适当的预防与纠正措施。

（3）记录。记录是环境管理体系运行的证据，它包括：

①法律、法规、标准对组织的规定要求；

②有关的许可证要求；

③环境因素及其影响评价；

④培训记录；

⑤检查、校准和维护活动记录；

⑥监测记录；

⑦事故记录及修正措施；

⑧供应方和承包方的有关信息；

⑨自我审核和管理评审记录；

⑩产品标识方面的数据，如成分、性状数据；

⑪不符合记录；

⑫审核、评审记录。

（4）环境管理体系审核。当企业建立了环境管理体系，并按规范运行，则必须同时建立定期审核制度，以确定体系是否符合计划安排。如果没有一个内部审核环节，体系运行就不能保持或改进。

从"审核"环节的重要性来看，组织应设立内部审核员岗位，既可以是专职也可以是兼职，以承担对本组织的内部定期审核，而且按规定向管理者提交审核报告，揭示运行状况存在的问题及改进意见。

内审员通常是指实施内部审核的环境审核员，它的作用十分重要，主要表现在：

①监督组织的环境管理体系运行，及时发现问题并加以解决。

②对保持和改进环境管理体系起参谋作用，它可以在审核中针对发现的不符合项帮助受审部门分析原因提出改进措施和建议。

③可以成为沟通领导和群众之间的纽带。内审员一般可以在审核中与各部门员工广泛交流和接触，起到宣传、解释、联络和沟通作用。

④在第三方中起内外接口的作用。内审员在第三方审核中往往担任联络员、陪同人员等，不仅了解情况，而且可以把外审员的意见传递给组织领导，得以迅速改进。

如果不设立内部审核员，则需聘请外部审核员来做此工作，审核的程序应参照ISO14010 和 ISO14011 进行。

5. 管理评审

为使环境管理体系处于一个持续改进的过程中，使组织的环境行为、水平和效果不断得以提高，必须设置评审与改进的环节。此环节是环境管理体系的第五个部分，由此产生持续改进的效果并确保体系的持续适用性、充分性和有效性。

管理评审是由组织的最高管理者来承担的，其目的是根据环境审核的结果，不断变化的客观要求及持续改进的承诺提出需要修改的方针、目标及体系的其他要素。

管理评审主要包括以下项目：

①对环境目标、指标和环境绩效的评审；

②评价内部审核的结论；

③对体系有效性的评价；

④情况发生变化时，现行环境方针是否仍适合和需要做更改的评审；

⑤外部相关方对组织提出新的要求，如产品和活动变化、法律、标准的变化、市场的变化、科学技术的进步等。

企业环境管理体系运行模式见图 26-3。

五、企业环境管理体系建设的主要措施

1. 提高重视度，加强培训，优化环境管理体系

生态文明理念是近年来提出的一种新发展理念，对于很多企业而言，环境管理体系是一种相对陌生的管理体系。要想保障企业环境管理体系的进一步完善，提升体系实施效果，一方面，需要对涉及环境管理的企业人员加强专业培训，通过提升环境管

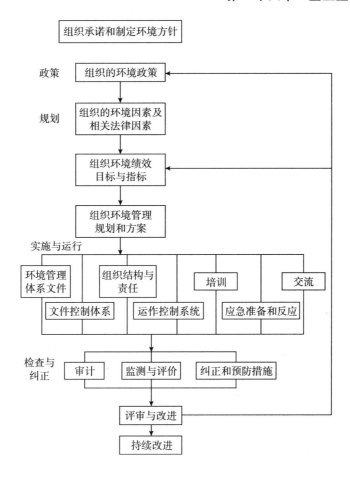

图 26-3 企业环境管理体系运行模式

理人员对环境因素准确识别的基础能力来促进企业环境管理体系的有效应用；另一方面，需要及时评定和优化初始环境。对于企业而言，环境管理体系的创建和完善只有及时评定初始环境，才能够保障后续环节的顺利开展。在完善体系的过程中，需要将环境管理体系与相关的法规要求进行匹配，及时了解和分析企业在运行过程中的各项管理信息、对环境因素的综合评价，以此实现环境管理体系的完善与发展。

2. 建立多维环境导向的绿色目标和发展战略

完善的环境管理体系建设需要企业建立以环境为导向的多维管理目标，改变传统单一的以追求经济利益为主的企业目标。现阶段经济目标的优化也需要由过去完全追求物质利益转变为追求绿色经济效益，将企业发展过程中涉及的环境成本也纳入成本预算和利益审核中，由此优化企业的外部管理制度。同时，为了企业的长远发展，完善环境管理体系还需要企业制定以多维环境为导向的绿色发展战略，不仅要在企业内部构建良好的环境保护氛围，提升管理人员的绿色环保意识，也需要改变传统的以物质和经济效益为中心的管理考量方式，将其转变为多维角度下的环境成本综合考量方式，以此实现企业管理体系的完善和优化。

3. 创设多维环境导向的企业文化和运营体系

完善的环境管理体系建设需要建立以多维环境为导向的企业文化和运行体系。一方面，企业文化的创设需要从根本上转变管理人员关于企业发展和环境问题的价值观念，引导工作人员充分认同与环境发展相协调的企业文化和制度体系，从而通过企业文化的创设来完善环境管理体系。另一方面，转变单维的线性价值实现模式是企业完善环境管理体系的重要方式，从企业生产运营体系来看，环境管理体系的应用在一定程度上冲击了企业的产供销运营体系，构建以清洁生产为核心的完善的绿色供应链，是确保企业运营体系长远发展的关键，在此过程中完善的环境管理体系将发挥重要的指导作用。

4. 建立完善的运行监督检查制度，保障体系有效运行

完善环境管理体系的最终目的是确保其在企业运营发展中的良好应用。为了确保环境管理体系的有效性和充分性，一方面，需要保障体系的有效运行，通过加大对企业生产经营环节的日常监督检查力度，构建科学的监督检查体系来实现，例如，企业可以定期有针对性地对环境管理工作进行检查，确保体系应用的有效性；另一方面，在检查的过程中，也要着重加强企业生产目标及指标体系的管理和控制工作，尤其是目标及指标体系完成以后要及时做好分析，进一步总结管理经验，并将检查记录进行留存，以此确保监督检查机制的良好应用，确保环境管理体系的有效运行。

推荐阅读

1. 陈国铁. 中国企业生态化建设［M］. 福州：福建人民出版社，2013.

2. 曾赛星，孟晓华，邹海亮. 企业绿色管理及其效应：基于环境信息披露视角［M］. 北京：科学出版社，2018.

思考题

1. 企业生态化的特征、功能各是什么？

2. 企业生态管理的主要内容有哪些？

3. 企业绿色生产和绿色经营的含义与内容各是什么？

4. 企业绿色管理体系的特点、原则有哪些，企业绿色管理体系基本框架有哪些？

5. 企业生态文化的构成包括哪些，企业生态文化建设的内容与措施各是什么？

6. 企业环境管理体系建设的主要内容有哪些，企业环境管理体系建设主要措施包括哪些？

第二十七章　企业创新管理

学习目标

1. 了解企业创新的特性、类型；

2. 把握企业创新管理的要素；

3. 掌握企业创新能力；

4. 懂得企业创新机制与创新过程；

5. 学会建设企业创新管理体系。

第一节　企业创新概述

一、企业创新含义

（一）什么是创新

创新可能是管理者所面临的最大挑战，作为职业经理人，其要想研究创新、实施创新，并对创新进行管理，就必须弄懂创新是什么？

创新意味着做出不同的事物来，《辞海》中把"创新"解释为"抛开旧的，创造出新的"。一般地讲，创新是指人类为了满足自身需要，不断拓展对客观世界及其自身的认知与行为的过程和结果的活动。具体来讲，创新是指人为了一定的目的，遵循事物发展的规律，对事物的整体或其中的某些部分进行变革，从而使其得以更新与发展的活动。

哈佛大学经济学教授约瑟夫·熊彼特从经济学的角度系统地提出了创新理论，其把创新概括为五种情况：一是创造一种新的产品，也就是消费者还不熟悉的产品，或者已有产品的一种新的特性；二是采用一种新的生产方法，也就是采用尚未通过经验鉴定的方法，这种新的方法不一定非要建立在科学基础之上，它还可以是以新的商业方式来处理某种产品；三是开辟一个新的市场，也就是开辟某一制造部门以前不曾进入的市场，不管这个市场以前是否存在过；四是取得或控制原材料或半制成品的一种新的供给来源，不论这种来源是已经存在的还是第一次被创造出来的；五是实现任何一种新的产业组织方式或企业重组，如形成一种垄断地位，或打破一种垄断地位。

创新具有多个侧面。根据所强调方面的不同，学者们对创新会有各种不同的定义。有的东西之所以被称为创新，是因为它改善了我们的生活质量；有的是因为提高了工作效率或巩固了企业的竞争地位；有的被称为创新，是因为它对经济具有根本性的影响。

彼得·德鲁克提出，创新是组织的一项基本功能，是管理者的一项重要职责。在此之前，"管理"被人们普遍认为就是将现有的业务梳理得井井有条，不断改进质量、流程、降低成本、提高效率等。然而，德鲁克将创新引入管理，明确提出创新是每位管理者和知识工作者的日常工作和基本责任。

（二）企业创新

"创新"是类概念，"企业创新"是"创新"的属概念。定义"企业创新"的内涵，必须使之符合"创新"的四项基本架构，即要明确创新的基础、创新的实质、创新的关键、创新的目的。

企业创新的基础。企业的相关知识是企业创新的基础，包括企业知识的积累、企业知识的思索、企业知识的联想、企业知识的感悟等全部企业知识活动。企业是以盈利为目的、从事生产经营活动、由生产要素有机构成的、向社会提供商品或服务的、具有生命力的社会经济基本组织。因此，有关企业的知识是相当宽泛和渊博的。企业知识包括企业生产知识、技术知识、产品知识，企业经营知识、财务知识、营销知识，企业管理知识、体制知识、制度知识，企业文化知识、人际知识、激励知识……不仅有关企业的发现、发明，需要建立在雄厚的知识基础上，而且要将这些发现、发明转化为现实生产力，同样离不开知识的推动。这就是说，企业创新的实现，需要企业全体员工知识水平的普遍提高。一个不重视知识管理的企业是很难有企业创新成果的。

企业创新的实质。企业创新是对企业及其涵盖的诸多方面事物的"本质"获得深入一步的、新的认识，对企业及其涵盖的诸多方面事物的运行"规律"获得深入一步的、新的把握。人类对企业本质的认识是逐步深化的。一方面，人对客观存在的"企业"的认识有待深化；另一方面，"企业"本身也在随着社会的发展而不断变化。过去人们认为企业就是生产产品或者是提供服务的。现在人们则认为企业首要的任务不是制造产品，而是"制造"思想；企业不仅要提供服务，还要提供全新的理念。过去说，企业是把资源变成财富的组织，制造产品是第一位的。现在则认为，企业是一个把思想变成产品，把理念变成财富的组织，"制造"思想、创新理念是第一位的。基于对企业这种本质"深入一步的、新的认识"，于是出现了"企业由生产型组织变为学习型组织"的创新。过去人们普遍认为，企业的目标就是利润的最大化或股东权益的最大化。现在人们则认为，顾客是企业的基础，是企业生存的要素，企业所拥有的一切都是顾客给予的，为了供给顾客的需求，社会把创造财富的资源给予了企业加以利用，让企业来承担这一切的责任。只有为顾客谋利，与顾客共利，才能为顾客提供"可感知的价值"，才能使企业获得理想的甚至超额的利润。基于对企业这种本质"深入一步的、新的认识"，于是出现了创新的营销模式。

企业及其涵盖的诸多方面的事物，包括企业的技术、生产、产品、管理、营销、学习及企业文化等，对这些"事物"本质和规律的"新的认识和把握"，是企业创新的具体内容，或者叫作企业创新的外延。

企业创新的关键。利用新获得的对企业本质和规律的认识和把握，在资本的推动下，对企业及其涵盖的诸多方面进行改进、改善和改造，并有效转化为现实生产力，成为受顾客欢迎的企业。这种实践是企业创新的关键。推动企业创新的资本就是企业的知识资本。

企业创新的目的。企业创新是为了最大限度地满足顾客的需要，真诚地为顾客提供物美价廉的产品和优质周到的服务，不断提高企业的效率和效益，更好地履行企业的社会责任。企业效率包括企业的生产效率，也包括企业为顾客服务的效率。企业效益包括企业的经济效益，也包括企业的社会效益。

基于上述认识，企业创新可以定义为：

企业创新是建立在企业知识的积累、企业知识的思索、企业知识的联想、企业知识的感悟基础上的，对企业及其涵盖的诸多方面事物的本质和规律获得深入一步的、新的认识和把握，并利用新获得的认识和把握，在企业知识资本的推动下，对企业及其涵盖的诸多方面事物进行改进、改善和改造，从而有利于提高企业的效率和效益，更好地履行企业的社会责任。

二、企业创新特性

（一）创造性

创新的创造性是指创新所进行的活动与以前所进行的活动相比，具有显著的进步，创新是创造性构思的结果。创新的创造性首先表现在其所应用的技术是以前未使用过的新技术和现有技术的改进技术，应用效果有明显提高；其次表现在创新过程中企业家对生产要素进行了重新组合。从另一方面来说，创新的创造性体现在：一是新产品、新工艺或是产品、工艺的显著变化上；二是组织机构、制度、管理方式的变革。

（二）风险性

创新活动涉及许多相关环节和众多影响因素，从而使得创新的结果呈现出不确定性。一个创新方案的提出和实施就是一种决策行为，凡是决策就不可避免地具有一定的风险性。同时，创新特别是技术创新需要相当大的投入，这些投入能否顺利实现价值补偿，受到许多不确定因素的影响，既有技术本身的不确定性，也有来自市场、社会、政策的不确定性，这些众多的不确定性，也就意味着创新带有较大的风险。例如，美国的一份研究报告曾经断言，美国每 10 个专利中只有 1 个能被成功创新。企业新产品开发成功率也只有 20%~30%。

（三）高效益性

企业创新的目的是增加企业的经济效益和社会效益。由于创新具有高风险性，而在经济活动中高风险与高收益是并存的，所以企业创新具有高效益性。通过创新来获取高额收益并使自己迅速壮大的成功例子就是微软公司。比尔·盖茨于 1975 年创办微软公司时年收入仅为 1.6 万美元，但由于比尔·盖茨等的不断创新，使得微软公司一跃成为风靡全球的巨型高科技公司，获得了巨大的经济利益，到 1995 年，其年收入高达 60 亿美元，所实现的利润比另外十大软件公司的利润总和还多。

（四）持续性

创新是一项系统工程，从创意的诞生到形成创新的理念，需要经过努力搜寻才能获得。创新理念到形成创新项目再到实施方案，乃至获得创新成果，是一个持续过程，也是管理创新、产品创新、组织创新、市场创新等创新的集合与组合，其间需要各种创新要素的组合，可能还要进行创新思路和创新技术路线的调整，也包括人力、财力和时间的投入，这就决定了创新是一个持续的过程，也就是创新的持续性。创新的持续性，始于创新者和创新执行者对成功的信念，创新的成功是创新者对创新的坚持和坚守。

（五）竞争性

创新的竞争性是由企业的竞争性决定的。创新是获取竞争优势的唯一手段。在现代市场竞争中，企业力求取得长期竞争优势的基础，这就是创新。企业进行创新，直接目标是在市场竞争中获得生存与发展，通过创新，企业取得技术领先优势，获取领先者收益和更大的市场份额。通过商业模式创新，企业把创新形成的理念、文化转化成对客户和消费者的影响力，提升客户价值。因此，创新形成企业的竞争优势，创新具有极强的竞争性。

（六）投入性

创新的投入性，是指企业创新需要不断地进行人、财、物的投入，以支持创新的持续展开。对企业来讲，创新不是短期行为，也不是开展一次或几次创新活动。创新的持续性，需要企业长期不断地投入；创新的风险性，需要企业具备充足的资金和资源应对创新失败的风险，保障企业从创新的失败影响中走出来，继续进行创新探索；企业需要不断地加大对创新的投入，进行科学技术原理的探索，进行新产品和新工艺的开发，进行事业模式的创新。现代企业，需要加大对创新人才的培养，形成创新人才优势。所有这些活动，都需要加大投入，才能不断开发并实施创新项目，确保企业保持持久的竞争优势。

三、企业创新类型

可以从不同的角度对创新进行分类，在这里我们按照创新的战略、创新的变化程度和创新的内容进行分类。

（一）按照创新的战略进行分类

按照创新的战略进行分类，可以将创新划分为原始创新、集成创新、引进消化吸收再创新。

1. 原始创新

原始创新是指独立开发一种全新技术并实现商业化的过程。原始性创新意味着在研究开发方面，特别是在基础研究和高技术研究领域发明前人所没有的产品或工艺，从而推出创新成果。它不是延长一个创新周期，而是开辟新的创新周期和掀起新的创新高潮。原始性创新孕育科学技术质的变化和发展，促进人类认识和生产力的飞跃，体现了一个民族的智慧及其对人类文明进步的贡献。

企业的原始创新则偏重于新技术的创新应用。原始创新成果通常具备三大特征：一是首创性，前所未有、与众不同；二是突破性，在原理、技术、方法等某个或多个方面实现重大变革；三是带动性，在对科技自身发展产生重大牵引作用的同时，对经济结构和产业形态带来重大变革，在微观层面上将引发企业竞争态势的变化，在宏观层面上则有可能导致社会财富的重新分配、竞争格局的重新形成。

根据原始创新的方式和结果的不同，原始创新有四种选择，也可以称为原始创新的四种路径，即原理创新、方法创新、应用创新、综合创新。

（1）原理创新。原理创新是指依据新认识到的科学规律，并加以利用而形成新产业或对原有产业升级改造的创新活动。相对于方法创新和综合创新来说，原理创新对产业的变革力度更大，可能产生许多工业应用，并对多个产业产生变革。原理创新活动从所依据的科学原理到最后的实际应用的"距离"往往相当长，需要相当长的时间，在此过程中往往需要克服诸多困难，企业很难做到完全保密。因此，当企业选择原理创新时应避免过早进入，应尽量吸收基础研究的成果，避免过多的投入。

（2）方法创新。方法创新是指应用科学研究中的新发现、新技术与新方法、新实验手段、新仪器、新合成反应及新物质等到实际生产中并获取经济效益的创新活动。

（3）应用创新。应用创新是指将原有的理论、方法、技术应用到新的领域中去，扩大科学理论、方法与实际应用的接触点，从而产生新技术或者新发明，最终应用于生产过程并创造经济效益的创新活动。例如，日本一些企业将宇航行业中发明的碳纤维应用到体育器械中，生产出了高质量的球鞋、高级球拍、自行车、高尔夫用品等，提高了运动员的成绩，企业也获得了可观的效益。

（4）综合创新。综合创新是指综合应用多种方法技术，以实现或达到某种功能或性能，从而获得实际应用的创新活动。例如，计算机的硬盘就综合应用了精密机械技术、超净技术、密封技术、集成电路技术等。

2. 集成创新

"集成"是指将某类事物中各个好的、精华的部分集中、组合在一起，达到整体最优的效果。"集成"的英文单词为 Integration，其意为融合、综合、一体化。集成创新是利用各种信息技术、管理技术与工具等，对各个创新要素和创新内容进行选择、集成和优化，形成优势互补的有机整体的动态创新过程。集成创新强调灵活性，重视质量和产品多样化。

集成创新是把各个已有的单项有机地结合起来，构成一个新的产品或经营管理方式。集成创新将创新要素（技术、战略、知识、组织等）主动进行优化、整合，以最合理的结构形式结合在一起，形成具有功能倍增性和适应进化性的有机整体。

（1）战略层面集成。战略层面集成主要解决选择问题。在一个共同发展战略的基础上进行战略的组合和协调，企业对产品创新的组合管理已成为最重要的高层管理职能。具体来讲应确保：

①技术创新战略与企业经营战略的集成，即项目的选择要体现战略方向；

②项目本身与总体战略结合紧密，即要把握技术方向与市场需求的一致性；

③整合先进技术，把握关键性"核心技术"，在组合中应突出战略的重点；

④对相关 R&D 项目费用的分配应反映各项目在战略上的优先权顺序。

（2）技术集成。技术集成需要多种分支技术的融合，技术集成开发实际上就是根据企业现有的技术，抓住产品的市场特性，同时引进已有的成熟技术或参照技术资料进行学习，依据产品的特性，使各项分支技术在产品中高度融合，在短时间内进行集成开发，以最快的时间领先进入市场，充分获得产品市场占有率的手段和方法。

（3）知识集成。知识集成是对分散在企业中，存在于员工头脑中的隐性知识和分散在企业间的知识进行集成。知识集成可以分为企业内的知识集成层面和企业间的知识集成层面。企业内的知识集成，不仅要在知识集成的运作层上利用知识集成子系统进行知识获取、知识传递、知识利用、知识交流创新及知识评价，实现知识的综合化及内在化的螺旋处理，而且还必须结合企业文化、技术集成层面、战略集成层面，顺应企业的战略目标发展。企业间的知识集成目标是提高企业吸收、使用和集成知识的能力。

（4）组织集成。组织集成是将具有不同功能的组织要素（单元组织、子系统组织）集合成为一个有机组织体的行为过程，其目的是使组织体的功能发生质的突变，整体效益得到极大提高。在以知识为核心的现代社会中，知识创造的速度越来越快，企业必须要有迅速创造知识和组织知识的能力。因此，工作团队、技术创新组织、并行工程组织、流程再造等，集知识的创造、传播与应用于一体的集成组织是企业组织发展的必然趋势。

组织集成必须做到以下三点：

第一，为了最大限度地减少或消除各种不同部门职能之间的摩擦损耗，要采取跨职能集成的方式进行界面管理；

第二，充分沟通；

第三，协商合作。

组织集成层面在兼顾"内部组织集成"与"外部组织集成"的同时，着力网络型组织的构建与应用，充分利用网络的沟通功能与碰撞效应来解决企业的层面问题，从而激发出大量的创意，这是组织集成的一个显著特征。

3. 引进消化吸收再创新

引进消化吸收再创新是企业在技术引进的基础上，通过对引进技术的消化吸收，掌握核心技术，并依据市场需求开发下一代技术，最终超越引进技术的创新活动。

对引进的先进技术进行消化吸收是提高我国科技水平的一种途径，通过消化吸收引进的先进技术，企业可以学习先进的设计理念、设计方法、设计原理及经验提升自身的技术水平和再创新能力，使得我们可以在一个相对较高的技术起点开展自主创新，防止盲目的闭门造车。在消化吸收再创新的过程中不仅需要一个有效的消化吸收方法，还需要一个较为明确的再创新方向引导再创新活动的开展，在再创新行为的实施过程中又必须运用科学的方法才能确保再创新活动的顺利展开。

引进消化吸收再创新的基本过程包括引进构思、技术引进、消化吸收和再创新四个阶段。在这一过程中，消化吸收阶段处于最重要的位置。通过这一阶段的学习，企业能有效地提高自身在设计、制造、质量等方面的技术能力，为今后的再创新打下基础。因此，引进消化再创新要求企业应有较强的技术学习能力，能迅速利用引进技术中的核心技术。

（二）按照创新的变化程度进行分类

按照创新引起的变化程度进行分类，可将创新划分为渐进式创新、突破性创新。

1. 渐进式创新

渐进式创新是对现存事物状态实施改变改进的创新。对企业来说，作为一种创新方式，渐进式创新逐渐改进已有的产品或服务，以满足客户的需求，通过这种创新方式可以有效地降低成本，同时促进业务增长。下面是渐进式创新的常见例子：

（1）产品功能改进：改进一款产品的功能和性能，以增强其市场竞争力。例如，智能手机的发展是一个典型的渐进式创新过程。从最初的功能机到现在的智能手机，它们的功能和性能都在不断地提高和完善。智能手机在屏幕分辨率、处理器速度、摄像头像素、电池续航等方面都有了很大的进步。

（2）新功能引入：在原有产品的基础上添加新功能，提高产品的附加值。例如，电视机制造商可以增加电视的智能功能，丰富用户的使用体验。

（3）产品再设计：改变产品的外观和构造，满足用户的需求。例如，电动汽车的发展也是一个渐进式创新的过程。从最初的电动车到现在的混合动力车和纯电动车，它们的续航里程、充电速度、安全性等方面都在不断地提高和完善。

（4）服务改善：不断改进服务质量和服务流程，提高客户满意度。例如，银行可以通过提供安全且简便的服务，改善客户体验。

渐进式创新不仅可以满足市场对新产品的需求，而且可以更低的成本提升产品的价值。这样一来，企业就可以更具竞争力的价格销售产品，维持经营的稳定性。

2. 突破性创新

突破性创新是指打破现有事物存在、运行和发展的基础和条件，实现事物发生质变从而达到一个全新状态的创新。突破性创新也被称为破坏式创新或颠覆式创新。下面是一些企业突破性创新的情况。

"突破性创新使产品、工艺或服务或者具有前所未有的性能特征或者具有相似的特征但是性能和成本都有巨大的提高，或者创造出一种新的产品"。它在工艺、产品和服务领域创造出戏剧性的变革，这种变革改变现有的市场和产业，或创造出新的产业和市场。例如，乔布斯通过重新设计手机的外观和功能，实现了苹果公司的突破性创新，推动了整个电子产业的发展。

突破性创新建立在一整套不同的工程和科学原理之上，运用与从前完全不同的科学技术与经营模式，以创新的产品、生产方式及竞争形态，对市场与产业做出翻天覆地的改造，常常能开启新的市场和潜在的应用。例如，电动汽车改变了汽车产品的驱动系统，开辟了新的汽车生产方式，改变了汽车市场的竞争格局。

突破性创新采用破坏性方法和力量产生突破性的创新与思想。例如，谷歌通过开发出搜索引擎，颠覆了传统搜索市场，推动了整个互联网产业的发展；微信和支付宝突破了传统银行的支付方式，引发了银行支付系统的根本变革。

（三）按照企业创新的内容进行分类

按照创新的内容，企业创新可以划分为产品创新、工艺创新、服务创新和商业模式创新。

1. 产品创新

企业的基本功能，是向顾客提供产品，满足顾客需要。企业产品创新是指提出并提供顾客需要或解决顾客问题的新产品。新产品可以分为全新产品和改进产品。全新产品是指产品用途及其原理全新或有显著变化的产品。改进产品是指在技术原理没有重大变化的情况下，基于市场需要对现有产品所做的功能上的扩展和技术上的改进的产品。

产品创新就是由一个新的创新创意创造发明出新产品的过程，或者是对现有产品的结构、性能、技术特征、外观、品质、品牌、包装等某一个或某几个方面的改变、革新。成功的产品创新可以满足消费者的需求，得到消费者的认可，从而提高产品的市场竞争力，增加企业的收益等。产品创新是企业间产品竞争的基础，是企业生存发展的根本途径。

企业产品创新可以根据产品组成架构，划分为元器件创新、架构创新和复杂产品系统创新。

（1）元器件创新。企业所生产的产品，都是由若干元器件组成的系统。大部分产品和工艺是分解嵌套的系统，可以根据元器件组成进行分解分级，并且每一级元器件都是由次一级元器件组成的系统，直到某一级上的元器件不能再分解为基本单元为止。产品创新可以导致个别元器件的变化，也可能导致元器件所在的整个机构发生变化，或者两者都发生变化。如果出现导致一个或多个元器件发生变化，但并不严重影响整个系统的结构，这种创新成为元器件创新。企业可以通过元器件创新实施产品创新。

（2）架构创新。与元器件创新不同，如果整个系统结构或组件之间作用发生变化，就成为架构创新。结构创新不仅改变组件的连接方式，也改变组件本身，从整个设计上改变了系统。产品架构创新可以改变产业内的竞争关系，也会对用户产生重要影响。例如，从功能手机到智能手机的转变，就是一种架构创新。这种创新改变了许多手机组件的变化，也改变了人们使用手机的方式。

（3）复杂产品系统创新。复杂产品系统是一个产品创新的新概念，是指系统的研究与投入大、技术含量高，单价或小批定制大型产品、系统或基础设施。复杂产品系统综合程度高，由众多子系统和零部件组成，其开发的成功能够推动其他产业发展，进而带动其他普通大规模制造产品的发展，从而引起整个相关产业的技术升级，带来整个国家竞争力的提升。复杂产品系统包括大型电信通信系统、大型计算机系统、航空航天系统、智能大厦、电力网络系统、高速列车、大型船舰、半导体生产线、信息系统等。

阅读专栏 27-1　产品创新的模式和基本途径

一、产品创新的基本模式

与企业产品创新密切相关的主要因素是消费者的需求、市场竞争态势及科学技术发展水平。据此，现代企业的产品创新的主要模式包括消费者驱动模式、技术驱动模式和竞争驱动模式。

（一）产品创新的消费者驱动模式

从事创新工作的人都有一个深刻的体会，即市场需求是产品创新之母。因此，企业在开发新产品之前，应该以市场需求为基础，确定创新的课题，发掘新产品，这是体现企业经营观念是否以市场为导向的一个根本问题。产品创新的消费者驱动模式是指新产品设想来源于市场的需求，所形成的概念、样品等，再经消费者鉴别和筛选，最终开发出受市场欢迎的新产品模式。这是一种最普遍的产品创新模式。在这种模式中，市场既是起点又是终点，技术开发和工艺开发都围绕着满足消费者需求而展开。由于这种创新的目标明确，创新的过程清晰，因此消费者驱动模式风险较小，应用面极广。当然，来自市场的创意一般只是改进型和完善型创意，创新的新度多为适应，首创较为少见。消费者驱动模式所创造出来的新产品是需求拉动型新产品。

（二）产品创新的技术驱动模式

技术创新是产品创新的基础，即使新产品设想来源于市场需求，要把设想变为现实，把概念转化为新产品都必须以技术的某种形式的创新为支撑。可以说，没有技术创新就不可能出现产品创新。如果产品创新过程起源于某种技术变革，那么这种创新就属于技术驱动的创新模式。产品创新的技术驱动模式是指创新设想来源于新技术，来源于实验室，通过筛选评价，尤其是商业前景的分析后，进而开发出具有先驱性的新产品的创新模式。由这种模式创造出来的新产品的新度一般是首创，投放市场的时机总是选择率先进入。技术进步是人类社会发展的基本动力，技术驱动模式也是产品创新的最基础的模式。由该模式创造出来的新产品属于技术推动型新产品，其所承担的风险较大，开发中可能碰到的困难最多，一旦成功，能够获取的收益也最大。这里所说的技术主要指科学技术，同时也包括生产技术、营销技术等。不同技术的开发难度不同，如果是科学技术驱动，必然涉及产品的原理、结构的改变，开发困难不仅在于企业内部的技术和生产方面的问题，而且要扩展到市场上，涉及创造市场需求的问题。因此，运用技术驱动模式的关键，是要在技术进步与市场需求之间建立起沟通的桥梁，要让新产品去发掘潜在的市场需求，去创造新的市场需求。

（三）产品创新的竞争驱动模式

产品创新是企业进行市场竞争的主要手段之一。运用产品创新参与竞争有两种思路，一是主动出击，即通过主动创造新产品来夺取市场份额，取得期望的发展水平。动用产品开发的消费者驱动模式和技术驱动模式都属于主动出击模式。二是被动适应，即为了不被竞争对手挤出现有的市场而开发新产品。这里所谈的产品创新的竞争驱动模式就是一种被动适应的开发模式，但有时也是极为奏效的创新模式。产品创新的竞争驱动模式是指创新设想来源于竞争对手，通过对竞争对手的新产品进行模仿或改进而开发出有竞争力的新产品的模式。这也是常见的一种新产品开发模式，从内容上看，竞争驱动模式并无特殊之处，无非是创意来源不同。它要求把竞争对手作为学习的楷模，强调"知己知彼，百战不殆"。日本企业在运用这一模式方面堪称绝妙之至，电视机、照相机、电冰箱等许多现代科技产品都起源于美国和欧洲，但完善于日本，并为日本的经济腾飞做出了巨大贡献。

二、产品创新的基本途径

（一）内部研发

内部研发是指企业主要通过自己的力量来研制新技术，开发新产品。内部研发不是闭门造车，实际上，企业的科技能力是通过与相关方合作而长期积累的结果。正如帕维特所指出的，公司的技术积累的源泉反映了诸如供应商、用户、生产工程及政府出资的研究等来源的相互依赖性。

1. 自主创新

自主创新是由企业自己的研究与开发部门发明新产品或对老产品进行改良。不少大企业都有自己的科研部门，从事有关产品的基础研究和应用开发，能够积极参与市场的新潮流。在全世界各类日用品生产企业中，宝洁公司在产品研究与开发方面投入首屈一指。公司每年投入资金17亿美元，有8300多名科学家，其中有2000名具备博士学位的研究员，在全球范围内18个大型研究中心专门从事基础研究、产品开发、工艺设计、工程与设备研制等工作，平均每年申请专利达20000余项。宝洁公司进入中国后，与清华大学合作，于1998年4月在北京成立了大型的技术研究中心，专门研究适合中国市场的产品。诺基亚一贯认为，要在高科技领域，在激烈的市场竞争中生存下去，唯一途径就是永远走在别人的前面。为此，公司第一个打破了每两年发布一个新产品的业界规律，而代之以平均一个多月就有一个新品种问世。

它的系列移动电话在优化基本功能的同时，从小处着眼不断创新，填补了一个又一个市场空白，并且总是比竞争对手做得更好，因而掀起了一轮轮手机销售的热潮，在市场竞争中占尽先机。诺基亚公司犹如一个极富天赋的创造者，总是生气勃勃且不断创新。它的技术和产品代表的是创新和未来，领导了整个行业界的潮流。例如，它研制的用于提高话音质量的增强型话音编码器被 GSM 移动通信行业采用，成为行业的规范；将红外线装置内置于手机，无须连线即可完成手机与传真机、电脑等设备的联系；诺基亚公司积极参与第三代无线通信技术的开发和研制，在整个第三代无线通信技术的规范制定中扮演着举足轻重的角色。诺基亚公司还与日本 DoCoMo 公司达成协议，共同开发第三代无线通信的终端产品，并且已经成功进行了首次 WCD-MA（宽带CDMA，第三代移动通信标准）终端通话试验。

2. 逆向研制

逆向研制也属于内部研制的一种形式，也称作技术破解，是指企业对其他公司的产品就性能、构造等内容进行研究，从中破解其制造工艺和技术配方，以期仿制和改进。之所以称之为逆向研制，是因为正常的产品创新是将新的配方和工艺转化为新产品，而技术破解是反其道而行之——从现有的产品中探索其内含的技术成分。技术破解涉及商业伦理和法律问题，但是它仍然被作为企业间在市场之外进行竞争的途径。

3. 委托创新

委托创新是指企业把开发新产品的工作通过契约的形式交由企业外部的人员或机构去完成。产学研相结合，是国家大力提倡的科技创新方式。许多企业将某一新产品项目或课题委托给高校或专门的科研机构进行研究开发。黑龙江省涌现了大批富有实力的中医药企业，这与该省企业积极委托高校和科研机构创新有直接关系。肝脾康、排石饮液、前列闭尔通栓、珍芪降糖胶囊、刺丹颗粒、脑供氧含片等就是中龙医药集团、地王药业、济仁药业、世一堂药业、威格药业、康宁药业等企业委托黑龙江中医药大学研制成功的新药品。对于那些内部科研人员不足、研究基础薄弱或资源能力较差的中小企业，委托创新是最佳新产品开发途径。

4. 联合创新

联合创新是指企业之间将资金、技术力量等资源联合起来，共同攻克技术难关，共同分享研发成果。对于大型的研发项目，联合创新可以解决单一企业无法实现的技术突破。据报道，10 多家日本公司，包括索尼、NEC 等公司将成立一个社团，共同出资 200 亿日元，联合研制新一代半导体芯片生产设备，目标是在 2003 年推出联合研制的新设备上市。此举旨在与在开发芯片生产设备方面都走在前沿的美国和欧洲公司，如美国的因特尔、国际商业机器公司和德国的 Infineon 技术公司展开竞争。日本公司希望通过联合能够在全世界 250 亿美元的先进芯片生产设备市场上占据最大的份额。为了提高国内信息应用产品的研发能力，应对国际竞争，中国的信息产业，包括研究院所及计算机、信息服务、通信、网络、家电、微电子及软件企业开始联合起来，于2003 年 6 月共同组建中国信息产业商会数字化（3C 产品）产业联盟，该联盟将按照不同的产品将硬件、软件等相关厂商联系在一起，组成不同的开发群体。这样可以避免国内厂商单枪匹马地在市场上竞争的局面，做到"产学研"优势互补。

（二）外部获取

外部获取是指企业不通过自己的研究和开发，而直接从企业外部获取某种新技术、新工艺的使用权或某种新产品的生产权和销售权。其形式有三种。

1. 创新引进

创新引进是指企业直接购买新技术或者购买新产品的生产和销售权。我国在引进技术方面提倡"一学、二用、三改、四创"的原则，即在学习和运用的基础上，对引进的技术进行改造，使之更适应本国的生产和市场条件，在积累了足够的技术经验之后，实现技术和产品创新，创造独立自主的知识产权。鉴于现代人讲求个性、追新求变的心态，欧典企业在 2003 年春天决定将业已在德国、西班牙及丹麦、瑞典等西欧、北欧流行的彩色强化地板引进国内市场。首先，这类地板多达十几种时尚色彩，消费者既可以选择其中一种颜色，也可用多种颜色"拼盘"；其次，这类产品可以通过锁扣强化其稳定性，降低噪声分贝；最后，这类地板基材密度高，可以有效地适应地热采暖系统，既保证热量散发，同时在高温下不开裂、不变形，吸水膨胀率仅为 2%，甲醛释放量极低。不难想象，这类新产品的引进立即赢得了市场的欢迎。

2. 企业并购

企业并购是指企业收购或兼并其他公司的股权，这样就可以顺理成章地取得对该公司的新技术和新产品的占有权、使用权或控制权。宝洁公司进入其他国家市场时，除在少数国家采取新建企业外，大部分采取收购与兼并的方法。20 世纪 70 年代，宝洁公司在进入加拿大、英国、菲律宾、沙特阿拉伯后，收购日本太阳屋公司，建立宝洁太阳公司，开始在日本生产和销售宝洁产品；20 世纪 80 年代在中国成立合资公司，在德国推出可重复灌装的液体保洁产品；20 世纪 90 年代，收购捷克斯洛伐克的 RAKONA 公司，并迅速推广到匈牙利、波兰和俄罗斯。20 世纪 90 年代后期进入墨西哥等拉丁美洲市场。在多元化经营方面，宝洁公司在 1982 年收购 Norwich Eaton 药品公司，进入非处方和处方药品市场和健康护理领域；1987 年收购 Blendax 系列产品生产线；1989 年收购 Noxell 公司和其著名化妆品牌 Clarion 产品，由此进入化妆品和香水市场；1990 年收购 Shulton 的产品线，拓展了男性个人护理市场；1991 年收购著名的化妆品品牌 Max-Factor 和 Beatrice，进一步在国际范围内拓展其化妆品市场；1996 年收购著名的美国婴儿尿片品牌 BabyFresh，巩固了其在婴儿保洁用品市场上的地位；1997 年收购 Tambrands 公司，拓展其在女用保洁用品领域的全球业务。日本三菱化工公司收购了美国最大的媒介产品制造商沃玻梯姆公司，利用其技术优势于 2003 年初推出了第四代可存储 DVD。

3. 授权许可

授权许可是指企业从其他企业那里获得生产和销售某种产品的许可，这种方式不涉及技术所有权的易手。授权协议通常规定授权的范围和期限，除此之外，授权方仍然有权利对其他企业发放同样的授权许可。外部获取策略的好处在于，企业不必花费巨大资金开发新产品，省去了研制开发资金，并争取了时间迅速参与新的市场。新产品开发的失败率极高，许多新产品的概念在实验室阶段就被否定了，此策略可以避免新产品开发的风险。企业通过并购目标市场的同类企业，可以将竞争对手转换成自身的力量，从而维护了企业的市场份额。但企业必须时刻关注科技发展动态，以便了解国际最新的科技发展水平。

（资料来源：陈劲，郑刚. 创新管理：赢得持续竞争优势（第三版）[M]. 北京：北京大学出版社，2016.）

2. 工艺创新

工艺创新指企业通过研究和运用新的生产技术、操作程序、方式方法和规则体系等，提高企业的生产技术水平、产品质量和生产效率的活动。

对制造业来说，工艺创新包括采用新工艺、新方式，整合新的制造方法和技术以获得成本、质量、周期、开发时间、配送速度方面的优势，或者提高大规模定制产品和服务的能力。

阅读专栏 27-2　企业工艺创新的类型

根据创新活动的目的及中心内容，企业工艺创新可分为六大类型。

一、围绕提高产品质量等级品率的工艺创新

产品质量等级品率是表征质量水平和技术规格符合度的指标。为提高产品质量等级品率，企业必须在工艺技术、工艺管理和工艺纪律三个方面协调创新，忽视其中哪一方面，都可能使产品质量和优等品产值率无法得到保证。

二、围绕减少质量损失率的工艺创新

质量损失率是一定时期内企业内部和企业外部质量损失成本之和占同期工业总产值的比重，是表征质量经济性的指标。为降低废品、减少损失，企业工艺要在设计、工艺技术等软件方面和材料、设备等硬件方面进行协调配套创新。

三、围绕提高工业产品销售率的工艺创新

工业产品销售率是一定时期内销售产值与同期现价工业产值之比，它反映产品质

量适应市场需要的程度。通过工艺创新，企业既能生产独具魅力的物化产品，又能提供优质的服务产品，就能吸引顾客、拓展市场、扩大销售。

四、围绕提高新产品产值率的工艺创新

产品产值率是一定时期内新产品产值与同期工业产品产值之比，它反映新产品在企业产品中的构成情况，体现企业技术进步状况和工艺综合性水平。现代企业的生产往往需要由多种学科、多种技术综合成的工艺技术，尤其是技术密集型创新产品，需要荟萃机、电、光、化学、微电子、计算机、控制及检测等技术工艺，特别需要计算机整合制造系统（CIMS）技术。实现对产品寿命周期信息流、物质流与决策流的有效控制与协调，以适应竞争市场对生产和管理过程提出的高质量、灵活响应和低成本的要求。

五、围绕节约资源、降低成本的工艺创新

传统自然资源日益匮乏，通过改进原有工艺，科学、合理、综合、高效地利用现有资源，或是采用新工艺、开发利用新的资源，可以使企业节约能源、降低物耗能耗，降低产品成本。

六、围绕有益于环境的工艺创新

低污染或无污染成为社会、政府和人民对企业生产及其产品的越来越突出的要求，通过工艺创新，企业可以减少生产过程的污染，提供无污染的产品。

（资料来源：陈劲，郑刚．创新管理：赢得持续竞争优势（第三版）［M］．北京：北京大学出版社，2016.）

3. 服务创新

服务创新是企业为了提高服务质量和创造新的市场价值而发生的服务要素变化，对服务系统进行有目的、有组织改变的动态过程。

服务创新旨在为顾客提供更好的服务，增强顾客满意度和忠诚度，从而增强企业的市场占有率和竞争力，创造更大的价值和效用。服务创新主要是基于客户需求和市场变化，以新的服务理念、服务内容、服务流程和服务模式为主要的表现形式，依托现有技术的发展，提升企业服务质量，增强客户的满意度。

服务创新可以分为五种类型：

（1）服务产品创新。服务产品创新是指服务内容或者服务产品的开发或变革。消费者购买并完成对产品的消费，实现产品的功能，需要一系列消费产品的服务过程。企业服务产品的创新，需要围绕消费者消费产品的过程，提高消费产品的服务创新，

包括服务内容和服务方式的创新。

（2）服务流程创新。服务流程创新是指服务产品的生产和交付流程的开发和更新。消费者使用产品，往往需要企业提供产品消费服务的流程，服务流程本身就是服务产品。

（3）服务管理创新。服务管理创新是指服务组织或服务管理的新模式，企业为了更好地提高服务创新，需要对服务过程实施有效的管理，就需要实施服务管理的创新，以提高服务质量，实现服务目标。

（4）服务技术创新。服务技术创新是指支撑所提供服务的技术手段方面的创新，随着信息技术发展，以互联网和物联网、人工智能的发展，服务技术创新是服务创新的支撑。例如，支付宝提供的"刷脸服务"，智能手机的指纹识别服务，网络购票系统的订票订座服务等都属于服务技术创新。'

（5）服务模式创新。服务模式创新是指企业围绕服务产品开展的服务模式创新，如网上服务模式、上门服务模式等。

4. 商业模式创新

商业模式是指一个完整的产品、服务和信息流体系，包括每一个参与者和其在其中起到的作用，以及每一个参与者的潜在利益和相应的收益来源和方式。

商业模式是企业赖以创造和出售价值的关系和要素，包括下列基本构成要素：

（1）价值主张（Value Proposition），即公司通过其产品和服务所能向消费者提供的价值。价值主张确认公司对消费者的实用意义。

（2）消费者目标群体（Target Customer Segments），即公司所瞄准的消费者群体。这些群体具有某些共性，从而使公司能够（针对这些共性）创造价值。定义消费者群体的过程也被称为市场划分（Market Segmentation）。

（3）分销渠道（Distribution Channels），即公司用来接触消费者的各种途径。这里阐述了公司如何开拓市场。它涉及公司的市场和分销策略。

（4）客户关系（Customer Relationships），即公司同其消费者群体之间所建立的联系。通常所说的客户关系管理（Customer Relationship Management）即与此相关。

（5）价值配置（Value Configurations），即资源和活动的配置。

（6）核心能力（Core Capabilities），即公司执行其商业模式所需的能力和资格。

（7）合作伙伴网络（Partner Network），即公司同其他公司之间为有效地提供价值并实现其商业化而形成合作关系网络。这也描述了公司的商业联盟（Business Alliances）范围。

（8）成本结构（Cost Structure），即所使用的工具和方法的货币描述。

（9）收入模型（Revenue Model），即公司通过各种收入流（Revenue Flow）来创造财富的途径。

商业模式创新是指企业价值创造提供基本逻辑的创新变化，它既可能包括多个商业模式构成要素的变化，也可能包括要素间关系或者动力机制的变化。通俗地说，商业模式创新就是指企业以新的有效方式盈利。

商业模式创新具有以下几个特点：

第一，商业模式创新更注重从客户的角度，从根本上思考设计企业的行为，视角更为外向和开放，更多注重和涉及企业经济方面的因素。

商业模式创新的出发点，是如何从根本上为客户创造增加的价值。因此，它逻辑思考的起点是客户的需求，根据客户需求考虑如何有效满足它，这点明显不同于许多技术创新。使用一种技术可能有多种用途，技术创新的视角，常是从技术特性与功能出发，看它能用来干什么，去寻找它潜在的市场用途。商业模式创新即使涉及技术，也多是和技术的经济方面因素，与技术所蕴含的经济价值及经济可行性有关，而不是纯粹的技术特性。

第二，商业模式创新表现得更为系统和根本，它不是单一因素的变化。

它常常涉及商业模式多个要素同时的变化，需要企业组织的较大战略调整，是一种集成创新。商业模式创新往往伴随产品、工艺或者组织的创新；反之，则未必足以构成商业模式创新。例如，开发出新产品或者新的生产工艺，就是通常认为的技术创新。技术创新，通常是对有形实物产品的生产来说的。但如今是服务为主导的时代，如美国 2006 年服务业比重高达 68.1%，对传统制造企业来说，服务也远比以前重要。因此，商业模式创新也常体现为服务创新，表现为服务内容、方式及组织形态等多方面的创新变化。

第三，从绩效表现看，可能开创了一个全新的可盈利产业领域，给企业带来更持久的盈利能力与更大的竞争优势。

传统的创新形态，能带来企业局部内部效率的提高、成本降低，而且它容易被其他企业在较短期内模仿。商业模式创新，虽然也表现为企业效率提高、成本降低，由于它更为系统和根本，涉及多个要素的同时变化，因此它也更难以被竞争者模仿，常给企业带来战略性的竞争优势，而且优势常常可以持续数年。

阅读专栏 27-3　商业模式创新的方法

一般而言，商业模式创新有四种方法：改变收入模式（Revenue Model Innovation）、改变企业模式（Enterprise Model）、改变产业模式（Industry Model Innovation）和改变技术模式（Technology-Driven Innovation）。

一、改变收入模式

就是改变一个企业的用户价值定义和相应的利润方程或收入模型。这就需要企业从确定用户的新需求入手。这并非市场营销范畴中的寻找用户新需求，而是从更宏观的层面重新定义用户需求，即去深刻理解用户购买你的产品需要完成的任务或要实现的目标是什么。其实，用户要完成一项任务需要的不仅是产品，而是一个解决方案（Solution）。一旦确认了此解决方案，也就确定了新的用户价值定义，并可以此进行商业模式创新。

国际知名电钻企业喜利得公司（Hilti）就从此角度找到用户新需求，并重新确认用户价值定义。喜利得一直以向建筑行业提供各类高端工业电钻著称，但近年来，全球激烈竞争使电钻成为低利标准产品（Commodity）。于是，喜利得通过专注于用户所需要完成的工作，意识到他们真正需要的不是电钻，而是在正确的时间和地点获得处于最佳状态的电钻。然而，用户缺乏对大量复杂电钻的综合管理能力，经常造成工期延误。因此，喜利得随即改动它的用户价值定义，不再出售而是出租电钻，并向用户提供电钻的库存、维修和保养等综合管理服务。为提供此用户价值定义，喜利得公司变革其商业模式，从硬件制造商变为服务提供商，并把制造向第三方转移，同时改变盈利模式。戴尔、沃尔玛、道康宁（Dow Corning）、Zara、Netflix 和 Ryanair 等都是如此而进行商业模式创新。

二、改变企业模式

就是改变一个企业在产业链的位置和扮演的角色，也就是说，改变其价值定义中"造"和"买"（Make or Buy）的搭配，一部分由自身创造（Make），其他由合作者提供（Buy）。一般而言，企业的这种变化是通过垂直整合策略（Vertical Integration）或出售及外包（Outsourcing）来实现。例如，谷歌在意识到大众对信息的获得已从桌面平台向移动平台转移，自身仅作为桌面平台搜索引擎会逐渐丧失竞争力，就实施垂直整合，大手笔收购摩托罗拉手机和安卓移动平台操作系统，进入移动平台领域，从而改变了自己在产业链中的位置及商业模式，由软变硬。IBM 也是如此。它在 20 世纪 90年代初期意识到个人电脑产业无利可寻，即出售此业务，并进入 IT 服务和咨询业，同时扩展它的软件部门，一举改变了它在产业链中的位置和它原有的商业模式，由硬变软。甲骨文（Oracle）、礼来（Eli Lilly）、Facebook 等都是采取这种思路进行商业模式创新。

三、改变产业模式

改变产业模式是最激进的一种商业模式创新，它要求一个企业重新定义本产业，进入或创造一个新产业。例如，IBM 通过推动智能星球计划（Smart Planet Initiative）和云计算。它重新整合资源，进入新领域并创造新产业，如商业运营外包服务（Business Process Outsourcing）和综合商业变革服务（Business Transformation Services）等，力求成为企业总体商务运作的大管家。亚马逊也是如此。它正在进行的商业模式创新向产业链后方延伸，为各类商业用户提供如物流和信息技术管理的商务运作支持服务（Business Infrastructure Services），并向它们开放自身的 20 个全球货物配发中心，并大力进入云计算领域，成为提供相关平台、软件和服务的领袖。其他如高盛（Goldman Sachs）、富士（Fuji）和印度大企业集团 Bharti Airtel 等都在进行这类的商业模式创新。

四、改变技术模式

正如产品创新往往是商业模式创新的最主要驱动力，技术变革也是如此。企业可以通过引进激进型技术来主导自身的商业模式创新，如当年众多企业利用互联网进行商业模式创新。当今，最具潜力的技术是云计算，它能提供诸多崭新的用户价值，从而提供企业进行商业模式创新的契机。另一项重大的技术革新是 3D 打印技术。如果一旦成熟并能商业化，它将帮助诸多企业进行深度商业模式创新。例如，汽车企业可用此技术替代传统生产线来打印零件，甚至可采用戴尔的直销模式，让用户在网上订货，并在靠近用户的场所将所需汽车打印出来！

（资料来源：1. 陈劲，郑刚. 创新管理：赢得持续创新优势（第三版）[M]. 北京：北京大学出版社，2016. 2. MBA 智库：商业模式创新. Wiki. mbalib. com）

第二节 企业管理创新概述

一、企业管理创新含义

管理是企业发展的基石，是企业的永恒主题。

在市场竞争愈演愈烈、科技进步日益加快的今天，创新管理已成为企业驾驭市场的必要条件，是企业取得成功的重要途径。企业创新管理是指根据市场经济条件下企业生产经营的客观规律和现代科学技术的发展态势，对企业所能支配的人、财、物、信息、能量等有形资产和无形资产，进行有效的计划、组织、指挥、协调和控制，使各项要素得以合理配置，利用对"管理"的本质和规律深入一步的、新的认识和把握，对已有的管理模式及相应的管理方式和方法，进行改进、改善和改造，创建起新的管理模式、方式和方法。

企业创新管理，一般包括下列五种情况：

第一，提出一种新的经营思路并加以有效实施。新经营思路如果是可行的，就是管理方面的一种创新。这种经营思路可能并非对一个企业而言是新的，而对所有的企业来说都是新的。

第二，创设一个新的组织机构并使之有效运转。组织机构是企业管理活动及其他活动有序化的支撑体系。一个新的组织机构的诞生是一种创新。

第三，提出一个新的管理方式方法。一个新的管理方式方法能提高生产经营效率，或使人际关系协调，或能更好地激励员工等。这些都将有助于企业资源的有效整合以达到企业既定的目标和责任。

第四，设计一种新的管理模式。所谓管理模式是指企业综合性的管理方式即企业总体资源有效配置实施的范式。如果这一范式对所有企业都是新的，则自然是一种创新。

第五，进行一项制度的创新。管理制度是企业资源整合行为的规范，既是企业行为的规范也是员工行为的规范。制度的变革会给企业行为带来变化，进而有助于资源的有效整合，使企业生产经营能力更上一层楼。因此，制度创新是综合的更深层次的管理创新。

二、企业管理创新要素

企业创新管理主要体现在以下五个方面：

（一）管理思想创新

现代企业要想在变化多端的市场竞争中生存和发展，必须在经营管理思想上有所创新。现代企业在经营管理思想方面的创新具体可体现在以下一些方面：

（1）新的经营发展战略和经营方针；

（2）新的经营理念及其推行；

（3）新的经营策略及其实施；

（4）产生新的经营管理思想的方式方法。

经营管理思想的创新是企业管理创新的基础和前导，一旦经营管理思想实现了创新，就会给企业的生产经营带来天翻地覆的变化，甚至会开辟新的管理时代。经营管理思想的创新往往是企业经营者根据对企业经营环境变化趋势的把握并深刻思考的结果。

（二）组织机构创新

现代企业已不再把组织机构看作一个一成不变的东西，而是把其看作一个柔性的东西，即一个善于不断学习、适应变化的有机体。在企业管理组织发展的历史进程中，企业的组织机构经历了从刚性组织到柔性组织的组织机构，从柔性的组织机构到学习性的组织机构的变迁。随着以知识的创造和应用为主的经济的到来，企业的组织机构正在酝酿着根本性的变革。对企业而言，组织机构的创新主要有以下一些方面：

（1）组织机构的基本形式的发展；

（2）部门机构职责、权限的发展；

（3）集权分权的新形式；

（4）组织机构的学习性变化；

（5）组织机构中信息网络重构；

（6）组织机构中人际关系安排；

（7）部门岗位设置与人才能力的发挥。

组织机构的创新，会产生新的激励机制，引起企业内部权利、责任和利益结构的变化。企业生产经营效率和企业组织结构有很大关系，企业制度变迁是以企业组织结构的变化为载体的。

（三）管理方式方法创新

管理方式方法直接涉及企业资源的有效整合。管理方式和方法的创新，往往发生在企业的专业管理方面，针对企业管理的某些方面，集中解决制约管理效率的因素。现代企业管理方式方法的创新，往往是和科学成果的综合运用一起发展起来的。企业为了追求市场竞争的优势地位，不断进行技术创新。因此，管理方式和方法的创新，往往是为了技术创新而进行的。现代技术创新往往是在管理创新中产生和发展起来的，管理创新起着基础性的作用。企业主要在下列方面实施了管理方式和方法创新：

（1）新的领导风格；

（2）对人的管理的新发展；

（3）生产、经营、服务等方面管理方法的发明；

（4）新的管理手段，如计算机辅助管理等；

（5）办公设施的创设和使用；

（6）企业生产组合的创新。

（四）管理模式方面

作为一个综合性和全面性的管理范式，管理模式与企业的管理特点有密切的关系。能够结合企业的特点创造出全新的管理并获得成功，就是管理模式的创新。管理模式的创造，可以从企业专业管理的某一些方面开始，如生产管理模式、财务管理模式、人事管理模式等方面的创新。一般来讲，管理模式创新有以下几个方面：

（1）企业综合管理方面的创新；

（2）企业中某一管理方面的综合性创新；

（3）管理方法手段的综合性创新；

（4）综合性管理方式、方法的创新。

企业的管理模式有其自身鲜明的特点，往往用管理思想统帅企业的各种专业管理，从而形成管理模式。邯钢的"模拟市场核算，实行成本否决"、无锡小天鹅股份有限公司的"末日管理"等构成了企业管理模式。企业管理模式的创造或创新是企业管理不断创新的升华和结晶。

（五）管理制度创新

这里是指企业内部管理制度。管理制度是对企业管理运行规则的根本规范和规定。它作用于企业生产经营的各个方面。管理制度的创新具体包括以下一些方面：

（1）各类企业通用和专业管理制度的创新；

（2）管理制度的效用评价；

（3）管理制度的指定方式；

（4）系统化管理制度的创新。

第三节　企业创新能力

一、企业创新能力含义

企业创新能力是指通过各种方法手段，应用知识和人的智力，使企业满足或创造市场需求，增强企业竞争的能力。

创新能力是保障企业处于优势竞争地位的能力基础，是为企业赢得新绩效的关键因素。学者们基于创新的内容和过程来界定企业创新能力，主要有两种：要素观（内容观）和过程观。要素观认为创新能力是企业有效改进现有技术并创造新技术的能力，其中拥有特定领域知识的人、管理系统、技术系统和企业价值观等是创新能力的核心要素。过程观主要从技术创新的过程角度定义创新能力，基于"发明+转化+商业化"的创新过程视角，认为创新能力囊括新创意的开发、应用和商业化的能力。在这里，我们从企业创新市场能力、企业技术创新能力和企业创新整合能力来阐述企业创新能力。

二、企业创新市场能力

创新市场是指企业主动适应市场并通过自身行为的改进和完善去引导市场、创造市场，以微观的角度促进市场构成的变动，伴随新产品的开发，实现对新市场的开拓、占领，从而满足市场新的需求。市场创新基于企业对市场的潜心研究。市场研究以消费者需求为中心，运用科学的方法和手段，有目的、有系统地收集、分析和研究与市场有关的信息，利用对市场本质和规律"深入一步的、新的认识和把握"，用新的观点、新的理念、新的思维等去对待和处理与市场有关的各类问题，促使市场面貌、市场模式、市场运作方式、市场结构、市场管理等发生有利于社会、顾客和企业的新变化，为企业寻找和发现新的市场机遇，制定和确立正确的市场决策。企业的市场创新包括企业营销创新、企业服务创新、企业品牌创新、市场类型创新、市场观念创新、市场组织创新、目标顾客创新、市场网络创新等。

创新是指企业为了能提供给顾客与社会新的经济满足，实现企业的经营目标，使其营销行为在理念、体系、策略、方式等诸方面的创新，从而把社会需要变成企业的一系列活动。创造市场，从本质上讲就是创造顾客。目标顾客创新是指瞄准新市场目标顾客的潜在需求，开发新产品和新服务项目，以创造新的顾客群体，来扩大企业的市场占领。品牌创新要使企业的品牌具有帮助消费者认识产品、企业，代表企业走近消费者，为消费者服务的作用，提高品牌的市场影响力，促使形成一大批忠诚的顾客。市场网络创新指对分销渠道进行强化和改造，使其适应新的市场需求与市场竞争的需要。市场网络创新的目的是保证企业的产品或服务快速、高效地进入快捷、畅通、布局合理的渠道网络，使消费者方便、迅速地获得满意的产品和服务。

三、企业创新技术能力

技术能力是企业创新的基础，企业需要强大的技术能力作为支撑，提高企业技术创新能力是企业获取竞争优势的源泉。

企业的技术能力包括技术监测能力、技术开发能力、技术引进能力、技术吸收能力和技术核心能力。企业技术能力创新，就是要围绕这些技术能力，实施技术创新，不断提高企业技术创新能力。

企业技术创新能力是企业围绕技术能力要素，产生新思想，运用研究与开发、营销和工程化能力实现新思想，充分将企业内外部知识激活，进行整合并创造价值的能力。

企业通过技术创新，形成企业核心技术能力。企业核心技术能力是企业在技术创新过程中形成的独特的、系统化的、竞争者难以模仿的技术能力。

企业通过技术创新，形成企业技术能力积累，为企业生产竞争打下雄厚的技术基础。

四、企业创新整合能力

企业创新整合能力是指企业根据创新需要，通过有效的创新管理体系，把各创新主体、创新要素、创新能力等实施融合，进行合作创新，提高创新效率和效果的能力。

企业创新整合，可以分为企业外部创新能力整合和企业内部创新能力整合。

1. 企业外部创新整合

在知识经济、信息经济、网络经济日益发达的时代，企业的边界逐渐变得模糊，企业的资源和能力不仅在于它"拥有"多少，还在于它能整合多少、影响多少、控制多少。因此，企业的外部创新整合能力对于技术创新至关重要。企业外部整合对象主要包括政府部门、相关金融机构、高校科研院所研究机构、供应商、顾客等，甚至包括竞争对手。

政府部门是企业创新的政策供应者，政策对于企业创新影响较大。企业通过履行社会责任、加强同政府部门的沟通、加强政府对企业的好感，以获得创新的有利的政策和资金支持。

金融机构是企业创新的资金来源，企业应通过树立诚信经营的理念，增强对银行等金融机构的总体贡献度、忠诚度，加强与金融机构领导、员工联系来获得更多的创新融资。

高校和科研院所等研究机构是企业重要的外部技术来源之一，尤其对于人才、技术资源较为短缺的中小高新技术企业而言更是如此。虽然高校在科研开发上具有同企业不同的目标和思路，企业应在求同存异的前提下，一方面要充分考虑研究机构的利益、目标，加强同专家、研究人员的联络，另一方面要结合企业自身实际的技术实力和创新的目标等，建立共同的目标和利益区间。充分发挥各自的优势，进行分工协作，企业及时与科研机构沟通、交流，对于创新的进度、方向及时把握，以保证技术创新的顺利完成。

供应商、顾客等协作企业在很多方面具有共同的利益，尤其是随着市场环境的剧烈变化，企业之间的竞争已经转化成为整个供应链之间的竞争。哪条供应链能更迅速地适应市场需求变化，就能在竞争中赢得优势。企业在技术创新中，同合作伙伴具有最广泛的合作空间。与合作企业的技术创新中，双方的目标和思路相对较易协调，如提高产品性能、降低成本、改进环保等。但是双方毕竟也存在一定的竞争关系和利益分享的矛盾，需要企业以伙伴的姿态而不是控制者的姿态进行合作。同时，在合作过程中加强双方研发人员、工作人员的沟通交流，甚至相互派驻人员到对方企业工作一段时间，可以在广泛程度上建立信任，也能更深刻地了解、认同合作企业的企业文化、业务流程，以更好地为最终顾客服务，达成创新的目标。

2. 企业内部创新整合

企业的内部整合能力主要可以分为战略引导，组织结构、制度保障、各流程、职能协同及优化三个层次。

企业的技术创新必须为企业的自身发展战略服务，目的是赢得持续的竞争优势，而不是为创新而创新。因此，企业必须将技术创新战略纳入企业整体的发展战略和规划中来。企业是采取技术领先战略还是追随战略，是采取自主创新还是模仿创新、吸收引进，首先，需要企业对市场和顾客需求、技术发展趋势有所把握，并对竞争对手的实力、技术战略做认真分析；其次，充分结合自身的资源、能力和技术实力，选择适合企业发展的技术创新的主攻方向。企业技术创新活动只有在企业整体战略和技术战略的指引下，才能有的放矢，对于有限的资源进行合理的分配、利用，最大限度增加新产出，增强企业竞争优势。

在确定企业的整体战略和技术发展战略之后，需要相应的组织结构和制度建设作为保障。在组织上，需要通过内部设立或合作的方式建立相应的研发机构，并配备一定数量的研发人员。在制度上，有效的创新机制能使创新人员人尽其才、激励晋升、沟通顺畅、合作有效。人尽其才是指赋予研发人员"专家权力"，即一定范围内具有自主裁量权，对于其地位充分尊重，有条件地充分发展创新人员的积极性、创造性。激励晋升是根据研发人员的需求，建立合理的绩效考核制度，将研发人员个人的物质奖励和个人晋升通创新绩效密切关联，尤其是对核心人员的产权激励。沟通顺畅、合作有效是指在企业内倡导团队协作精神，鼓励研发人员之间、研发部门和其他职能部门之间展开基于技术创新的沟通渠道和合作。

各流程、职能优化和协调是企业提高创新效率，促使创新活动顺利完成的保证。企业的流程、职能设计应以顾客为导向，而不是以技术为导向，最近距离地直接面对顾客，充分满足顾客需求。在进行技术创新时，要把来自研究开发、生产、质量管理、营销服务等各个领域的人员组织在一起形成项目创新小组，跨越部门的界限，充分协作，以最快的速度满足顾客需求。同时，各流程和职能的优化、协调也是企业建立独特的技术体系及竞争力体系的基础和实施创新的基础。

第四节　企业创新管理体系

一、企业创新管理含义

企业创新管理，就是运用一定的方法和手段，对企业创新要素、创新过程和创新活动等与创新有关的事项进行的管理。

英国学者笛德（Tidd J.）、本珊特（Bessant J.）、帕维特（Pavitt K.）从技术变革、市场变革和组织变革整合的角度研究了企业管理创新。他们认为，创新过程是不确定的和看起来无规则性，但可以找到潜在的成功管理现实。这就说明：①创新是一个过程，不是单一的因素，因而需要对其进行管理；②对过程的影响可以转化成对结果的影响，创新是可以被管理的。

一个关键问题是建立惯例并适时打破旧惯例、建立一套完整的新惯例与成功的创新管理密切相关，而且也可以产生企业特有的竞争能力。例如，能够比其他公司更快地推出新产品或者能够更好地使用新的工艺技术。成功的创新惯例是很难掌握的。因为它是一个具体的公司经过长时间的学习研究，经过不断的试错过程得到的，是每个企业所特有的。每个企业都应该开发自己特有的惯例。

另一个关键问题就是需要以一种综合的方式对创新实施管理，仅仅开发某些方面的能力或者片面的管理都是不够的。很多公司对创新过程的某些方面的管理能力已经达到较高的水平，但由于欠缺其他方面的能力而以失败告终。例如，许多公司有很强的研发能力和技术创新能力，但缺乏将这些创新成果与市场和最终用户联系起来的能力，而其他公司又可能欠缺将创新与经营战略联系在一起的能力。

创新过程是技术、市场和组织相互作用的过程。创新没有捷径可走，必须建立一整套行为模式。笛德、本珊特和帕维特总结出四组具有重要意义的行为模式：一是成功的创新必须从战略高度出发；二是成功的创新必须依靠有效的内部关系链和外部关系链；三是成功的创新要求建立鼓励变革发生的机制；四是成功的创新必须有支持创新的组织氛围。

笛德、本珊特和帕维特提出了企业创新管理能力的概念，以及创新管理能力如何随着时间不断发展的问题。这必须包括一个学习的过程。仅仅拥有经验（成功的或失败的）是不够的；关键在于对创新管理进行评价和反思，然后当下一次出现类似问题的时候，就可以用准备好的反应方式发展组织。企业创新管理的核心能力见表27-1。

表 27-1　企业创新管理的核心能力

基本技能	有用的惯例
识别	寻求能够激发变革过程的经济技术环境
调整	确保企业整体战略和提议性变革之间的匹配，这里所说的提议性变革不是创新，它是对竞争者本能的和适当的反应
获取	认识公司自身技术基础的局限性，能够联系外部知识、信息和设备等资源 对各种各样的外部技术进行技术转移，并将其与组织内部的相关点联系在一起
创造	具有通过企业自有的研发力量和工程团队，开发新技术的能力
选择	通过探索和选择活动，找出应对环境刺激的最适当反应，使这些反应适应企业战略、内部资源基础和外部技术网络的要求
实施	对新产品和新工艺的开发项目，从最初创意到最终投产的各个阶段，实施管理、监督和控制
贯彻	在引入技术或其他变革的时候实施有效管理，确保企业能够接受和充分利用创新
学习	具有评价和反映创新过程的能力，以及从管理惯例的改进中识别教训的能力
组织发展	对企业内部适当的活动建立有效的惯例——结构、过程及根本行为等

资料来源：玫·笛德，约翰·本珊特，基思·帕维特. 创新管理：技术变革、市场变革和组织变革的整合[M]. 北京：清华大学出版社，2004.

笛德、本珊特和帕维特提出了创新管理的审核框架，针对创新管理的五个关键问题，分别列出了审核企业创新管理能力的一些关键指标。这五个关键问题是：

第一，组织有创新战略吗？

第二，组织建立了有效的外部联系吗？

第三，组织有有效的实施机制吗？

第四，组织有支持创新的组织氛围吗？

第五，组织是一个与创新管理相关的学习型组织吗？

创新活动的测评方法和评估指标有：

第一，测评各种具体的产出，如将专利和科学论文作为衡量知识创造的指标，或将新产品的数量作为衡量产品创新成功与否的指标。

第二，测评运作或过程，如采用顾客满意度调查来测评和追踪产品质量。

第三，测评战略成功与否，整体经营绩效是否有某种程度上的提高，是否至少有某些利润直接或间接来源于创新，如年业务收入的提高或市场占有率的提高、利润率的增加、取得更高的附加值等。评估创新过程更具体的一些指标或特殊因素主要包括：

（1）过去三年新产品的数量和这些新产品带来的销售额或利润；

（2）启动产品创新系统所产生的新构想；

（3）失败率——在产品开发过程中、市场销售中；

（4）顾客满意度测评——产品是顾客所需要的吗；

（5）进入市场时间（与平均值或产业标准值进行比较）；

（6）产品成本（相对于本行业的平均水平）；

（7）质量水平（相对于本行业的平均水平）；

（8）制造能力（相对于本行业的平均水平）；

（9）可检测性；

（10）可回收性；

（11）每件新产品耗费的工时数；

（12）新工艺的领先时间；

（13）过去三年中采用新工艺的数量和类型；

（14）对持续改进的测评——员工人均提出的改进建议数、"问题解决"团队的数目、每个员工的节约水平、积累的节约额等。

二、企业创新管理要素

创新要素是指和创新相关的资源和能力的组合，通俗地讲，就是支持创新的人、财、物，以及将人、财、物组合的机制。企业创新要素主要有四个：创新主体、创新机会、创新资源和创新环境。

（一）创新主体

创新主体是具有创新能力并实际从事创新活动的人或社会组织。创新主体具备下列特征：

（1）具有由需要激发的进行对象性活动的能动性；

（2）具有在为我目的推动下的创造性；

（3）具有对自身活动进行自我控制和自我调节的自主性。

创新主体是具有创新的动力和能力的、创新投入、活动和收益的承担者。当将创新作狭义理解，即技术创新时，一般认为企业是创新主体。

首先，创新是一项与市场密切相关的经济活动，只有企业才会在市场机制的激励和约束下从事创新。其次，创新是指生产要素的重新组合，这种组合只有企业家通过市场来实现，这个作用是其他组织和个人无法替代的。最后，技术创新需要很多与产业有关的特定知识，它们是产业技术创新的基础。

应当强调，作为创新主体的企业是指适应市场经济要求的现代企业制度意义上的企业。这里，企业规模的大小不是决定企业能否成为创新主体的决定因素。科技型小企业与大企业在技术创新中都十分重要，各有其特点。大企业具有较强大的资金和技术实力，它们有能力从事产品创新和大规模的工艺创新；而科技型小企业因机制灵活，创新动力大，一旦有资金帮助，会更愿意从事创新。如果广义地理解创新，那么在国家创新系统中，还可以把政府作为制度创新的主体，把研究机构和大学作为知识创新的主体。

（二）创新机会

机会是非常重要的创新驱动要素。对于企业创新来讲，主要从政策、市场、创业、技术及管理等方面的重大事件和发展趋势来寻找发现创新机会。对机会进行跟踪、识别、分析、评估和利用，让机会转化为企业创新的激发点、创新项目。

（三）创新资源

创新资源是指企业实施创新需要的各种投入，包括人力、物力、财力各方面的投入要素。根据企业所采取的创新方式和创新类型，企业需要充分挖掘和利用企业内部和外部资源。创新资源管理是企业创新管理的主要内容之一。

（四）创新环境

创新环境是指在创新过程中，影响创新主体进行创新的各种外部因素的总和。其主要包括国家对创新的发展战略与规划、国家对创新行为的经费投入力度及社会对创新行为的态度等。

创新环境不仅和市场空间、生产空间有关，而且和支持空间有关。

根据欧洲创新环境研究小组（GREMI）的观点，可以把企业看成是环境的产物，把创新环境视为培育创新和创新型企业的场所。企业可以利用环境中的各种资源，创造有利于创新的环境。

GREMI 从五个方面来识别创新环境：

（1）创新环境通过一定区域内的行为主体、社会感知和企业及机构反映出来。

（2）创新环境可以实现内部协调，实现人力资源的自我组织过程；中心城市作为创新空间扩散的动力；国土组织按照一体化的专门化和功能化被结构化；微观、中观和宏观相协调。

（3）创新环境具有协同过程，在市场经济的条件下去扩展非市场的领域，通过环境的协同，促进创新的扩散。

（4）创新环境提供共同学习的环境。在共同学习的过程中，形成了不同的创新运行方案的自我发展逻辑。

（5）创新网络化，组成战略联盟、中小企业相互依赖的地方网络及创新等级网络。

三、企业创新机制与过程

（一）企业创新机制

企业创新机制，就是企业不断追求创新的内在机能和运转方式。企业创新活动是一个螺旋式上升的循环过程，它从创新设想的产生与形成到研究与开发，从创新内容的形成到创新结果的扩散，再到市场效益的形成，然后又由于市场需求发展再进入新一轮创新，在这个过程中，既有顺序，也有交叉和交互作用，只有在正确有效的企业创新机制的支持和推动下，企业创新活动才能真正得以不断循环、持续发展。

企业创新机制包括企业创新的动力机制、企业创新的运行机制和企业创新的发展机制。

1. 企业创新动力机制

企业创新动力机制是企业创新的动力来源和作用方式，是能够推动企业创新实现优质、高效运行并为达到预定目标提供激励的一种机制。企业创新动力机制的作用，就是激发企业和职工创新的积极性，推动企业创新的有效运行。

一般来说，企业创新由市场拉动机制、科技推动机制和政策激励机制三种动力推进。

（1）市场拉动机制。市场拉动机制是指由于市场需求和市场竞争的影响而导致创新。其中，市场需求引致的创新包括生产要素稀缺导致该要素相对价格的提高而诱致企业节约该要素或寻找替代要素的创新，以及企业家独具慧眼发现新的市场机会而诱发的开发新产品、占领新市场的创新；市场竞争引致的创新，是指由于市场竞争给企业造成实际威胁（由于竞争者成功地引入创新，使企业在产品和服务竞争上处于劣势）和潜在威胁（如竞争者 R&D 投入的规模和重点，创新投入强度和结构，科技人员的数量、素质及普通员工的素质等），而迫使企业从事创新，战胜竞争对手，获得持续生存和发展。

（2）科技推动机制。科技推动机制是指科技发展日新月异，越来越多的先进科学技术直接服务于经济领域，从而促使企业不断采用先进科技进行适用性创新。仅有市场需求，没有科学技术的保障，企业创新是无法实现的。科技发展是推动企业创新的另一个决定性力量。

（3）政策激励机制。政策激励机制是指企业通过制定各种激发员工创新积极性、鼓励员工创新的政策和措施来推进企业不断创新发展。仅有市场拉动和科技推动，而没有企业内部正确有效的激励政策，市场再好，科技再先进，也无法促使企业员工主动进行创新。

2. 企业创新运行机制

企业创新运行机制主要包括创新管理的组织机构、运行程序和管理制度。一个良好的创新运行机制，能够使企业创新活动在正确决策下得以持续不断地高质量、高效率运行。

在运行机制建设方面，企业应建立一套能够有效进行决策、指挥、控制、信息反馈的组织、制度和各种人才的合理结构。企业内部有很多组织环节，包括各类管理人员、技术人员、各职能科室、生产车间、质量检验机构、计量机构等，这些人员和机构成为一个有机协调的整体，这样企业才能符合创新的要求。

3. 企业创新发展机制

企业创新发展机制在创新效益的驱动下，加强人才、技术、资金、信息等资源储备，建立能够吸纳外部资金，不断谋求发展的创新。现代企业处于科学技术飞速发展和竞争十分激烈的环境中，企业如果不能不断地更新并有所发展，就会在市场竞争中处于不利地位，最终可能破产倒闭。企业要能够不断地创新，就要有资源的储备和机制，处理好近期和长远发展的关系。

首先，在人才上，要牢固树立"人本观念"，积极强化企业的人才优势。现代企业的竞争归根结底就是人才的竞争，谁拥有了解和掌握知识经济规律的高级管理人才和知识创新型人才，谁就拥有竞争优势，谁就能在激烈的市场竞争中立于不败之地。因此，企业要在网罗人才和培训人才上独辟蹊径，国外抢购"人才青苗""国际性人才"及实行员工"终身培训"很值得我们学习。

其次，在技术与信息上，除企业必须建立内部学习积累机制，以总结企业技术经验、提高员工技术水平，从而不断提升企业整体技术水平和创新能力外，企业还必须建立技术与信息收集系统，专门负责收集相关技术和信息资料，及时跟踪国际国内科技发展动态。对一些暂时不具备独立发展技术条件的企业来说，应建立起利用外部资源"借鸡下蛋"的机制。我国每年重大科研成果有 6 万多项，但真正转化为生产力的仅约 20%，这方面有巨大潜力，需要我们去利用和开发。另外，对企业具有一定技术能力和优势但又不完全具备独立开发能力时，可通过与其他企业、大学或科研机构建立战略联盟以达到优势互补、互惠互利、共同发展。

最后，在资金上，我国企业要不断拓宽融资渠道，加大对开发创新经费的投入，为企业员工从事创新提供必要的资金支持。这是稳定企业人才队伍的一个基本条件，也是企业增强持续创新能力的必要条件。

（二）企业创新的一般过程

人们通过对创新成功和失败的大量研究，对如何实施有效的创新管理有了基本的认识，形成了创新管理的一般框架。为企业进行创新管理提供了一个基本的模式。

1. 创新激发阶段

创新激发阶段也称为创新检索或创新寻找阶段。创新管理就是要寻找检测环境中潜在的变革信号。这些信号可能是以新技术的形式出现，或者是市场需求上发生的局部变化，可能是法律或政策的信息，或者是竞争者竞争行为的信号，还有可能是企业要从困境中寻求生路，绝大多数创新是多种力量相互影响的产物，有些变革拉动了创新，而有些则是新机会的出现激发了创新。

在给定的或者出现大量变革的信号下，企业需要从复杂的环境中分辨处理、选择信号的机制，这对成功的创新管理是非常重要的。创新管理的一个主要挑战是清楚知晓哪些因素对创新具有影响，以确定对创新行动的选择。

2. 创新选择阶段

创新从本质上就是充满风险的，即使资金和资源非常雄厚的企业也不能承担无边界的风险。创新进入战略选择阶段。这个阶段需要三种投入，第一种投入是企业所得到的技术和市场机会的信息流。第二种投入是企业现有的技术基础，即企业独有的技术基础。这时，企业所得到的技术和市场机会，要和企业现有的技术基础相匹配，确保企业所掌握的知识与所希望实现的创新与变革相匹配。第三种投入是使企业的创新要和整个企业的发展战略相匹配，使创新对企业发展战略起到支持作用。在这个阶段，企业还要充分运用企业战略优势，调动企业内部和外部的知识能力，以期通过创新形成其他企业难以模仿或进入竞争的能力。

3. 创新实施阶段

在创新选择阶段后，接下来的关键阶段，就是使潜在的想法变成现实，即进入创新实施阶段。可以将这个阶段进行细分，划分为获取知识、项目执行、成果形成。

（1）获取知识。创新实施阶段的第一个细分阶段就是获取新知识，实行新知识和原有知识的碰撞、组合、化合，为创新问题找到解决办法，让创新从有意识或无意识的想法变成实际操作，同时还要克服各种内部阻力和外部压力，为创新创造条件。

（2）项目执行。这是创新实施阶段的核心，在这一阶段，通过创意、知识融合，以及对各种变成创新行动的可能性设想后，会形成可执行的创新项目，并变成创新的项目执行方案，进入项目执行阶段。

这个阶段，需要投入大量的时间、资金。这个阶段的显著特征，是按照创新项目的执行方案循序推进，形成一系列解决问题的循环，通过这些循环处理技术、市场、组织领域中预期和突发的问题。正是创新项目的执行，使创新丰富多彩，创新实施中，既有渐进式创新，也有突破式创新。创新项目执行会产生众多创新成果，也会开辟新的创新领域。

（3）成果形成。创新实施阶段会形成创新的成果。企业创新成果是指企业创新活动达成的目标结果，或创新过程结束或一定实施阶段形成的状态。企业统计一般从实物量和价值量两个方面反映企业经营成果。企业创新成果形态各异，包括有形成果和无形成果。可以根据企业创新的类型和创新的内容来区分创新成果。创新成果管理是企业创新管理的重要内容之一。

4. 创新学习再创新阶段

企业创新是一个循环提高的持续过程。企业创新上一个循环形成的创新成果，为下一个创新循环提供新的动力。如果上一个创新循环失败，也会为企业提供非常有价值的信号，企业清楚在下一次创新的时候应该在哪些方面有所改进。企业的再创新一般都是建立在企业前期成功创新的基础之上，企业可以在再创新中，从已经完成的项目中获得经验教训，在创新中应用经验教训，从中围绕有效管理创新所需要的能力和规程，实施创新管理的创新，不断提高创新和创新管理的水平。

四、企业创新管理体系

企业创新管理体系是指对有关企业创新的相互联系、相互作用的系统要素实施管理的系统性方法、手段和措施，为企业确定其创新愿景、战略、方针和目标，开发和部署创新能力，评估创新绩效，实现创新预期效果提供通用管理框架。

（一）以创新战略为核心的创新规划体系

1. 企业创新战略的地位和作用

所谓企业战略就是企业明确自身所处的地位和发展目标，确定达到发展目标的路径和方法。企业创新战略，就是从总体上，明确企业实施创新的基础、条件、创新目标、实施创新的机制、方法和路径。

（1）企业创新战略是企业总体战略的关键组成部分。创新战略是企业总体战略的重要保障，是企业实现总体战略的战略途径之一。

（2）企业创新战略设定了企业创新的角色和创新的方向。

①企业创新的目标，指明了企业创新的方向和创新期望；

②创新内容，企业在哪些领域或方面（技术或技术能力、市场、产品、客户群、管理模式等）取得突破或竞争优势地位。

③创新形式和模式，明确通过什么形式、手段和途径实现创新目标，获取未来企业的技术优势、市场优势或竞争优势。

（3）企业创新战略是企业创新实践的总体指引和决策依据。企业创新战略可以为企业创新提供明晰的创新路线图，抓住合适的创新机会，选择适合企业自身的创新项目，优化企业创新流程，提供创新绩效，实现创新预期。

（4）企业创新战略协调企业创新行动。企业通过制定和颁布企业创新战略，在企业内部达成对创新的一致认识，明确企业高层承诺、各企业创新主体责任和创新任务，直至个人的创新执行事项和流程，可以形成对创新的自觉配合，达到协力，推进创新。在企业外部，创新战略明确创新环境，获取资源渠道，形成外部创新支持体系。这样，形成了内外创新的合力，使创新得以有序有效的推进。

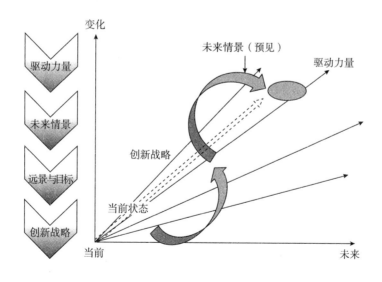

图 27-1　创新战略制定：从趋势分析到创新愿景和目标的确定

2. 企业创新战略的制定

（1）企业制定创新战略时应该认真把握的问题有以下几点：

第一，创新战略要能够提出新的见解、新的构想和新的方法，给企业展示一个令人期望的未来，用于统领企业的创新全局，为企业所有创新过程和创新活动提供指导，能够起到激励企业的作用。

第二，创新战略要具备很强的竞争性。企业创新实质上是激烈而持久的市场竞争，创新战略要能够超越当前竞争，为企业开拓新的增长和发展空间，构筑竞争优势。

第三，创新战略要统筹设计创新策略：一是做到实施由上而下的创新策略，积极发挥企业高层创新领导力作用，定义创新的范畴，寻找创新的资源，开辟创新的空间；二是实施由下而上的创新，应用正确的创新工具和创新方法构建创新的基础，清楚创新的阻碍因素；三是实施由外而内的创新，充分运用外部构想和资源，实现创新的内外互动；四是实施学习促进，提高创新的动态适应性，创新战略要在创新进程中，吸收创新成果，实现创新成果的适时转化。

第四，创新战略要突出创新重点。所谓创新重点，就是制约企业经营效率和竞争力提升、影响企业持续发展的重大问题和关键要素，创新战略要提出通过创新如何解决这些问题，必要时，提出重点或专题创新项目，实施重点突破攻关战略。

第五，创新战略要和创新规划、创新计划有效衔接，把创新战略的构想有效落地，提出创新路线图、施工图。

（2）制定创新战略的步骤有以下几点：

第一，分析研究外部形势和企业现状，提出创新愿景和创新目标。

创新意味着改变，创新意味着转折，创新意味着否定，为什么要改变，为什么要转折，为什么要否定，这就必须提出创新的意义、创新的愿景和创新的目标，为创新提出合理的理由和必要性。制定创新战略的起点，就是分析并研究企业所处的环境形势现状和发展趋势，以及企业现状，找出企业适应点和不适应点，通过创新改变和突破不适应点。

一是形势分析，主要是企业外部环境分析。可以运用 PESTEL 分析法，对企业面临的外部政策（Political）、经济（Economic）、社会（Social）、技术（Technological）、环境（Environmental）和法律（Legal）六个方面的影响因素进行分析，选择对企业具有重要影响的因素，探索其变化与发展趋势，判断其给企业带来的机会和威胁，找出企业与外部形势环境的适应性和存在的不适应性。

二是行业（产业）创新分析。其主要是对企业所在行业产品创新特性和生产工艺技术创新、业务盈利模式创新、行业业态发展趋势及产业业务价值链等进行分析，并对行业（产业）跨界创新进行预测，找出企业在行业（产业）创新方面的地位、优势、弱势及差距。

三是企业现状分析。其主要是对现有组织、核心能力、企业文化进行分析，找出对企业发展的支撑优势和存在的短板弱项。

四是企业创新能力分析。就是要分析企业的市场创新能力、技术创新能力、创新整合能力。通过分析，找出企业创新能力的优势和短板弱项。

在进行形势、行业（产业）、企业现状分析及企业创新能力分析研究的基础上，对应企业战略，提出企业创新战略愿景和创新目标。

第二，选择企业创新领域。

制定企业创新战略，选择企业创新领域尤其重要。就是要制定企业产品创新、工艺创新、管理创新的指导思想，提出产品创新、工艺创新和管理创新的具体领域。

第三，选择企业创新类型和创新模式。

企业创新战略，要根据创新领域的选择确定创新类型，有的要实施突破性创新，有的要实施渐进性创新，有的要实施引进吸收消化再创新，针对企业创新领域，提出每个创新领域的创新类型和创新模式。

第四，研究确定企业创新战略阶段和创新战略重点。

创新战略要确定创新时间期限，并对创新期限进行战略阶段划分，制定出每个战略阶段的目标和任务。同时要确定创新战略重点，要把战略重点落实到战略创新领域和质量阶段。

第五，制定质量实施方案。

创新战略必须包含质量实施方案。一个好的创新战略，一定是一个能够实施的方案，一个必须实施的方案。否则，创新战略就是空谈，失去了制定创新战略的意义。

创新战略实施方案包括下列主要内容：

①创新战略实施指导思想、战略实施领导组织体系、创新流程。

②创新战略实施任务、目标及实施单位分解，细化具体任务和目标，具体任务承担分工负责人和实施组织成员。

③创新资源配置。要根据创新任务分配创新资源，做到资源支持与任务匹配。

④创新实施措施。其包括管理措施、技术措施、设备实施措施及其措施之间的集合与配合。

⑤创新任务实施及完成期限。

⑥创新评估与考核、奖惩措施。

第六，创新战略文本编写与公布。

创新战略体现为一个系统化的文件文本。一般包括下列主要内容：

①创新战略制定依据；

②创新战略愿景与目标；

③创新分析；

④创新领域、创新类型、创新模式；

⑤创新实施；

⑥创新评估与考核。

创新战略文本编写一般要经过初稿起草、初稿定稿、征求意见、决策讨论定稿、颁布实施等环节。

（二）创新管理领导体系

企业创新领导是指对企业创新进行统领、引导，对创新过程和活动施加影响，实现企业创新目标的行为和过程。创新领导包括创新领导者、创新领导组织机构、创新领导过程等。

1. 创新领导者

企业创新领导者，是指拥有企业创新领导权力，对企业创新过程和创新活动施加影响的人。其包括企业家、创新经理、创新团队负责人。

（1）企业家。马歇尔认为，企业家是以自己的创新力、洞察力和统帅力，发现和消除市场的不平衡性，创造交易机会和效用，给生产过程提出方向，使生产要素组织化的人。

熊彼特认为，企业家是不断在经济结构内部进行"革命突变"，对旧的生产方式进行"创造性破坏"，实现生产要素重新组合的人。

德鲁克认为，企业家是革新者，是勇于承担风险、有目的地寻找革新源泉、善于捕捉变化，并把变化作为可供开发利用机会的人。

根据这些论述，可以看出企业家的本质特征在于敢于冒险、善于创新。一般情况下，企业家在企业担任高级管理职务，成为企业创新的领导者，是企业创新的主要驱动者和驱动力。

企业家们对创新的领导表现在展望未来，认清使企业能够取得成功的潜在机会后，带领企业形成创新愿景和创新战略，并调动全体员工的智慧及精力来使愿景成为现实。

（2）创新经理。企业创新经理是企业创新管理体系中的核心管理岗位和核心人物。企业创新经理兼具企业创新领导和创新执行的双重职能。创新经理的职责主要是推进组织内的创新活动，协助企业高级管理层设计和推动组织创新战略，建立和维护创新文化环境，推动变革和创新项目实施，并提升团队创新能力。

在企业创新管理体系中，创新经理实际上是一个高级或中级的管理岗位，它常见的头衔往往是首席创新官、创新总监、创新高级经理或创新经理等。

首席创新官（Chief Innovation Officer，CIO）是负责企业和组织的创新策略、创新流程和创新工具的主管领导；是一个比较新的职位，目前只有在一些全球 500 强的大企业才设立该职位，如 Coca Cola、DSM 等。但是随着商业领域多极化的竞争与发展，越来越多的企业开始将 Innovation 这一概念作为企业持续发展的动力和竞争优势，CIO

将成为未来企业重要的职位领导人之一。

创新总监，主要是为创新工作提出创新目标、创新策略、指导创新开展并最终决策创新的各项成果。创新总监必须充分了解市场及目标群体，必须具备良好的创新意识，同时具备多个领域的专业知识，如市场分析、市场策略、创意、设计、管理等专业指导能力。一个优秀的创新总监是创新工作的引擎也是创新团队的灵魂人物，是创新最关键的人物。

（3）创新团队负责人。创新团队是企业创新实施的重要和有效的组织形式，创新团队领导是企业创新领导的主要实现形式和载体。创新团队负责人承担创新团队的领导职能，创新团队领导人要贯彻创新经理的领导和指导。创新团队的领导方式主要体现为团队和创新的相融合特点。

企业创新团队领导人引导团队建立共同目标、营造了良好的人际关系、培育团队的协作精神，充分调动团队成员的积极性、主动性、创造性，充分发挥团队成员的特长和能力，取长补短、优势互补，把每个人提供的分力整合成强大的合力，使得团队成员所提供的力量得到放大，形成 1+1>2 的效能，并将合力指向团队创新的共同目标，以保证团队创新目标高效地达成，从而把创新团队建设成为高效率的创新团队。

2. 创新领导的作用

国际标准（ISO56002）《创新管理—创新管理体系—指南》概括了创新领导的作用，如下：

（1）对创新管理体系的有效性和效率负责；

（2）确保制定创新的愿景、战略、方针和目标，并与组织的环境相适应，与组织的战略方向相一致；

（3）培育支持创新活动的文化；

（4）适用时，确保创新管理体系要求被采纳并融入到组织的现有机构和业务过程；

（5）支持各层级领导和相关管理人员在其职责范围内发挥领导作用和承诺，以发展他们的创新领导能力；

（6）确保创新管理体系所需的组织机构、资源和过程等支持是可获得的；

（7）培养意识，并沟通有效的创新管理体系和采用创新管理体系导则的重要性；

（8）确保创新管理体系实现其预期结果；

（9）促使人员积极参与，指导和支持他们为创新管理体系的有效性做出贡献；

（10）鼓励和认可创新者演示最佳实践，确保促进和帮助人们从成功经验和失败教训中学习；

（11）推动按策划的周期评估绩效，并持续改进创新管理体系。

3. 创新领导的内容和方式

国际标准（ISO56002）《创新管理—创新管理体系—指南》概括了创新领导的内容

和方式，有以下几个方面：

（1）提出并确保实现企业创新价值观。

①基于当前或未来、已规定和未规定的需求和期望，通过可利用的见解，来识别机会；

②考虑机会和风险（包括失去机会的后果）的均衡；

③考虑风险容量，并容忍失败；

④允许概念化、实验和样机研究，包括用户、顾客和其他相关方测试假定和验证假设；

⑤提升毅力，确保及时开展创新活动。

（2）建立企业创新愿景。

①是组织未来状态的说明，组织立志依据创新活动，包括组织未来的岗位和创新要求，期望达到的效果；

②有意识地雄心勃勃地挑战现状，不受当前能力的约束；

③为战略选择提供指南，为建立创新战略、方针和目标提供框架；

④可在内部得到沟通和理解，激发员工承诺并努力达成工作目标；

⑤可与外部沟通，以提高组织的声望，并吸引相关的相关方；

⑥可获得成文信息。

（3）建立并确保企业创新管理战略得以实施。

①说明创新管理对组织重要的原因；

②是灵活、适用的，允许改变或展现反馈结果和创新管理活动的绩效；

③与相关方沟通并获得理解；

④保持成文信息。

（4）建立、实施和保持企业创新方针。

①描述对创新活动的承诺；

②适应组织的宗旨和环境并支持其战略方向，与创新愿景保持一致；

③为建立创新战略和目标提供框架；

④考虑创新管理原则；

⑤包括满足适用要求的承诺，考虑道德和可持续发展因素；

⑥包括持续改进创新管理体系的承诺。

创新方针，要在企业组织内部得到沟通、理解和应用，有关方面可以获得有关企业方针的信息。

（5）建立企业组织有关企业创新的机构、分配职责权限。

最高管理者宜明确分配职责和权限，以：

①确保创新管理体系满足本标准导则的要求；

②向最高管理者报告创新管理体系绩效和及时改进创新管理体系的机会；

③确保保持创新管理体系的完整性。

职责和权限可被分配至：现有岗位，如组织、具体职能部门、单位或提供方的所有领导者；负责总体创新管理或具体创新方案和活动的特定岗位。

（三）创新管理组织体系

企业创新管理组织体系，包括创新领导组织体系、创新专业职能管理组织体系和创新团队建设体系。

1. 企业高层创新管理团队

企业创新是由企业最高层领导驱动的，企业高层管理团队是企业创新驱动力的来源。通常由企业最高层领导成立一个企业创新委员会或领导小组，企业董事长或 CEO 担任委员会主席或领导小组组长，企业技术、生产、人力资源等部门的负责人担任成员，全面负责创新工作，实施跨职能或跨部门的创新领导。

企业创新实行 CEO 或集团/部门总裁负责制。CEO 作为创新领导，全面负责创新，为企业创新第一责任人。

根据创新领域和企业组成结构，企业在各创新领域和企业组织成立高层次、跨职能的创新指导小组或委员会。从多个职能部门、不同管理层级挑选成员，作为一个小组来领导不同领域和组织层次的创新工作。

企业设置首席创新官，对企业创新工作实施专业化领导。

2. 专业化、职能化创新管理组织机构

适应持续创新管理发展的需要，现代企业设置创新职能管理体系，从公司总部设置创新管理职能部门，设置创新专业管理组织，对创新实施职能化、专业化管理。

图 27-2 为企业基本创新管理职能体系。

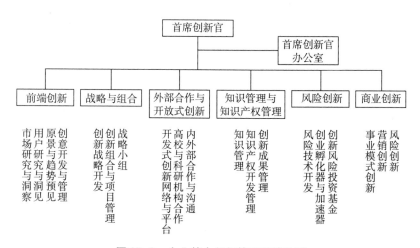

图 27-2　企业基本创新管理职能体系

3. 创新团队

创新团队既是企业的创新组织，又是企业创新管理组织。

企业创新团队工作内容主要涉及新产品开发、技术工艺改进等；一般以项目运作，实施项目管理等方法，着力于创新链的个别环节，其创新团队任务包括生产新知识、新技术、研发新产品，引进先进技术成果，推动先进技术的本土化运用等与发展相关的全部创新。其团队成员一类是技术带头人或产品带头人，对技术的流程设计具有清晰的判断，了解最新的技术，这类成员提出或者采纳和发展他人提出的技术创新构想，能够承担丧失职位或声望的风险。另一类是管理带头人，他能看到一项创新的潜在应用价值，并拥有声望和权力使该项创新为人所接受，从而得到所需的资源，在企业内保护和促进技术创新构想的实现，两种类型的人物需要同时存在。创新团队成员主要包括研发人才、创新产业化人才和知识产权管理人才。创新研发人才指研发主管和进行具体研发的人员，研发主管是企业创新的组织者与实施者，具备丰富的技术创新活动组织经验和高素质的技术创新能力。创新产业化人才主要指生产主管和营销主管。生产主管需要负责完成创新产品的大规模生产制造任务，应具备丰富的工艺技术实践经验、生产管理能力及较高的工程技术素质；营销主管作为企业技术创新最重要一环的主管，必须完成技术创新产业化过程中创新产品的营销任务，应具备丰富的营销知识，对市场高度敏感，善于预测市场的需求趋向，是创新者与市场的重要桥梁。此外，创新团队必不可缺的是知识产权管理人才，在研发和创新的过程中存在很多知识产权管理的问题，发挥知识产权的作用、提高创新能力是企业应对外部竞争的重要途径。

企业创新团队是企业创新管理组织的重要基础。首先，企业创新团队承担创新的重要任务，实施重要的关键的企业创新项目，攻克创新难点，实现创新突破。其次，探索企业创新制度和创新机制，寻找企业创新的突破口。许多企业创新往往没有先例，可以通过企业创新团队进行创新探索，实施特殊的机制创新，经过创新团队的试点，完善创新机制，再进行完善推广。再次，创新团队是锻炼培养创新领军人才、重点人才和关键人才的摇篮。企业可以通过创新团队这种创新管理组织，培养创新人才，建立创新人才培养机制。最后，创新团队具有开放性，通过创新团队可以开发创新资源，探索创新对外合作模式，建立创新学习机制，提高企业创新核心能力。

（四）创新人才队伍建设体系

1. 创新型人才特征

创新型人才是指具有创新意识、创新精神、创新思维、创新能力并能够取得创新成果的人才。人们通过大量的分析研究，总结出了创新人才的基本特征：

（1）具有创新性和较高的创造力；

（2）左右脑并用，既强调创意，又强调执行，寻求将事情做成，愿意探索和尝试；

（3）具有创业精神；

（4）能够接受模糊、不确定状态，并努力降低其中的不确定性；

（5）具有开拓精神，不墨守成规，喜欢挑战性的工作，敢于冒险和承担风险，成就意识强；

（6）具有领导力，包括具有较高的影响力、沟通能力、团队意识和协作精神；

（7）具有足够的好奇心，对新技术的发展态势保持较高的敏感性，追求专业知识前沿，勤于钻研学习，善于与实际应用相关联；

（8）需求个性明显，总是不满足于现状，并且愿意自己行动起来满足自己；

（9）具有很强的人性和忍耐力，不达目的不罢休；

（10）蔑视权威，具有强烈的质疑精神和独立思考能力。

2. 企业创新人才分类

（1）按照在企业创新工作中所从事的创新内容来划分，企业创新人才可以划分为：

①技术创新人才。技术创新人才就是主要从事企业产品和生产工艺技术研究开发的人才，他们主要关注企业产品和生产工艺技术的发展趋势、原理的突破和变革，寻求创新的突破点，增强和形成企业产品和生产工艺技术的适应性、先进性和核心竞争力。

②市场创新人才。市场创新人才就是主要从事企业市场开发和商业模式创新的人才。这类人才紧密关注供需变动的趋势对企业生产经营和企业发展的影响，提出企业适应市场和引领市场的创新措施，并从事市场创新项目的实施。

③管理创新人才。管理创新人才就是主要从事企业管理创新的人才。这类人才关注企业管理效率和经济效益的状况，主要研究企业管理思想、管理组织、管理人才、管理方法和管理手段的创新，为企业提出管理创新的项目，并实施管理创新项目。

（2）按照在企业创新管理中的功能和作用划分，企业创新人才可以划分为：

①创新领导人才。创新领导人才就是对企业创新工作实施引领、规划、统筹、协调工作的创新人才。他们比较关注企业创新的未来价值，不断提出创新思想，制定创新战略，对创新工作进行总体部署并统筹协调，积极推进创新进程，努力达成创新目标。创新领导人才一般居于企业的领导地位，担任企业的领导者。

②创新领军人才。领军人才是指在某一领域、行业有一定权威、享有一定声誉和社会影响力的人才。企业创新领军人才，就是在企业各个创新领域能够担任重要创新任务，实施重大创新项目，专业技术和组织能力较强，领导和组织创新过程和活动的创新人才。创新领军人才在个人素质、能力及其在行业或专业领域，其声望远超一般人才。

一是职业道德高尚。企业领军型人才要有较高的道德水准，遵纪守法，作风正派，同时要认同企业文化和各项制度，对企业发展充满信心。

二是专业水平高，在业内具有较高声望。领军型人才应有扎实的专业知识和宽广的视野，有在本学科、本领域的前沿研究经历和实践经验，在同行中具有明显优势。

三是团队效应突出。领军型人才应具有较强的领导、组织管理及协调能力，善于发现人才、培养人才和凝聚人才，所带领的团队有较强的攻坚能力，能通过创造性的工作实现自身和团队的价值，实施重大创新项目，完成重大创新任务，推动企业可持续性发展。

四是标杆作用显著。领军型人才具有战略眼光，能够紧跟国际学科和技术发展趋势，善于创新，在团队建设和项目攻关中发挥引领作用。

③创新专业人才。创新专业人才是指掌握企业技术、市场、管理等方面创新知识，具备相应创新能力和素质的专业人员，他们承担着企业创新的任务，实施创新项目，是企业创新实施与执行的主力军。他们在创新实践中，对企业创新过程和活动的质量和进度具有重要影响和把控作用，他们也会产生创新的新思想和新路径，来影响企业的创新事业。

④创新关键人物。创新关键人物是指掌握某项关键技术发明、技术诀窍，或对一个事物有独特理解与见解，或对某项重大事件发生有重要影响，或者能克服或排除重大怀疑或阻力，或对解决一个重大问题能起关键作用的人。这类人物，往往以其独到的见解，成为创新的发起人。创新关键人物还包括创新的把关人，他们往往在非正式组织通过私人信息，收集不同渠道的信息再传给能够应用信息的相关人。

3. 创新人才队伍建设体系

创新人才队伍建设体系，是企业创新管理体系的重要组成部分。其包括创新人才选拔配备、创新人才培养、创新人才激励等诸方面。

（1）创新人才选拔配备体系。创新人才选拔配备体系就是以企业战略规划为目标，以服务企业战略、支撑企业创新发展为方向，进行各类创新人才匹配性设计，选拔配备各类创新人才。其主要包括当期创新人才选拔配备和企业未来发展创新人才选拔配备。

①企业当期创新人才选拔配备。要根据企业当期创新任务、创新项目的需要，根据技术、市场和管理创新内容，结合组建创新团队，根据创新人才类型选拔配备创新人才。可以首先选拔创新领导人才，再由创新领导人才负责创新领军人才、创新专业人才和创新关键人才选拔配备，建立起创新项目实施人才体系。

②企业未来发展创新人才选拔配备。要根据企业发展战略和企业创新战略，建立支撑企业未来发展的企业创新人才体系。这类创新人才选拔配备，一般由企业高层主持选拔，立足于企业未来发展需要，打造企业创新制高点和核心竞争力，选拔配备有

发展潜力的企业创新领导人才和创新领军人才，在选拔范围上，立足于从企业外部引进年青一代具有发展潜力大的技术人才、管理人才和创新整合人才。

（2）创新人才培养体系。企业创新人才培养，要着重以创新实践锻炼锻造创新人才为方向，以创新人才管理为核心。

①用企业创新项目会聚人才、开发人才、提升人才。就是要通过创新项目和创新任务，给创新人才培养对象压任务、压担子，结合创新项目实践，真枪实弹地干，让他们在创新"干"中学、"干"中想、"干"中悟，经风雨、见世面，提高创新能力，锻炼创新思维，历练创新胆量。

②跨界工作锻炼。新的变化往往会在事物发展的边界和前沿，再往前一步，产生质变，诞生新事物，产生新思想。跨界工作锻炼，是培养创新人才的有效机制。要把创新人才放到不同技术环境、市场环境、组织环境、不同区域环境、不同人际环境中去跨界工作，使他们在不同的际遇下工作，思考问题，寻求出路，找出答案。特别是对于创新领导人才和创新领军人才，跨界锻炼是比较有效的培养方式。

③平台竞争。企业可以通过竞争选择创新项目主持人，并赋予他们寻找创新资源和创新要素的权利，进行创新组合，确定创新目标，由其组织创新项目实施。以此培养创新领导人才和创新领军人才，使创新人才在竞争中成长。

④系统化培训。企业可以根据创新人才的类型，为其制定系统化的资质培养规划，并进行系统化的培训，让其提高创新资质，如进行首席创新官、国家创新管理师资格培训，使其系统掌握创新理论，提高创新理论水平和资质水平。

⑤挂职交流锻炼。企业可以根据创新人才的培养规划，使培养对象到先进的企业（包括跨国公司）、政府机构、高校、科研单位进行对口创新挂职锻炼，学习了解技术前沿、商业模式、政府政策，了解创新支持体系等。

（3）创新人才激励机制。创新人才激励机制，就是根据创新人才成长和使用的特点，对其实施薪酬激励、产权激励、职务（职位）晋升激励和社会荣誉激励，充分调动企业创新的主动性、创造性和积极性。

（五）创新文化建设体系

1. 创新文化的含义

企业文化是一种影响企业完成任务的力量，它体现着企业存在和传承，影响着企业如何走向未来。企业创新文化，是企业成员关于创新的态度、行为和采取的行动。创新是一个关于新颖、风险、不可预测、适应和变革的经历。测定一个企业是否拥有创新文化，用多长时间提出一次有趣的新想法、新概念、产品或者服务？如果一些很酷的新东西不断在不同的环境和议论中出现，如果企业内部讨论总有创新话题，创造出新颖已经成为企业行为的一贯结果，我们就可以说创新文化在这个企业的确存在。

所谓企业创新文化是指在一定的社会历史条件下，企业在创新及创新管理活动中所创造和形成的具有本企业特色的创新精神财富及创新物质形态的综合，包括创新价值观、创新准则、创新制度和规范、创新物质文化环境等。创新文化是一种培育创新的文化，这种文化能够唤起一种不可估计的能量、热情、主动性和责任感，来帮助组织达到一种非常高的目标。创新文化能引发几十种思考方式和行为方式，在企业内创造、发展和建立价值观和态度，能够唤起涉及公司效率与职能发展进步方面的观点和变化，即使这些变化可能会引起与常规和传统行为的冲突，但这种观点与变化也能得到接受和支持。

2. 企业创新文化建设体系

（1）人人都要成为创新者。文化是否形成，关键在于文化影响的普遍性，或者说社会中的每一个人，都是文化的载体，都受社会文化潜移默化的影响，每一个人身上都体现和输出文化因子。在企业中，企业的每一个人都是企业文化的载体，都具有企业文化因子并且输出文化行为。企业创新文化建设，首要任务是要把企业的每一个人训练培养成具有创新潜质的创新天才。

①灌输和熏陶企业创新价值观。企业创新环境，先是创新思想环境，创新思想中最为重要的是创新价值观，就是对创新的根本认识，对创新作用的根本看法，以及创新对我们每个人意味着什么，我们在创新中的地位和作用。企业要对全体员工进行普遍的创新价值观教育培训，使创新观念在脑海中扎根，形成创新意识，构造出创新的思想环境。

②进行企业形势和创新必要性教育。创新形势是企业创新的推动力和促进力。有些创新，是创新形势逼出来的，通过形势教育，使员工克服等靠要思想，增强员工创新的紧迫感和主动性，使员工积极参与创新。

③进行企业创新部署的沟通。企业要安排和部署整个创新，包括当期创新和长远创新，通过学习培训向员工讲明创新的重要性，使员工增强创新"局中人"意识，并且通过任务分解，使员工明了自身承担的创新项目、创新工作、创新职责、创新目标，用创新思考工作。

④进行创新方法和创新技能的培训。员工掌握了创新方法和创新技能，会增添员工创新的有形力量，增强创新的适用实用本领，增强创新主人翁责任感。要紧密结合企业工作和创新项目，对员工进行各种形式的有关创新方法的学习和创新技能的训练，使员工的创新能力有用武之地。

⑤实施创新激励。要制定和落实各种形式的创新激励政策和措施，让员工分享创新成果。可以通过创新奖励政策，创新能手、创新大师、创新标兵等评选，树立创新榜样，在各个创新领域形成创新比学赶帮超的创新局面。同时，建立创新晋升机制，

使具有创新领导才能的人和创新领军人才得到晋升。

（2）打造创新文化的引领和主导力量。企业要发展创新文化，就是要在人人都是创新者的队伍中，着力注重打造创新文化的引领和主动力量，包括三个创新者角色：具有创新思维洞察的创新激发者、定义创新战略目标和路径的创新领导者、能够提供创新支持、指导创新并努力克服创新障碍的创新推动者。

①创新激发者。创新激发者是企业创新文化的实践者。如果人们都愿意接受现状的话，就没有人可以创新。正是有一些人愿意，有意识或无意识地可能会考虑不同的事情，然后提出现状根源的问题，探索未来另外问题的可能性，以及打破常规的现存的各种规定和阻碍。这些人，可能是处于生产经营工作一线的工人，有可能是高级经理人员，也可能是中层经理，抑或是企业的销售人员或企业的客户。这些人有自己独特的思维模式，不满足于现有的事物，他们为企业创新贡献伟大的洞察力，并且愿意冒险克服障碍。鼓励创新激发，是创新不竭的源泉。创新激发者，是创新文化的最基本角色。快递公司和快递行业的出现，新能源汽车的发展，无不是为了使货物和信息快速到达客户和用户手中，使人们方便出行，正是这些不寻常的想法创新创造了一个大的产业。

②创新领导者。创新文化中，一个核心的角色是创新领导。创新文化应该把创新表达成企业高层的政策和目标。领导者定义了许多企业的规则、政策。这些规则和政策可以鼓励创新，也可以限制创新。领导在创新文化建设中的作用：一是选择支持创新的"政策"；二是为企业创新确定"基调"。通过他们的表现和交流的方式，鼓励创新，建立创新信任环境，为创新提供资源。

③创新推动者。创新推动者是企业中促进、鼓励、激励、支持和驱动创新的个人和团队。创新推动者是企业创新的催化剂，他们促成创新的实践，消除创新阻碍，他们参与创新项目的监督和审查，容忍创新失败，他们通过教学和辅导帮助他人开发创新技能，为他人寻找参与创新的机会，提供创新的信息和资料，他们加速了创新的进程。

创新激发者、创新领导者、创新推动者是创新文化建设的主力军。

（3）创新文化行为塑造。创新文化，是企业内部成员对创新的一种态度、行为和行动的凝练和凝结。凝练是创新文化的形成过程和机制，凝结则是创新文化结构化的体现。创新文化行为具有一系列表现形态。

①创新自觉。企业创新文化不是一天一夜便能形成的，它是随着时间推移慢慢形成的，它作为历史的结果存在着，体现和反映了过去完成的事情。创新文化是影响我们今天对创新做出判断并采取行动的力量。创新自觉是企业及其成员推动企业发展的无形推动力，成为创新不可或缺的推动力。

企业生存与发展不是外在力量强制的，是企业生命本能机制。创新成为企业生存与发展的生命需求和基本形式，唯有创新企业才能生存、才能发展；否则，企业就难以生存，更枉求发展。创新自觉不仅在于企业对创新的需求，更在于企业把创新同企业运行机制有机结合，将创新标准化和系统化。创新思维自觉、创新行为自觉、创新标准和系统自觉，是创新文化自觉的集中体现。苹果公司不断地将手机更新换代，华为公司将通信技术从4G升级到5G，实现了人人互联、万物互联，人工智能既体现市场竞争，更是苹果人、华为人创新自觉的风景体现。

②创新毅力。人们和企业认识到创新的必要性和重要性是一回事，能不能实施创新则是另一回事。创新是对未来的探索，在创新的征程中，充满着风险和不确定性，需要投入各种资源，可能需要做出牺牲。毅力是创新坚守者的必备素质。创新毅力是企业创新的核心要素。许多企业，包括一些世界级的大公司，并不缺乏创新的能力，但缺乏创新的毅力。我们看到华为公司，在面对美国制裁和打压时，以创新的毅力，实施了一系列的创新，坚守自己的使命和愿景目标，开发出了华为鸿蒙系统（Harmony），建立了自己独立的操作系统。创新毅力是华为创新文化的集中体现。

③创新宽容。与创新毅力相伴，创新宽容是企业创新文化的重要体现，也是创新文化行为的实践基础。"未来是一头难以捉摸的野兽。"企业的任何创新行为都意味着从无到有，因而充满着风险和不确定性，但风险同时又意味着机遇和未来。企业创新文化总是鼓励冒险和尝试，积极支持和赞赏员工的任何创新思想和创新行为，同时又能宽容失败，甚至鼓励犯错误，从不以成败论英雄。

在美国企业，即使是对那些提出了创造性的革新思路或建议，而经过公司详细论证没有被采纳的员工，公司领导总是给予他们真诚的赞赏，并引导员工把创新活动与企业目标统一起来，以鼓励和保护员工参与创新的热情和积极性。美国企业宁愿让员工去冒创新失败的风险，也不愿失去任何创新的机会和可能；宁愿让企业的利润暂时受损或承担创新失败带来的后果，也不愿员工丧失敢于创新和冒险的精神。这就是硅谷流传的名言："It's OK to fail."鼓励尝试、善于冒险、宽容失败的企业文化是硅谷，也是所有美国企业的"成功之道"。

英特尔公司以"鼓励尝试风险"作为公司文化的六条基本原则之一，公司创始人诺伊斯最常用的口头禅就是："别担心，只管去做。"鼓励员工发掘更多的新事物，尝试更新的方法，善于从失败与错误中学习。公司甚至规定，对于员工和管理人员，如果在聘用一年内不犯"合理的错误"，就要被解雇。这样，英特尔推陈出新的速度越来越快，使得竞争对手"跟之不及"，从而牢牢掌握着电脑芯片市场的主动权。

风靡世界的麦当劳连锁店的创始人克罗克认为成就必须是在战胜了失败的可能、失败的风险后才能获得的东西。没有风险，就没有取得成就的骄傲。我们唯一可以取得进步的办法，不管是个人还是集体，都是要以开拓者的精神往前走。麦当劳也鼓励员工不断尝试和革新，支持热心于革新的试验者，学会忍受甚至赞赏革新者的失败，善于从失败或错误中吸取教训。例如，麦当劳曾经试验过烤牛肉这种食品，并在一些地方取得了良好的销售业绩，但终因烤牛肉不适合整个麦当劳食品系统而宣告失败。克罗克并未因此而感到沮丧，相反却乐观地认为，从烤牛肉的试验失败中学到的东西要远比失败所造成的损失多。正是这种坚韧不拔的创新精神造就出世界知名的品牌，成为引领世界饮食方式变革的先驱。

④创新合作。企业的创意往往是由具有独特创新思维的个人提出的，但创新的成功则要许多成员进行合作。创新文化是组织或集体文化，合作是创新文化的行为表达，没有合作，就没有创新文化。创新由创新的结构、流程、活动构成，需要各自为政，又有各自的结果，但各自的结果只能是阶段性、局部性的结果，创新需要一个共同的目标和共同的结果，这就必然要创新的结构、流程和活动共同合作。没有合作，就没有创新。人们说要创造创新性环境，实质上就是打造创新合作文化。

企业创新是系统工程，是各种创新类型的汇集、集成和融合。需要各种创新协调合作，有的创新是建立在另一种创新类型及其成果基础之上的，如突破性创新，就需要大量的渐进性创新的基础和成果；产品创新需要技术创新、工艺创新和管理创新的支持和配合，创新需要企业各个部门和生产经营单位的支持配合。企业要提倡创新合作，打造创新平台，使创新资源共享，建设创新型企业。

⑤创新学习。成功的企业创新活动，不是一个或几个创新项目的简单叠加过程，而是多类型创新项目（包括工艺、产品、市场、原材料来源、组织管理等）的动态系统集成过程。从时间上看，这一活动又表现为一个长期持续的循环往复过程。企业的创新项目往往是为了解决生产经营过程中的某个瓶颈问题而出现的，当企业实施完一个（或几个）创新项目后，现有的平衡被打破，使得企业的发展出现新的"瓶颈"，从而引发新的创新项目，这样，企业的创新活动就呈现出一种永不停息、长期持续的过程，即持续性创新。企业如何保持持续创新，实践证明，持续学习是最根本的实现途径。

企业持续学习是指企业在经营实践中，通过不断地获取、创造和共享知识从而实现持续的知识累积，以此来指导和修正企业的持续创新活动，以实现企业持续发展的目标。

学习是创新文化行为的重要体现，学习为创新开辟视野，为创新开辟道路，为创新提供动力。

企业持续学习要求组织不断地审视其内部和外部环境中的变化，不断反思和修正自己的战略规划、愿景和使命，以指导新的目标、价值和行为规范。学习过程在一个组织内现有的愿景和文化体系中越深入，该组织就越有可能感知并利用新的愿景所提供的创新机遇，越有可能走向持续创新的良性循环。

创新学习，要注重把握创新类型和学习层次的融合。在渐进性创新中，通过学习将组织运作的结果和组织的策略、行为联系起来，检测行为的不足之处，以使组织绩效保持在组织规范和目标规定的范围之内，保持持续过程和创新目标的一致性，合理纠正创新偏差，确保创新目标的实现。要通过质疑型学习，对现存的规范、程序、政策和目标进行质疑和调整，引发一些对企业发展有重大影响的根本性创新或重大创新。

（六）创新实施流程管理

企业的创新实施流程体现为企业创新活动的各个环节，企业可以根据自身的实际情况，设计合适的创新流程。

企业创新实施流程如图 27-3 所示，可以划分为三个过程阶段。

创新战略的开发 → 创意开发 → 新产品与新技术开发 → 商业化开发

图 27-3 企业创新实施流程

第一阶段，创新战略的开发阶段。其包括趋势分析与机会探索，制定创新路线图和创新规划等方面的工作。

第二阶段，创意开发阶段，主要工作包括创意源拓展与激发创意、创意筛选、创意发展和创新概念开发等。

第三阶段，新产品与新技术开发阶段，主要工作包括概念或技术概念到原型开发验证、工程化开发、新产品与新技术开发等。

第四阶段，商业化开发阶段，主要工作包括创新成果的应用与扩散、商业化开发和运营服务等。

1. 创新实施流程管理的原则

（1）适应和符合创新活动本身的特点和规律。企业创新实施流程必须从"我们为什么创新"开始，对创新进行战略性的思考，从企业战略出发，考量创新的战略意图，通过创新提高企业的战略优势，把战略变成创新的意图和行动，寻找创新机会，激发创新创意，评估遴选创新创意。

创新的实施要进行创新类型的选择和组合。在创新的旅途中，我们实际并不知道我们哪个创新项目和工作会成功，但是我们要通过勤奋学习，选择创新的类型并进行组合。我们在前面的章节已对创新类型进行了系统讨论。突破性创新和渐进性创新在实施过程中对创新成本、可靠性、资源、灵活性和速度方面有很大的不同。在创新的不同阶段，创新的关注重点也会有很大的差异，突破性创新在创意阶段要求有较大的投入，而渐进性创新更强调创新的产品开发过程等。因此，特别要注重创新的针对性和适应性。

在创新实施过程中，需要进行大量的研究与知识运用与创新，必须将已有知识和我们需要的知识进行比较，找出差距在哪里，然后激发洞察力，创造或寻找新知识来弥补这些差距，使创新得以继续。

在创新过程中，我们需要进行大量的测量和实验，对创新的阶段性技术过程、组织过程和创新作用对象行为进行创新衡量，以调整创新进程，提高创新的准确性和可靠性。

（2）有利于激发创意，提升创新质量。创新质量需要足够数量的创意做保障，也需要通过各种流程将高质量的创意转化为创新项目和创新支持服务，因此需要扩大创意广度和深度，特别是要积极拓展创新源，鼓励创新创意的提炼和融合，在适当的时刻引入合理的商业判断和创新资源配置。

（3）把握流程动态，提升创新效率。创新流程管理要注重利用敏捷和精益管理思想与工具，精简不能增值的环节和活动，把握创新节奏与进度，通过快速迭代不断丰富和完善产品功能和工艺技术；适应用户要求，注重发挥创新协同效应，注重各创新价值链的协同，快速将验证的概念和创新阶段成果，转化为下一阶段创新的支持要素或资源；充分发挥管理创新效应，支持产品创新、市场创新，优化创新成果。

（4）有效降低创新风险和不确定性。企业创新的风险和不确定性，往往会在创新流程中由潜伏和隐形状态变为激活状态，创新流程管理通过对创新流程的监视和评估，降低风险冲击，做到既利用创新风险获取创新突破，又使风险可控，有效规避不确定性，是创新流程能够经受住创新风险的冲击。

（5）注重学习积累，循环提升创新能力和水平。企业创新实施流程，是设置问题、解决问题、获取创新成果的过程，也是一个不断出现新问题、探索解决问题的新方法、取得新成果的过程。对于创新者来说，这是一个不断学习积累知识，提高创新能力的过程。由此，创新实施流程管理，要注重学习积累，循环滚动提升，不断积累并形成更高水平的创新能力。

2. 创意开发管理

创新的源头是创意，如何挖掘创意，并实现对创意的有效管理是企业创新实施流程的主要环节。

创意不仅是个人创造行为的一种表现，更可以通过组织的有效管理，提升创意的产出，因此，积极的创意管理模式，以营造有助于创意发展的创意工作环境，激发组织内新奇的想法与事物，开发出可以实施的创新项目。

学者们对创新创意进行了大量的研究，认为创意是一个过程，可以将这个过程划分为五个阶段。

第一，准备期。收集原始资料，包括问题所需的特定资料与平时持续不断积累的一般知识资料，并加以整理和分类。

第二，孕育期。仔细研究和消化资料，以探索其意义。尝试将不同资料汇集、综合、适当地组合，以得到一些不确定或者不完整的创意。

第三，放松期。把看似荒诞或者不完整的创意形成系统表现出来，将思考力放在任何可能刺激想象力及情绪的事物上，以潜意识思考方式进行工作。

第四，顿悟期。实际产生创意的阶段。创意可能发生在意想不到的地方，如吃饭时。但是大部分时间还是必须经常回溯到放松期和孕育期继续思考。

第五，实践期。进行评估、试验与修正的活动，使其成为能够实际应用的创意。

创意管理的目的是输出有价值的可行创意。

企业创新创意管理要抓好五项基本工作。

（1）开发创意来源。企业创意要从企业内部和外部同时进行挖掘。企业要想获得大量并且高质量的创意，首先要实现企业创意来源的多样化和注重对创意各种来源的培养。例如，企业内部的研发部门，以及企业外部的客户投诉、经销商的反馈及竞争对手的动态等都是重要的创意来源。

①创意来自各个部门。创新不再是只有企业相关研发人员才能参与的事件，而应是全体员工共同参与的行为，企业中的每个员工从研发人员、生产制造人员、销售人员到售后服务人员、财务人员、管理者等，人人都可以在自己的本职岗位上成为出色的创新源。

②创意来自用户。创新需要倾听用户的声音，用户是一种非常重要的创意来源。必须倾听用户并邀请客户参与到企业的创新过程中，用户成为创新的伙伴。

③创意来自竞争对手。企业创意的产生可能来自竞争对手，竞争对手也可以成为很好的创意来源。企业通过关注竞争对手的情报，分析竞争对手的资源和能力，通过有效地利用一切可利用资源对竞争对手的可用信息技术进行创意开发，与竞争对手在满足顾客需求、更快更有效地为顾客创造新的价值方面"赛跑"，最终使企业在行业中脱颖而出。

④创意来自供应商。创新企业若想获得成功，实现与上游或下游企业的横向一体化，特别是在技术不确定性急剧增加的今天，技术变化迅速、产业演变剧烈的部门，更需要经常采用合作创新这种灵活的创新机制来实现对外部环境变化的快速响应。

⑤创意来自其他相关者。激发创意，企业需要借助外部力量，如与大学或者科研机构的合作及与其他关联单位的合作，包括跨行业合作、跨国界合作及产学研合作。

（2）建立创意激发机制。一个企业是否具有良好的创意激发机制将成为是否制约创造性思维的发挥及创新成败的重要因素。创意激发机制，包括以下几个方面：

①鼓励学习。在整个企业中要有一个良好的学习氛围，包含两个层面的含义：一是对科学文化知识的学习；二是培养创造性思维。因为只有拥有了科学知识，对事物有了一定的正确认识后，才有可能有创新性的想法产生。在创新过程中，尤其是进行企业创意开发与管理时，要以"以人为本"的思想为原则，通过学习思考，在企业内努力营造有利于激发创意的氛围，以求将每一位员工的主动性和创造性充分调动和发挥起来。

②奖励制度。企业通过明确的、丰厚的奖励制度来奖励那些提出创意的员工。奖励制度是一个清晰的信号，它告诉员工企业是非常注重创新、关注优秀创意的。同时，奖励制度也激励着员工提升自主性，由"要我干事到我要干事"，激发更好的创意。

③内部竞争。竞争产生创意，创意深化竞争。内部竞争就是把人才市场机制引入企业内部。通过考核竞争、充分激发内部员工的创造性。让其发挥自己的聪明才智，创造出更大的价值。例如，海尔在员工内部把外部竞争效应内部化，每个人的收入不是上级说了算而是市场说了算，根据员工的成果决定相关人员的报酬。再如，美国著名的硅谷，这个经过多年发展、演化裂变而形成的形式多样、适应性强的高科技园区。在企业内部只有不断地鼓励竞争，才能像生物界优胜劣汰一样不断地产生创意，这种鼓励竞争的机制使得硅谷高科技园区中的很多企业不仅生产高科技产品而且自身也在不断孵化，不断培养创新者。

④创意支持。创新者是企业进步的开路先锋，但"枪打出头鸟"，他们往往受到攻击。企业领导者和管理者应给予全力支持。没有管理者的支持，创新创意就很难被提出，就没有创新者，也就不会有创新。要积极支持创意者，这才能使企业敢为他人所不敢为，做他人所不敢做的事。

⑤创意培养。创意的实质是创造性的思维活动，是在已有的知识、经验的基础上，对知识进行组合、推理、联想及抽象，最终得到新的思想。创意的生成要求企业在思考问题时采用发散性、创造性解决问题方式而不再是常规的对待问题方式，向加强对立体思维、反向思维、多路思维、发散思维的运用。若想企业的员工充分发挥创意，在企业内建立创造性的工作团队，掌握一定的可以有助于产生创意的方法是必要的。要对创意源人员进行创新创意方法的培养，使其掌握创意方法，并能灵活组合运用，使创新创意不断被激发并开发出来。

（3）创意提交。创意提交是指企业利用知识库及合理的提交途径和方式，构建良好的创意平台，促使企业内创意的产生。

①创意提交的方式和途径。如何在当今这个信息爆炸，各类形形色色的思想、知

识、技术不断产生的时代，收集对企业有价值的创意是企业面对的一个问题。企业可以通过建立一个完善的信息系统规范企业的创意提交过程。通过对创意进行收集来提高创新的成功率。因此，创意提交的方式和途径对创意的影响效果越来越明显。提交创意的方式和途径设计不合理，势必对创意的数量和质量产生负作用，对企业的创新工作产生负面影响。企业创意管理，要建立创新创意系统管理平台，让各种各类创新源主体能够通过这个平台提交自己的创意，用简单快捷的提交方式和途径大大刺激员工参与创新、提交创意的积极性。

②建立创新创意知识库。通过建立企业创新创意知识库，可以构建企业组织学习创新创意的知识，提升组织内学习的氛围，也促进了企业内创意的产生。企业内部的人员可以通过创意知识库的查阅对以往的创意进行研究、学习，从而产生新的创新创意。

（4）创意评价。创意评价是指企业通过合适的创意评价者对创意进行适时、合理的评价。

①建立创新创意评价标准。创意评价标准对于整个企业和创意提出者来说都是至关重要的。创意评价的标准不但要专注于企业创意管理的绩效，而且还要专注于个人的创意工作并帮助其做好创意工作。

企业在制定创新创意评价标准时要从创新性、可行性、方向吻合性、社会效应等维度来考虑，更要注重企业的自身属性和企业要求，做到"因地制宜""因时制宜"，重点突出下面几点：

效率性。创新创意不仅有实用的操作性，还具有较高的转化效率。

规范性。创意须符合提案的标准化规范模式，信息填写详细准确，内容翔实且逻辑严密，内容完整。

关注性。创新提案与企业发展战略、企业年度计划、运营市场相关联。

启发性。创新提案在创新内容和思维上应是对本企业发展的点或面具有较高的启发性。

②创意评价者。选择合适的评价者来承担创意评价工作，是创意管理的重要环节。要选择多部门的创意评价者来针对性地评价不同的创意。要兼顾价值观和知识储备、评价者的身份、对待创新的态度及对企业实际情况的了解程度等因素，适当考虑企业内外专家的平衡来成立评价者组织。

③创意评价时机。创意要从实践中来到实践中去，仅仅停留在头脑中或者论证报告阶段是远远不够的，应该规范对创意提案的评价，从而将好的创意提案以更高的效率运用到实践中，从而实现其价值。例如，某公司制定了"实时上报、月度评审、季度奖励、年度表彰"的"指导"方针，实时收集员工的创新火花，每月组织评审专家集体会审，从创新性、可行性、方向吻合性、社会效应等维度评选优秀创新和创意。

（5）创意筛选。创意评价后，接下来就要对创意进行筛选。为了便于筛选，先对创意进行分类。可以按照对企业未来的影响及是否容易实现进行分类。对于具有长期重大影响但近期不容易实现的，属于战略性创意。对于影响大同时可以实现的，可以作为最高优先创意，及时将其转化为产品创新、技术工艺创新或管理创新项目。对于那些影响度较低且容易实现的，可以作为次优选择创意，对于影响较小同时不容易实现的创意，则划入淘汰创意。

对于筛选出的创意，一般都要提交企业决策管理层并得到认可，充实到企业创新或技术组合中，形成各种创新项目，包括形成公司层级和事业部层级的新产品概念开发项目、新技术研究项目、原有产品的改善升级项目、风险技术和风险投资部门的技术获取和商业投资项目，以及进入公司战略项目组合。经过创新项目评估，进入创新项目实施阶段。

3. 新产品与新技术开发流程管理

企业经过创新创意开发后，最为重要的是要将创新创意转化为新产品和新技术的创新开发，这样才能走向市场创造价值。企业的新产品和新技术开发是综合各种资源的过程。其包括概念—原型—验证—优化—发布等基本环节，需要集合市场—商业—专利—标准等各方面的资源。

（1）产品创新开发。新产品开发阶段一般从概念设计开始，历经原型开发、测试验证与优化、工程开发与供应链设计、试产与市场投放环节。新产品开发过程如图27-4所示。

图 27-4 新产品开发过程

产品开发过程中，市场情境基本清晰，产品开发策略和定位基本确定，关键是如何确保新产品在成本、质量、功能和性能等方面实现差异化和多样化等竞争优势，即和市场需求对接并具有独特竞争优势。

产品创新开发，不仅限于实体产品，更强调用户价值和体验，包括服务、解决方案等方面的创新开发，产品改进和升级换代、产品线延伸、产品重新定位和服务完善等都可以成为新产品，见图27-5。

不断地推出新产品对企业具有十分重要的意义，但面临的挑战也越来越多。面对瞬息万变的市场竞争，企业产品创新管理需要更加清晰、先进的产品开发战略和市场战略，需要持续、高效的产品创新开发管理能力。随着网络信息技术和 AI 技术的发展，企业要快速适应市场，引领市场的产品创新模式不断被创造出来。企业通过内外知识共享融合，内外用户需求融合，跟踪业界动态和科技发展潮流，成为企业产品创新管理的重点。

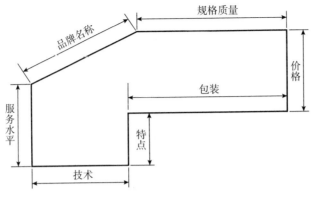

图 27-5　产品开发的多维性

（2）技术创新开发管理。技术创新开发是企业创新的核心驱动力之一，是企业确保实现产品创新和赢得高附加值回报的关键要素。技术创新同产品创新一起构成企业从无形知识到有形产品服务的过程。新技术是基于前期的基础研究进行应用开发而来，它通过发展新知识，以及应用和整合不同领域科学和工程知识，形成新的技术方案。技术创新可以形成新的产品或新的产品功能，或者形成新的产品生产工艺技术。新技术开发可以产生高回报，也具有高风险的特点。新技术要通过产品创新和服务创造价值，一旦市场和需求发生改变，或者有更好的技术出现，技术的价值可能就会消失，前期的技术研发投入便毫无价值。再者，当研发的技术无法满足产品创新的需要时，过高的研发成本或过长的研发周期等都是技术创新开发管理应对的挑战。

企业技术创新管理应当注重技术开发策略的研究和应用，应着重考虑以下几个方面：

第一，结合公司科技创新战略，做好企业技术/产品开发平台规划，理解技术需求，制定技术创新开发战略和技术路线，并研究制定相关评价标准。

第二，推动外部合作，与先进技术合作伙伴合作，包括与高校和专业科研院所联合实施技术创新，吸收领先技术。

第三，把握企业行业发展趋势，对行业技术发展趋势和潜力进行评估，配合产品创新进度，分阶段推进技术创新，快速推进应用前景明确的技术产品化，做好技术支撑与服务。

第四，注意跨行业技术融合趋势，关注企业生产替代技术的发展，充分运用技术融合开发边际技术。

第五，保持合理的、可持续的技术持续研发投入，对关键技术和"卡脖子"技术实施集中攻关、重点突破。

4. 商业化创新开发流程管理

商业化创新开发流程是企业创新过程中价值传递和获取的过程。创新商业化流程包括三个基本方面：产品创新和技术创新成果的商业转化、产品的市场化、适应产品和技术创新成果商业化的商业模式创新。

（1）产品创新的商业化创新。产品创新商业化创新，就是市场开发和产品上市的过程，是产品创新开发中的市场定位、品牌推广、市场推广和客户服务的创新，是产品创新价值市场实现的创新。在创新创意管理、产品创新管理中，也有相关市场创新，包括市场细分、目标客户定义、产品组合与市场匹配度等方面的分析研究和策略制定，但是必须指出，所有前期的论证分析都必须最终接受商业化创新的实施检验。因此，企业必须注重创新的商业化创新实施及其管理。

产品创新的商业化创新，要做好以下几个方面的工作：

第一，适应创新产品特性实施商业化创新。许多情况下，现有的市场营销工具只适用于现有产品，对于新产品市场识别、新产品的市场开发和营销渠道可能作用不大。企业必须对新产品的产品特性进行评估，尤其要适应创新产品的差异性，在包装、价格和营销服务上进行创新，使创新产品实现商业化创新增值。

第二，适应创新产品，实施与其用户和消费者合作关系创新。企业创新产品的商业化创新，实质上是产品用户和消费者合作关系的创新。企业必须根据创新产品，开发新型用户和消费者，或者让企业原有产品用户转向新产品的购买和使用，同时开发新用户和消费者，形成新的用户和消费者群体。

第三，实施创新产品推广与服务技术和手段的创新。创新产品的营销和服务，必然要求新的推广与服务技术和手段的创新。企业必须在创新产品广告宣传、渠道开发、媒体形式等方面，应用现代信息网络技术，适应用户和消费者消费方式的转型，实施市场推广与服务技术的创新，有效传播创新产品。

（2）新技术的商业化创新。企业实施技术创新，必然要对新技术实施商业化创新，使新技术得以应用，以获取新技术的商业化创新增值。

企业在创新过程中，会形成大量的技术性创新成果，包括专利、标准、著作权、专有知识和技巧、通用技术模块等。这些技术创新成果的商业化创新一般有三个方向：一是为企业内部使用，应用于企业的产品创新和服务等业务中。二是采取对外转让的方式，如出售、授权、技术入股等形式，通过企业外部实现商业化利益。例如，微软公司、IBM等企业通过技术授权获取利润。美国为全球主要的技术输出国，占到全球技术转让收入的35%。三是通过技术孵化等手段，开拓新的业务，实施事业创新，创建新的高技术公司。现在华为等公司通过技术成果创建新的高技术公司，就属于此类商业化创新。

在技术创新成果商业化创新过程中，应加强商业化创新管理。

第一，推动企业技术创新成果转化为产品优势和市场优势，获取更多市场份额和市场利润。对于直接来自产品创新开发需求的技术创新，应在创新规划立项阶段就与产品开发创新规划紧密配合，与市场、销售商甚至供应商建立紧密的接口，充分考虑市场需求和工程设计、制造工艺的需要，进行工程原型开发，与产品系统匹配集成。对于探索性创新预研项目，应积极推动技术演示系统开发，拓展应用机会，开发产品概念模型，在应用客户中进行验证，并进一步设计商业创新应用模式。

第二，在技术创新成果转让方面，应建立技术成果扩散机制，使企业科技成果产生最大化效益。这主要是针对内部具有市场前景和竞争力的技术创新成果，应当积极推动内部跨领域的应用创新，创造新的产品和商业机会，形成新的创新业务。同时，应积极进行技术创新成果的外部商业化扩散，努力做到在不影响自身企业发展利益的条件下，通过对外授权、出售，以及内部、外部技术孵化等方式，为企业创造最大的经济效益，提高企业技术核心竞争力。

案例 27-1　苹果的产品与商业模式创新

2003 年苹果公司推出了 iTunes。这是苹果历史上最具革命性的创新产品，也推动了苹果市值的快速飙升。起初，iTunes 只是一个和 iPod 相匹配的音乐管理平台。如今，它是苹果终端的管理平台，无论是 iPod、iPhone 还是 iPad，都是通过 iTunes 来管理的。iTunes 是苹果创新的枢纽。可以说，没有 iTunes 的出现，就没有 iPhone 和 iPad 这样的革命性产品出现。最初苹果就是通过"iPod+iTunes"的组合开创了一个新的商业模式，将硬件、软件和服务融为一体。在"iPod+iTunes"的模式成功中，苹果看到了基于终端的内容服务市场的巨大潜力，在整体战略上，苹果也已经开始了从纯粹的消费电子产品生产商向以终端为基础的综合性内容服务提供商进行转变。

2007 年，苹果公司发布 iPhone，掀起了一场手机革命。除了产品设计本身的创新之外，苹果公司还沿用了 iTunes 在 iPod 上的应用，在 2008 年推出了 App Store，并和 iTunes 无缝对接。iPhone 和 App Store 的组合，为苹果赋予了主导地位，引领了手机革命。此后，推出 App Store 是苹果战略转型的主要举措之一。"iPhone+APP Store"的商业模式创新适应了手机用户对个性化软件的需求，让手机软件业务开始进入一个高速发展空间。与此同时，苹果的 App Store 对所有开发者开放，任何有想法的 App 都可以在 App Store 上销售，销售收入与苹果七三分成，除此之外没有任何费用。这极大地调动了第三方开发者的积极性，同时也丰富了 iPhone 的用户体验。这才是一种良性的竞争：不断开拓企业的经营领域和整个价值链范围，使得市场中的每个玩家都能获益。因此，可以看出，苹果公司不仅为新技术提供时尚设计，更重要的是，它把新技术和卓越的商业模式结合起来。苹果真正的创新不是硬件层面的，而是数字音乐下载变得更加简单易行。利用"iPod+iTunes"的组合，苹果开创了一个全新的商业模式——将硬件、软件和服务融为一体。这种创新改变了两个行业——音乐播放器产业和音乐唱片产业。商业模式的创新对价值进行了全新的定义，为客户提供了前所未有的便利。

一个成功的商业模式，第一步就是要制定一个有利的客户价值主张，也就是如何帮助客户完成某项工作。对苹果而言，iPhone 的核心功能就是通信和数码终端，它融合手机、相机、音乐播放器和掌上电脑的功能，这种多功能组合为客户提供了超越手机或 iPod 这样单一的功能。苹果的 App Store 拥有近 2 万个程序，这些程序也就是客户价值主张的重要组成部分。除此之外，苹果在用户体验方面做得也非常出色，这些都是苹果提供的客户价值主张。

成功的商业模式的第二步是制定盈利模式，即为公司制订创造价值的详细计划。对苹果公司而言，盈利路径主要有两个：一是靠销售硬件产品来获得一次性的高额利润；二是靠销售音乐和应用程序来获得重复性购买的持续利润。由于优秀的设计，以及超过 10 万计的音乐和应用程序的支持，无论 iPod、iPhone 还是 iPad，都要比同类竞争产品的利润高很多。同样，由于上面这些硬件的支持，那些应用程序也更有价值。

明确了客户价值和公司价值，接下来就是如何实现这些价值了。对苹果公司而言，它的关键资源是它拥有出类拔萃的管理者及能力较强的产品设计和开发人员，以及来自于唱片公司、软件开发者的支持。苹果公司的关键流程则是苹果公司鼓励创新的公司制度、企业文化和日常管理工作，这些流程确保苹果公司的创新具有可复制性和扩展性，从而不断开发出类似于 iPhone 和 iPad 这样的产品。

苹果公司的创新成功，在于把技术创新和商业模式创新相结合，创造了世界上伟大的创新公司。

（资料来源：1. 楚明超等 . 从苹果的畅销谈企业的商业模式创新［J］. 河南科技，2012（10）：20-21. 2. 陈劲，郑刚 . 创新管理：赢得持续创新优势（第三版）［M］. 北京：北京大学出版社 .）

（七）企业创新激励机制

创新是个需要持续投入和培育的过程，这就要求企业建立起有效的创新激励机制。企业创新激励机制，是指采取激励创新的措施和方法，激发鼓励企业员工（包括企业经营管理者和各个层次的员工），使其自觉为企业生产经营和持续发展目标贡献聪明才智，在不同的工作岗位上充分发挥其主观能动性和创造性，参与企业创新过程和活动。

1. 企业建立创新激励机制的原则

（1）全面激励原则。对员工的创新激励并不只是针对部分优秀员工，而是针对所有员工运用各种激励方式进行创新激励。

（2）绩效考核为基础原则。对员工所采取的相应创新激励措施，应对员工参与的创新过程和创新活动进行绩效考评，根据考评结果进行创新激励。

（3）公开、公平、公正原则。奖励创新的考核标准要公开，考核过程和评选过程要做到公开、公平、公正，确保对员工的创新考核客观、真实、可靠。

（4）物质激励、精神激励、机会激励相结合原则。对员工的创新奖励不能仅限于物质奖励，要将适度的物质奖励与精神激励、机会激励等有机结合起来，充分发挥各种激励手段的协同作用。

2. 创新激励机制的方式

创新激励机制的方式包括事业激励机制、创新物质激励机制和情感激励机制三个方面的基本内容。

（1）事业激励机制。实践证明，具有创造力和创新精神的人会受到事业发展的激励。他们从个人事业发展和工作取得业绩中获得满足感。大部分企业科技人才和管理人才更在意自己的创新才华是否能得到充分发挥，能否有机会从事有意义的创造性工作，自己的创新创意能否得到足够的支持并被采纳和认可，个人创新能力和知识结构能否得到更好的发挥和提升。他们需要事业发展的激励。这就要求企业建立并完善事业激励机制，把企业创新事业和他们个人事业有机结合起来。

概括起来，企业创新事业激励机制，包括下列四个方面的内容：

①给舞台，展前景。就是给创新的领导人才、领军人才和骨干人才以企业经营管理和创新的事业发展平台，委以领导和组织管理创新、实施创新的职务、职位及其相应权限，赋予相应的创新任务和责任，做到在创新工作中有职有权，能够调动和配置创新资源，实施创新项目和创新工作。同时，为他们提供个人职业发展提升的路径，向他们展现职业发展的前景。

②压担子，委重任。就是企业根据企业发展战略和创新战略，选拔创新领军人才和骨干人才实施推动企业持续发展的突破性创新重大项目，在创新资金等资源上给予重点支持，在创新团队组建、创新人才聘用上，赋予项目负责人和项目骨干人员以特别权限，使其能够调动企业内外各种创新资源，实现产品、技术和管理上的突破性创新。

③建目标、上台阶。就是在企业生产经营和持续发展上，针对产品、技术、管理等方面建立上台阶创新目标，设立特别创新激励政策，促使企业各级领导人员、专业技术人员、管理人员、生产人员通过创新，促进企业经营管理水平不断提升，打造行业领先型企业。

④学习与培训。就是设置各种不同层面的创新支持基金，举办各种创新活动，制订各种学习、创新培训计划，让企业员工能够参与企业内外各种创新交流和经验展示会议，使其不断开阔创新视野，获取创新动态信息，提升创新动力。

（2）创新物质激励机制。创新物质激励机制包括三个基本方面，即薪酬激励机制、股权激励机制和情感激励机制。

①薪酬激励机制。薪酬激励机制就是企业要建立薪酬激励制度，激励全体员工参与企业创新活动。基本方式是实行创新绩效薪酬制度，坚持薪酬报酬的合理性和竞争性。在保持基本薪酬水平的基础上，适度加大与创新绩效相挂钩的薪酬比重，可以考虑设立创新奖金制度、创新项目提成制度、创新绩效提成制度和重大创新项目奖励制度等。要根据工作岗位、职级建立创新岗位津贴制度等。

②股权激励机制。股权激励是把创新者的个人利益同企业发展的整体利益结合起来，充分调动的创新者的创造性和积极性，使其个人利益最大化同企业利润最大化目标相一致的制度安排。企业实施股权激励制度，要重点注重以下几个问题：

第一，选择适宜的股权激励模式。股权激励大致可分为六种模式：一是股票期权模式。该模式是国际上使用范围最广的股权激励模式，主要是经股东大会同意，将事先预留的已发行未公开上市的普通股有条件地奖励给企业员工，获得股票期权的员工可以在规定时间内行权或出兑。二是股份期权模式。该模式实际上是股票期权的改良模式，以三年任期为限，在高管内部同样划分持股比例，以资购股。三是期股奖励模式。该模式在国内是上市公司普遍选择的一种方式，是指从当年盈利的净利润或未分配利润中提取一定金额的奖金，按照比例折股奖励给员工。四是虚拟股票期权模式。该模式算得上是分红制，实际上员工并不持股，只是按照协议的规定享有相当比例的分红权。五是年薪奖励转股权模式。将风险收入以 7∶3 的比例分为股票期权和现金，现金于当年发放，股票期权于第二年根据实际业绩完成度返还。六是股票增值权模式。采用模拟认股的方式，获取企业年末与年初之间净资产的差额。企业应当根据股权模式特点，结合自身的实际情况选择不同的模式。

第二，合理确定实施股权激励的对象。企业实施股权激励创新，应当科学合理选择界定实施的对象。首先，企业对于核心技术人员给予充分激励是股权激励计划中的重要环节，企业创新领导人才、创新领军人才和创新骨干人才是实施股权激励的主要对象。其次，在激励对象的设置上，各个岗位的工作人员应当被适当考虑，为员工自我价值的实现提供广阔的发展空间，并且让更多员工充分参与，助力企业创新发展。

第三，设定全面创新绩效考察指标体系。企业实施创新股权激励机制，应建立科学、全面的企业创新绩效评价指标体系，确保能够客观公正的评价激励对象。指标体系直接影响到评价结果，应当从职工对企业发展的多个维度进行衡量。首先，在设定具体的评估指标时，财会指标及非财会指标都应当同时考虑在内，相对而言，非财会指标具有极强的稳定性，不易变动。其次，公司在对激励对象进行评估时，要综合考虑市场情况，掌握相关领域发展的最新进展。科学系统的绩效评估体制能够调动被激励对象工作的积极性，促进企业生产效益的提升，做到公司发展与调动员工积极性相得益彰。

第四，加强企业内部监管。通过加强企业有关监管部门的监督力度，提高股权激励的透明度，要加大对投机行为的处罚力度，使股权激励计划的有效性得到保证。

第五，重视企业长期发展。企业必须要重视自身的成长性，当经营者看到企业是在不断发展不断努力时，其自身也会去努力，才会重视股权激励下得到的收益从而为之更加努力为自身及企业带来更大的利益，使得股权激励的有效性得到保证。因此，对于创新促进企业发展而言，必须加大对产品与服务的创新研发。

（3）情感激励机制。对创新者的情感激励主要可以从以下四个方面加强与员工的感情沟通，使员工保持良好的情绪，激发员工的工作创新热情：

①尊重激励。就是要尊重员工的工作能力。做到当员工提出自己的意见时，要认真听取，让员工觉得领导是可信任的，使其对组织有归属感。特别是对于创新工作的决策，要让员工积极参与创新创意讨论，吸引员工参与创新决策讨论，相信员工有能力提出有关创新决策的意见和建议，要积极吸纳员工有关创新的意见和建议。让员工感到"我很重要"，不是决策的局外人，使员工创新的主动性、积极性和创造性积极迸发出来。

②树立创新榜样和标杆。就是在各种类型和各层次创新组织和员工中，设立创新人才榜样和创新工作标杆，给予荣誉表彰和物质奖励，充分发挥其创新示范和引领作用，号召企业全体员工向他们学习，开展创新经验交流活动，充分调动员工的创新热情。

③弹性工作制。根据企业创新工作特性和员工承担的创新项目或课题性质，实行弹性工作制，给创新工作者以创新工作自由支配时间，使他们能更主动地掌握工作节奏和休息时间，以保持充分的创新工作激情和可持续精力。

④创新俱乐部。在企业中开设创新俱乐部，设立俱乐部会员资格，让创新者取得会员资格，实施会员荣誉激励，激发员工创新热情。

阅读专栏 27-4　如何有效激励研发人员

对于企业，尤其是高科技企业，如何有效激励研发人员，对企业创新，尤其是对企业产品创新、技术创新和市场创新具有十分重要的意义。

一、研发人员的分类

研发人员，主要是指从事新产品或新技术开发，以及对企业现有产品或技术改进的相关人员。在分类上，可以有两种方式：其一是按照专业进行划分，如产品开发、硬件研发、软件研发、工艺研发等；其二是按照级别划分，如初级研发人员、中级研发人员、高级研发人员、研发专家等。在具体应用上，两种划分方式往往根据需要结合起来。首先，可以根据企业的实际业务，对研发人员按照专业类别进行岗位学历划分；其次，可以设计研发人员的岗位发展通道。人员岗位设置如表27-2所示。

表27-2　人员岗位设置

管理类	专业类
CTO/副总裁	首席研发专家
总监	研发专家
高级经理	资深研发工程师
经理	高级研发工程师
主管	研发工程师
	助理研发工程师

为突出研发人员特点，可以把研发人员总体上分为三层：核心层、骨干层和基础层，见表27-3。

表27-3　研发人员分类

层级	主要工作职能内容	典型岗位
核心层	引领企业研发方向，制定产品发展战略，主导重点研发项目，实现技术的重大突破	CTO/副总裁、总监、首席研发专家、研发专家
骨干层	重点执行企业研发战略，是企业研发工作的主要实施者	高级经理、经理、资深工程师、高级工程师
基础层	支持企业研发工作的执行，对研发工作起到一定的支持作用	主管、研发工程师、助理研发工程师

二、不同层级研发人员的需求

（1）基础层。在企业层级中，处于基础层的研发人员，一般工作经验尚浅，其需求的重点是满足基本的生活需求和生活保障，所以他们对于基本薪酬、短期奖金、基本福利会更加重视；同时，他们还追求职业发展，因为他们渴望获取更多的知识，期盼有更多的学习"本领"的机会，即参与各种研发项目。除此之外，由于工作的特点，他们更多时候是独立或参与团队工作，而研发工作本身决定了他们需要更多的"灵感"。因此，在工作时间上他们更希望"弹性工作制"，从而能够利用自己最佳工作状态进行研发。

（2）骨干层。他们是企业研发的中坚力量、研发工作的重要执行者。他们的需求，在薪酬方面，往往更注重"内外对比"，要想吸引和留住他们，企业就需要有较强的市场竞争力的薪酬设定。此外，由于他们重视企业的长期发展，因而长期激励往往成为他们看重的要素之一。在福利方面，他们希望能体现和基础层的差异，如更高额度、更多类型的补贴、津贴；同时，由于他们正处于事业的上升期，对事业成功的追求欲望会更加强烈，所以更加渴望在企业内部有更大的施展空间和更多的机会参与重要项目，他们更愿意接受更具挑战性的工作。他们更加重视上级对自身的认可，对于上级的领导风格更加敏感。此时的他们，基本已经有了家庭，也开始考虑工作与生活之间的平衡问题，更加注重企业人性化的管理制度。

（3）核心层。企业核心研发人员往往已经步入中年，工作经验、工作能力及各种社会资源的积累都已进入高峰期。此时企业更依赖于他们的"能力释放"。对于核心研发人才而言，单一的高工资已经很难成为吸引、留住人才的关键。在薪酬方面，他们更加关注自身投入与企业收益的结合，因而他们更希望与企业共同分享研发成果所带来的直接收益。同时，长期激励也成为他们关注的焦点。在福利方面，他们对于健康与养老方面的福利会更加重视。在职业发展方面，由于事业本身已较为成功，所以更加重视个人荣誉，他们对于自身在企业当中的地位，以及被企业重视程度会非常看重，企业在某些方面的做法稍有不慎，很容易引起他们的反感。此外，能否参与企业战略决策的过程也成为他们关注的重点，尤其对于企业今后的研发方向和产品发展战略，他们更希望起到决定性的作用。

三、如何设计研发人员的激励方案

这里引入"全面薪酬"的概念进行薪酬激励方案的设计，主要包括四个组成部分：薪酬、福利、发展与环境，见表27-4。

表27-4　薪酬构成

薪酬	福利	发展	环境
• 固定现金收入、工资 • 短期激励 • 长期激励	• 健康福利 • 津贴 • 其他高科技福利（先进的工作设备）	• 职业发展规划 • 业绩发展 • 个人发展与成长 • 参与令人激动的项目	• 领导力 • 组织氛围 • 认可 • 工作生活平衡 • 工作的挑战性、乐趣性

一般来说，企业薪酬和福利需要至少保持与市场50分位基本一致的水平，否则很难吸引到人才（见表27-5）。发展与环境，则更多是用于对人才的保留与激励，也是让人才与企业共赢的有力手段。

表 27-5 企业各层次研发人员激励方案

层级	薪酬	福利	发展	环境
核心层	• 基本工资 • 绩效奖金 • 项目奖金 • 研发收益奖 • 股份/股票期权	• 健康福利 • 养老福利 • 独立办公室 • 配车 • 假期	• 首席专家评审机会 • 领导力发展计划 • 引领重大项目	• 企业重视 • 经营会议 • 参与决策
骨干层	• 基本工资 • 绩效奖金 • 项目奖金 • 适当期权 • 加薪优先权	• 更高的补贴 • 补充商业保险 • 更先进的办公设备 • 假期	• 资深工程师评审机会 • 培训计划（含领导力） • 重要项目机会	• 上级认可与领导风格 • 参与重要会议 • 工作生活平衡
基础层	• 基本工资 • 绩效奖金 • 项目奖金	• 法定社保 • 公积金 • 餐饮补贴 • 通信补贴 • 交通补贴	• 晋升评审机会 • 培训计划 • 项目机会	• 弹性工作制

综上所述，对于企业研发人员的激励，不仅只是通过提高工资和福利来实现，而是应该根据研发人员的特点和实际需要，有针对性地设计，调动其创新的积极性和主动性。

（资料来源：陈劲，郑刚. 创新管理：赢得持续创新优势（第三版）[M]. 北京：北京大学出版社，2016.）

（八）创新绩效管理体系

创新绩效是指企业研发的新的技术、新的业务流程、新的管理模式等，为企业带来的价值的提升，创新绩效是企业创新投入、创新效率和创新结果的体现。企业创新绩效管理是指企业管理者动态掌握企业创新进展和成果，发现企业创新过程和创新活动中存在的问题及原因，以便企业采取有针对性的措施，优化企业创新资源的结构和配置，调整创新产出目标和方向，进一步提高企业创新的效率、效果和效益，最大化达成创新的目标。

企业创新绩效管理包括两个方面的基本内容：企业创新绩效评价和创新绩效改进。

1. 企业创新绩效评价

企业创新绩效评价，既可以是对企业创新绩效的评价，也可以是对某个企业部门、团队，甚至某个项目和个人的创新活动的评价；既可以是对企业创新的全面或完整性的评价，也可以是针对某一个或某几个方面的评价。

（1）创新绩效评价度量指标的设定。针对创新评价度量指标而言，其指标应该充分考虑到创新的根本目标，其基本的要求是要和企业的创新战略紧密关联，能为企业组织的进一步学习和提升提供依据。具体的指标设计可以按照以下四个步骤进行：

首先，设定创新提升的指标。将其与企业愿景、使命及战略相关联，可以根据客户的需求、竞争者的竞争情景、面临的形势趋势，提出这样几个问题：该目标是你最终想要得到的吗？它是否足够具体？它是否可以量化？它是否可以现实？能够满足客户的需求吗？能够得到市场竞争份额吗？

其次，设定能够保障目标实现的测度事项。确保测度的内容有助于达成目标，并能够进行优先顺序排列，最好选择 3 个指标。

再次，将测度的事项与创新实施者或被评价对象相结合。

最后，所有创新行动都应该基于时间规划，确保流程持续改进，并了解测度的事项是否在朝着目标前进。

对于创新绩效评价指标本身要有明确的质量要求，数据要具备准确性、可获得性和结果的客观性。总体来讲，目前可以从三个方面衡量企业创新绩效：创新投入、创新产出、创新过程。

表 27-6 为企业创新绩效度量指标体系，其主要按照创新投入、创新产出、创新过程三个维度对创新绩效指标进行整体划分。

表 27-6　公司或组织创新绩效度量指标体系（示例）

维度		创新绩效度量指标
创新投入绩效	经济效益	近三年来的新产品在本年度产品销售收入中的百分比
		与本行业一般企业相比，公司创新产品（技术）进入市场的时间要快多少
		近三年技术创新的收益相对于创新总成本的盈利能力
		与本行业一般企业相比，公司创新产品（技术）获得利润的时间要快多少
		技术创新项目的成功率
		近三年来技术创新项目对公司总利润的贡献
		与竞争对手相比，公司技术创新项目的盈利能力
		与竞争对手相比，技术创新的成功程度
创新产出绩效	直接创新效益	新产品即关键技术成功创新数
		改进产品数
		重大工艺创新数
		主持或参与制定新标准数
	创新积累效益	专利申请数
		技术诀窍数
		技术文档数
		科技论文数
		产品质量改进率
		生产力提高率
		创新周期（或交付期）缩短率

维度		创新绩效度量指标
	社会效益	对国家或区域经济发展带来的影响力和贡献率
		对国家政策、社会价值取向相适应程度
	环境效益	每万元产值能源消耗减少量
		减少污染的程度
创新过程绩效	战略开发	外部环境发展趋势分析报告数量及质量
		创新机会发现数
		创新战略开发质量和评估调整率
		创新战略计划编制数量
	组织创新周期与流程	管理者对创新活动投入时间和参与程度
		需求、创意获取数量
		技术部门与客户交流频率
		企业内部研发部门、市场部门等交流协作频率
		研发创新项目按时按计划完成率
		创新成果转化应用与扩散成功数量及比率
		成功执行的规范、标准数量
	创新资源投入	研发投入占销售收入比率
		研发人员人数比例
		技术带头人、技术骨干人数
		企业技术人员人均培训费用规模
		创新工具、方法导入与应用开发次数
	外部资源利用	企业外部创新资源开发数及结构合理性
		研发部门与高校、科研院所交流频率与合作项目数
		关键技术外部发展跟踪评估报告数及引入数
		企业外部风险投资项目评估数与完成数
	创新激励	企业内部开放日、技术论坛、创新大赛等交流、创新、创意活动数
		技术人员参加国内外专业会议人次
		创新激励制度（薪酬、股权、职业发展等）制定完善程度
		企业内部创新环境改善项目数
	自我革新	企业自我创新效能评估与完善提升项目数

　　创新投入主要指企业在资金和人才方面的投入，资金的投入是支持企业进行创新的关键要素，因为研发新技术、新产品是一个长期过程，会耗费大量的时间、精力和资金，所以创新活动想要稳定进行，资金的投入是必不可少的。人才的投入是企业创新潜力的重要体现，尤其是研发人员，他们是企业创新的重要主体，因此研发人员的投入对于激发企业创新潜力、提高企业创新能力和创新绩效具有重要作用。

　　创新产出能体现企业创新活动的结果，主要体现在两方面：技术产出和经济产出。

技术产出是指企业创新活动产生的新技术、新软件等，主要由企业的专利申请量来体现。经济产出是指企业创新活动为企业带来的价值的提升和经济收益的增加，主要体现在新产品在市场上的反响，可以通过利润指标体现。

创新过程是决定创新结果的重要因素，良好稳定的创新过程可以提高企业创新能力。影响创新过程的因素很多，主要可以从企业治理结构和市场环境两方面分析，内部环境的稳定性和外部市场的竞争压力对企业创新过程有着重大影响。

（2）创新绩效评价的内容。创新的绩效评价体系是企业创新活动的信息反馈机制，它能反映企业的创新业绩、创新各主要环节的效率，乃至创新对企业战略和竞争力的影响。创新评价同时也是企业衡量创新投资回报率、调整创新方向及奖励创新行为的基础。

企业创新绩效评价可以从以下几个方面开展创新绩效评价：

①从企业创新能力角度实施创新绩效评价。创新能力评价主要侧重于对企业创新潜力的评价，通常要涉及这样几个问题：在所提供的产品、技术和服务及生产体系中，企业已经表现出的创新性如何？企业当前的战略和创新能力之间的匹配程度如何？要支持其发展战略和竞争战略，企业在创新能力方面还需要有哪些提高？

创新不仅依赖技术方面的能力，也依赖制造、营销、人力资源等方面的能力。因此，创新能力是促进和支持创新战略的组织特性的全集。它既存在于企业的整体层面也存在于企业的业务单位层面。从业务层面来看，创新战略的决策重点主要包括进入市场的时机、技术领先或追随、创新范围、创新速度。从企业层面来看，由于要考虑如何使企业创新能力整体大于各业务单位创新能力之和，因此其战略重点包括产生新产品、新服务的范围与速度、在研发工作基础上形成新业务的范围与速度、进入时机。

无论是业务层面还是企业的整体层面，有五类重要的能力要素影响着创新战略的实施：一是可以用于创新活动的资源；二是从创新角度理解竞争对手战略和产业演化的能力；三是对相关技术进展的理解能力；四是影响创业行为的组织与文化环境；五是战略管理能力。

②从创新过程角度实施创新绩效评价。从创新过程角度实施创新绩效评价，以员工力图实现目标的过程为基础。可以通过建立创新过程模型来系统考虑所有可能影响创新或反映创新绩效的因素，并据此设计创新评价指标。

有两个著名的以过程为基础的创新绩效评价模型：一个是英国国家经济发展办公室制定的"创新管理工具箱"（Innovation Management Tool Kit）；另一个是由伦敦商学院齐萨主持设计的"基于创新过程审计"（Process-Based Innovation Auditing Framework）。齐萨的创新过程审计模型如图27-6所示。

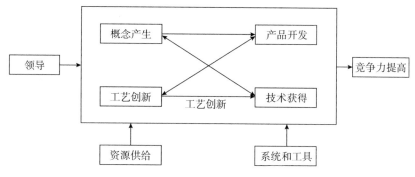

图 27-6　企业创新过程审计模型

这一模型将创新过程分为核心过程和辅助过程。核心过程包括概念产生、产品开发、工艺创新和技术获得；辅助过程包括资源供给、领导、系统和工具。整个系统的输出是竞争力的提高。

图 27-7 为企业创新过程模型。其反映的是企业创新的输入、运行、输出过程。周边因素如战略、组织、资源和能力等都可以看作是一种输入，是创新的推动力。输出的是企业的创新业绩和竞争力。

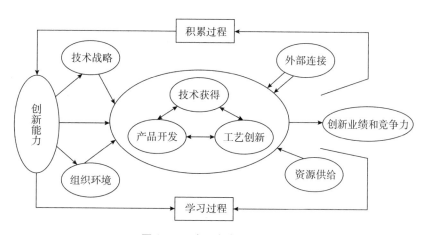

图 27-7　企业创新过程模型

资料来源：陈劲，宋保华. 首席创新官手册［M］. 北京：机械工业出版社，2017.

根据这一过程模型，可以进行企业创新绩效的评价，在评价指标上，企业可以设计具体的创新评价指标。例如，在产品开发方面，可考察创新从概念到商业化的平均时间、产品改进的周期、产品性能与成本等；在工艺创新方面，可考察效率改进等；在技术获得方面，可考察技术引进成本、自主研发的专利数量等，实施创新绩效评价。

③从投入产出分析实施创新评价。企业可以通过分析创新投入与产出间的关系来进行创新绩效评价，评价创新资源利用效率。表 27-7 列出了创新投入、中间产出（创新潜力）及最终产出（创新成果）评价指标（示例）。

表 27-7　创新活动的投入与产出评价指标（示例）

创新投入	中间产出（创新潜力）	最终产出（创新成果）
研发消耗物资 设备与仪器 其他 显性知识（资料）及知识 产权	①显性知识（资料）及知识产权（专利，版权等）： 学术论文、报告和数据、产品原型、手册等 ②隐性知识（个人或集体拥有）： 研究人员等 经验与诀窍等	①产品经营：对产品的贡献和对工艺的贡献 ②知识产权经营：出售专利和技术转移
知识	基础设施	间接成果
人力资源 信息与知识 技术与诀窍	新环境（设备与文化） 科学家与工程师（专家） 创新管理诀窍 创新人力网络	学术贡献 公司形象提升

这一评价模型使企业在创新投入与产出间建立更为直接的联系，明确创新资源利用效率。结合创新过程评价，可以对企业创新绩效进行比较全面的评价。

（3）企业创新绩效评价的基本程序。创新绩效评价的基本程序包括以下流程：

①收集整理有关企业创新的资料文件，包括企业创新战略规划、创新项目实施文件、创新项目实施过程和创新活动的原始记录、各种创新中间成果和创新项目最终成果文件、创新项目结项鉴定验收评价文件资料等。

②选取创新评价方法。评价创新绩效的方法有很多，如层次分析法、数据包络分析法、熵权法、平衡计分卡、杜邦分析法、主成分分析法等。企业可以根据企业创新评价实际需要、创新项目类别及其特点，定性评价和定量评价相结合，选用比较适宜的评价方法。

③实施评价。根据企业创新工作推进情况，对创新项目进行创新过程绩效评价、创新项目结项评价、项目成果鉴定评价，以及企业创新绩效综合评价等。

④撰写创新绩效评价报告。在进行评价的基础上，撰写创新绩效评价报告，根据评价需要，分为企业创新绩效综合评价报告、专项绩效评价报告、创新项目评价报告、创新工作绩效评价报告等。

⑤提交公布创新绩效评价报告。就是向项目立项单位提交创新绩效评价报告，选择在一定范围内公布创新绩效评价报告。

2. 企业创新绩效改进

创新绩效改进提升，是企业创新绩效管理的重要环节，是创新绩效管理的核心目的。

创新的绩效评价体系是企业创新活动的信息反馈机制，通过创新绩效评价反映企业的创新业绩、创新各主要环节的效率，乃至创新对企业战略和竞争力的影响；同时，创新评价也是企业衡量创新投资回报率、调整创新方向、改进创新工作及奖励创新行为的基础。

企业在创新评价的基础上，要重点在企业创新与企业发展战略的适应性、创新投入机制和投入强度、创新管理机制、创新人才激励、创新资源开发配置、创新投入产出效率等方面提出改进措施，不断实施创新改进，提升创新绩效和创新管理水平。

（九）创新风险管控体系

1. 创新风险含义及特性

风险是指在某一特定环境下，在某一特定时间段内，某种损失发生的可能性。换句话说，在某一个特定时间段里，人们所期望达到的目标与实际出现的结果之间产生的距离称之为风险。

风险理论把风险分为纯粹风险和投机风险。纯粹风险是指只有损失机会而无获利机会的风险，如火灾、地震等。其后果只有两种可能，即有损失或无损失。

投机风险是指既有损失机会又有获利机会的风险，其后果有三种可能，即盈利、损失、不盈不亏，如股票投资、经营活动中存在的风险。

投机风险因有利可图而具有程度不同的吸引力，使人们为求得利益而甘冒风险。

企业创新风险，是指由于企业内部条件的不完备性和外部环境的不确定性、创新项目本身的难度与复杂性、创新者自身能力与实力的有限性，而导致企业创新活动达不到预期目标的可能性。创新风险属于投机风险。

企业创新风险除具备一般风险的不确定性、不可控性、普遍性外，一般还有其自身的特性。

一是复杂性：具体体现为创新风险因素和成因的多样性、创新各因素之间的互相作用关系的复杂性。二是动态性：具体体现为外部环境风险和内部环境风险的动态变化性，以及随着企业持续创新实践的发展，不同阶段中不同风险的影响是不同的。三是严重性：持续创新是企业的灵魂，一旦风险失控，对企业来说后果是非常严重的。

2. 企业创新风险的类别

从创新风险管理的角度，为了对创新风险实施有效的控制和管理，我们可以把企业创新风险划分为创新组织资源风险、创新组织结构风险、创新运行机制风险和创新外部环境关系风险等。

（1）创新组织资源风险。企业创新需要一定的可靠的资源投入和资源保障。组织资源是指组织拥有且可以运用控制的各种要素，包括企业进行生产制造产品的各种资产和各种内部资源储备等。企业创新组织资源包括资金资源、市场资源、人力资源、技术资源等。创新组织资源风险包括资源数量风险、资源结构风险、资源结构风险等。

①创新资金保障风险。适应创新适量的资金是企业提高创新能力的必要条件。资

金不足不仅会限制研发能力，严重时还会导致创新项目中断。企业拥有充足的资金可以提高创新绩效。

②市场回报风险。如今市场竞争压力的增加、产品生命周期的缩短和模仿的便利，使得企业对于预测未来的收入和可能的利润充满了不确定性，这不仅取决于预测可销售的总数量，而且还取决于预测未来的生产成本、价格和价格弹性，这些对于以前没有被客户使用过的产品来说是艰巨的任务。在一般情况下，新产品成功推入市场比预期的要慢，因为顾客需要一定的时间来感知新产品，使得新产品市场的推进和销售的增长在时间上更加遥远。市场竞争的波动性使得新产品的成功变得更加不可知和不可预测。市场资源风险导致更多企业陷入新产品开发创新困境，进而导致生产经营失败。

③人力资源变动风险。人力资源在促进和沟通创造性的目标和实现组织目标的手段方面发挥着至关重要的作用。企业在产品创新项目中会存在关键人员，特别是掌键关键技术的员工，这些员工的离职会给项目带来由于某些关键技术的缺失而被搁浅的风险。此外，企业高级管理人员的退休也会带来一定的影响，因为他们往往具有长远的目光和深刻的见解。企业应该不断监控和保持项目相关人员，因为项目团队人员变动也会对创新项目产生影响。此外，多元化和专业化的人才储备对组织的创新能力也有着积极的影响。

④技术资源风险。在技术生命周期方面，企业无法准确预测这项新发明能否如其评估的那样发挥作用。由于技术周期的原因，没有人能够准确地预测一个新产品能够存活多久，而技术的淘汰可能会在新产品或新工艺刚刚推出时就将其扼杀。创新的新颖性取决于环境，意味着在某一时刻、某一地点被视为新颖的理念、实践或对象，在另一时刻、另一地点可能无法被赋予创新的地位。时间是成功创新的关键驱动力，而创新的时间不确定性是由于创新前期信息的缺乏、创新后期信息的模糊性或创新者所面临的时间复杂性造成的，能否把握好技术生命周期，能否在新技术的初期介入，在技术的衰退期成功退出，往往是高新技术企业成功与否的决定性因素。

技术与创新的关系密切，企业创新的技术资源风险还表现在技术与创新的兼容方面。技术兼容是衡量新产品设计和公司现有产品在产品结构、功能、装配方法、材料/组件使用、网络等方面具有共性或相似性的程度。一般情况下，相似度越高，技术兼容风险越低。技术兼容性风险，还表现在企业在新产品开发过程中，研发人员是否具备一定的技术能力来设计符合其性能标准的产品。

生产过程是指用于生产产品和服务的各种过程、技术和知识的集合。企业可以评价新产品与公司现有产品在生产工艺、设备工装、操作流程等方面的相似性和共同性的程度，较高的相似性和共同性将在质量和生产率方面具有较低的生产风险。

（2）创新组织结构风险。创新组织结构是指组织成员为实现组织创新目标而将各种要素以特定的形式组织到一起，建立协调规则、层次结构和职责。其结构风险主要表现为：

①授权不灵活。赋予员工创新的能力是领导者调动员工创造力的有效方式之一，赋权与领导支持和承诺相结合，赋予员工为创新承担责任的自由。在指导行动和行为的强大文化的存在下赋予员工权力，可以使员工产生持续工作的能量和热情。同时，面临较少结构约束和内部官僚机构的公司往往能在不断变化的环境中抓住更多的机会。员工自己能够设计出方法，他们能够创新并完成任务。反之，如果企业内部审批或报告要求过于烦琐，则会减少许多员工的主动性工作。事实上，很大一部分创新建议方案失败的原因不是因为员工缺乏想法，而是因为建议方案未能以足够快的速度处理。

②部门联系不畅。企业各种类型的创新需要企业内部不同业务部门的开放式交流。设想这样一种情况，一个企业的一个业务部门中的员工正在寻找专业知识来进一步发展她的想法，而这种专业知识并不存在于她自己的业务部门中。一个拥有强大组织连接的企业应该有机制来确保它在组织内外找到所需的专业知识。如果该专业知识存在于企业内的另一个业务部门，它可以联系另一个业务部门的员工。然而，在部门连接很少的企业中通常不太可能有富有成效的思想交流。在企业内可能没有建立专门知识的机制，或者当员工请求帮助时，其他业务部门的员工可能没有时间提供支持，因为他们的时间被过度分配到自己的业务需求上。组织内部独立业务部门的积极连接或集成可以促进组织成员之间的有效合作，以及处理不同单位目标或利益中存在的潜在冲突。

（3）创新运行机制风险。运行机制是指企业通过引导和控制各种要素间相互作用形成的各种影响企业创新的准则和制度。主要风险表现为：

①对组织目标和愿景的理解对企业创新的影响。员工对组织的愿景、目标和价值观的理解，以及如何将这些目标转化为可衡量的个人和团队目标影响着员工的个人发展和创新活动。组织目标的不确定性表明产品创新的需求信息匮乏，无法明确需要开发的产品或服务方向，会导致组织内需要不断的变更协调来完善需求规范。此外，模糊的目标会导致参与者对任务规范的理解程度较低，从而增加了组织的协调沟通成本，只有组织上下对组织目标相互理解、达成一致与认可，员工才会愿意投入创新，完成组织目标。

②员工间缺乏沟通和协调。当大量的组织利益相关者参与到产品创新过程中时，每一个个体或团队都带来了独特的信息和视角，从而在数据和解释方面为产品创新带来更大的样本量和多样性。因此，企业员工会更积极地参与创新项目，分享自己的观点，这非常适合于模糊的产品创新环境。此外，企业创新团队的经验可以使其接触到丰富的创新过程、资源投入和研发结果，并能使员工更好地适应突发事件及获得新的

相关知识。拥有强大的新产品开发团队的公司通过建立有助于风险识别和降低的组织惯例来更好地管理复杂的新产品开发项目。组织内建立完善的交流机制可以促进知识的传播，也可以使工作过程更具效率，帮助员工成长为知识型员工。有效的沟通可以促进员工间的信任，激发员工的创意，提高决策质量，让员工积极地参与到创新活动中来。

③绩效奖励不当。绩效奖励为员工的创造力和创新提供了一种动力，也会进而加强创新。公司普遍采用绩效奖励个人对组织的贡献。奖励可以是外在的，也可以是内在的。外部奖励包括加薪、奖金、股票和股票期权。内在奖励是那些基于个人内在成就感的奖励。有吸引力的薪酬会为企业带来技术性人才。此外，公司不应该只注重外部奖励，无论是对个人还是团队在一定程度上更需要提供个性化的内在奖励。当个人的动机更多的是内在的欲望而不是外在的欲望时，内在奖励就会激发更多的创造性思维和行动，因此在企业创新过程中采用适当的绩效奖励可以更好地支持创新。

④员工学习主动性。灵活和创造性的学习文化中可以促进企业层面的创新和整体竞争力。特斯拉作为全世界闻名的高科技企业一直重视企业员工学习的主动性和知识积累。特斯拉持续的技术更新很大程度上刺激了员工学习的动力，企业也提供了详细的学习系统软件和业务资料，从而推动员工完成专业知识的积累和实现职业的快速发展。企业创新团队在接触到丰富的创新投入和产出过程后，学习导向的员工会在接下来的创新项目中更好地适应突发事件及获得新的相关知识。此外，随着时间的推移，从过去的新产品开发经验中积累有价值的技术和产品市场知识的团队将在后续的新产品开发项目中更容易识别管理风险并取得更大的成功。员工缺乏学习主动性的机制，往往是企业创新潜在的巨大风险因素。

（4）创新外部环境关系风险。外部环境关系是指企业与各种外部利益相关者之间的组织互动。通过广泛的外部市场网络可以使组织活动更有灵活性和效率，从而更有力地支持企业创新的商业计划。对企业创新影响的风险主要表现在以下几个方面：

①供应商可靠性风险。一个成功的产品创新项目中包括多个来源。一旦与供应商联合开发新产品就不能忽视外包供应商带来的潜在不确定性。如果现有供应商能够提供性能良好的原材料和外包部件，则供应风险肯定会降低。但是当供应商不能按时交付产品，或者供应商在解决复杂问题时表现出较差的能力，则会对产品创新项目进展产生一定的影响。如果在产品创新过程中部分关键技术需要供应商来提供，此时就会受到此类技术敏感度较强的供应商的约束。一旦受到市场、政策等环境变化的影响，供应商与企业合作关系恶化，企业缺乏潜在供应商的选择，就会进一步降低企业的议价能力。

②交互风险。交互是衡量企业收集信息、利用外部资源的能力。企业的创新活动

并不是孤立发生的，通常需要同外部进行信息和资源的交互。由于各个组织利益的多样性，互动的过程很容易产生极大的不确定性。当然信息和资源的交互也可以帮助企业能够确定现有的技术方向，从而使企业的主动行动适合给定的行业趋势。准备好从各种来源积极吸收知识的公司将能够使它们开发的产品或服务与新出现的趋势相一致，并比其他公司更容易获取市场成功。

③顾客感知风险。没有市场的产品创新是没有价值的。产品创新的概念意味着它的发明和实施是为了满足市场真实的或可感知的需求。产品创新需要真正理解用户所处的环境和创新项目需要解决的问题，创新的重点是要让顾客觉得我们是创新的。顾客对新产品是否能满足他们的需求及是否可能存在使用上的问题有恐惧、不确定性和怀疑，顾客会认为某些新产品的功能天生就比其他产品更具风险。顾客首先是从企业提供的产品本身获得和感知价值，其次是从提供的产品和服务中体会到源于内心感受的价值，从产品到体验是一个从具体到抽象的过程，而顾客在感知过程中也需要付出一定的货币、精力和心理感受成本，只有当顾客的感知价值超过其感知成本时企业才会得到顾客对其产品的认可。此外，随着消费升级，产品创新与公认的社会价值（健康、安全和绿色）相矛盾时，产品创新感知的合法性也充满了风险。

④市场需求变化风险。在追求产品成功的过程中，市场扮演着重要的焦点角色。在市场层面，需求和供给决定了企业的成功。市场需求在项目初始设计阶段需要最先完整和准确的定义。顾客需求日益呈现个性化、差异化和小众化的特点，因为顾客需求会受到自身经济条件、价值观念的变化的影响，也会受到竞争产品和替代产品的影响，顾客总是希望得到更简便易用、更高性价比、更好体验的新产品，这会导致产品创新的成本增加和进度的延迟，因此需要不断根据市场变化来调整项目进展。产品市场的不确定性很大程度上是由于消费者需求的变化、替代产品的可用性或互补产品的稀缺性造成的。

⑤缺乏对竞争者了解的风险。由于市场的全球化和自由化，来自竞争对手的威胁给企业创新带来了极大的挑战。例如，苹果公司于 2010 年推出 iPad 平板电脑后，其余很多电脑厂商的上网本的开发计划不得不终止，因为这些产品无论是在外观和性能方面都很难同 iPad 平板电脑进行竞争，强行推出只会给企业带来很大的经营损失。因此，通过环境扫描，企业可以识别主要的竞争对手，评估竞争对手的优势和劣势，然后制定策略来灵活应对环境威胁和机遇。此外，随着时间的推移，企业可以有意识地从不同的合作伙伴那里学习最佳实践经验，从而更好地了解其他公司如何在其市场上运作和竞争。

3. 企业创新风险管理的实施

企业创新风险管理的实施包括三个基本的方面：企业创新风险的识别、企业创新风险的评价、企业创新风险的规避。在这里，我们以企业技术创新风险管理为例，来阐述企业创新风险管理的实施。

（1）技术创新风险识别。企业的技术创新具有涉及领域广、环节多、竞争性强等特点，这就决定了技术创新的风险因子复杂、不确定性高。按照技术创新过程阶段划分，一般而言，技术创新可划分为四个阶段：第一阶段为需求分析阶段，第二阶段为系统设计阶段，第三阶段为研究开发阶段，第四阶段为试生产和市场实现阶段，技术创新的风险因素也就存在于这四个过程之中。此外，技术创新存在的外部风险，主要包括如自然灾害风险、政府政策风险、经济环境变化等，这些外部因素基本上都具备不可抗力的特征。在界定技术创新的风险因素时，就要从和技术创新有关的内外部环境中寻找风险因素。因此，技术创新风险识别就是针对技术创新的特点及技术创新过程各阶段所设计的内外部的风险因子，找出影响技术创新成果的各种风险因素。创新风险识别的主要方法有流程分析法和二维分析法。

（2）技术创新风险的评价。对企业技术创新的风险因素进行定性和定量的分析，将风险因子按照风险等级由高到低排序，再制定规避措施，以便有效地规避风险。风险评估阶段是指，通过对风险因素进行分析与评估的结果，来判断能够给技术创新带来影响的因素是哪些。风险评估阶段可采用定量分析方法进行评估。技术创新的定量分析是通过具体的数据进行量化的分析，定量的分析方法可采用目前经常采用的层次分析法、风险概率法等。

（3）技术创新风险的规避。

①建立技术创新风险的经验知识数据库。技术创新风险管理是指企业通过技术创新风险识别、风险评估和风险控制，制定并采取有效措施规避技术创新的风险或减少风险的损失程度。技术创新风险管理是企业经营管理中的一个重要组成部分，技术创新风险管理的内容贯穿于技术创新的全过程，包括需求分析、系统设计、研发技术等环节，而这些环节在很大程度上是依靠已有的技术积累和经验。同时，经验的积累是一个长期的过程，通过建立创新风险的经验知识数据库可以为后续的风险规避提供支持。

②建立严格的技术创新流程和管理办法。这是保障企业技术创新成功的必要条件。科学的决策是建立在科学的分析之上的，而科学的分析是建立在科学的决策流程之上的。规范的流程会避免一些人为的、潜在的风险发生。因此，企业应该形成一套适合自己技术创新的规范、流程、制度。

③建立技术创新的风险预警体系。通过风险预警体系发现技术开发和生产过程的隐患。将风险较大的风险因素作为预警体系的监控对象，可以给每个风险因素制定相应的阈值，根据阈值监测技术创新的风险。具体来讲，企业技术创新风险预警体系是

对技术创新的研发人员、政策环境、市场环境等重要风险因素进行监测和预警，把技术创新风险控制在安全范围之内。风险预警体系应包括风险的监测、评价和控制，它应该贯穿于技术创新的全过程。

④协调技术、资金、市场之间的相互关系，保持三者之间的良性循环。由于创新过程中的主体有多个，这多个主体因行为机制、目标、原则的不同而产生冲突，从而给企业技术创新带来障碍。例如，技术人员认为自己是专业人员而非商人，追求的是技术的先进性和个人价值的体现；市场人员追求的是市场的成功和利润的实现；财务人员要求资金筹集的成本最低和使用的高效等。这些差异所带来的潜在冲突会影响创新的绩效。因此，协调好各个主体之间的关系，发挥好各个主体的作用，提高各个主体抵抗风险的能力，才能使技术创新得以成功实现。

4. 企业创新风险管理机制

（1）构建企业创新风险管理职能组织体系。构建企业创新风险相匹配的职能体系。具体而言可在董事会、经营层的指导下设置以下风险管理三道防线：业务部门负责持续收集并按照管理制度管理创新风险；职能部门负责在各自条线内监控外部环境、内部环境中的各项风险并对其进行有效管理；审计部门负责对风险的管理现状最终把关。在风险管理职能组织体系的搭建过程中要注重人员胜任能力的培养。在风险管理职能组织体系的搭建上要把每项风险因素具体到对应的部门负责识别、评估和管理，并关注经营者的思想道德风险及决策能力风险，确保决策科学及人员胜任。

（2）制定明确的企业创新风险管理流程和制度。企业的创新风险管理流程一般分为收集企业创新风险初始信息、进行风险评估、制定风险管理策略、提出和实施风险管理解决方案、风险管理的监督与改进。企业应当明确创新实践中以上流程的具体责任部门、操作程序、操作方法，并建立配套的制度。

在持续创新实践中收集风险管理初始信息阶段尤为重要，并且企业创新风险的动态性和复杂性也增加了此项工作的难度。一般而言，企业应将以上企业创新风险分解至具体的职能部门，如战略发展部门负责收集外部政策、环境、经济、法律等方面的信息；技术研发部门负责收集外部技术及内部技术信息；市场部门负责收集外部市场信息；财务部门负责收集内部财务信息；人力资源部门负责收集内部组织和人员信息等。

在收集基础信息的基础上，按照风险发生的频率和造成的损失进行风险评估，并制定与之匹配的策略和方案，如风险降低、风险分担、风险承受、风险规避等。需要说明的是，企业创新风险的复杂性和动态性决定了企业创新应该是动态的、闭环的、持续改进的。

（3）建立风险预警机制和应急预案。企业创新实践中的重大风险一旦失控，对企业的影响将是重大的。除了一般的风险管理程序外，企业应建立风险预警机制、止损机制和应急预案。

风险预警是在风险信息收集及时、完整的前提下，提示企业经营管理者风险水平已经超出了确定的某一水平，需要采取应对策略。例如，一家企业在实施新市场创新时，拟进入国外市场，外部环境中的经济因素（如外汇）将会对其产生影响，企业可将外汇水平作为一个预警指标，达到某个水平时提示企业关注或应对，甚至采用止损机制放弃。

应急预案是风险一旦失控时企业采取的事后补救措施，是为了防止损失的扩大。因持续创新风险的不确定性、复杂性、动态性，企业难以确保事前和事中一定能有效管理风险。应急预案的制定能保证将风险损失维持在一定水平，确保企业其他方面的正常运行。

（4）完善企业创新风险管理系统和激励机制。有条件的企业可以考虑建立风险管理系统，将风险管理的程序、管理机制嵌入内部系统，减少人为因素的影响，实现风险信息传递及时、风险评估科学、风险应对有效。企业持续创新实践中的风险管理的复杂性和动态性也要求企业具备相应的信息系统，以便有效支持决策和管理。任何管理机制的生效都离不开人的因素，企业创新实践中人的因素影响也较为重大。企业应当建立与企业创新相匹配的激励约束体系，持续评估人为因素的影响，确保人的素质、能力、行为均能有效支撑企业的持续创新。

（5）培育风险管理文化。企业需要向经营者、管理者及基层人员灌输风险及风险管理概念，明确企业持续创新实践过程中风险持续存在、动态变化、复杂多样、影响重大的特点和现状。形成企业范围内正视风险、重视风险的氛围，以及人人懂风险的管理基础。

（十）企业创新基础设施建设

1. 企业创新基础设施的含义

企业创新基础设施是指为创新活动提供的便利条件，包括物质设施和软件设施。企业创新管理的基本功能之一就是要为企业创新建设良好的创新基础设施。一般地，企业创新基础设施包括企业区域、信息网络、通信、交通、研发技术设备等内部和外部物质硬件条件，在这里，我们从创新管理的组织机制来论述企业创新基础设施建设，把企业创新基础设施定义为激发创新创意、吸引创新人才，支撑创新流程、提高创新绩效的硬件设施和软件条件。

2. 企业创新基础设施类型和内容

（1）企业创新生态系统。企业创新发生在一个拥有无数影响力的市场生态系统中，它包括企业和它的客户、供应商、合作者、竞争者和投资者、股东。企业在这个生态中生存和发展，企业生存和发展的一个重要决定因素就是参与这个系统的能力。创新是企业生存和发展的内在机制，企业创新必须也必然让这个生态系统的人员和组织，参与到企业的创新过程中来，实施开放的创新。企业创新生态系统是通过合作促进企业内部人员和外部人员有效连接。

（2）促进创新的工作流程设计。"工作"是企业每一个员工必须"做"的事情，"工作流程"则是创新基础设施，即从事工作的人在工作流程这个基础设施里面，是否进行创造性思考、协作并进行"知识劳动"，是靠个人还是靠团队工作，是会议、头脑风暴、交流会议还是研讨会，完成工作活动，是最基本的流程。驱动创造力与创新的关键是学习和领导力。通过学习，我们才能了解知识和信息什么时候及为什么对企业的现在和未来产生重大影响，而领导力就是要对创造知识、学习、创造力和创新给予支持。促进创新的工作流程设计及其运行机制是企业创新基础设施之一。

（3）创新办公室环境。人们通过大量的观察和实验，发现工作场所对人们的工作效率和业绩具有普遍的影响力，外部环境的激烈对人们大脑的持续发展具有重要作用。物理空间对交流在哪里产生及如何产生，对交流的质量及人们之间的互动具有重要意义。随着科技的不断进步，人们的生活和工作方式也在逐步改变。在这个时代，创新已成为企业生存和发展的关键因素之一，而创新的核心在于创造一种全新的工作方式和场所，以提高员工的创造力、工作效率/工作满意度，进而提高企业的创新能力。

办公室空间设计。相比传统的办公室空间，创新办公室空间需要更加灵活和实用，可以采用可移动隔断等空间设计手段，使得整个办公室可以根据不同的工作需求和人数进行灵活调整，以最大限度地提高工作效率和人员利用率。此外，在座位规划方面，更加注重员工之间的互动和沟通，打破传统的单一和隔离的座位类型。这样可以增强员工之间的合作和交流，让创新的思想不断涌现。

办公家具选择。新的办公室需要选用符合现代风格和时尚感的家具，以增强空间的吸引力和美观度。同时，家具的布局和排列方式也要注重合理性和科学性，以便于员工的使用和移动。为了满足员工的需求和舒适度，新的办公室家具也需要更多地考虑人体工程学和环保因素。

照明设计。特别是现代科技的发展，使得灯光可以直接影响人们的心理和情绪。因此，需要对办公室进行专业的照明设计，以提高员工的心理健康和工作效率。在具体的设计过程中，需要优先考虑自然光的利用和光线分布的均匀性，让办公室空间更加明亮和舒适。同时，还需要探索新的照明技术，如可控光源、色调可调节灯具等，以满足员工的不同需求和场景。

绿植配置。随着环保意识的不断提高和员工健康的关注度逐渐增加，通过适当的绿植配置，可以有效地净化办公室空气、调节气温和湿度，增加整体空气品质和员工健康感受。此外，绿植在办公室空间中的分布和布局也可以为员工创造一个更加舒适、自然和放松的工作环境，以提高员工的工作效率和职业满意度。

咖啡室设计。在办公环境设置一个咖啡室，人们在那里除了谈论天气、最喜欢的团队或者新闻外，咖啡时间也是人们讨论他们遇到困难问题的地方，以交换想法，获得共鸣，寻求思路，打开创新之窗。

（4）创新协作中心。为了适应企业不同职位和不同部门之间日益提高的创新互动需求，以及企业与合作伙伴和关键客户维护关系的需要，企业可以考虑建设创新协作中心。企业还可以利用创新协作中心举行创新研讨会。协作中心的建设要充分考虑协同创新、小组讨论、创新成功案例展示、学术报告等不同类型和层次的需要。

（5）创新实验室。创新实验室是一个充满挑战的地方，用于激发人们的创新思维，用惊人的洞察力和创造力着手解决艰难的问题。在实验室里，人们可以进行丰富积极的谈话、绘制草图、设计制造模型、辩论，以饱满的热情和奉献精神，测试和学习。实验室为互动而设计，创新领导和创新者通过不同的战略组合，优化互动，促进人们思考，创造性输出。

（6）虚拟工作环境建设。随着人们越来越多地同内部同事、外部合作伙伴、客户合作，其使用的工具和技能使创新生产力发生巨大的变化，虚拟工作环境对创新过程越来越重要。

虚拟工作环境，可以有效实现创新工作的需要，寻找创新之路；还可以克服创新时间和空间的限制，在更大的空间和时间范围内寻求创新资源，包括创新人才。在虚拟空间里，可以得到更多创新的想法，寻求创新支持，选择正确的创新度量等。

虚拟工作环境建设首先需要包括笔记本电脑、充足的存储空间和高速网络连接等硬件设备，其次还要配备相应的办公软件和管理制度建设。

案例 27-2　海尔数字化发展的创新生态系统

海尔从2005年"人单合一"管理模式提出开始，借助工业物联网平台，运用数字技术构建起海尔数字化发展的创新生态系统。

一、海尔数字化发展的创新生态系统的构成要素

海尔企业数字化发展的创新生态系统构成要素包括创新主体要素海尔核心单元、合作企业、用户、政府、科研机构、金融机构等。

（一）海尔核心单元

海尔的核心单元即"海尔小微+平台"，海尔从前身的青岛电冰箱厂经过多年的发

展将海尔公司打造成了围绕着用户为核心的企业生态系统，海尔经过三次组织变革改变了大多数企业科层制的组织结构，转换企业为"小微企业+平台"的形式。海尔小微企业来自海尔的企业内部，多数为海尔内部的员工，通过海尔企业的鼓励和海尔文化的影响，积极地进行创新活动。海尔有两种小微企业，一种是转型小微，另一种是孵化小微。转型小微指的是由海尔原来的业务转型升级的独立小微，如2005年成立的海尔生物。孵化小微指的是海尔员工或创客利用海尔的资源新创立的公司，如雷神科技公司。其创始人路凯林就曾任海尔电脑笔记本事业部的经理。2013年传统笔记本遭遇寒冬，路凯林发现了游戏笔记本这一巨大的细分市场，便依托海尔的平台资源进行创业。这两种类型的企业创立之初与海尔有着密不可分的关系，并且能率先为其他企业与海尔的合作提供资源。平台指的是海尔搭建的不同种类的数字平台，它们是海尔数字化发展的创新生态系统构建的基础。海尔的数字平台十分丰富，包括集中服务于开放式创新的HOPE平台、提供智慧家庭场景体验的海尔智家平台、工业物联网平台卡奥斯等。

（二）金融机构

金融机构指的是以银行为代表的金融组织。海尔近年来一直致力于建立产融结合的生态系统。与海尔合作的金融机构包括以青岛银行为代表的商业银行、以纽约人寿为代表的保险公司、青岛场外市场清算中心、青岛联合信用资产交易中心等。海尔最初参与金融的方式是参股银行，设立财务公司等方式，随着海尔在金融领域多年的积累，同时伴随着数字技术的发展，海尔成立了金融服务综合平台。海尔的金融服务平台为海尔数字化发展的创新生态系统内的成员提供金融服务。例如，海尔金融保理（提供链式信用生态服务）、海尔资本（提供产业投资）等。海尔与金融机构合作一方面能够拓宽融资渠道，增加海尔的研发投入；另一方面能够借助合作机构的财务咨询功能辅助海尔的财务管理，更好地帮助海尔创新。数字化的金融平台还可以智能化地识别企业创新的风险和资金资源需求。

（三）政府

政府指的是两方面内容，一方面是政府的政策支持，另一方面是政府的职能部门对核心企业的支持。政策方面，海尔成立科技政策部。海尔科技政策部主要进行国家政策的收集，如关注国家最新的政策、国家领导人讲话、国外的一些政策趋势是否会影响到创新方向。科技政策部会对政策进行分析，主动地将其传递给相关的产业部门，也会积极寻找国家政策扶持的项目进行创新。随着数字技术的发展，海尔还打通了企业和政府职能部门的紧密联系渠道。企业在人力、财务管理方面需要与政府的相关部门合作。海尔卡奥斯平台打造了"海企通"平台，接通了政府人社部门，打通政企，智慧赋能。2021年9月，烟台人力资源和社会保障局、市总工会等部门与海尔合作，打造了线上劳务合同和集体合同签约平台。通过平台的区块链技术，平台可以连接到人力资源和社会保障局、市总工会、企业端，数字化的平台能够提供快速签约的服务，不会受限于异地等因素。数字化平台的签约方式安全性增强。"海企通"平台可对电子签章全流程追踪，并将签章结果在授权允许下实现数据节点同步。同时，通过"海企通"电子签署的合同，均能收到对应的签约存证页，具备完整的签约证据链，有效避免了纸质劳动合同签署中可能存在的代签、假章及合同篡改等安全问题。青岛政府和海尔合作，在"海企通"平台上提供住房公积金模块。职工可以在平台上办理公积金开户、封存、调入等高频业务。

（四）科研机构

科研机构（高校）主要是指和海尔共同进行研发的科研机构和高校等组织，在海尔进行技术创新的过程中，海尔联合高校和科研机构协同进行创新，形成产学研协同创新的生态系统。海尔集团内部设有中央研究院，最初研究服务于家电产业线的共性技术，后来进一步发展，建立起国家级的重点实验室，增强了研究院的实力。为了更好地研发，海尔不止于企业内部的研究院，其与许多大学、科研机构进行联合创新。研发不用洗衣粉的洗衣机时，中国科学技术大学与海尔联合研发离子洗涤技术，中国科学院受海尔委托研发质改剂，通过电解液来去污，德国 VDE 为其提供性能检测和认证服务。研发无尾电视与麻省理工学院和重庆大学合作，为其提供了无线电力传输技术方案；与工业和信息化部电子第四研究院合作，为其提供电磁兼容测试服务。海尔联合了西安交通大学和中国标准化研究院共同研究蒸发器的相关技术问题并研发了天樽空调。近年来，围绕着用户需求，海尔继续加大和科研机构、大学的合作力度，2021 年海尔和华中科技大学成立联合实验室，针对智慧家庭等方面进行联合创新。海尔与中国航天科工三院合作成立智能光电技术联合实验室，通过合作致力于解决智能光电技术在家庭的应用。

（五）合作企业

海尔数字化发展的创新生态系统中，海尔企业进行研发设计，生产制造，应用服务过程中与许多不同的企业进行了合作。这类合作企业分为两类：一类是基于产业链上下游的企业，如供应商企业，开发物联网冰箱时恩布拉科、陶氏化学，它们为海尔冰箱的研发提供制冷模块和保温模块。另一类合作企业是基于为用户提供场景服务互联起来的生态合作伙伴，这种合作企业通常具有跨界性，如海尔衣联网生态品牌围绕着衣物的"洗、护、存、搭、购"提供全生命周期的服务。在这个过程中海尔与洗涤剂行业龙头企业立白合作，研制墨盒洗衣机，为用户提供洗衣剂识别与精准投放。同样的合作企业还有食联网中的易果生鲜与海尔企业跨界合作，易果生鲜通过与海尔厨馨冰箱互联，一方面能够为用户提供食品相关数据，另一方面接入海尔的生态系统可以收集用户的食材使用信息，易果生鲜可以通过数据分析优化企业的经营活动。

（六）用户

用户是海尔数字化发展的创新生态系统的重要部分。与工业时代的企业创新相比，数字时代的用户参与了创新的各个环节。用户具有工业时代不具有的交互功能。有学者将用户分为交易用户、交互用户、终身用户。交易用户与交互用户指的是用户与产品和平台存在短暂的购买和交互，而终身用户是持续与企业进行交互的用户。在生态系统中，用户可以参与到研发环节中，如有领先用户对海尔保鲜冰箱的研发提出过解决方案。在智能制造环节，海尔提供大规模的定制。用户可以通过平台定制个性化的家电。用户还可以通过模块化的选择，通过不同模块的组合选出适合自己的产品。互联工厂也是透明的工厂，通过数字技术，打通了工厂的各个环节，成为云上的工厂。用户可以通过开放的数字平台全流程地观看到工厂的生产过程。

二、海尔创新生态系统的数字化建设

海尔创新生态系统的数字化包括用户数字化、研发设计数字化、生产制造数字化、服务数字化智能化四个环节。

（一）用户数字化

创新的产生来自用户，用户是创新活动的重要参与者，海尔的技术创新来自用户的使用感受，通过大数据和云计算，对用户的需求进行数字化的分析，找到创新的方向。传统的生产活动对市场的定位并不准确，很难做到事前算赢。通过对用户的分析，海尔能够准确地定位到市场的需求和流行趋势，做到事前算赢，有目的的创新。创新要服务于用户，用户有了新的体验，产生了新的需要，并促进下一次创新的产生，创新从用户需求组成的市场出发，最后回到用户。

（二）研发设计数字化

首先，海尔应用数字技术可以做到研发设计紧紧围绕用户的需求进行。海尔可以通过数字平台收集到用户使用的真实感受，通过 HOPE 平台上的微洞察与用户进行交互。天樽空调、气氛保鲜冰箱的创意都来源于用户。其次，物联网时代，人机互联、机机互联，海尔通过智能网收集来的数据能够很好地反映用户的偏好，通过数据分析用户为研发提供方向。此外，数字时代，海尔企业的研发形成了网络化。海尔的研发联合了用户、科研机构、合作企业等共同研发，形成资源、信息互通的研发网络。海尔处于研发网络的中心位置，它能够更好地整合其他位置的信息、资源，是资源流的集中地。研发网络的整体利益是趋同的，整个研发网络的信息和资源通过共享的机制进行流通。

（三）生产制造数字化

生产制造上，海尔企业数字化发展的创新生态系统满足了大规模定制的智能生产。

随着数字技术的发展，物物互联、人机互联的智能化生产工厂被打造起来。智能工厂的特点是应用了大量的数字技术参与到工厂的生产中，并且解决了传统生产难以解决的问题。生产前，传统生产面临着无法根据生产进度灵活排期的问题，应用海尔提供的数字化生产运营管理系统，可以打通生产线上的生产数据，做到合理生产排期。生产过程中，有些企业的员工会面临部分危险的生产环境，传统的安全监控都是利用摄像头，数字化的工厂利用"算法＋监控"的形式保障安全生产，并且能够将安全信息提醒准确地传达给工人。除了人的管理，设备的管理也进行了数字化的升级，在传统生产中，设备出现问题，都是由人工解决，数据的检测也都是人工记录，并且采用纸质记录，不易保存，而且维修依赖工人，经常会发生停产等现象。数字化的设备管理能够针对设备状况异常数据提前预警，对于设备数据进行系统化管理，为设备维修保养提供帮助。对于生产完成的产品，传统模式下产品出现质量问题，企业很难找到问题所在，溯源的成本很大。海尔企业提供数字化的质量检测系统，通过该系统，能对产品进行全流程的管理，高效做到产品的质量溯源。智能化的工厂通过数字技术连接起来，生产的各个环节、人员、机器设备实现了互联互通，工厂具有前所未用的调动能力，实现了柔性生产。

（四）服务数字化智能化

数字时代的海尔服务更加智能化。传统时代的产品销售是单一的，用户消费产品；数字时代，海尔为用户提供的是解决方案。解决方案是针对用户的生活场景提供的智能化解决方案。海尔依托智能网形成衣联网、食联网等多个覆盖生活场景的生态系统，为用户提供智能互联的家庭解决方案。线下和线上的结合也是海尔数字化服务的特点之一，除了传统线下店铺，海尔还提供了线上的"云众播"平台服务，通过平台上的场景展示，和线下实体店的结合，用户能够更好地体验到海尔的智慧家庭解决方案。除了海尔智家，日日顺物流也为用户提供了场景化的智能服务。

三、海尔数字化发展的创新生态系统运行机制

海尔企业数字化发展的创新生态系统的运行机制为用户导向机制、协调机制、跨界整合机制。

（一）用户导向机制

在海尔数字化发展的创新生态系统中，无论是研发设计、生产制造、应用服务都是以用户为导向机制的。首先，以用户使用需求为导向进行研发，通过对用户与平台的交互收集用户痛点，围绕着用户痛点联合科研机构和合作企业进行研发设计。其次，以用户个性化需求为导向进行生产，海尔通过数字平台，做到了以用户个性化需求为导向的生产，在海尔的众创汇平台，用户提出自己的需求，工厂围绕需求进行个性化定制的生产，需求可以是外观上的个性化，也可以是使用习惯上的个性化，如选择冰

箱的开门方式模块、制冷方式等模块，也有通过用户交互出方案，大众投票进行众创性的个性化，选择能达到生产要求的批量方案进行生产。借助平台，用户可以全流程地了解产品的生产、物流，将互联工厂透明化。最后，以为用户提供场景解决方案为导向的服务。在海尔数字化发展的生态系统中，为用户服务不仅是单一的产品，而是满足用户多种场景需求的场景解决方案，为用户提供高质量的体验价值。例如，海尔智家提供的智慧家庭解决方案，包括智慧厨房、智慧阳台、智慧书房等场景。

（二）协调机制

协调机制包括很多方面，在技术创新方面，海尔数字化发展的创新生态系统联合用户、合作企业、研发机构、大学一起进行创新活动。创新的创意来源于用户，领先用户和感兴趣的企业研发部门会一起在平台上提出自己的技术方案。例如，天樽空调和气氛保鲜冰箱的技术研发就来自生态系统中的协调创新。在生态系统中，通过数字技术可以达到协调生产。技术的落地涉及生产过程，海尔数字化发展的创新生态系统通过数字化技术实行智能化的生产。卡奥斯平台提供给工厂数字化的产品和解决方案，分析其共性的特点，不难发现，这些产品和方案通过数字化技术将生产的环节打通，在原料的供应链管理、生产作业、安全管控、质量管理、仓储物流方面做到数据全流程可视化，每一个环节都可以通过数字化的技术做到协调，智能的按需调动。物联网的时代，万物互联，物联网的落脚点是场景。海尔数字化发展的创新生态系统利用物联网等数字技术协调不同行业并为用户提供场景服务。以海尔智慧阳台为例，海尔企业为用户提供阳台这个场景，用户的需求不仅是在阳台洗衣，还包括在阳台运动，海尔需要联合运动品牌迪卡侬、啄木鸟家具等生态合作企业，跨行业的协调起来为用户提供智慧阳台场景服务。海尔智慧阳台的洗衣机并不是普通的洗衣机，而是智能网器，洗衣机具备物联网识别技术，能够对衣服进行跟踪护理，而且家庭中的镜子、烘干机也都是智能化的设备，可以通过数字技术连接起来。这样就通过数字技术，协调起全屋的智能家电为用户提供了"洗、护、存、收"的系列服务。

（三）跨界整合机制

海尔数字化发展的创新生态系统具有跨界整合机制，生态系统内的主体丰富，异质性强。跨界技术资源整合，在生态系统中，海尔进行研发设计时，联合用户和科研机构进行科技研发，这些科研机构来自不同行业，海尔通过平台进行了跨界的技术资源整合，如天樽空调和气氛保鲜冰箱的技术，海尔研发团队通过用户交互的结果进行研发，研发团队通过与航天行业的专家交互，航天行业的空气动力技术可以跨界应用到天樽空调。同样的跨界整合也发生在气氛保鲜冰箱上，通过氮氧比例调节达到食品的保鲜，这通常应用在大型邮轮的运输上，海尔通过与邮轮行业的专家交互，经过各行业专家的协调筛选，形成家电行业的气氛保鲜方案。跨界的生产资料整合，借助生态系统中的大数据分析，海尔可以进行集约采购，整合不同行业的需求，统一进行采购。跨界技术整合，海尔作为具有丰富制造经验的企业，结合数字技术打造了数字化的工厂，对于制造业共性的技术，海尔通过模块化的形式提供给其他行业的企业，助力其他企业创新，并且通过纳入不同行业的龙头企业，海尔也能丰富自身的技术资源，升级已有的技术。

四、海尔数字化发展的企业创新生态系统的功能

海尔数字化发展的企业创新生态系统的功能主要有三个基本功能。

（一）交互功能

数字化企业创新生态系统内的用户与用户之间、企业与企业之间、用户与企业之间都具有高效及时的信息传递。这是数字化技术所赋予的时代优势。海尔搭建的数字平台体现了生态系统的交互功能，在体验平台上，海尔的线上云众播功能展示了丰富的场景体验，拉近了用户和海尔的距离，用户可以在平台上进行交互。HOPE平台上的微洞察体现了海尔的社群交互功能，用户可以在论坛上发表自己的看法，用户与用户之间可以进行交流，许多的技术创意来源于此。海尔还成立了执行社群交流职能的顺逛微店，将要上线的产品发布在平台上，与消费者进行交互，根据交互结果进行下一步的行动。不同企业在参与创新活动过程中是持续进行交互的，企业之间通过交互功能不断地优化解决方案，为用户提供更优质的体验。海尔数字化企业创新生态系统内企业围绕着具体的环节形成小微链群，如设计小微链群、制造小微链群等，独特的链群结构是生态系统交互功能的体现。物联网技术的发展打造了智能化的工厂，海尔可以实现工厂全流程可视化，并且能够提供大规模定制服务，用户可以通过数字技术全流程的参与到生产制造中来。

（二）选择功能

海尔数字化发展的创新生态系统对企业创新合作伙伴是具有选择性的，海尔搭建起来的生态系统对合作伙伴的选择是有一定标准的，要围绕着海尔的家电业务向外扩散，如围绕衣联网生态圈，海尔选择洗涤剂行业和服装行业的企业进行合作。企业数字化发展的创新生态系统对何时进行创新活动具有选择功能。由于联合了创新主体，海尔企业创新生态系统的创新不是盲目的，生态系统会在系统内的各方协调都成熟、价值分配都得当的时候进行企业创新活动，保证企业创新的成功率。

（三）智能支持的功能

通过数字技术、数字平台连接起来的创新生态系统数据互通，具有强大的分析能力，能为企业进行精准的赋能。企业发展的各个阶段所需的支持，都可以通过系统的强大分析能力获得合理调配。企业发展初期可能需要合理的规划，海尔数字化发展的

创新生态系统对企业提供合理的规划有经验的导师、资金、技术等资源支持，助力企业摆脱瓶颈期。为企业创新活动提供智能支持。企业和其他参与者之间的联系、互动都要通过智能化的数字技术，企业创新活动中的各个环节也应用了智能化的数字技术。

（资料来源：李雨桐. 企业数字化发展的创新生态系统研究［D］. 哈尔滨：哈尔滨工业大学，2022.）

推荐阅读

1. 宋志平. 问道创新［M］. 北京：中国财富出版社，2021.

2. 陈劲，宋宝华. 首席创新官手册［M］. 北京：机械工业出版社，2017.

3. 彼得·蒂尔，布莱克·马斯特斯. 从 0 到 1：开启商业与未来的秘密［M］. 高玉芳，译. 北京：中信出版社，2016.

4. 兰登·莫里斯. 持久创新：创新原则、创新战略和创新方法的权威性指南［M］. 张惠敏，罗佳，译. 北京：经济科学出版社，2011.

思考题

1. 企业创新的特性有哪些？企业创新类型如何分类？

2. 企业创新管理的要素包括哪些方面？

3. 企业创新能力表现在哪些方面？

4. 企业创新机制包括哪些？企业创新过程有哪些方面？

5. 企业创新管理体系包括哪些？

第二十八章　企业法务管理

学习目标

1. 了解企业法务管理工作的内容、特征及组织体系；
2. 把握企业法律风险及防范实务；
3. 掌握企业合规与合规管理的内涵、价值、原则；
4. 学会分析企业合规经营的组织与改进。

第一节　企业法务管理概述

一、企业法务管理内涵

法务管理的学术定义是法律事务管理，或者是法律服务管理、法律管理工作。其主要包括受法律调整权利和义务关系，即与法律相关的管理工作。

企业法务管理是指为适应企业外部环境变化、企业内部治理和企业经营管理的需要，主要以公司治理、人员管理、法律风险管理为职责，通过建立健全法律风险管控体系，对企业内外部法律风险进行有效管理的过程。

二、企业法务管理工作内容

法务管理是企业现代化管理体系中的一个重要组成部分，在实际企业生产经营过程中法务管理确实是一项复杂、艰巨的工作。企业法务管理主要有四个方面的内容。

（一）建立并完善企业法务管理工作组织

企业法务管理想要衔接好企业现代化管理模式，在企业内部设立体系完备的法律事务部门，将法务工作和企业核心工作进行关联，让法律工作体现到企业日常事务中，法务管理者提供专业的法律意见，并对公司决策做出合理的建议，这样才算企业内部有了独立的法务管理部门，能够进行企业内部法律业务处理。因此，完善的法务管理机构，是企业开展法律管理的必要载体。

（二）建立并完善企业法务管理制度

高效的规章制度是管理企业发展的有效保障，制度是企业管理工作的依据和标准，只有不断完善、加强、丰富制度建设的形式和内涵，企业的运营管理才能顺利运转。能否构建良好的法务管理工作，制度建设应该是要放在第一位上被考虑的因素。

第一，对企业内部现有规章制度实施合法性审查制度。

企业发展过程中会形成管理制度，从企业发展战略考虑，合法的管理制度是企业正常运转的必须保障。因此，企业制度的合法性审查工作尤为重要，是基础的预防工作。制度的制定不仅要在程序上符合规定，也要在内容上合法。尤其是对企业重大事项，必须要按照法律规定的程序开展，如对公司的章程进行修改，需要得到相关主体的法律认可才能实施。

第二，对签订合同内容实施审核。

企业在其生产、经营时涉及的每一份合同都需要经过法务审核，而企业法务管理的一项重要工作就是对合同管理工作进行监管与审核。但实际工作中一个合同从起草开始，到审核、修改完善、签订再到最终的执行，其整个过程耗时过长，所以对应到合同上也必须是一个变动管理过程。构建完善的合同管理体系和管理流程，审核签订合同双方主体资质，跟踪合同实施进展情况，评价合同执行过程，以上都是法务管理需要审核的内容。

第三，有关企业法务工作的管理制度。

企业法务工作，要做到科学化、规范化、职业化，必须建立一系列管理制度，使企业的法务管理工作在制度的约束下有效运行。

案例 28-1　××集团公司法务管理制度

1. 目的

为规范集团法律事务管理，保障集团安全经营，防范和化解集团在经营中的法律风险，维护集团合法权益，特根据本集团的具体情况制度本制度。

2. 范围

适用于集团公司本部及其各级全资子公司、控股公司、分公司法务事务的处理。

3. 法务人员（部）职责

3.1　执行法律、法规，对重大经营决策进行法律论证，提供法律咨询意见，依法维护集团合法权益；

3.2 参加或接受有关政府部门和司法部门对集团有关法律问题的调查询问、法律文书处理，办理公证、鉴证等有关法律事务工作；

3.3 参与合同的审核、管理，负责合同签订与执行过程中的法律监督；

3.4 参与集团规章制度制定，负责规章制度的合法合规性审核；

3.5 参与制定改制、分立、合并、破产、清算、投融资、担保、租赁、权利转让、招投标及公司上市等重大事项的工作方案，负责处理操作过程中的有关法律事务工作；

3.6 负责授权委托、工商登记和商标的统一管理，参与专利、著作权等知识产权的相关管理，办理相关的法律事务工作；

3.7 负责或配合集团相关部门对员工进行法制宣传教育；

3.8 管理诉讼、仲裁、调解事务，接受集团法定代表人的委托，代理集团参加诉讼、仲裁、行政复议、经济纠纷非诉讼调解处理和听证等活动，依法维护集团合法权益；

3.9 负责外聘律师、法律等中介服务机构的选聘、管理、使用、联络，并对其办理所委托的事项进行协助和监督、评价；

3.10 配合审计部做好集团招投标工作的监管；

3.11 办理集团领导交办的其他法律事务工作。

4. 法律事务工作程序

4.1 法律事务管理

4.1.1 公司法务人员（部）根据企业的实际情况制定相应的制度，如合同制度、工作制度等。

4.1.2 公司在经营管理活动中涉及的法律事务，业务部门须告知法务人员（部），由法务人员（部）进行分类登记，报送法务主管人员，由其根据岗位职责和工作量，制定承办人员。如需要企业出具书面法律意见书的，业务部门应交送书面情况说明及相关材料，法务人员（部）根据业务部门提供的说明及材料在收到之日起三至七日内出具书面法律意见书。

4.1.3 一般法律事务由承办的法务人员提出处理方案。

4.1.4 重大、疑难的法律事务，经法务人员（部）和其他相关人员集体讨论后，制定具体处理方案。

4.1.5 公司在对外正式签订合同，或出具、接受承诺书、担保函、声明等具有法律效力、可能承担法律责任的各种书面文件前，应先由法务人员（部）审核，并由主管人员签字后转下一程序，经会签后方能对外签订、出具或接受。需要法务人员（部）参与起草、谈判的，业务部门应该在谈判前五天将主要谈判内容告知企业法务人员（部）。

4.1.6 公司从事招、投标活动，应在招、投标前五日告知法务主管人员（部），法务主管人员将指派法务人员全程参与，并出具法律意见。

4.1.7　法律事务处理完毕后，承办的法务人员应在一周内制作结案报告，并按公司档案管理规定将报告及有关材料归档封存。

4.1.8　以上法律事务涉及重大、疑难法律问题的，必须报请本级公司主管领导审核，集团公司下属子公司、分公司要将处理结果报送集团公司法务部备案。

4.2　合同（协议）管理

4.2.1　企业生产经营方面的重要合同（包括但不限于投资协议、工程建设合同、担保合同、借款合同等）管理按本节的规定办理。企业后勤服务类合同、劳动合同以及劳务合同则由有关部门专项负责。

4.2.2　法务人员（部）负责企业合同的合法性审查，并提出相应的法律意见给业务部门，按具体分工，负责合同的实际履行。

4.2.3　以企业名义对外签订合同，主办部门起草或者收到合同文本后，应当在签订日前五个工作日送交法务人员（部）审查，并附送起草说明及合同形成的有关背景资料，但在送交法务部门之前，主办部门必须先行对合同进行初步审核，并保证合同中内容与谈判记录相符。

4.2.4　法务人员（部）在收到合同文本后，一般应在五个工作日内审查完毕，有特殊情况时除外。主办部门对审查时限有特殊要求的，应当说明理由，征得法务主管人员（部）同意后，可以相应缩短审查期限（为保证合同质量，此特殊要求只能作为个例，不能作为常规）。

4.2.5　送交法务人员（部）审查的合同文本及有关资料，由法务人员（部）存档，不予返还，送审部门应当自留原件。

4.2.6　以企业名义正式签订的合同，应当在合同最后一方签署后五个工作日内将原件送交公司办公室备案。

4.2.7　需要企业法务主管人员（部）派人参与合同谈判的，主办部门应当在谈判日前三个工作日以书面形式通知法务主管人员（部）并提供有关背景材料和谈判内容大纲。

4.3　规章制度管理

4.3.1　以企业或者企业各部门名义发布的规章制度，需要进行合法性审查的，主办部门起草完毕后送法务主管人员（部），并附起草说明和有关背景资料。

4.3.2　法务主管人员（部）在收到有关材料后应当及时进行审查。

4.3.3　本节规定不适用于企业和企业各部门制度的有关生产、经营方面的技术标准和规范。

4.4　其他法律性文件管理

4.4.1　以企业名义形成的其他法律文件，需要进行合法性审查的，在法定代表人签字或企业盖章前，送交法务主管人员（部）审查。

4.4.2 本节所指法律性文件，是指除合同（协议）、诉讼文书以外的法律文件，包括但不限于公司章程、工商登记资料、各种权利证明、授权委托书以及其他涉及企业或员工权利义务的文件等。

4.5 外聘法律中介机构的管理

4.5.1 公司法律事务确定有必要聘请社会法律中介机构的，由法务主管人员（部）统一负责，并经法定代表人或者分管领导同意。同时，法务主管人员（部）应当认真监督聘用单位指派人员的工作。

4.5.2 企业具有下列情形之一的，可以聘请社会法律中介机构。

4.5.2.1 国家有关法律、法规和规章规定必须由律师事务所等专业法律机构介入的；

4.5.2.2 有关法律事务必须由法律中介机构人员配合的；

4.5.2.3 其他确实需要聘请外部法律中介机构的。

4.5.3 聘请社会法律中介机构应当坚持能力优先、效益优先的原则，选择社会信誉良好、报价公平的法律中介机构。

4.5.4 聘请社会法律中介机构的应当与其签订聘用协议（合同）。

4.6 诉讼与仲裁案件管理

4.6.1 本节所指诉讼与仲裁是指以本企业为一方当事人或者作为第三人，通过人民法院、仲裁机构采用诉讼、仲裁方式解决纠纷的法律事务活动。

4.6.2 企业的诉讼与仲裁案件的处理须遵循有效维护企业合法权益和充分协调必要关系相统一的原则。

4.6.3 案件起因人或部门负责人负有配合、协助法务主管人员（部）处理案件中的相关问题、收集和提供案件的原始证据及相关依据的责任。

4.6.4 在企业经营、管理或其他活动中，被其他组织或个人起诉而被动参与（包括可能涉及）诉讼、仲裁活动的，当事人、有关责任人和所在部门或单位应及时以法律事务报告书的形式向法务主管人员（部）说明案情并提供相关材料，以备应诉工作的顺利开展。

4.6.5 对于案件处理进程中所需要的必要条件和关系协调，案件关联部门及相关人员应积极、主动配合法务人员（部）开展针对性工作，保证案件处理的顺利进行。

4.6.6 案件知情人应坚持保密原则，不得泄露案件信息内容。

4.6.7 在案件审结完后，依据人民法院、仲裁机构的生效裁决、调解书，法务人员（部）应继续做好执行阶段的工作。对方当事人逾期不履行生效调解、裁（判）决时，承办部门或承办人应及时向企业负责人汇报，并报法务主管人员（部）在法定申请执行期限内，向人民法院申请强制执行。

4.6.8 法务人员（部）应当系统全面地对案件材料进行整理并编撰成卷，建立案件归档制度，发挥好信息库作用。

4.6.9 其他与司法活动相关事宜。

4.7 非诉讼事务管理

4.7.1 非诉讼是指以本企业为一方当事人，采取协商、调解、行政复议等方式解决有关纠纷或法律问题的法律事务活动。

4.7.2 需要以企业名义启动非诉讼活动程序的，由法务人员（部）办理，必要时可根据本管理制度第4.5节的规定聘请社会法律中介机构办理。

4.7.3 办理与企业有利害关系的行政复议、听证活动等事宜。

4.7.4 非诉讼活动处理完毕后，法务人员（部）应当作出结案报告，报企业主管领导并送交有关业务部门。

5. 相关记录

《案件立案申请表》BSD/D-（C-JS-01）-001，见表28-1。

《案件汇总记录》BSD/D-（C-JS-01）-002，见表28-2。

《案件处理汇报》BSD/D-（C-JS-01）-003，见表28-3。

表 28-1 公司立案申请表

事由或纠纷发生大致经过：

申请人：

时间：

直接上级意见：

分管领导意见：

法务办意见：

主办人：

集团总裁意见：

案件进度跟踪

1. 时间：   事件：   记录人：

结果：

2. 时间：   事件：   记录人：

结果：

3. 时间：   事件：   记录人：

结果：

4. 时间：   事件：   记录人：

结果：

5. 时间：   事件：   记录人：

结果：

表 28-2　案件汇总记录

	我方单位	对方单位	案由	标的数额	立案时间	结案时间
1						
2						
3						
4						
5						
6						

表 28-3　案件处理汇报

我方单位：   时间：

对方单位：   时间：

案件情况：

法务部处理建议	

批准人意见：

资料来源：百度文库．集团公司法务管理制度．https：//wenku. baidu. com. 2019 年 5 月．

（三）对各种企业法律事务的处理

法务管理工作应该从管理层的高度去看待公司的战略发展问题，要发挥出其管理职能和管理价值方面的最大优势，但是专业性的、日常性的法律事务工作始终是法务管理工作最核心、最基本、最本职的工作任务。在日常工作中面对的法律事务工作，大体上可分为两种类型：一种是突发性的，但是需要耗费很大精力的纠纷诉讼案件。另一种是对非诉讼案件的处理，即针对要求。各部门开展的法律、信访纠纷（含潜在纠纷）排查工作中暴露出来的纠纷隐患，以及各种权利利益纠纷类型的问题，采用不同司法手段，双方以平等、公平的民事主体的身份出面，更高效更快捷地化解此类争议问题。

（四）开展企业内部法律专业知识培训，做好法律咨询等工作

对企业内部员工开展与业务工作或是员工生活紧密相关的法律知识的相关培训，提升企业全员法律意识，掌握同类企业中较为先进的管理经验和研究成果，帮助公司员工在扩大视野的同时增长见识，提升自身业务能力。此外，对员工在日常工作、生活过程中遇到的业务知识和个人问题进行咨询，帮助公司员工增强法律意识，使其用法律武器去维护自身合法权益。

三、企业法务管理的特征

现代企业法务管理的主要职能特征体现为以下三点：

（一）生产经营管理特征

企业的法务管理工作是企业生产经营的一部分，存在于企业的各项业务中，自然也就具备经营管理的特征。一是在知识产权的管理方面，作为企业实践创新的知识成果，可以将其作为企业的竞争优势来提高企业的核心竞争力，从而为企业创造更多的利润和价值。二是在对外投资的管理方面，要对企业即将进行的涉外项目展开可行性分析，根据项目的特点制定相应的风险防控方案，为企业必要而合理的投资决策保驾护航。

（二）管控风险特征

（1）企业法务通过建立法务管理组织形式的方式来管控和降低企业风险，要以监督者的身份参与到公司战略管理的事务中，为公司战略的形成提供有效的法律意见，为良好法律环境的构建提供基本的法律支持。

（2）企业法务在企业正常的生产经营活动中做好事故设想和事故预案的建立，完善合同条款的规范建立，对合同从签订、履行、闭环实行全过程的监管，提前规避风险、干预风险、降低风险。

（3）企业法务制定符合国家行业规定的规章制度，通过法律的手段规范、监督企

业的日常活动，保证决策合法化、制度合规化，同时对可能出现的法律风险进行提前干预，以保证企业各项经营活动的合法化和合规化。

（三）竞争特征

企业法务从案件管理的角度来看，对一个具体法律案件的证据收集、答辩状书写、胜负率预测、应诉技巧分析等，每一环节都需要与案件另一方当事人进行竞争和对抗，并将过程资料的准备和结果的判定作为对法务工作人员业务能力考核的关键指标。

四、企业法务管理与企业可持续发展

企业法务管理对支撑和维护企业可持续发展处于十分重要的地位，发挥着独特的作用。

（一）企业法务管理是企业治理体系的重要组成部分

企业治理体系是企业可持续发展的基石，法务管理成为现代企业治理的重要组成部分。首先，企业法务管理为企业权力体系提供合法性保障。企业法务管理通过对企业治理权力体系设置提供合法性审查，包括权力组织体系设置的合法性审查，为权力制衡体系设置合法性和合理性提供咨询意见，可以为企业治理权力设置提供最大化合理性保障。其次，对企业治理权力体系运行提供正当性保障。企业法务管理可以为企业治理权力运行提供正当性监督，对权力运行是否合法得当提出质询，从而可以最大化防止企业治理权力的滥用和误用。再次，所谓参谋就是要求法务人员参与企业决策。最后，从企业法务管理的角度，为企业治理的战略决策提供支持。企业法务人员可从法律风险的角度参与企业的战略制定分析，他们了解、熟悉、掌握政策法律和国际规则，从法务管理关注的焦点对企业战略决策提供强力支持，以法律支撑保障企业稳健发展。

（二）企业法务管理为企业安全运营提供保护

企业法务管理一是为企业运营建立健全法律风险管控体系，对企业内外部可能面临的法律风险进行全面管理，定期进行法律风险梳理和风险分析，及时发现并解决企业管理中的法律问题，开展法律风险提示，降低企业运行中的法律风险，为企业创造价值。二是监督企业合法合规经营。要加强证照管理和企业经营管理的法律审核，提出法律意见，倡导企业特别是高层领导树立"决策先问法、违法不决策"的意识。三是维护好企业合法利益。不论是合同谈判、起草与审核等合同管理，诉讼、仲裁、行政复议与听证等纠纷管理，还是知识产权保护、法制宣传教育与提供法律咨询，目的都是直接或间接地维护企业合法权益，控制企业风险，从而为企业运营安全提供强有力的保障。

（三）企业法务管理有效保护企业财产和经营成果

企业作为合法的市场主体之一，其经营成果受到国家法律、法规和国家政策的保护。企业法务管理可以运用法律手段，为企业财产和经营成果设置保护屏障，有效防范不正当竞争和恶意侵害，有效保护企业财产和经营成果。

（四）维护企业良好形象

良好形象是企业可持续发展的前提条件，是企业核心竞争力的重要体现，更是企业的品牌，是企业重要的无形资产。企业法务管理可以为客户、消费者和全社会，展示良好的遵纪守法、尊重消费者、维护社会利益的口碑，建立起良好的信誉和信任关系，为企业可持续发展建立良好的竞争环境和社会舆论环境。

阅读专栏 28-1　企业法务实务内容

一、主体资格法务

其包括基本商业资格管理、许可准入类资格管理、授权管理、印章管理、法人治理结构管理、股东权益管理（严格来讲股东权益不属于企业法务层面）、注销重整与破产管理。

二、财产安全法务

财产安全法务，分为财产取得管理、财产状态管理、财产交易管理，本处财产包括知识产权和商业秘密等权利性财产。

三、内部管理法务

其包括制度合法性审查、投融资风险防控、劳动关系合法化处理、安全环保健康消防合法性管控等。

四、交易安全法务

其分为交易磋商管理（洽谈、招投标）、交易文书（合同）管理、履约管理、交易纠纷管理（纠纷因其综合性单列一类进行管理）。

五、纠纷诉讼法务

民事、行政、刑事、劳动各类纠纷、诉讼的过程管理。

六、法律宣教法务

有计划地对员工进行业务相关法律培训、综合性法律培训，实现员工法律意识和技能的持续进化。

七、咨询论证法务

咨询论证是法务最明显的功能，帮助企业实现决策的合法化。

八、对外文书审查法务

对外文书是企业对外活动的重要载体，合同之外的一切对外文书都需要法律审核。

九、法律风险管理、合规管理类法务

第二节　企业法务管理主要任务

企业法务管理运行体系，包括企业法务管理组织设置及人员配备、企业法务管理制度、企业法务管理考核等内容。

一、企业法务管理组织设置

法务处理不同于内部行政管理，其行为以企业名义作出，结果由企业承担，部门名义显然无资格对外。所以法务在企业中，相对于其他行政管理业务，法务天然具有最高的层级，直接对企业和企业负责人负责，平行于人、财、物等管理部门。企业法务覆盖企业所有活动，企业所有员工、部门的职权行为，一旦涉法就需要法务进行处理，所以应赋予法务足够的职权。在涉法问题上，其应拥有向企业员工、部门提出要求，并监督要求得到彻底执行的权力。

一般情况下，企业应成立法务部门。当法务以零星的方式存在时，可以自行或外聘专业人员处理；当法务以常规、反复、大量状态存在时，就需要进行管理，此时应设立管理机构，辅之以外聘专业机构；当对法务的质量和效率提出更高要求时，应设置专门的机构进行管理，并与外部专业机构配合。

一般地，企业法务管理组织设置包括两个方面的内容：企业法律顾问和企业法务管理职能机构。

（一）企业法律顾问

1. 企业法律顾问含义

企业法律顾问是企业为了维护自身的合法权益，聘请律师就其在业务方面的问题提供法律帮助而担任的特定职务。企业法律顾问一般有两种，即常年法律顾问和专项法律顾问。常年法律顾问与企业签订法律顾问协议，在协议约定期限内（通常是 1 年或 1 年以上）处理该企业所有的法律事务，这类法律顾问服务范围广、时间长，故称为常年法律顾问，法律顾问关系随协议期满而结束，如果继续聘用，需要重新签订协议。专项法律顾问受企业聘用专门处理某一项法律事务，法律顾问关系待该项法律事项办理结束而结束，一般不受时间限制，故又称临时法律顾问或者短期法律顾问。

2. 企业法律顾问的任务与工作原则

（1）任务：①从事企业法务工作；②促进企业依法经营管理；③维护企业合法权益。

（2）工作原则：①依法执业原则；②为本企业服务原则；③以管理为主原则。

阅读专栏 28-2　企业法律顾问工作服务方式

一、全面掌握企业的情况

了解企事业单位的性质、经营方式、业务范围、企业简史，了解企业在本行业、本系统中所处的地位、作用、服务对象和竞争对手，了解企业的业务情况和可能涉及的法律问题，掌握有关的法律规定，以便使用起来得心应手。

二、对企业急需解决的问题区别情况，采取不同措施予以处理

（1）对企业正在违约的合同，要在对方接受的前提下，明确责任，签订补充协议，以消除违约后果，尽可能减少财产损失。

（2）对于口头合同，要尽快采取措施，用书面形式固定下来，除书面签字盖章的原始合同外，传真、电子邮件等形式也是证据。

（3）对于已超过诉讼时效期的债权，尽量调解结案，或者与对方签订新的还款协议，以获取有效诉权。

（4）对于快要超过诉讼时效期的债权，要尽快起诉，对于不能起诉的关系客户，要用书面形式要求还款，使诉讼时效中断。

（5）对于其他纠纷，区别轻重缓急，选择最佳方式，一个一个地解决，尽最大努力维护企业的合法权益，避免财产损失。

三、由点及面，开展法律顾问工作

在完成上述工作的基础上，按照常年法律顾问明确的范围开展工作。

1. 解答法律咨询

就企业在经营方面遇到的有关法律或法律事务方面的问题提供具体意见,方式有口头和书面两种。对于问题简单、法律关系明确的一般性的咨询,使用口头形式。对于所涉及事关重大的法律事务则以提供法律意见书的形式,为企业提供具体的法律意见。

2. 草拟、审查、修改各类法律事务文书,参与重大合同的谈判

上述法律事务文书以合同为主,目的是防患于未然,在签订合同时明确双方的权利义务,力争减少或不发生争议,其中涉及许多技巧问题,如如果己方不会违约,定金的数额和违约金的比例可以适当提高;如果己方也可能违约,定金和违约金的比例不要定得太高,以防自己一方违约后承担的违约责任过重。

3. 有针对性地举办培训班,提高业务人员的法律意识和风险防范意识

企业经营活动中,时时刻刻都需要签订各类合同,法律顾问不可能事必躬亲,草拟、审查、修改每一份合同,尤其是那些临时商议的补充条款、补充合同。企业法律顾问应当帮助顾问单位提高业务人员的法律意识,这也是法律顾问的一项重要工作。

4. 企业发生纠纷时参与诉讼

担任顾问单位的代理人,参与诉讼也是法律顾问的一项经常性工作,但并非所有的纠纷均选择诉讼的方式,尤其是与企业关系较好,又与企业有直接利害关系的关系户发生矛盾的,企业可以选择非诉讼解决矛盾,实践也证明,从长远角度看,这对企业发展是有利的。对于调解无望、案情复杂或者争议对方在外地的案件,要尽早起诉,争取管辖权。

5. 协助企业人事主管部门开展工作

企业中经常会出现劳资关系矛盾,法律顾问的职责也应包含企业劳动合同、保密协议的草拟、审查,辞退员工的方案设计,以及员工提起劳动仲裁、诉讼的出庭应诉工作。

(资料来源:百度文库. 企业法律顾问工作服务方式. https://wenku.baidu.com. 2019 年 5 月.)

3. 企业法律顾问权利与义务

(1) 企业法律顾问的权利:①对企业重大经营决策提出法律意见;②对企业违反法律、法规的行为,提出纠正意见和建议;③根据工作需要查阅本企业有关文件、资料及财务报表、统计报表等;④办理企业法律事务时,依法向有关单位或者个人调查情况;⑤法律、法规和企业领导人授予的其他权利。

(2) 企业法律顾问的义务:①遵守国家法律、法规,恪守职业道德;②忠于职守,维护企业合法权益,为企业提供优质法律服务;③对所提出的法律意见、起草的法律

文书及办理的其他法律事务的合法性负责；④保守国家秘密和企业秘密。

（二）企业法务管理职能机构

企业法务管理职能机构通常为企业法务部。法务部实行法务总监负责制。法务总监是公司高管，全面负责法务部各项工作，直接向总经理负责。

企业根据企业治理和管理机构及其法务管理的实际需要，设计并设置法务部的主要职责和法务部内部组织机构。

案例28-2　某集团公司法务部工作制度（节选）

第一章　总则

第一条　为把××公司（以下简称公司）的各项经营管理活动纳入法治化管理轨道，规范公司法律事务管理工作，保护公司的合法权益，防范公司经营活动中面临的法律风险，根据有关法律法规的规定，制定本工作制度。

第二章　法务部的主要职责

第二条　公司设立法务部负责公司法律事务管理工作。法务部的主要职责包括处理以下事项的法律事务：

1. 合同管理；

2. 知识产权管理；

3. 诉讼/非诉讼事项管理；

4. 劳动关系法律事务管理；

5. 公司投资、资产出售、并购和重组；

6. 政府部门核准、登记、备案管理；

7. 外部律师工作的协调管理；

8. 其他需要法务部处理的法律事务。

第三章　法务部的组织结构

第三条　法务部实行法务总监负责制。法务总监是公司高管，全面负责法务部各项工作，直接向总经理负责。

第四条　法务部设合同管理处和综合事务处，其中合同管理处负责合同管理，综合事务处负责处理其他法律事务。合同管理处和综合事务处向法务总监负责。

第四章　合同管理的流程

第五条　公司及其控股子公司与其他平等主体（自然人、法人、其他组织）之间以及公司与控股子公司相互之间设立、变更、终止民事权利义务关系的合同依照本节规定进行管理。劳动合同的管理按第七章"劳动关系法律事务管理"进行。

第一节　合同的签订

第六条　合同管理实行会签审核责任制。公司合同须按照公司的合同会签审核程序报相关部门会签审核后才能签订。

第七条　合同的会签审核程序为：（1）承办部门审核签字；（2）财务部审核签字；（3）法务部审核签字。

第八条　法务部对合同签订程序、履行情况及履行结果进行监督。

…………

第二节　合同档案管理

第三十一条　每一份履行完毕的合同或不再履行的合同，或长期合同的每一阶段完成，各有关人员应及时将合同资料整理清楚，交由法务部归档。

…………

第三节　合同的履行、变更和解除

第三十六条　合同履行应遵循全面、及时、实际履行原则。

第三十七条　承办部门负责合同的履行。承办部门应及时向法务部通报合同在履行中发生的问题，提出解决问题的意见和建议。

…………

第四节　合同的履行监督和纠纷处理

第四十六条　法务部是公司合同履行监督管理部门。

第四十七条　公司合同履行情况的监督、检查采取承办部门报告与法务部不定期检查相结合的方式。

…………

第五章　知识产权管理

第一节　知识产权的权属判定

第五十三条　法务部负责审查判定公司和职工知识产权的权属。

…………

第二节　知识产权的评估

第五十七条　知识产权属公司的无形资产，公司根据实际需要聘请相关专业机构对其加以评估，并在公司财务会计上反映。

第五十八条　在知识产权的权属发生变更时，必须进行知识产权评估，报法务部备案。

第三节　知识产权查新和检索

第五十九条　公司在进行涉及知识产权的相关活动前，法务部应敦促相关部门进行查新以确定该技术创新是否符合公司的可持续发展战略，以及能否产生真正的知识产权。

············

第四节　知识产权的备案

第六十五条　法务部对公司涉及知识产权的有关工作进行备案，主要包括：

（1）高新技术的独立开发、合作开发合同，知识产权转让合同；

（2）知识产权的评估报告，涉及知识产权的批准文件；

（3）知识产权成果的处理方案；

（4）知识产权的纠纷处理方案；

（5）具体的知识产权奖励措施；

（6）知识产权会议的决议；

（7）知识产权中涉密范围人员名单；

（8）商业秘密保护范围划定，商业秘密保护措施；

（9）知识产权保护承诺书及相关的劳动合同；

（10）相关行政管理部门、行业协会和公司关于知识产权的有关规定；

（11）知识产权的财务处理等。

第五节　知识产权的保密措施

第六十六条　司划定科技开发区域、商业秘密保护区域，未经许可，非科研人员和因工作需要必须接触到相应资料、物品的人员，不得擅自进入划定的、与本职工作无关的场所，不得带领无关人员进入该场所或为无关人员进入该涉密场所提供便利。

············

第六章　诉讼/非诉讼事项管理

第七十九条　诉讼是指以本公司为一方当事人或作为第三人，通过人民法院，采用诉讼方式解决纠纷的法律事务活动。

第八十条　非诉讼是指以本公司为一方当事人，采取协商、调解、仲裁、复议等方式解决有关纠纷或争议的法律事务活动。

············

第七章　劳动关系法律事务管理

第八十九条　公司应与员工公司签订劳动合同。公司与员工签订劳动合同应事先经过法务部审查。

第九十条　劳动合同以书面形式订立。公司提供劳动合同文本。劳动合同一式两份，公司和员工各执一份。

　　…………

第八章　公司投资、资产买卖、并购和重组

第九十九条　法务部、财务部和项目相关部门负责审查和实施公司的投资、资产买卖、并购和重组项目。

第一百条　涉及公司重大利益或对公司有重大影响的投资、资产买卖、并购或重组，应聘请外部律师提供法律支持。聘请外部律师按本制度第十章规定进行。

　　…………

第九章　政府部门核准、登记、备案管理

第一百零六条　法务部根据法律规定，负责办理公司相关质量技术监督、技术评定、商务审批、工商登记、外汇登记、税务登记、海关备案等政府部门的核准、登记和备案手续。

第一百零七条　法务部在审查公司的合同及商务活动时，应核实是否需要政府部门核准、登记和备案。

第一百零八条　对于法律、法规要求政府部门核准才能进行的活动，必须先获得政府部门核准才能进行。

　　…………

第十章　外部律师工作的协调管理

第一百一十四条　公司应聘请常年法律顾问，为公司日常法律事务提供必要支持。

第一百一十五条　法务部指定固定人员，负责与常年法律顾问联络和协调，并向法务总监报告法律顾问对公司提出的要求或问题的反馈和答复。

第一百一十六条　对于需要外部律师提供法律支持的公司重大项目，法务部应组织招标，向有资质的律师事务所发出投标邀请。法务部应参与评议各律师事务所的投标，并向总经理推荐准备聘请的律师事务所。

　　…………

第十一章　责任追究

第一百二十三条　公司各部门及子公司必须严格执行本规定，积极履行各项职责，做好法律事务管理工作，对违反本制度造成公司损失的，应追究相关部门及子公司负责人的领导责任。

第一百二十四条　法务部应尽勤勉义务，履行职责。由于法务部工作人员故意或过失，造成公司损失的，应承担相应责任。

第十二章　附则

第一百二十五条　本规定适用于公司及其子公司。

…………

（资料来源：百度文库．集团公司法务部工作制度，https：//wenku.baidu.com.2019年5月．）

二、企业法务管理人员选配

法务是专业的，专业的事情一般由专业的人处理。企业应配置多少法务人员，理论和实践中并无明确的标准，企业需要根据本企业法务管理的模式、覆盖面、深度，核定具体的工作量，再转换为工作时间，最终确定需要配置的人员数量。

企业法务职能管理人员要具备下列三个方面的基本要求。

（一）具有严密的逻辑思维能力

严谨、审慎、理性、思辨是法务人的标签，在对待问题和处理问题上，企业法务重视对主体权利义务关系的思考，强调法律适用的普遍性优先于事实的特殊性，坚持程序正义优于利益诉求的实质合理性、程序的公正优于实体的公正，主张理由的说服优于结果的强制，不受个人的喜好、情感或偏向、价值观的左右。用严谨的法律思维来进行判断与取舍，最大限度地追求事实的真相，维护公平公正。

（二）具有较强的风险把控能力

公司法务的核心工作就是做好法律风险防控，将法律事务融入公司日常经营管理，通过全方位的信息收集、分析、决策事先预防法律风险，将可能的不利后果控制在可以承受的范围内。通过法律风险识别、法律风险评估、法律风险应对、执行风险防控方案等，实现风险防控闭环控制。

（三）具有很好的交流沟通能力

企业各利益相关主体之间需要沟通交流、互通信息，法务能够准确恰当地用词表达意愿，企业根据其法务管理工作的需要制定岗位职责和任职条件，借助询问、重复他人的谈话等倾听技巧来弄清楚各治理主体的真实意思表示，法务也要清晰表明自己的立场观点，善于体察沟通目标的想法和感受，通过沟通交流与各治理主体建立协作关系，有效运用各种沟通方式同各治理主体进行沟通交流。

企业可根据企业的实际条件和实际需求，制定企业法务管理职能管理机构负责人和工作人员的岗位职责和任职条件。

阅读专栏 28-3　××公司法务总监的岗位职责及任职条件（示例）

一、岗位职责

（1）全面负责公司法律事务和法务人员管理工作，搭建并完善公司法律事务体系和管控流程、制度、平台，向集团副总裁汇报工作；

（2）参与上市公司三会及其他有关重大决议、规章等重要法律文件的合法性审查，并起草相应法律文书；

（3）负责代表公司参与法律事务的协商、调解、诉讼与仲裁活动，解决公司有关经济往来中的法律事务；

（4）为公司内部职能部门提供相应的法律咨询服务，负责对公司相关人员提供法律知识培训；

（5）处理法务部与公司其他部门的业务关系，为公司各部门业务开展提供风险管控支持；

（6）公司其他法律相关工作。

二、岗位任职条件

（1）本科及以上学历，法律相关专业 5 年以上律师或法务相关工作经验；

（2）取得法律执业资格，熟悉公司法、合同法、知识产权法、劳动法、国际法相关法律法规，在制造相关行业具备丰富的法律实操经验；

（3）优秀的领导能力，具备团队管理、制度撰写和平台搭建相关经验；

（4）沟通顺畅、思路清晰、逻辑严谨，口头及书面表达能力强；

（5）积极主动，为人真诚，抗压能力强，能接受短期频繁出差；

（6）熟悉国际法务知识，英语听说读写能力优秀，具有跨国公司法务经验者优先。

（资料来源：百度文库．公司法务总监的岗位职责及任职条件，https：//wenku. baidu. com. 2019年5月．）

阅读专栏 28-4　××公司法务经理的岗位职责及任职条件（示例）

一、岗位职责

（1）建立健全公司法律事务相关规章制度和流程，为公司指定发展战略提供法律支持；

（2）评估、审核公司经营项目的法律风险和政策风险，控制和防范公司运营中的法律风险；

（3）起草、审核公司内部合同、法律文件，处理合同、知识产权事务、员工劳资纠纷等法务工作；

（4）参与公司投融资和海外公司架构等重大经济活动，提出法律意见，处理相关法律事务；

（5）协助处理公司决策、经营、管理过程中的法律事务；

（6）参加和配合与公司相关的财务、税务、工商、劳动用工、合同管理等相关法律事务；

（7）参与公司重大事故和危机处置活动，协助有关部门善后处理。

二、岗位任职条件

（1）法学专业本科及以上，通过司法考试；

（2）熟悉各类纠纷案件解决的程序与技巧，能有效推动项目进程；

（3）3~5 年及以上相关工作经验；

（4）法律谈判技巧娴熟，严谨认真，沟通能力强，语言表达流畅；

（5）具备很强的责任心，抗压能力强；

（6）英语口语佳者优先考虑；

（7）具备良好的沟通理解能力和团队合作意识。

（资料来源：百度文库. 公司法务经理的岗位职责及任职条件. https：//wenku. baidu. com. 2019 年 5 月. ）

阅读专栏 28-5　××公司法务（行政）主管岗位职责及任职条件（示例）

一、岗位职责

（1）帮助完成日常行政工作；

（2）帮助法律部完成日常业务合同的打印、盖章、归档等；

（3）业务合同印章的管理工作；

（4）协调各部门间工作，向部门经理汇报；

（5）完成部门经理交办的其他工作事务。

二、岗位任职条件

（1）本科及以上学历，行政管理专业、法律相关专业优先；

（2）相貌端庄、形象气质佳，有外企相关工作、实习经验者优先；

（3）娴熟使用办公软件，具有公文写作实力及一定的英语实力；

（4）具有较高的情商及良好的亲和力和交流协调实力；

（5）具有较高的忠诚度和较高的抗压实力，学习实力强，工作方案性强；

（6）具有良好的职业道德，工作态度端正，思维缜密、思路清楚、责任感强；

（7）具有较强的服务意识和责任心，能够承受较大的工作压力并情愿与公司共同成长。

（资料来源：百度文库．公司法务（行政）主管岗位职责及任职条件，https：//wenku.baidu.com. 2019 年 5 月．）

第三节 企业法律风险管理

一、企业法律风险管理概述

（一）企业法律风险概述

1. 企业法律风险的含义

企业法律风险，是指在企业运营过程中，基于法律规定或合同的约定，企业在从事各项活动时，由于企业做出或怠于做出的各种具体法律行为，以及面临法律环境的变化或他人的各种具体法律行为，而导致自身承担负面的法律责任或后果的不确定性。

法律风险是一种商业风险，是指违反有关法律法规、合同违约、侵权或怠于行使公司的法律权利等而造成经济损失的客观危险。法律风险的种类包括：经营性损失（收益或利润损失、成本或责任增加等），民事赔偿、判决或裁决（包括辩护及和解费用），行政或刑事处罚或制裁，企业资产（包括有形和无形资产）受损，商誉受损，其他损害。

法律风险并不是违法风险。违法风险仅仅是法律风险的一种最常见的形式。法律风险也不同于法律责任。法律风险中包含了法律责任的不利后果因素，但这种责任本身仍然仅是可能性。法律风险也不同于法律问题，法律问题是法律风险发生的现实状态，而这种状态仅仅是法律风险发生的基础。

2. 企业法律风险的主要特征

企业法律风险与其他风险既有区别又有联系，其主要特征是：

（1）企业法律风险发生原因的法定性（约定性）。例如，企业违反法律规定、合同约定、侵权、怠于行使法律赋予的权利等，这些原因都是由法律规定或者合同约定的，否则不能直接导致法律风险的发生。企业内部依据国家法律法规制定的规章制度，也是企业全体员工必须遵守的行为规范，如果企业员工不遵守企业内部规章制度，也将导致企业法律风险的发生。从企业外部看，国际范围内国与国或地区与地区之间的法律冲突，国内法律法规与规章在立法上的不一致，以及执法环节上的不协调等，也都可能诱发和引起企业的法律风险。

（2）企业法律风险发生结果的强制性。企业的经营活动如果违反法律法规，或者侵害其他企业、单位或者个人的合法权益，势必承担相应的民事责任、行政责任、刑事责任等法律责任。法律责任具有强制性，法律风险一旦发生，企业必然处于被动承受其结果的窘迫境地。企业发生法律风险的结果往往十分严重，有时甚至是颠覆性的。

（3）企业法律风险发生领域的广泛性。企业的所有经营都离不开法律规范的调整，企业实施任何行为都需要遵守法律规定。法律是贯穿企业经营活动始终的一个基本依据。企业与政府、企业与企业、企业与消费者及企业内部的关系，都要通过相应的法律来调整和规范。因此，企业法律风险存在于企业生产经营各个环节和各项业务活动之中，存在于企业从设立到终止的全过程。

（4）企业法律风险发生形式的关联性。在企业风险体系中，许多风险并不是截然分开的，往往可能互相转化，存在交叉和重叠。法律风险与其他各种风险的联系最为密切，关联度最高。如企业发生财务风险、销售风险，往往也包含法律风险。由于法律风险是根据法定原因产生的，而遵守法律法规是企业在生产经营中最基本的要求，因此法律风险是企业风险体系中最需要防范的基本风险。

（5）企业法律风险发生后果的可预见性。法律风险是由法律规定的原因产生的法定后果，因此事前是可以预见的，可以通过各种有效手段加以防范和控制。企业法律风险事前可控与企业事后对法律责任的追究难以自主操控，正是基于法律风险的可预见性而言的。

（6）可认知性。与自然风险、商业风险不同，法律风险可控可防。法律风险属于可认知的风险，是可以在风险发生前进行风险预测，并通过改变行为改变的风险。

（7）专业性。法律的专业性决定了法律风险的专业性。法律风险认知能力具有专业性；法律风险解决方案具有专业性；法律风险的防范具有专业性。

（8）损失性。法律风险几乎都会给企业造成损失，并且有时是无法估量的。如果法律风险没有得到有效控制，完全可能让企业走向灭亡。企业法律风险的损害结果超过任何一种企业面临的其他风险。

（9）不可投保性。避免风险最简单的方式就是购买保险将风险转嫁给保险公司，再由保险公司将风险转嫁给所有的具有类似风险的投保人，实现风险损失结果的分散。然而法律风险的特性决定了绝大多数法律风险是不能通过保险转嫁风险的。

3. 企业法律风险的分类

从不同角度、按照不同的分类标准，可以将法律风险分为不同的类型。法律风险分类的现实意义，在于对不同类别的法律风险可以采取有针对性的措施加以管理。

（1）直接的法律风险和间接的法律风险。直接的法律风险指法律因素导致的，或者由于经营管理时缺乏法律支持而带来的各种企业风险。例如，企业决策时缺乏法律支持而导致的决策风险、企业管理体系中合同管理或知识产权管理或管理人法律意识欠缺等而导致的管理风险、立法调整而导致的非经营风险等都属于直接的法律风险。间接的法律风险指非法律因素的各类企业风险发生后，最后给企业带来的各种法律后果。例如，财务风险带来的法律风险，企业经营失败后给股东带来的企业清算责任，企业决策在实施中因为战争、自然灾害等不可抗力导致的经营失败给企业带来的民事赔偿及法律纠纷等都属于间接的法律风险。

法律风险的组成很复杂，预防与控制也就因事而异。直接的法律风险往往可以通过增强法律意识与企业法务管理而得以加强预防，间接的法律风险则必须通过各责任部门、各专业人士的预防而减少损失。法律风险与企业风险的关系，是法律风险只是企业在社会海洋中航行时触碰到的风险的一种，但是企业的任何一种风险，最后都会带来法律风险。

（2）客观类法律风险和主观类法律风险。这是按照法律风险的产生与人的意识行为的关系进行划分的。客观类法律风险是指由不以人的意志为转移的客观事件引起的法律风险。例如，因自然灾害暴露的管理漏洞，致使企业遭受损失。虽然法律风险存在于管理漏洞中，但却是由于自然灾害引起的。主观类法律风险是指由人有意识的行为引起的法律风险。企业对客观类法律风险的防范，应当在完善日常管理上下功夫；对主观类法律风险的防范，要特别注意加强对员工教育培训，努力提高全体员工的守法意识。

（3）作为的法律风险和不作为的法律风险。这实际上是对主观类法律风险的细分。作为的法律风险是指企业主动实施一定行为造成的法律风险，不作为的法律风险是指企业不采取必要或必需的行为而造成的法律风险。例如，企业未及时注册自己的商标，而遭他人抢注。企业对作为的法律风险的防范，要主动对各项业务活动进行评估和分析，预测可能造成的风险，完善防范措施；对不作为的法律风险，则要纠正那种以为不主动实施某种行为就不会造成法律风险的错误认识。

（4）外部法律风险和内部法律风险。这是按照法律风险来源进行的分类。外部法律风险是指由于企业以外的社会环境、法律环境、政策环境等因素引发的法律风险。内部法律风险是指企业内部管理、经营行为、经营决策等因素引发的法律风险。

外部法律风险由于引发因素不是企业所能够控制的，因此很大程度上需要调整企业行为以适应外部因素，这种法律风险常常属于必然性法律风险。对外部环境的了解，同样有助于企业改变法律风险表现形式、损害程度等，由于引发法律风险因素的外在性，因此不能从根本上杜绝此类法律风险的发生，而只能采取适当的企业行为适应外部环境变化，减少法律风险的发生。

内部法律风险可以通过改变企业行为实现对法律风险形成因素的改变，从而改变法律风险本身的发生机制。从实践来看，企业内部法律风险是法律风险管理的重点，是一个企业面临的法律风险最普遍的发生因素。

外部法律风险和内部法律风险有时并不能够准确划分，任何一种法律风险的产生都有企业行为，这是企业参与法律实施活动的必然；同时也都存在外部环境对企业行为的影响，这种外部环境影响在所有的法律风险中都存在。因此，有时要判断一个法律风险是基于外部环境影响还是基于内部企业行为影响是非常困难的。如果可以通过企业行为调整实现法律风险的改变，这样的法律风险就应当认定为企业内部法律风险。反之，当通过企业行为调整无法实现对法律风险的改变时，或者是企业行为不能根据企业自身意志调整时，法律风险产生的因素就可以判断是外部环境造成的。

企业法律风险防范，要以加强内部法律风险管理为重点。对于外部法律风险，要通过对相关信息的跟踪，及时掌握外部法律环境的变化情况加以防范。

（二）企业法律风险管理概述

1. 企业法律风险管理的内涵

由于经济的发展，企业在瞬息万变、日趋激烈的市场竞争中遇到的风险也越来越多，对于企业的各种风险而言，法律风险是其中最重要、最基本的风险。从宏观上看，现代市场经济是有法治支撑和约束的经济，法律是规范企业一切经营活动的最低行为准则和具有后果承担性的行为约束准则。从微观上看，企业发生各种风险后果的表现形式很多都是法律责任。因此，企业在日常的运营过程中一定要建立相应的法律风险管理流程，运用法律风险管理方法规范企业的运营活动，通过建立各项支持性管理制度，确保企业的经营活动在风险可控的条件下实施。

法律风险管理是指"在对法律风险主体的自身目标、状况及其所处环境进行充分了解的基础上，围绕企业的总目标、结合企业及所处行业的特点、企业外部因素等，采取综合、系统的手段充分利用法律所赋予的权利，以事前控制为主避免或降低企业法律风险不利后果的法律事务处理全过程"。

2. 企业法律风险管理的主要内容

（1）企业法人治理法律风险管理：其包括企业股东结构、股权设置和出资是否存在潜在的法律风险，企业股东会、董事会和监事会的设置和运作是否合法，企业资本运作的往来规范性文件是否合法，企业的各类分支机构的设立和授权是否合法，企业的运营流程中各类授权和审计制度是否合法，企业内控制度的建设如何，以及相应的各项制度和合同是否能够得以落实。

（2）企业合同法律风险管理：其包括合同的订立、生效、履行、变更、转让、终止及违约责任承担的防范机制，企业内部的合同管理制度和合同审批权限及制度。

（3）企业并购及投融资法律风险管理：其包括企业兼并、收购及各类权益性和成本性投融资行为，这会涉及企业法、竞争法、税收法、知识产权法等法律法规，并且操作复杂，对社会影响较大，潜在的法律风险较高。

（4）企业知识产权法律风险管理：其包括企业的商标、专利、著作权、高新技术、专有技术、商业秘密和软件权利等一系列事关企业核心竞争力保护的制度建设和申请、保护等方案。

（5）企业人力资源管理中的法律风险管理：其包括企业的劳动用工、社会保障、期权设置、奖励计划、福利待遇等一系列制度的设计和持续改进及相应的纠纷应对预案，通过这些措施防止企业陷入繁杂的劳动人事纠纷中。

（6）企业财务和税收法律风险管理：其包括企业的财务管理制度、资金使用制度、各类抵押行为、借款和委托贷款行为、涉税行为、购买保险等的合法性审查和尽职调查等。

（7）企业环评和产品质量法律风险管理：其包括企业环境治理、环保措施、环保风险、环保交易、产品质量审批和检验、产品质量保险、产品生产全流程控制等制度的合法性审计制度等。

（8）企业怠于行使权利的法律风险管理：其包括企业面临的产业政策、国家鼓励性财政激励补贴法规、企业为达到相关标准而进行的经营调整等内容。

3. 企业法律风险管理的原则

（1）谨慎性原则。所谓谨慎性原则，是指法律实务工作人员在对企业从事法律风险管理的过程中，应首先尽可能谨慎全面地、细致地收集企业所处的法律环境，分析企业经营行为所涉及的法律规范，对企业的行为及相关主体的行为有较为全面的了解和判断。在系统性解决企业的法律困境时，要对面对的问题提出谨慎的解决方案，要有全局观念。从法律风险的识别到最终的法律风险解决，要有系统化和全局化的意识，提供的解决方案应该是最优化的方案，不能就问题解决问题，把问题孤立开来。同时，要区分风险与收益、现实与长远的关系。

（2）主动性原则。所谓主动性原则，是指法律实务工作人员对于企业的各种行为，应当积极、主动地从法律风险管理的角度去收集信息，建立日常跟踪机制，制定相应的应对方案，而不是做企业的"消防队"，事后补救，为了处理孤立的法律问题而应对。在管理企业法律风险的过程中，最重要的是建立成型的管理机制，并且不断地持续改进。法律风险会随着国家的立法状况和企业的生产经营管理情况的变化而发生变化，因此这种体系的建设也是一项长期性的工作，伴随着企业的整个生命周期，法律风险管理应该是动态的运行结构，根据内外部环境的变化，法律实务工作人员也要不断调整和优化企业法律风险管理措施。

（3）合法性原则。所谓合法性原则，是指法律风险管理要与企业实际经营情况紧密结合，具有本行业、本企业的鲜明特点、不同的行业，不同的企业，除基本制度、基本流程以外，可以有差异性地选择不同的制度流程设计和风险防范方式。法律实务工作人员提出的所有方案和建议都是建立在法律规范要求的基础上，通过把具体法律的条文分解，转化为企业的具体管理制度和流程，保证企业的运营建立在合法性的基础上。

（4）标准性原则。所谓标准性原则，是指法律实务工作人员将相关企业的各项行为分类归纳，从法律的角度帮助企业建立不同的操作程序，理顺授权手续，进行统一的制度设计，根据法律风险的状况，决定应对法律风险的承担、控制、转移和规避等不同的选择方式。这种决定主要建立在成本和费用的比较上，也要建立在合法经营的风险控制下。由于法律的规范性，对于企业来说，来自法律方面的风险可谓方方面面，为了能够更好地管理好企业法律风险，对于法律风险的管理必须落实到企业的每个具体活动中，因此将具体的法律规范与企业的具体行为对应起来，建立标准化的管理规范和工作流程，帮助企业的具体工作人员规范运作就十分重要了，这也避免了企业较高的法律培训成本和难以控制的实施效果。

4. 企业法律风险管理的特点

企业法律风险管理是系统性的防范企业的"立体"的法律风险，企业法律风险管理具有四个特点。

（1）法律风险识别的系统性。其是指对企业法律风险的识别必须是结构化的、全面识别的。从法律性质上看，应涵盖了违法、违约、侵权、行为不当、怠于行使权利等不同性质；从人员分布上看，应涉及包括高管在内的所有工作人员；从机构和流程上看，应贯穿于所有的部门和岗位。"企业制定风险防控制度时，要将风险识别作为一个整体来看待，并对每一风险制定风险防控制度，形成制度体系。"

（2）法律风险分析的定量性。其是指对所有识别出来的法律风险，应进行量化测评，将具有不同法律性质，分散在不同领域、不同部门的法律风险，统一用可能性、损失度和风险期望值来衡量，从而使各种风险之间具有可比性，能够从管理的角度区分出轻重缓急。

（3）法律风险控制的体系性。其是指企业法律风险管理和控制的部门不再集中于企业法律事务部门，而是分散到所有的业务和管理部门，从而将法律风险的控制和管理变成企业所有部门和人员职责的一部分，把过去似乎不可能明确的各个岗位、各个环节的法律风险管理控制的责任和工作内容明确下来。

（4）法律风险管理运行的持续性。其是指企业法律风险管理体系是一个闭环的、动态的运行结构，它需要根据内外部环境的变化和运行的周期，进行不断的调整和优化，保证企业法律风险管理体系始终适应企业生产经营的需要。

二、企业法律风险管理体系的构建

（一）构建科学的法律风险管理组织体系

根据有关方面的研究资料，世界 500 强企业绝大多数公司在董事会中设有专门的风险管理委员会，统一负责包括法律风险在内的风险防范事务，制定风险防范总体战略。同时，绝大多数公司均设有总法律顾问，全面领导公司法律事务，参与重大决策。成立专门法律事务部门，有集中管理和分散管理两种模式，在总部设立职能较全面的法律事务部门，子公司和分公司的人员由总部派驻或管理；总部及各分子公司各自设立法律事务部门，负责其范围内工作。

建立一套集中管理、分级负责的法律风险管理组织体系。在董事会中设立风险管理委员会或成立风险管理领导小组，总体负责公司层面的风险管理战略规划。充分发挥总法律顾问在法律风险防范体系中的核心作用，全面领导企业经营管理中的法律事务，参与企业重大决策的法律把关，协调部门间法律风险防控工作开展。在总部设立专门的法律事务机构，统一工作制度和业务标准，统筹调配公司的法律资源。在各分子公司设立专门的法律事务机构，负责日常法律事务。涉及企业整体利益的重大事项，由总部法律事务机构直接管理。分子公司法律事务机构的负责人由所在单位提名，总法律顾问任命，总部法律事务机构定期考核。同时，注重高素质法律人才队伍培养，规范法律人员岗位体系设置，完善法律人员岗位评级机制，着力培育既具备法律职业资格又具有商务实践经验的人才，为企业整体法律风险的防范提供组织保障。

（二）建立完善的法律风险管理制度体系

世界 500 强企业大多建立了一套完善的法律风险管理制度体系，包括公司治理、人员管理、法律风险管理系统及法律风险管理流程。其中,公司治理包括风险及合规策略、部门的编制及权限、企业政策、风险承担能力及限度;人员管理包括确立职务及责任、加强风险意识培训、培育企业文化理念;法律风险管理系统包括商业信息和法律风险信息、法律风险数据库及分析、法律风险统计表;法律风险管理流程包括识别、评估法律风险,确认、应对、处理风险,监控,报告风险的后续发展,持续更新改进等。

建立完善的法律风险管理制度体系,首先,夯实企业经营管理制度基础,确保现有制度体系完备,不存在空白缺失、交叉重复等情形,如法律事务管理制度应涵盖合同管理、授权委托、外聘律师管理、案件管理等基本内容,在公司治理、知识产权、劳动关系、质量安全等重点领域也应形成相应的制度文件,满足企业经营管理需求。其次,构建自上而下的法律风险管理制度。在风险管理委员会或风险管理领导小组的领导下,编制与企业经营目标相一致的风险防范总体战略,法律风险作为其中一项重要内容,明确"事前防控"的法律风险管理理念、管理目标、各部门的角色定位及风险防范的考核、奖惩制度,为法律风险防范工作指明方向。在总法律顾问的指导下,进一步形成法律风险防范实施计划,明确企业法律风险防控的重点领域、内外部法律风险管理资源的分工和合作方式、法律风险管理体系制定、维护、实施人员的职责、全体员工在法律风险管理工作方面的作用等,指导法律风险防范工作开展。法律事务管理机构会同业务部门研究法律风险管理的具体制度流程,制定法律风险防范应对措施,形成动态维护机制,推进法律风险防控工作有序开展。

(三) 将法律风险管理融入企业经营与管理全过程

世界 500 强企业的法律风险管理战略与企业整体商业战略相一致,法律风险管理融入企业管理的各环节,如合同管理、知识产权管理、公司治理、劳动关系、健康、安全事务等,并经常性对战略执行情况进行考核评估。总法律顾问围绕企业风险管理的总体战略,制订法律风险管理实施计划,经企业高层人员审查批准后,与企业的财务管理、业务管理和总体风险管理等协调实施。法律部门根据公司业务内容进行内部职责分工,与业务部门相互配合开展工作,形成法律工作与经营管理相互渗透的工作机制,及时、高效地满足法律风险防控要求。

将法律风险管理嵌入公司管理过程,一是收集、分析、整理、归纳企业内外部环境信息,为法律风险管理工作奠定基础。其中,外部环境信息包括国内外与企业相关的政治、经济、文化、技术环境、立法、司法、执法环境、企业的市场竞争情况、在价值链中的定位等;内部环境信息包括企业盈利模式、业务模式、主要经营管理流程、部门职能分工、重大合同、重大纠纷及重要知识产权的管理情况等。二是根据前期摸排的情况明确法律风险防控工作重点,开展合同、知识产权、招投标、劳动用工等领域的法律风险情况梳理，建立与企业各业务部门的对应关系，确保全面分析、识别企业生产经营各重要环节的法律风险。三是针对不同领域的法律风险配备相适应的防控队伍。法律事务机构进行内部分工，培养特定方向法律风险防控"专才"；业务部门指定专人负责防控工作，保证人员的稳定性和参与度，通过法律人员和业务人员的协作，共同提升法律风险防控工作的实效。

（四）加强法律风险管理工作的组织实施

企业法律顾问和法务管理机构人员对公司潜在法律风险进行初步评估，提出重大法律风险解决方案，确定将风险降至可接受程度的实施计划，明确实施期限和先后顺序；对具体实施措施进行审查，提出审查意见，经必要修改后提交总法律顾问批准；组织开展计划实施并根据实施情况进行评估、调整。在执行过程中注重发挥总法律顾问的核心作用，指导协调法律部门与业务部门的分工和配合，加强法律部门与相关业务部门的沟通，以达到防范法律风险和获取商业利益的最优组合。

加强法律风险管理工作的组织实施，一是将法律风险管控措施植入具体作业。探索建立企业业务手册（业务事项、业务流程、作业表单）和风险信息（风险领域、法律风险点、涉及法律法规）对应关系，将防控措施与具体作业相挂钩，确保防控措施落实到岗。二是加强风险管控的指导、监督、考核。业务部门要加强自我监督，推进防控措施的落实，遇到问题可向法律事务机构咨询；法律事务机构根据内外部法律风险环境情况，主动开展风险评估，不定期对业务部门进行风险提示；风险监督管理部门（如审计部等）在风险管理委员会的领导下对风险管理工作（含法律风险）进行整体监督评价，将考核结果提交绩效考核部门；各业务部门根据本部门考核结果对风险管控工作具体负责人进行考核，结果提交人力资源部门。三是健全法律风险管理内部沟通机制。一方面，加强法务与业务部门的沟通，加深法律人员对公司业务的了解，增进业务部门对法律风险防控必要性的认识；另一方面，加大公司层面法律风险管理文化的建设推进力度，强化公司全体员工的法律风险管理意识。四是探索引入法律风险信息化管理模式。逐步将法律风险信息采集、分析、传递等工作纳入信息系统，规范风险管理流程，固化风险管控成果；充分利用前期存储的信息，汇总公司常见法律风险行为、风险后果的相关数据，为后续进行更为准确的法律风险可能性及影响程度分析奠定了基础。

三、企业法律风险管理实施

（一）识别企业法律风险

企业法律风险管理，要对企业生产经营过程中的各个要素进行有效把握，在此基础上进行企业法律风险的识别。法律风险识别的目的是全面、系统和准确地描述企业法律风险的状况，为下一步的法律风险分析明确对象和范围。识别时要掌握最新的信息，包括适用的背景信息，特别是法律法规的变化信息。除了识别可能发生的法律风险事件外，还要考虑其可能的原因和可能导致的后果，包括所有重要的原因和后果。不论法律风险事件的风险源是否在企业的控制之下，或其原因是否已知，都应对其进行识别。再根据《企业法律风险管理指南》的基本方法结合企业生产经营实际，进行风险识别框架的构建。

为保证法律风险识别的全面性、准确性和系统性，企业应构建符合自身经营管理需求的法律风险识别框架。框架的构建应当基本包含企业的主要运营要素，如买卖交易合同要素、生产制造要素、人力资源要素、财务税收要素等。企业需要掌握和防控的法律风险越广泛，应当提供的经营管理要素就越详细。在法律风险事件及法律风险名称确定后，应当根据法律风险的类型，将这些事件统一列表，并在列表中补充每一风险事件适用的法律法规、风险动因、可能产生的法律后果、相关的案例、法律分析意见及其涉及的部门、经营管理流程等信息，最终形成企业的法律风险清单。

（二）分析与评价企业法律风险

结合类型化的法律风险清单，要对法律风险进行分析与评价。风险分析是指对识别出的法律风险进行定性、定量的分析，考虑法律风险源或导致法律风险事件的具体原因、法律风险事件发生的可能性及其后果，为法律风险的评价和应对提供支持。风险分析包括可能性分析和影响程度分析，通过风险分析应当实现对相关要素运行过程中是否存在风险、风险集中点、风险严重程度和紧迫程度的掌握。法律风险评价是指将法律风险分析的结果与企业的法律风险准则相比较，或在各种风险的分析结果之间进行比较，确定法律风险等级，以帮助企业做出法律风险应对的决策。在法律风险分析的基础上，综合考虑法律风险管理的目标、成本和收益、资源的投入安排等因素，对法律风险进行不同维度的排序，包括法律风险事件发生可能性的高低、影响程度的大小及风险水平的高低。在法律风险水平排序的基础上，对照企业法律风险准则，可以对法律风险进行类型化和关联性的管控。根据企业经营管理需要，进一步确定需要重点关注和优先应对的法律风险。

（三）企业法律风险的应对与控制

企业针对需要关注和及时应对的法律风险采取相应措施，将法律风险控制在企业可承受的范围，并将这种应对模式机制化，从而形成企业法律风险应对与控制机制。例如，一般而言劳动者流动性大的企业，人力资源风险发生的频次相对较高。如果人力成本占企业经营成本的比重较大或结合企业经营管理的需要确认人力资源风险为重点高频风险，那么企业就应当集中力量对人力资源法律风险进行解决，对人力资源管理过程中的招聘制度、薪资体系、劳动合同的订立与解除、社会保险的缴纳等要素进行全面审查，发现风险点后选择适当的法律风险应对策略，制定和实施有针对性的法律风险应对计划，从而解除可能存在的法律风险，对已经产生的法律风险及时进行规制，采取有效的补救措施，防止因此导致的与人力资源管理有关的生产研发风险、诉讼风险等关联性风险的出现，阻止风险扩大化和严重化的可能性。

（四）企业法律风险防控体系的执行和完善

企业法律风险防控体系建立后的效果关键在于执行。只有做到"知行合一"，形成一种执行文化，才能做到防患于未然。风险管理实质上是一个执行过程，执行就要求系统、均衡、一致、不可偏废。要将每一法律风险防控制度进行梳理，形成便于操作执行的程序和表单，让管理者一目了然，便于把握和控制。同时，要加强制度的学习宣传，使制度深入企业职工心中，形成人人维护制度、执行制度的文化。做到这一切的关键在于企业的各级领导，特别是中层以上领导，企业执行文化的形成。关键在于领导的重视，领导严于律己，带头执行，执行文化就会形成。此外，要设立制度执行监督机构，加强制度执行情况的检查、监督，定期召开会议对制度的执行情况进行评价，并实施奖惩。

由于企业的经营发展是一个动态的过程，因此企业应实时跟踪内外部法律风险环境的变化，及时监督和检查法律风险管理流程的运行状况，以确保法律风险应对计划的有效执行，并根据发现的问题对法律风险管理工作进行持续改进。法律风险管理的监督和检查环节使得法律风险管理流程形成可持续运转的闭环，是法律风险管理能够持续改进和完善不可缺少的组成部分。

第四节　企业合规管理

一、企业合规概述

（一）企业合规的内涵

"合规"是从英文"Compliance"一词翻译而来的。"Compliance"原意为"遵守、服从"，但自20世纪90年代以来，在国际金融领域中，Compliance逐渐成为一个有特殊含义的词汇。

1. 国外金融组织对合规的定义

（1）合规（Compliance）：使公司经营活动与法律、管治及内部规则保持一致（瑞士银行家协会）。

（2）与目标连用，具体指必须致力于遵守企业主体所适用的法律法规（COSO）。

（3）"代表管理层独立监督核心流程和相关政策和流程，确保银行在形式和精神上遵守行业特定法律法规，维护银行声誉"（荷兰银行）。

源自于企业的管理与现代化治理，合规定义为企业在经营管理过程中所应遵守的全部法律法规、行业规范准则、标准、治理规则、行为守则、商业伦理道德和企业内部规章制度等方面的要求，

2.《中央企业合规管理指引（试行）》对合规的定义

"中央企业及其员工的经营管理行为符合法律法规、监管规定、行业准则和企业章程、规章制度以及国际条约、规则等要求"。

从企业法务管理的角度讲，合规管理中的"规"从来源来分，包括法律、法规等规范性文件和非法律、法规的行业规范、标准、治理规则、行为守则及企业内部的各项规章制度等；从企业的角度讲，可以分为外部的规范性文件和内部的规范性制度；从功能上讲，合规管理具有控制功能和防范管理功能，降低和规避企业遭受的风险和潜在风险。

3.《合规管理体系指南》对合规的定义

"合规意味着组织遵守了适用的法律法规及监管规定，也遵守了相关标准、合同、有效治理原则或道德准则。"

企业合规不仅要遵守国家颁布的各项法律法规，还要遵守各行业的商业行为准则、惯例，各企业的内部规章，甚至是日常交易中形成的商业道德、公序良俗。从这个层面来说，合规既是一种法定的要求，也是一种道德的要求，企业合规中的所指规定，既包括实体法中规定的企业应当或禁止实行的行为，也包括商业道德原则、伦理规范等内容。

综合地讲企业合规包含三层含义：

（1）遵守法规，指我国及业务所在国的法律法规及监管规定、国际公约等，即"外规"；

（2）遵守规制，指企业内部规章制度，特别是体现响应合规监管和承担合规义务的制度准则等，即"内规"；

（3）遵守规范，指职业操守道德规范等，即"德规"。

（二）企业合规的价值

企业合规具有三个方面的价值体现：一是道德层面的内在价值，即企业合规在企业道德建设、企业社会承担方面的价值；二是功利层面的外在价值，即作为企业、政府执法部门的工具，对两者自身及相关利益方所产生的价值；三是治理层面的价值，即企业合规制度作为正式法律制度的替代，对公司完善自我治理及推动社会治理的价值。

1. 企业合规的内在价值

企业合规倡导企业建立一套体现公司价值观念与社会责任的道德规范。在于希望企业放弃实现短期内疯狂盈利的想法，踏踏实实经营，实现可持续发展，成为一个有着良好合规文化的商业实体，将合规理念传播到更多的企业中，从而在行业内发挥出合规文化的传递效应，维护公平、透明、有秩序的经营环境。因此，有效的合规既可以起到维护企业道德的作用，又有利于企业承担特定的社会责任。合规是企业可持续发展的基础和机制。

2. 企业合规的外在价值

（1）企业合规可以为企业带来商业价值，主要作用之一就是预防企业违法犯罪，帮助企业有效规避刑事法律风险。虽然这并不意味着可以完全杜绝犯罪的发生，但在已经建立完整合规制度的国家，往往也有着与企业合规配套的行政或刑事激励机制，企业在受到行政或刑事执法调查时，有效的合规计划本身就可以成为一种抗辩事由，尤其是在企业员工、高管实施违法犯罪行为时，行政监管部门和司法机关通常会将企业实施了合规视为主观无过错的重要理由，进而使企业免于承担法律责任，这样一来，企业责任就和企业高管、员工责任划分开来，不会受到相关人员不当行为的牵连。

考虑到实务中企业一旦被定罪量刑，轻则失去交易资格、交易机会，重则失去上市机会，甚至有许多企业因为被罚款或吊销资格，致使企业形象崩塌，企业运营难以为继，最后走向破产。如果合规能帮助企业与执法机关达成行政和解协议，获得宽大行政处罚，或是成为不起诉、无罪判决、减免刑事处罚的依据，对企业来说就相当于拥有了一次"起死回生"的机会，不但可以保护企业，维持经营，同时还可以促进企业在今后的经营活动中投入更多的人力物力进行合规建设，企业自身的管理水平及效率自然就会得到提升。

（2）合规还能节省政府监管成本，取得更好的执法效果。企业如果能在自愿承认违法犯罪行为的基础上，主动配合监管部门和执法部门调查，全面整顿公司高层，积极重建合规计划及组织体系，这就意味着企业已经进行了悔过，愿意矫正原有的错误经营方式。大量案例表明，那些实施了有效合规计划的企业，相当于建立了一套预防违规行为的管理体系，能够对违法行为进行实时监控及预警，也相当于建立了一套调查违法犯罪事实、处理违规人员的事后整改机制，使行政监管部门及刑事执法部门最终都能收获理想的预防、调查、监管效果。因此，督促和引导企业改进治理结构，可以将外部监管的压力转化成企业内部激励、自我监督、主动合规的动力，从而有效节省政府的成本投入。

（3）企业合规还可以保护相关方的利益。如果不建立有效的合规计划，当企业受到监管调查或刑事追究，不仅企业自身要面临惩罚，大量的股东、合作者、客户、员工也会产生不同程度的利益损失。安达信案件发生后，短短时间内数万名员工离职或失业，难以统计究竟有多少人遭遇了经济损失，与此同时也带来了社会经济的不稳定。建立了合规机制的企业，可以进行必要的责任切割，对于那些没有实施违法违规行为的善意员工、合作者、分公司来说，可以避免受到牵连。即使企业要承担相应的责任，也可以通过行政和解协议或暂缓起诉协议来避免最坏的结果，同时在执法部门的监督下，重建合规体系，逐渐转变经营方式和管理方式，最终实现脱胎换骨，成为一个依法依规经营的商业组织。这就表明，企业合规可以使利益相关方的权益得到更加可信可靠的保护。

3. 企业合规的治理价值

作为传统的执法方式，法律制度一直有着不可替代的优势，如通过行政处罚或刑事追究对违法者实施惩罚，剥夺其违法所得利益，令其遭受损失，以起到对犯罪行为的威慑、预防作用。但针对企业而言，由于企业内部治理结构十分复杂，执法部门在发现企业的违法违规行为后，需要花费巨大的时间和精力来进行调查，这样一来，执法效率就会下降，案件得不到及时的解决，法律就难以发挥既定的效果。尤其是在特定领域，执法部门想要针对企业内部的犯罪行为展开全面的刑事调查，同时从外部搜集证据，更是难上加难。加之有些案件处于行政与刑法领域交界的模糊地带，刑事机关如果不能顺利调查取证，就会使案件难以推进。合规管理是指公司建立一系列的制度流程，以确保公司的所有决策、经营、管理行为符合法律法规的规范及不违背基本的社会伦理道德。与此相对应的合规风险，应该表述为：因公司或其工作人员的经营管理或执业行为违反法律、法规或准则而使公司受到法律制裁、被采取监管措施、遭受财产损失或声誉损失的风险。合规风险是法律风险、市场风险、信用风险、流动性风险，特别是操作风险存在和表现的诱因。在这样的背景下，企业合规成为了传统执法方式的补充，以全新的方式帮助企业实现治理。首先，企业合规可以最大限度地帮助企业防控合规风险，企业为实现自身利益的最大化，即使是在没有外力推动的情况下，也会主动通过合规机制追求企业免责和减免处罚的效果。这样一来，企业在执法部门还未参与时，就已经成为了内部的"监管者""执法者"，从而发挥着自我治理和自我整改的作用。其次，协商性执法制度的引入也可以让涉案企业通过重建合规机制来换取重生的机会。在企业试图与监管部门或执法部门达成和解协议时，合规不但有助于协议的达成，往往也会成为协议的一部分。一般情况下，企业在签订协议作出合规承诺后，要持续接受执法部门的监督，通过建立健全合规体系，及时处理违规人员，进行整改活动，直到该企业的合规建设满足协议要求。

由此可见，有效的企业合规不但可以降低执法部门调查违法犯罪事实的成本，还能在不认定企业行政违法或刑事犯罪的情况下，责令企业配合调查、整改，客观上发挥与行政处罚及刑罚相似的威慑及预防效果。这也就从侧面说明，企业合规对社会治理来说也有着一定的积极意义。既然企业合规能有效提升具体企业的治理水平，那么当同一行业内的每个群体都遵守相同的规范时，会产生一种标准化的模板效益，从而使整个企业群体的治理水平都得到提升，进而推动整个社会治理的进步。

二、企业合规管理概述

企业合规管理是指企业通过制定合规政策，按照外部法规的要求统一制定并持续修改内部规范，监督内部规范的执行，以实现增强内部控制，对违规行为进行持续监测、识别、预警，防范、控制、化解合规风险，以确保公司的所有决策、经营、管理行为符合法律法规的规范及不违背基本的社会伦理道德的一整套管理机制和活动的统称。

合规管理是企业通过相关的管理制度，使企业达到合规状态的过程。其核心要义是企业对法律、规则或准则的遵守。

（1）合规管理是现代公司治理的本质。合规管理最本质的特征在于其是企业针对规制行为发展出来的管理制度。从公司经营管理制度角度而言，在公司内建立合规管理制度的首要出发点是为了提升公司治理水平、规避经营风险和提高管理绩效。然而，实践中合规管理被不同主体赋予了不同的功能。在企业内部，为实现经营目标，不仅包括制定和执行合规管理制度，建立合规管理机制，还包括培育合规文化及防范合规风险，保持企业规范健康的运行。另外，合规管理需要满足利益相关者的需求，实现利益相关者管理的合规。与此同时，客观上企业已面临着来自行业监管机构、行政执法机关、司法机关等多主体的直接强制性要求、间接的执法压力或激励措施，迫使企业其不得不考虑建立相应的合规管理制度，使企业的治理和管理遵守并符合这些机构的有关要求。

（2）开展合规管理是我国企业有效应对外部监督和国际市场风险挑战的必然选择。企业从业者应强化法律意识，依法治理，规范行为，自觉抵制违法行为，即合规经营管理，企业的合法权益才能得到合法保障。企业合规机制的建立，将外部监督转化为企业自我监督，既大大节约了政府的监督管理成本，又促使产生内生动力，提升了监管有效性。企业合规经营是建设公平竞争营商环境，依法平等保护各类经营主体，打造市场化、法治化、国际化营商环境的时代选择，是实现走出去战略的重要保障。面对世界百年未有之大变局，企业发展面临更加严峻复杂的外部环境，主动开展合规管理，建立科学有效的合规管理体系，成为我国企业有效应对国际市场风险挑战的必然选择，成为企业融入全球价值链、产业链、供应链与各国工商界对话交往合作的有效路径。

（3）合规管理成为新时代中国企业管理变革的潮流。自2018年我国步入"合规元年"以来，国家最高人民检察院、国有资产监督管理委员会、发展和改革委员会、市场监督管理总局等国家部委先后出台了多项政策，鼓励和引导企业进行合规经营，加强合规建设，助力优化营商环境法治化和高质量经济发展。一大批中央企业和地方国有企业建立了合规管理体系，越来越多的民营企业开始合规管理体系建设，企业依法合规经营管理水平明显提升。从中央到地方，从国企到民企，全国形成了企业强化合规管理的潮流，具体表现为：一是优化企业合规发展环境，加强企业合规建设，在行政监管和司法领域加大企业合规制度供给。二是推动企业合规行业自律，充分发挥行业协会商会组织对企业合规建设的引领和协同服务作用，开展企业第三方评价，加强对企业违规失信的行为性约束。三是企业大力贡献合规发展智慧，建立对接国际的标准。中外企业应加强沟通交流，互学互建，共同促进合规管理水平提升。

三、企业合规管理的原则

合规管理，在企业治理体系中发挥着基础性作用，要严格遵循以下原则，实施企业合规管理，并开展相关工作。

（一）独立性原则

在企业经营管理实践中，要遵循独立性原则，实施合规管理，切实保障合规管理的独立性。为实现对企业各项经营管理活动和财务活动的有效制约，促进企业的合法化和合规性发展，要构建相应的合规管理机构，并赋予其较强的独立性。合规管理机构要拓展独立路径，形成合规风险的及时有效报告；要积极运用独立性较强的问责机制和各类风险识别的相关工具，开展合规管理，实现对企业经营管理风险的有效规避。

（二）系统性原则

企业合规风险呈现出显著的综合性特征，因此企业遵循系统性原则，对系统原理进行充分运用，对合规管理实施科学的规划设计，并构建相应的系统运行的有效机制，实现对机制内部各要素的充分约束和有效监督，实现企业合规管理的效能的最大化发挥。

（三）价值性原则

企业强化合规管理，能实现对各类风险的有效规避，大幅度降低企业损失，实现企业资产的显著提升。因此，企业要遵循价值性原则，强化合规管理，实现企业产品市场竞争力的显著增强，实现对优质客户价值的有效巩固，增强员工的合规自觉性。

四、企业合规管理的要素

综合《合规管理体系——指南》《中央企业合规管理指引（试行）》等有关合规

管理指南文献，总结出企业合规管理 10 大要素。

（一）领导重视

企业管理者需要认同合规的价值，投入与企业规模相称的资源，切实制定和执行合规措施，合规地管理和经营企业。企业管理者应当直接负责合规事务，在有董事会的情况下，应当有负责合规事务的董事。企业设立专业部门或配备合规专业人员（合规官）负责具体执行合规事务。合规主管或首席合规官能够直接向企业管理者或公司董事汇报合规的情况。

我国的《合规管理体系——指南》明确，企业高管认同合规管理，体现在确保"合规管理体系所需资源的切实可用""体系能否确切融入到业务活动"中，同时考量在指挥和管理其他人员时，能否保证合规领导力的有效展现，能否实现预期效果等。公司高级管理人员有力、明确并且看得见地支持公司内控、道德和合规体系建设。《合规管理体系——指南》明确要求组织管理机构和管理者展示和承诺进行合规管理体系建设。

（二）制度化

我国的《合规管理体系——指南》指出，治理机构及企业的最高管理者与员工协商制定与组织的价值观、目标和战略保持一致的合规方针。指南提出治理机构和最高管理者（最好与员工协商）应建立包括目的、框架范围、后果、自治程度、问责标准等因素在内的合规方针。合规政策不应当是孤立的文件，而是需要其他文件支持，包括运行方针、程序和过程。《合规管理体系——指南》要求合规政策应当记录和存档，以简单的语言表述，以便于理解。

（三）谨慎规避

我国的《合规管理体系——指南》指出，配置合规管理职责，应当考虑"诚信和信守合规"在内的内容，以确保与合规团队无利益冲突。《合规管理体系——指南》要求所有员工，包括管理者和合规官，应当履行与组织相关的合规义务。

（四）培训与教育

《合规管理体系——指南》提出，通过合规培训能够确保所有员工有能力以与组织合规文化和对合规的承诺一致的方式履行角色职责。《合规管理体系——指南》明确有合规义务的人应当有效地处理这些义务。为此，教育培训或工作经验是一个途径。合规培训的目的，是让所有的公司员工体现的角色与公司的合规文化和合规承诺一致。

（五）报告和举报

《合规管理体系——指南》提出，组织宜采用适当的沟通方式，以确保全体员工持续获知并理解合规信息。沟通宜明确给出组织对员工的期望，以及不合规将在何种情形下逐级上报给谁。对于内部报告，同样体现了上下级的联络畅通，可以说内部报告和高管支持在一定程度上有着内在联系。《合规管理体系——指南》也明确组织采取适当方法，包括培训和教育，让所有员工理解组织的期望和违规的后果。

（六）平等

平等是指公司内部各层人员皆需要平等地接受合规制度约束，即遵守合规及遵守内控、道德和合规体系方面的规定或措施，是企业所有层面人员的责任。

（七）合规监督

合规监督是企业监督合规措施得到落实。对诸如内部报告等各项有效合规制度，《合规管理体系——指南》提出了确保诸如确立定期时间表、异常情形监督及补救措施等要求。《合规管理体系——指南》在第九章"绩效评价"明确持续监督的重要性。合规监督的目的是通过收集信息评估合规管理体系的有效性，包括培训、控制、责任分工等方面的有效性。

（八）合规风险评估

《合规管理体系——指南》提出，组织宜识别并评价其合规风险。合规风险评估构成了合规管理体系实施的基础，是有计划地分配适当和充足的资源及管理已识别合规风险的基础。

（九）激励和惩罚

《合规管理体系——指南》提出，组织宜建立、实施、评价和维护用以寻求和接收合规绩效反馈的程序，并细化了调查来源的可行性，具体体现在对客户的投诉处理系统，对供应商、监管部门和过程控制日志和活动记录的调查方面。同时该指南也指出，调查反馈也应当作为持续改进合规管理体系的重要依据。《合规管理体系——指南》明确，组织应当采取纠正措施应对违规行为，惩罚违规人应当属于其中的一项内容。

（十）持续改进

《合规管理体系——指南》指明，组织宜设法持续改进合规管理体系的适用性、充分性和有效性，宜将合规报告中对已收集信息进行的分析和相应评价，作为识别该组织合规绩效改进机会的依据。《合规管理体系——指南》明确组织应当不断地提高合规管理体系的适当性、充分性和有效性。

五、企业合规管理体系

（一）企业合规管理体系构成

参照《合规管理体系——指南》的规定，合规管理体系是强化为了实现合规经营的目标，制定的各项企业合规组织制度、企业合规管理制度及规范运行制度和支持系统的总称。这其中包括合规制度，合规组织的结构、角色和职责、策划、运行、评价、支持和改进等。

企业合规管理体系由四大部分构成，具体为合规管理组织体系、合规管理制度体系、合规管理运行体系和合规管理保障机制体系。

1. 合规管理组织体系

合规管理组织体系：包括合规管理的治理机构、领导机构、合规负责人、合规工作小组、合规工作机构、合规工作人员等设置及其合规管理职责，见图 28-1。

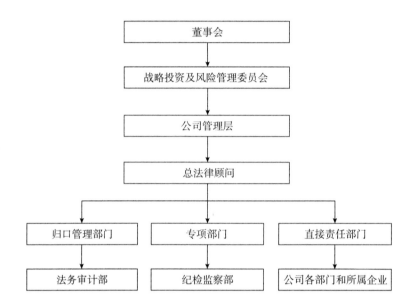

图 28-1　某集团合规管理的组织机构

2. 合规管理制度体系

由合规管理基本制度、管理办法、工作流程、管理工具和工作方案组成，从概括的行为准则、具体的执行程序到表单等予以规定，见表 28-4。

表 28-4　××公司合规管理制度

合规管理制度名称	内涵
合规管理基本制度	确立合规行为准则
专项合规管理办法	规定具体合规管理行为规范
合规管理工作流程	合规管理各参与方履行职责的程序
合规管理工具	合规管理工作流程中使用的合规管理辅助手段，如管理表单、问卷、信息化工具等
合规工作方案	根据合规管理制度和实际需要制定的合规管理体系建设方案

3. 合规管理运行体系

合规管理运行体系，是企业合规管理的实际运作程序和活动的总称，包括一系列的合规事项的计划、审查、政改、绩效考核和责任追究的设施机制和过程运行管理等诸方面。企业应当根据企业的实际需要，建立企业合规管理运行体系，如东方电气集团公司的合规管理运行机制包括六个方面：合规风险识别和管控机制、合规审查和报告机制、合规检查整改机制、合规举报监督机制、合规责任追究机制、合规管理绩效考核机制。

4. 合规管理保障机制体系

企业合规管理保障机制，是企业合规管理得以顺利实施、达成合规管理目标的保障条件要素。例如，中国石油天然气股份有限公司建立了分工负责、齐抓共管的合规管理保障机制体系，从合规培训、合规档案、合规登记报告及合规文化建设、合规专兼职队伍建设方面，立足合规管理的事先防范、过程控制、监督反馈等，建立起了合规管理保障机制体系。

（二）企业合规管理体系要素

《合规管理体系——指南》和企业合规管理的实践经验，企业构建合规管理体系通常采用 PDCA 理念，是一个建设、运行、维护和改进的动态流程。企业合规管理的基本要素包括组织及其环境、目标、原则、计划、执行、检查、改进。合规管理体系的通用要素如图 28-2 所示。

1. 组织及其环境

构建合规管理体系需要关注组织所处的内外部环境，了解法律、社会、文化、金融等制约因素。

2. 目标和原则

合规管理体系的制定需要遵循良好治理、透明、可持续等原则，以实现公司的企业文化、社会价值和诚信经营、良好声誉的目标。

3. 计划

合规管理体系以风险的识别和评估为起点，全面梳理合规风险清单和合规义务，计划应对风险的方法和策略，并将该解决路径予以制度化、规范化，制定可操作性的合规管理制度，后续针对性地对该类管理制度进行补充完善。

4. 执行

合规管理制度的执行也需要一定的资源支持，具备人力、财力和物力的基础保障；通过控制和执行程序、检查和测试、评估和调查等一系列手段保证合规管理制度得到有效执行。

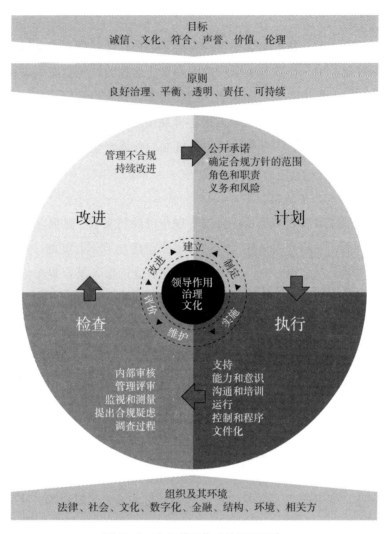

图 28-2　合规管理体系的通用要素

资料来源:《合规管理体系——指南》（GB/T 35770-2017）。

5. 检查

通过内部评审和评估，外部认证机构做出合规体系认证，以及公司定期开展合规管理评估的方式对合规管理系统的有效性进行判断。

6. 改进

针对合规管理体系运行中发生不合规情况做出控制、警示和纠正的措施，还包括当内外部环境发生变化、政策和公司业务发生变化时对合规管理体系进行改进。

（三）合规管理体系构建路径

构筑合规管理体系至少具备以下步骤:

（1）明确相关合规规范性文件指引对公司所涉业务的规范要求和范围，确立公司合规方针。

（2）遵循良好治理原则，搭建合规组织架构，明确合规领导与组织机构、职责分工。

（3）识别公司业务需遵守的内外部合规义务，梳理和确定合规义务和合规事项清单。

（4）针对合规义务和合规事项清单判断合规风险等级，针对重要业务、易发生合规风险的领域和重要事项建立系统化的合规制度；建立合规组织架构，根据岗位、职责和人员所需的技能配备专业的合规人员。

（5）策划和制定合规风险控制措施，针对风险常见多发的业务范围制定专项的合规制度。

（6）执行合规政策并控制合规风险。

（7）监测评估合规效果。

（8）识别不合规事项，根据合规预案予以规范调整，依据新的合规规范性文件和公司的业务持续发展状况进行改进。

（9）构建与其他行政辅助部门协助，取得领导支持，各方配合监督举报，落实合规文化建设和合规信息化支持等合规保障体系。

合规管理体系构筑路径如图 28-3 所示。

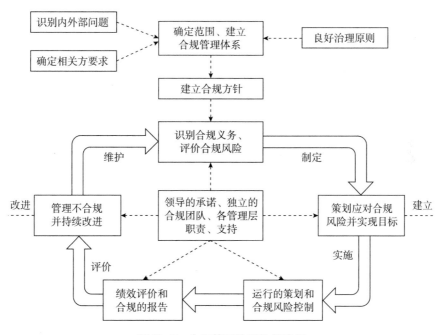

图 28-3 合规管理体系构筑路径

资料来源：《合规管理体系——指南》（GB/T 35770-2017）。

案例 28-3 H 公司合规管理体系的建立与运行

H 公司是深圳市一家从事智能化信息集成软硬件开发的民营企业，致力于为政府提供电子政务领域信息化建设的综合服务。H公司创建于2010年，取得国家级高新技术企业和深圳市重点扶持的民营高新技术企业认证，取得了软件企业认证证书、ISO9001体系认证、广东省软件行业新粤企业、软件能力成熟度集成模型CMMI 5级认证等相关资质和认证，获得48项发明专利和实用新型专利，并取得200余项软件著作权证书。与北京大学、武汉大学、中山大学等高效机构、科研院所联合承担了国家高技术研究发展计划项目，参与了3项行业标准的制定。获得广东省"科技小巨人"称号和国家级"专精特新"企业称号。

H公司拥有员工1000余人，研发人员超三成，近三年的年均利润为3000余万元。拥有多家全资子公司及十几个分支机构，业务拓展到全国31个省、自治区和直辖市，约160个城市，已发展成3个领域的头部企业，已成长为国内"智慧城市"建设的新锐企业。

H公司于2020年3月完成股份制改造，近些年的经营状况良好，正在积极筹备企业上市计划，除了常态化合规管理外，还按照上市的标准和要求进行法律、财务和业务方面的合规规范和整改。

一、H公司合规管理体系框架

H公司合规管理体系框架如图28-4所示。

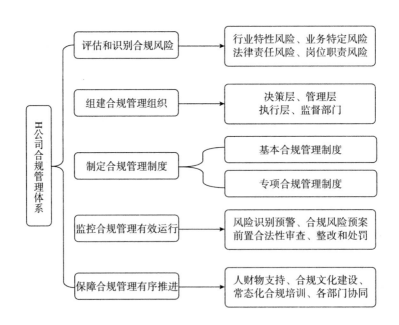

图 28-4　H公司合规管理体系框架

二、H公司合规管理体系的构建步骤

（一）识别和评估H公司的合规风险

H公司通过对公司内部存在的行业特定风险、业务特定风险、法律责任和岗位职责带来的风险或可能发生的潜在风险进行识别，并针对合规风险产生的原因进行分析判断，系统识别出各项合规义务，并评估其对组织运行所产生的影响，为后续进行风险预警提供依据。

1. H公司风险识别和评估的方式

（1）H公司通过对公司或者同行业的其他企业发生的违规事件进行学习和梳理，发现公司所处行业普遍存在的合规风险。

（2）H公司通过对各项业务的前期洽谈、沟通、落地执行各项内外部流程，将涉及不正当竞争、贿赂、招投标等外部事项，以及合同签订、履约、违约处置、采购、销售、员工等内部程序进行全面梳理，将所涉环节、程序和流程中可能出现合规风险的地方进行评估。

（3）H公司通过对公司业务所涉及的各类规范性文件规定的民事责任、行政责任和刑事责任进行梳理，识别不同责任领域的合规义务和合规风险。

（4）H公司还通过不同岗位的业务管理范围、岗位职能和职责进行梳理，发现不同岗位职责间是否存在盲区或者存在不受监督制约的情形，以防公司内部存在关键领域无人负责的真空地带和无人监管导致出现道德风险的情况。

2. H公司合规风险的识别和评估流程

H公司通过各种方式将公司生产经营中可能发生或潜在可能发生的各类风险点进行搜集梳理，分析风险构成的原因，根据不同的影响程度进行等级分类，关注部分风险可能引发的次生风险，最终将识别出来的风险形成报告并发出预警提示。H公司合规风险的识别和评估流程如图28-5所示。

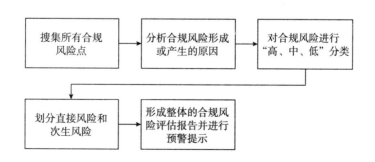

图28-5　H公司合规风险的识别和评估流程

通过以上方法和流程，H公司在企业反腐败、环保、安全生产、不正当竞争、知识产权、数据合规、招投标、劳动用工、税收、产品质量等领域重点识别潜在的合规风险。

当新增或变更了合规义务时，H公司也对风险的识别和评估进行动态调整以保证持续合规。

（二）完善H公司合规组织架构

1. 原则

H公司按照适应公司组织的原则、权责相匹配的原则、协同原则、独立原则和成本效应原则来构建内部合规组织架构。

2. H公司合规管理的组织架构

H公司合规管理的组织架构如图28-6所示。

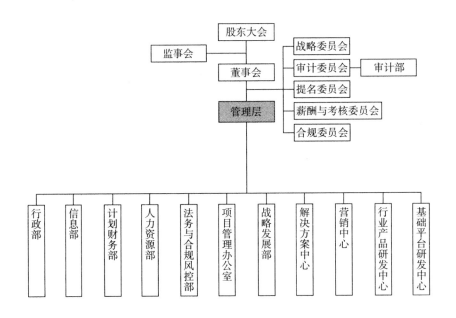

图28-6　H公司合规管理的组织架构

H公司在已有的法人治理结构基础上，修改了公司章程，建立由董事会、经理层、合规委员会构成合规决策层，由首席合规官、合规管理部门作为合规管理层，由业务部门和合规专员构成合规执行层，由监督部门和监事会构成监督部门的合规管理组织架构。完善并明确了董事会、监事会、高级管理层、合规委员会、首席合规官、法务与合规风控部、业务部门、审计、法务和风险内控、招投标管理、业务等相关部门在合规管理方面的职能和职责。在反商业贿赂、反不正当竞争、规范招投标、产品质量、劳动用工、财务税收、知识产权、廉洁合作重点领域的合规问题，根据业务实时更新。

同时，重点强化管理人员、重要风险岗位人员等重点关注人员的合规风险意识。

其中，业务部门是第一道合规防线，是公司业务领域合规管理责任主体，负责日常业务合规工作；合规管理部门是第二道合规防线，负责组织和指导其他部门的合规工作；监督部门是第三道合规防线，监事会、纪检监察机构和审计、巡视等部门履行合规监督职责。

3. H公司合规管理组织成员的职责

H公司修改了公司章程，将合规管理组织成员的职责予以明确，H公司合规管理组织各成员的职责如表28-5所示。

H公司健全合规组织后，采用PDCHS的理论建立了基本制度、重点领域专项合规指南、操作手册等指引性文件，加强合规文化建设和信息化技术等保障机制的合规管理体系。

表28-5　H公司合规管理组织成员的职责

层级	组织成员名称	核心职责
合规决策层	董事会	（1）批准合规方案、体系构建和基本合规制度； （2）研究决定合规管理重大事项，根据有关规定和程序，决定聘任或者解聘首席合规官； （3）设置合规管理部门及其职能和权限； （4）处置违规人员
	经理层	（1）拟订合规管理体系建设方案，经董事会批准后组织实施； （2）拟订合规管理基本制度，批准专项制度； （3）结合业务制定合规管理工作流程； （4）发现并纠正不合规行为，惩处违规人员和行为； （5）对重大合规风险及时采取应对措施； （6）指导、监督和评价各部门和下属公司合规管理工作
	合规委员会	董事会下设的专门委员会，统筹合规管理的执行工作，研究本公司合规管理重点事项，召集合规会议；必须有一名具备合规专业知识的外部独立董事
合规管理层	首席合规官	（1）参与企业重大经营决策，提出合法合规性审核意见； （2）指导业务部门合规管理工作，对合规管理职责落实情况提出意见和建议
	合规管理部门	（1）针对合规风险进行识别和预警，制定相应的制度、方针、程序和流程，制定合规风险应对方案； （2）开展合规评价与考核机制，推进合规整改和持续改进； （3）规范业务部门和其他部门的合规管理工作； （4）受理违规举报，调查违规事件，并提出针对性处理建议； （5）协助开展合规培训

层级	组织成员名称	核心职责
合规执行层	业务部门	（1）梳理本业务领域合规流程，制定业务合规义务清单； （2）识别日常业务合规风险、隐患，发布合规预警； （3）对业务经营管理行为进行合法合规性审查，接受合规管理部门监督和指导； （4）及时向合规管理部门通报风险事项，执行风险应对措施； （5）外部合作方的合规背景尽调
合规监督部门	监督部门、监事会	（1）监督经营、管理行为，为违规行为提出整改意见； （2）会同合规管理部门、相关业务部门对合规管理工作开展全面检查或专项检查； （3）对企业和相关部门整改落实情况进行监督检查； （4）对违规事件进行调查，并结合违规事实、造成损失等追究相关部门和人员责任； （5）对完善企业合规管理体系提出意见和建议

（三）制定 H 公司合规风险管理制度

1. H 公司考虑因素

H 公司在制定合规管理制度时，考虑了与其密切相关并影响其实现合规管理体系预期结果的内部和外部因素。其中包括：

（1）公司所在地的外部环境，包括政策、法律、监管环境及其发展趋势；

（2）公司的商业模式，包括性质、规模、业务类型和盈利模式；

（3）所在行业的市场情况、客户需求和发展方向等；

（4）公司的内部组织结构、资源和其他管理制度；

（5）公司的合规文化、领导层风格。

2. H 公司合规风险管理制度

H 公司制定了《H 公司合规管理规定》和《合规手册》作为合规纲领性制度，将合规管理的总则、组织和职责、合规管理运行、合规管理保障、违规惩处等事项予以明确规定。

H 公司针对风险常见多发的业务范围和重点领域、环节和人员制定了专项的合规制度，如《知识产权合规管理指引》《劳动用工合规管理指引》《反商业贿赂合规管理指引》《廉洁自律合规管理指引》《数据合规管理指引》《安全生产合规管理指引》《反不正当竞争合规管理指引》《合同合规管理指引》及上市相关的系列制度等专项制度，针对该领域的风险清单、员工职责、审批流程、风险预警、违规应急处理和惩处机制进行了系统化和指引性的规定。为了配套落实和执行基本制度和专项制度，H 公司还制定了《合规风险识别、预警机制方案》《风险应急应对方案》《合规检查与审核操作指引》《合规举报调查指引》《合规管理信息化操作指引》。

H 公司合规管理制度构成如图 28-7 所示。

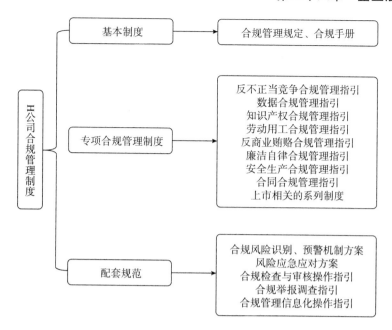

图 28-7　H 公司合规管理制度构成

（四）加强 H 公司合规管理运行监控

1. 合规风险识别预警

H 公司构建了合规风险识别预警机制，将同行业公司发生的不合规事件作为警示案例，建立合规风险库，根据风险的影响程度、概率等进行系统分析，设定风险等级和预警值，针对常见多发、对业务发展有重大影响和潜在影响的风险及早发现。由合规管理部门制定管理合规风险库，组织业务部门定期更新完善，向全员尤其是相关业务部门传达动态更新的合规关注点。

2. 构建本公司合规风险预案

H 公司针对发现的各类风险制定不同等级的预案，并制定突发应急应对方案，及时采取有效措施进行处置，防止重复发生该类危机事件，并将该次事件的损失范围、影响范围降到最低。

发生可能会引发重大行政处罚、承担刑事责任或重大业务损失、声誉损失的合规风险事件时，经合规委员会组织安排，合规管理部门与相关业务部门、行政、财务部门等辅助部门加强协同配合，强化内部调查，处置相关责任方，采取措施妥善应对，以求降低损失和化解风险。

3. 构建合法合规性审查机制

H 公司将合法合规性审查作为公司日常经营管理行为强制事前审批程序。公司业务部门加强对本业务领域日常经营管理行为的审核把关，合规管理部门加大对存在风险的重大业务、拓展新型业务等合法合规性审查力度，必要时可以对业务部门审核结果进行复审，对严重违反法律法规或企业规章制度或存在不确定性风险的业务、管理行为施行一票否决。

4. 加强问题整改和违规处罚

H 公司及时针对合规风险识别预警、风险应对机制及合法合规性审查过程中发现或潜在的风险事项进行全方位的整改，公司通过健全专项制度、设置专项机制、优化特定业务或关键环节流程的方式加强合规建设，及时发现管理漏洞和业务隐患。

该公司定期对前述合规整改的情况进行检查，针对触发合规风险的相关人员及没有按照整改要求完成整改的责任人员依据责任情况进行查处，明确相关人员的责任范围，制定明确的处罚标准，并且要求对处罚对象适用统一的标准，必要情况下对处罚结果进行公示公开，在全公司内进行惩戒和警示。

（五）健全 H 公司合规管理的保障机制

H 公司针对包含离职员工在内的员工是否遵守各项合规制度制定了违规举报机制，公司集团员工在与供应商、外包商、客户等合作伙伴发生业务往来的过程中，如果发现营私舞弊、贪污腐败、侵犯公司商业秘密等违反法律或公司相关规定要求，给公司带来损失或潜在风险的违法违规事项时，相关知情人员均可向公司公布的邮箱、电话或合规管理部进行实名举报，举报线索登记、调查、报告输出各环节都将严格保密。

H 公司加强合规文化建设、常态化合规培训，建立追责惩罚制度、合规管理的绩效考核机制，完善合规报告，加强业务部门、财务、行政等部门之间的协同机制及更新随着时代发展而出现的合规信息化管理工具。

（资料来源：简雯. A 公司合规管理体系构建的案例研究［D］. 武汉：华中科技大学，2022.）

案例 28-4　一汽集团合规管理的设施

一汽集团根据国务院国有资产监督管理委员会颁布的《中央企业合规管理指引（试行）》，聚焦"为什么开展合规管理""怎样开展合规管理""合规管理的举措是什么"等问题，全面对合规管理工作思路进行梳理，建立起一套完整、科学、实效的合规管理体系，并有效实施。

一、全面合规管理的目标及原则

（一）全面合规管理的目标

1. 有序开展全面合规管理

一汽集团合规管理的目标设定为"有序开展全面合规管理、实现合规风险可知可控、实现合规创造价值"三个层次目标，前面层次目标的实现是后面目标实现的基础。同时，又将每一层次目标进行细化拆解，形成了八个方面的小目标，以确定清晰、明确的工作目标，见图28-8。

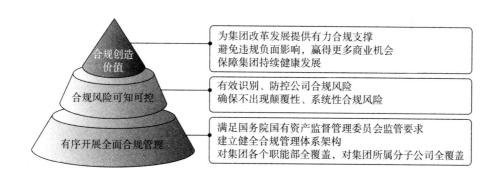

图 28-8　一汽集团全面合规管理目标

一汽集团提出了"五项覆盖"的工作理念，即"覆盖各业务领域、覆盖各部门、覆盖各级子企业和分支机构、覆盖全体员工、覆盖全制度流程"。

"覆盖各业务领域"就是要求公司能够遵守适用于公司经营发展的全部法律法规、监管要求及规范文件，一汽集团业务领域广泛，包括安全环保生产、产品质量安全、知识产权保护、劳动用工、财务税收、境外经营和数据信息保护等。

"覆盖各部门"就是要求公司开展合规管理的部门应全面，不仅包括研发、生产、采购、销售等核心价值链上的业务部门，还包括财务、人力资源、行政管理等支持性部门。

"覆盖各级子企业和分支机构"是要求针对不同的子公司、分支机构均应遵守其适用的不同国家和地区的管辖法律和规范，既包括注册地、实际经营地的法律法规，也包括国资监管方面的相关规定及政策要求。

"覆盖全体员工"就是要求公司全员的行为均应规范，全员遵纪守法、廉洁从业，避免因员工行为而导致的公司损失风险。

"覆盖全制度流程"就是要求公司加强制度流程的设计及运行，及时将法律法规中的强制性、禁止性的要求纳入制度流程之中，作为制度流程的关键步骤；同时，加强制度在公司经营中的实施，保证各项制度得到有效落实。

2. 合规风险可知可控

将合规管理的重点放在合规风险的管控上，提升企业的风险识别、分析、应对，避免出现颠覆性、系统性重大合规风险。

一汽集团深刻领会了合规管理与风险管理是从不同角度对企业管理进行完善与提

升，将合规管理的重点放在合规风险的管控上，提升企业的风险识别、分析、应对，避免出现颠覆性、系统性重大合规风险。"合规风险"是指企业及其员工因不合规行为，引发的法律责任、受到相关处罚、造成经济、声誉损失及其他负面影响的可能性，将合规风险与战略风险、财务风险、市场风险等其他风险进行区分，在识别出具体合规风险以后，针对具体合规风险进行分析，评估合规风险的程度，制定出有效的应对措施。

3. 合规创造价值

一汽集团提出"合规创造价值"的目标，将企业管理与经营目标相结合，充分挖掘合规管理的本质，实现合规管理的价值作用。通过合规管理，降低被监管部门处罚的风险，合规管理促进企业依法经营、规范管理、公平竞争、合理交易，消费者和员工的利益得到了保障，减少企业遭受民事侵权索赔，合规管理有助于企业避免商誉受损，为企业赢得更多的商业机会等，为企业创造价值。

（二）全面合规管理实施的原则

一汽集团根据其业务板块多、产业链长，以及母子公司间的管控特点，将合规管理实施的原则设定为"全面覆盖，突出重点；客观独立，协同联动；强化责任，力求实效"。

1. 全面覆盖，突出重点

按照"有序开展全面合规管理"的目标要求，合规管理应当覆盖公司各业务领域、各相关单位、全体员工，贯穿于公司决策、执行、监督全流程。同时，突出对重点领域、重点环节、重点人员的合规管理，以重点合规管理带动和促进全面合规管理。

2. 客观独立，协同联动

合规管理部门和合规管理人员独立履行职责，并严格依照相关法律法规等合规规范对违规事实进行客观评价，不受其他部门和人员的干涉。"客观独立原则"是合规管理工作监控职能的必然要求，为合规管理工作的开展提供客观、真实、公正的工作环境。合规管理工作加强与法务管理、监察、审计、内控、风控管理等工作的有效协同，确保合规管理体系有效运行。其中，审计、监察、内控、风险管理、法律等相关部门，在其各自职权范围内履行合规管理职责，建立统筹和衔接的机制，各自发挥专业特长，努力形成公司的合规合力。

3. 强化责任，力求实效

把加强合规管理作为中央企业主要负责人履行推进法治建设第一责任人职责的重要任务，建立健全全员责任制，明确相关单位、相关岗位、相关人员的合规责任，并采取措施，督促有效落实。合规管理深度融入经营管理、嵌入业务流程，突出防范合规风险的实效，切实发挥合规管理价值和作用。

二、全面合规管理的框架

一汽集团全面合规管理框架如图 28-9 所示。

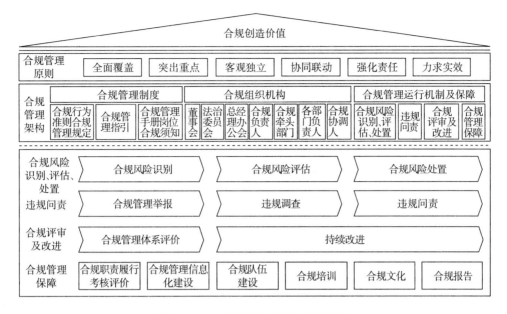

图 28-9 一汽集团全面合规管理框架

（一）合规管理体系

1. 合规管理组织体系

一汽集团建立了以董事会、监事会、经理层、合规委员会、合规管理负责人、合规管理牵头部门、业务部门构成的合规管理体系；设计了一汽集团合规管理的制度体系，涵盖合规管理规定、合规指引、合规管理手册、合规指导书等。

2. 合规管理体系与现行管理体系之间的关系

合规管理是从合规风险的防范，对企业及员工的行为加以规范，确保企业经营的依法合规，其作为企业经营管理的基础，是其他管理体系的基础。

一汽集团现行相关的管理体系包括法务、内控、风险、审计、监察等，合规管理体系建立后，都会与这些职能体系建立起联系，甚至在某些工作的开展方面有交叉和重叠，但其各自职能的目标和手段存在较大的不同，各自职能边界如下：

（1）法务管理是服务于企业战略发展的，以效率为目标，以法律风险控制为手段；

（2）内控建设则是更多出于监管的视角，对企业内部制度的设计有效性及运行有效性进行完善；

（3）审计与监察是从财务与监督的视角，对企业的行为活动予以约束和规范。

（二）合规管理流程

一汽集团在充分借鉴国外先进的合规管理经验基础上，加强对合规管理流程的研究，从事前的合规预警、事中的合规检查、事后的合规评价三个方面，推进合规管理流程的建设：首先，建立重大事项的事前合规预警机制，推动合规部门主动关注相关重大合规事项，将合规管理工作端口前移。其次，推动实施合规检查，特别是从集团层面实施合规管理检查，严格督促分子公司、分支机构落实相关合规工作要求。最后，推动建立合规评价机制，优化合规考核指标设置，加强对分子公司合规管理工作的考核评价。

三、全面合规管理的组织结构及职能

一汽集团全面合规管理的组织结构如图28-10所示。

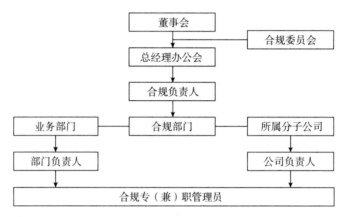

图 28-10　一汽集团全面合规管理的组织结构

一汽集团从公司治理层级、管理层级、执行层级三个层级建立了全面合规管理组织机构及其职能。董事会作为企业合规责任的最终承担者，下设合规委员会、合规负责人等，合规部门作为合规管理的归口部门，领导各业务部门及集团所属分子公司的合规管理，并接受合规委员会的指导。业务部门作为企业合规管理的责任单位，设合规专（兼）职管理员协助部门负责人在本部门开展合规管理工作。

一汽集团从董事会、合规委员会、总经理办公会、合规负责人、合规牵头部门、业务部门梳理其合规管理职责，见表28-6、表28-7、表28-8。

表 28-6　一汽集团公司治理层级的合规管理职责

层级	组织机构	职能
公司治理层	董事会	(1) 批准公司合规管理战略规划、年度合规管理报告； (2) 决定公司合规管理有关重大事项
	合规委员会	(1) 审议公司合规管理战略规划、年度合规管理报告； (2) 推动建立和完善公司合规管理体系； (3) 批准公司年度合规管理工作计划； (4) 审议公司合规管理有关重大事项； (5) 听取公司合规管理工作汇报，指导、监督、评价合规管理工作
	总经理办公会	(1) 审议公司合规管理战略规划、年度合规管理报告； (2) 审议合规管理有关重大事项

表 28-7　一汽集团管理层级的合规管理职责

层级	组织机构	职能
管理层级	合规负责人	公司合规管理工作具体实施的负责人和日常监督者，主要职责包括： （1）贯彻执行董事会、法治委员会、总经理办公会对合规管理工作的各项要求，全面负责公司的合规管理工作； （2）协调合规管理与公司其他业务之间的关系，监督合规管理执行情况，及时解决合规管理中出现的重大问题； （3）领导合规管理牵头部门开展工作，加强合规管理队伍建设，监督合规管理牵头部门认真有效地开展工作； （4）向董事会、法治委员会及合规主管领导汇报合规管理重大事项
	合规牵头部门	组织、协调和监督合规管理工作，为其他部门提供合规支持。 主要职责包括： （1）组织制订合规管理战略规划； （2）研究制定合规管理计划、基本制度和合规管理相关配套制度； （3）持续关注法律法规、监管要求的规定变化，组织开展合规风险识别和预警，参与企业重大事项合规审查和风险应对； （4）组织开展合规检查、合规考核评价，对合规管理体系进行评价，督促违规事件的整改和合规管理体系的持续改进； （5）指导所属分公司、子公司开展合规管理工作； （6）受理违规举报案件，组织、参与对违规事件的调查，提出处理意见； （7）组织起草合规管理年度报告； （8）组织或协助业务部门开展合规培训，进行合规宣传

表 28-8　一汽集团执行层级的合规管理职责

层级	组织机构	职能
执行层级	业务部门	负责本领域、本单位的日常合规管理工作。具体职责包括： （1）完善本领域、本单位业务管理的合规管理制度和流程； （2）制定本领域、本单位的合规管理工作计划； （3）持续关注本领域、本单位的法律法规、监管规定等要求变化，主动开展本领域、本单位合规风险识别和隐患排查及风险应对，发布合规预警，组织开展合规审查； （4）向合规牵头部门通报本领域、本单位合规风险事项，妥善处置本领域、本单位的合规风险事件； （5）组织实施本领域、本单位的合规培训； （6）组织或配合进行本领域、本单位违规问题调查并及时整改； （7）本领域、本单位其他合规工作

　　同时，为确保合规管理工作的顺利开展，一汽集团建立了合规管理员机制，在总部职能部层面及分子公司明确合规管理员，组织开展合规管理各项工作，建立良好的日常沟通机制，确保合规管理任务的有效执行。在管理模式上，一汽集团采用了矩阵式的管理方式，总部层面的合规管理部门对合规委员会负责，分子公司的合规管理部门对分子公司的主要负责人负责，总部的合规管理部门在专业上给予分子公司合规管理部门业务上的指导。

四、全面合规管理的运行

一汽集团全面合规管理运行（见图 28-11）主要体现在合规风险识别、合规风险评估、合规风险应对及合规举报、调查与追责方面。

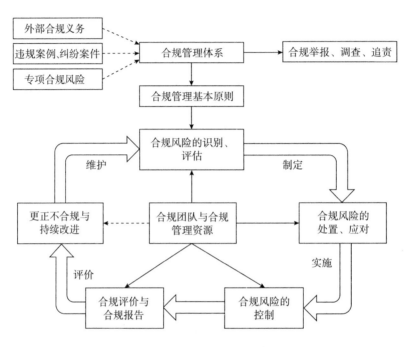

图 28-11 一汽集团全面合规管理运行

（一）合规风险识别

一汽集团在开展合规风险识别时，主要采用以下三种方法：一是通过主动识别和确定企业需要遵守的合规义务，从而反推出企业可能面临的合规风险。将识别合规义务作为进行合规风险评价和制定合规风险应对方案的重要依据。二是通过收集某一领域或某一业务相关的违规案例、纠纷案件、行政处罚事项，分析这些事项所发生的原因及后果，形成某一领域或某一业务的合规风险点。三是具有针对性地开展合规风险的识别，围绕某一流程，识别流程潜在的合规风险点。同时，根据识别出的合规风险，制定企业的合规风险库，收集保存合规风险的相关信息，为企业后续的合规风险评估、应对工作打好基础。

（二）合规风险评估

合规风险评估是指对已经识别的风险从风险发生的频率、风险发生严重程度及风险发生的可能性等维度进行评估以确认合规风险的情况，合规风险评估是制定后续合规风险应对方案，匹配合规管理资源的重要依据。

一汽集团充分运用合规风险库，对已识别的合规风险进行逐一评估，按照确认的合规风险的严重程度进行排序，根据排序结果确定重点合规风险事项。判断风险发生频率的主要方法包括：一是通过对风险的来源进行判断，如果合规风险来自某一业务流程，则分析每年实施该业务流程的次数可得出该风险发生的频率；二是如果合规风险来自曾经已经发生的案例，则分析曾经案例发生的次数可得出该风险发生的频率。判断风险影响的严重程度包括可能造成的经济损失的数额、可能造成的声誉影响的大小及是否会触发刑事责任。判断风险发生的可能性则包括企业应对风险的管控措施的有效性、政府监管环境的严厉程度、同行业发生类似案件的频率等。

（三）合规风险应对

合规风险的应对是根据合规风险评估结果，制定合规风险的应对措施清单，形成有效的合规风险应对方案，通过有效执行应对方案消除或降低合规风险。

一汽集团应对合规风险举措主要包括：制定合规风险防控的目标与计划，与发生合规风险的部门进行有效沟通，确定合规风险的应对措施和职责分工，修订、完善相关业务模式、业务流程，制定、修改企业内部的相关制度流程；对于重大合规风险的应对，还需要定期对合规风险的措施进行评估，跟踪合规风险应对效果，并及时将合规风险应对情况进行汇报。

（四）合规举报、调查与追责

一汽集团创新性建立了有效的举报、调查及追责机制。加强完善以下工作机制：一是对举报人和举报信息提供保密和保护。承诺对举报人的身份、举报信息予以保密，尽可能地为举报人提供保护措施，为了能激发员工及时举报违规事项，对参与违规活动的举报人给予"责任豁免"或"减轻责任"，对于没有参与违规活动的举报人给予奖励。二是提供值得举报人信赖的多种举报途径，包括电话举报、邮箱举报，并加强对举报人信息的保护。三是建立举报信息的收集、处理流程。为了没有遗漏地获取举报信息，并且保证举报的保密性，明确举报信息的收集岗位，除该岗位以外的其他任何人员，均无法在举报信息进行有效处理前接触到相关举报内容和举报人。收集到举报信息后依照举报处理流程，对信息进行处置，确定下一工作步骤。

在收到举报信息并进行初步识别后，需要进一步对举报信息进行合规调查，制定合规调查方案，实施合规调查，明确调查过程中信息资料的收集和整理，以助于最终形成书面调查报告。调查报告应该是对调查背景、调查过程、调查结论进行客观陈述，避免掺杂个人观点。此外，还应妥善保管调查资料，注意控制能够获取资料的权限范围。

五、一汽集团全面合规管理实施的保障措施

全面合规管理涉及企业的方方面面，是一项系统工程，如果没有强有力的保障措

施，全面合规管理将很难有效实施。为了有效地实施全面合规管理，一汽集团制定了全面合规管理实施的保障措施。

（一）加强合规考核评价

一汽集团在对业务部门及分子公司的合规评价，将合规管理情况纳入对业务部门及分子公司负责人的考核指标体系，细化考核指标，科学制定评价标准，在对员工进行合规评价时，注重将评价结果作为干部任用、评选先进、员工考核等的重要因素。

在进行合规评价时高度重视评价的客观性与公正性，做好合规评价的前提准备工作。首先，明确合规评价的对象和主体，评价对象包括公司高管、业务部门、业务部门负责人、部门员工、合规部门、合规部门的负责人等，评价主体根据不同的评价对象予以确认。其次，设定合规评价的标准，通过设定一系列量化、可评价的合规标准，制定合规评价的指标及权重，将合规评价纳入绩效考核体系。最后，建立合规管理考核分析、沟通、反馈机制，对合规评价结果及时告知被评价对象，并要求按时整改。同时，根据合规评价结果对相关人员进行奖惩，包括调岗/调薪、免除职位或解除劳动合同，促使合规管理成为各级管理层和员工的行为指引和驱动力。

（二）建立专业化高素质的合规管理队伍

合规管理工作的有效开展，离不开专业化高素质人才为保障，加大合规管理队伍的投入对于发挥合规职能、提高合规管理质量和创造合规价值具有重要作用。一汽集团为合规管理队伍建设提供独立的、充分的预算，以确保合规工作有效开展，提升合规队伍独立性的必要保障；为合规人员创造良好的工作环境，确保合规人员享有独立履职的必需条件，包括开展合规调查、支持合规检查监督等；加大对合规管理人员的培训，保证合规管理人员的年度培训学时，提升合规管理队伍的专业化水平；提高合规管理人员的薪酬待遇，吸引优秀的合规管理人才加入等。

（三）强化合规管理信息化建设

建立全面合规管理体系离不开现代技术，尤其是信息系统的支持。在技术创新驱动下，一汽集团的经营模式已经深刻改变，以大数据、云技术、区块链、人工智能等为代表的数字化时代已经到来，这给合规管理工作带来了全新的挑战。如果没有强大的信息系统的支持，仅依靠有限的合规管理人员将难以对企业所有业务、人员实施全面的合规管理。因此，为提高合规管理效率、整合优化管理资源，要创新合规管理工具方法，依靠信息系统管理部门的支持，提高管理效率，防范企业合规风险。

（四）培育合规文化

一汽集团将合规文化作为企业文化建设的重要内容，将合规文化作为企业的核心价值观。通过制定发放合规手册、签订合规承诺书、进行合规培训及合规宣传等方式，培育企业合规文化。企业的领导者和高管人员身体力行，切实遵守相关廉洁、合规方面的要求，为全体员工做好表率，促进在日常经营管理中培育合规文化，营造合规氛围。在全体员工中树立诚实、守信的合规观念，做依法合规的自觉尊崇者、践行者和捍卫者，自觉维护诚实、守信的合规文化氛围。不断强化员工的合规意识和行为自觉，实现全员主动合规。建立全员覆盖的合规培训和合规宣传体系，将合规培训和合规宣传作为合规文化培育的抓手，建立常态化的合规培训与合规宣传机制，明确合规培训与宣传的目标、内容及工作开展方式。针对高管、新入职员工、业务人员开展分层次、有针对性地合规培训。创新合规宣传形式，通过线上、线下等多种途径开展形式多样的合规宣传活动，有效增强了广大干部员工的合规意识。此外，还加强与合作伙伴的联系，及时将企业合规文化告知合作伙伴，积极传达合规立场。

（资料来源：沃土．一汽集团全面合规管理实施方案的研究［D］．长春：吉林大学，2020．）

推荐阅读

1. 雄定中，杨一星．公司法务：定位、方法与操作［M］．北京：中国民主与法制出版社，2023.

2. 沈家洪．论现代企业法务管理体系的构建［D］．厦门：厦门大学，2017.

3. 解铃．企业合规性管理研究：以葛兰素史克制药企业为例［D］．马鞍山：安徽工业大学，2019.

思考题

1. 企业法务管理工作的内容、特征有哪些？

2. 如何构建企业法务管理工作与组织体系？

3. 企业法律风险及防范主要有哪些方面？

4. 企业合规与合规管理的价值和原则有哪些？

5. 如何推动企业合规经营的组织建设与改进？

第二十九章　企业国际化经营管理

学习目标

1. 了解企业国际化经营的模式与环境；
2. 懂得企业国际化经营的战略选择与路径；
3. 学会细分国际市场与选择目标市场。

第一节　企业国际化经营概述

一、企业国际化经营的含义

企业的国际化经营，是指企业为了寻求更大的市场、寻找更好的资源、追逐更高的利润，而突破一个国家的界限，在两个或两个以上的国家从事生产、销售、投资、服务等活动。

不同的企业走向国际化的具体原因千差万别，出于各自不同的考虑，受到各种不同因素的驱使。但是，无论出于何种原因，企业的国际化经营从根本上说都是出于整体战略的考虑，即为了寻求更大范围的竞争优势。企业国际化的动因包括三个：

1. 为现有的产品和服务寻找新的顾客

企业从事国际化活动最直接的动因是开发国际市场，为企业的产品和服务寻找新的顾客。随着经济全球化的发展，不同国家的消费者在需求偏好和消费习惯上有趋同的倾向，这使得企业有可能将产品和服务推向更广阔的市场。

2. 寻找低成本的资源

企业在国际市场寻找更优质和更低廉的资源，以降低生产成本，获得低成本优势。可以带来低成本优势的资源主要包括原材料、劳动力和技术。

3. 打造核心竞争力

核心竞争力是企业竞争优势的源泉，是企业比竞争对手更优秀的根本性原因。企业将经营活动领域从单一的国内市场扩展到国际市场，可以在更大的范围内学习新的技术、管理经验，积累对顾客需求的认识，由此打造出更强的核心竞争力。

二、企业国际化经营的模式

概括地讲，企业国际经营有三种经营模式可供公司选择：贸易类国际经营模式、合同类国际经营模式和投资类国际经营模式。

（一）贸易类国际经营模式

国际间买卖商品和服务的最普遍方式是进出口贸易。出口是指把一国的产品和服务卖到另一国去的活动，进口是指把一国的产品和服务买到另一国去的活动。这样的国际贸易可以激发一个国家的企业家精神和发展经济。国际出口有两种基本形式：一是国际直接出口；二是国际间接出口。

国际直接出口是指产品在从生产者流向国外最终消费者或用户的过程中，不经过任何中间商，而由生产者将其产品直接销售给国外的进口商、消费者或用户。常用的方式包括直接向进口商出口以及向进口国派驻机构销售等。

国际间接出口是指产品经由中间商销售给国外市场最终用户或消费者的一种分销形式。较典型的间接分销渠道：制造商—出口中间商—进口中间商—经销商—最终消费者。

（二）合同类国际经营模式

企业可以利用多种合同方式在国际市场推广其高度专业化的资产和技术或技能。合同类国际经营模式包括补偿贸易、管理合同、交钥匙工程、国际贴牌生产、特许经营等。

1. 补偿贸易

补偿贸易已成为企业进入国际市场的重要模式之一。补偿贸易的方式多种多样，大致可以分成以下几类：

（1）互购。出口商同意向某个国家购买一定数量的商品，条件是那个国家购买该出口商的产品。双方彼此销售的商品一般是不相干的，但价值是相等的。

（2）抵销。出口商同意在其出售的产品中使用购买自其产品国家的商品和劳务。抵销可以是直接的，也可以是间接的，取决于商品和劳务是不是产品的主要部分。如果是直接抵销，出售某种产品的制造商要使用在购买国制造的一部分零部件，如果是间接抵销，出口商购买的产品只是其制造出口产品的辅助部分。

（3）回购。回购就是在交易中出售重型设备、技术以至成套设备的出口商，同意购买由这些设备生产出口的一定比例的产品。例如，美国许多公司包括波音公司、通用电气公司和联合技术公司等都利用补偿贸易作为一种理所当然的贸易方式。

2. 管理合同

管理合同是指一家公司在一定时间内向另一家公司或部门提供管理技术并获得相

应报酬的经营方式。管理技术提供者的收入通常要求获得一次性付款或依据销售量的持续收费。技术经理的专业知识和通用经理的商业管理技能这两类知识可以通过管理合同实现转让。例如，2007 年 3 月 20 日中国援建巴基斯坦的瓜达尔港正式启用。瓜达尔是阿拉伯海边的一个渔村，紧挨着波斯湾，位于具有重要战略意义的波斯湾的咽喉附近，距离全球石油供应的主要通道霍尔木兹海峡大约 400 千米。新加坡港务集团拥有多年经营新加坡港、鹿特丹港等世界著名港口的经验。该集团在巴基斯坦政府实施的瓜达尔港经营管理合同招标中一举中标，被授权运营和管理瓜达尔港，经营期限为40 年。新加坡港务集团顺利完成了拓展巴基斯坦市场的新业务。

3. 交钥匙工程

交钥匙工程是指一家公司为客户承包工程设计、施工和对生产设备进行了测试后交给客户经营的工程项目。如同管理合约，交钥匙工程通常规模很大，而且往往涉及政府机构。通常包括兴建发电厂、机场、港口、电信系统、石化设施，然后交给客户。中国土木工程集团公司（以下简称中土公司）利用中国出口买方信贷承接了尼日利亚纵贯南北的价值亿美元的尼铁项目。中土公司历时三年，对尼铁项目进行设计、施工、调试，再建一条新铁路。尼铁项目是一个典型的交钥匙工程。再如，中国为巴基斯坦建造的瓜达尔港工程也是典型的交钥匙工程。

4. 国际贴牌生产

国际贴牌生产（Original Equipment Manufacture，OEM），指由采购方提供设备和技术，由制造方提供人力和场地，采购方负责销售，制造方负责生产的一种现代流行的生产方式。但是，目前大多采用由采购方提供品牌和授权，由制造方生产贴有该品牌产品的方式。

我国企业在国际上缺乏有竞争力的知名品牌，自主知识产权少，但我国人口多、劳动力成本低，有的地区已形成块状经济，具有配套能力、原材料成本、灵活的市场机制、配件物流等方面的优势。在竞争中要发挥自己的比较优势，规避在技术研发、品牌推广方面的劣势，将自己的比较优势与跨国公司的品牌优势相结合，实现产品进入国际市场。

我国企业选择国际贴牌生产有以下三个重要的优点：①降低企业营业成本。我国企业在生产环节方面具有相对竞争力，在做 OEM 时，企业只需集中精力做好生产制造，研发设计及市场开拓可以不用理会。这对我国企业国际化经营来说，无疑是起步容易、进入障碍小、投入小、见效快的方式，可以大大节约企业的营业成本。②降低企业经营风险。当今科技发展迅速，产品更新换代速度快，经营风险高。而我国企业，尤其是处于创业阶段的民营企业，由于规模小、资金少，承担这种风险的能力以及海外市场拓展的经验有限。通过"你拿来，我照图生产"，"我负责生产，你负责销售"

的方式有效地规避了产品开发和市场拓展的风险，使企业获得稳步收入，资金得到积累，为企业的长远发展积累力量。③使企业向国外学习先进的生产技术和管理经验。我国大多数企业缺乏高级生产技术且管理效率低下。而技术研发需要大量的资金和人才，要求企业在短期内进入世界技术发展的前端是不现实的。品牌方为维护其品牌，经常在生产的管理和技术等方面向OEM方提出要求和给予指导，以维护乃至提高其需要的产品质量。所以，OEM有利于我国企业向国外先进企业学习管理方法和生产技术，掌握国际竞争规则。

但是，国际贴牌生产只做产业链中间的部分——生产制造，技术、品牌和市场均在企业之外，因此对于我国企业的进一步发展有很多不利的制约。总结起来，国际贴牌生产的主要缺点有：①容易造成企业抗风险能力低下。因为没有核心技术、品牌和直接的市场，厂商往往会过分依赖国外企业，一旦外界环境出现动荡，企业就会无从适应，业绩会大起大落，企业无法稳定发展。企业在发展到一定阶段后，会发现自己处在上有发达国家的强势竞争，下有劳动力更便宜的国家和地区的境地之中，上下挤压，处境困难。当前随着东南亚、中南美洲、非洲等地区的市场的扩张，我们所特有的劳动力成本优势已越来越小。成本的上升必然转嫁到其产品的价格上，这会使得委托方将其在我国制造的产品基地进行转移。②容易造成企业忽视自己的品牌建设。很多的企业忙于为外资品牌打市场，却忽视了对自身品牌的建设。生产制造环节在产品价值链中是利润最低的环节，尽管跨国公司的订单量很大，但是利润低，企业没有足够积累的资金进行品牌的开拓，使得自身的品牌得不到更好的发展，如此下去，会造成自身品牌的流失，这是我国企业不得不注意的问题。③企业无法获得核心技术。我国企业实施，核心技术和销售渠道都掌握在国外大公司手里，我国企业只不过是这些跨国公司的生产车间，往往无法通过贴牌经营战略获得核心技术。外资品牌在中国定牌生产的产品的科技含量一般都比较低，这些产品属于中低档的产品。主要是由于我国一些企业在短期内还很难达到高端产品所要求的技术标准，因此也就拿不到高端产品的生产订单。

5. 特许经营

特许经营是指特许经营权拥有者以合同约定的形式，允许被特许经营者有偿使用其名称、商标、专有技术、产品及运作管理经验等从事经营活动的商业经营模式。

按照特许权内容，特许经营可以划分为品牌特许经营和经营模式特许经营。

（1）品牌特许经营。品牌特许经营是指特许者向被特许者转让某一特定品牌产品的制造权和经销权。特许者向被特许者提供技术、专利和商标等知识产权以及在规定范围内的使用权，对被特许者所从事的生产经营活动并不作严格的规定。这类特许经营形式的典型例子有汽车经销商、加油站以及饮料罐装和销售等。目前在国际上这种模式逐渐向经营模式特许转变。

（2）经营模式特许经营。经营模式特许经营被称为第二代特许经营，实际上也就是连锁经营，它不仅要求加盟店经营总店的产品和服务，而且质量标准、经营方针等都要按照特许者规定的方式进行。被特许者缴纳加盟费和后继不断的权利金（特许权使用费），这些经费使特许者能够为被特许者提供培训、广告、研究开发和后续支持。这种模式目前正在国内外快速发展。

一般而言，特许经营有如下特点：

（1）特许经营是授予人（生产厂家或批发商）和受许独立商号（批发或零售商）之间经销商品的一种契约。

（2）特许经营是一种流通的方式，特许经营权是由母公司授予个人或小公司在某一特定范围及某一段时期内，按其规定方式经营销售的一种特权。

（3）在特许经营权的存续期间，提供一个经营权利的保证，并时时为有关特许店提供在组织、训练、销售及管理方面的协助与辅导。

案例 29-1　可口可乐全球扩张模式——特许装瓶

美国可口可乐公司的特许装瓶系统巧妙地将品牌扩张和企业扩张结合在一起，别出心裁地营造出了一个世界级的可口可乐"红色世界"，在全球多个国家和地区销售其碳酸饮料系列产品。"可口可乐"是世界第一品牌，品牌价值已达 700 多亿美元。在实施特许经营策略前夕，可口可乐公司虽经过四五十年的发展，但受资金、信息等因素的影响，"可口可乐"仅仅是一个地方性的软饮料产品品牌，一直未能跨上国际化的路途。1904 年可口可乐公司已经在美国 379 个城镇销售其碳酸饮料——可口可乐。由于从生产基地运输到各地的运输费用较高，产品也不能以最快时间到达。于是公司决策层考虑在产品销售地设立生产厂。恰好小城镇的经销商希望拥有自己的公司，与快速蓬勃发展的可口可乐公司合作也是他们的梦想，于是双方一拍即合，考虑联合设厂，共同承担生产基地建设费用。这只是体现了特许装瓶系统的雏形，公司产品并未因此走出国门。

第二次世界大战期间，艾森豪威尔将军为了稳定军心、提高士气，要求每月给前线战士生产万瓶代表美国文化和美国生活的可口可乐饮料。这是极大的消费需求，大大促进了可口可乐公司全球化的进程。巨大的市场前景使可口可乐管理层猛然醒悟：一定要充分利用这次机会拓展国外市场和向全球进军！这个时候，特许装瓶模式才开始正式进入管理层的决策意识，他们确立了建立特许装瓶系统为企业和品牌扩张的思路，从而使企业出现超常规发展。品牌营造更是登上了一个国际性的舞台：

1. 本土化原则使特许装瓶系统成为可能

对本土化理念功高至伟的当数提出者伍德夫，其理论精髓是在当地设立公司由当地筹措资金，总公司原则是不出钱，除了可口可乐秘密配方的浓缩液外，一切设备材料运输销售等均由当地人自制自办。

2. 特许装瓶系统的主要运作方式

通过合作伙伴与当地优秀饮料企业合资，签订一定年限的特许生产经营合同，由其在限定区域内生产销售可口可乐系列产品，协同进行品牌维护和发展。这是特许装瓶系统的主要运作模式。产品的主要功能是满足消费者的需求，假如产品能满足大多数人的需求，良好的品牌形象也就在消费者心目中树立起来了。通过设在各地的办事处与当地装瓶厂收集尽可能全面、系统、及时的市场信息，进行品牌发展研究，为品牌在当地发展寻找一条正确的道路；联合开展品牌宣传推广活动，扩大品牌影响力；共同调查市场，了解当地消费者的需求，进行新产品的开发和推广；延伸品牌价值，与当地装瓶厂的市场、业务部门共同进行品牌的销售发展，扩大销售范围、销售品种和消费者饮用量；从市场占有率和产品销售量体现品牌价值，共同对品牌进行监控；通过专业调查公司、可口可乐公司市场调查系统和装瓶厂调查系统多方面对品牌发展进行推进、监督。通过以上这一系列的品牌运作，可口可乐品牌达到了稳中求胜。

3. 特许装瓶系统推出以后，在许多国家和地区取得成功

几十年来，可口可乐已经在全球借本土之力建起了多家装瓶厂。以特许装瓶理念为基础，可口可乐的全球化策略获得了极大的成功。例如，可口可乐公司在中国实施的特许装瓶系统就是一个成功的典范。自1979年进入中国市场以来，可口可乐公司已投资十几亿美元与它的三个主要的装瓶集团——嘉里、太古以及中粮油合作建立了25个装瓶厂，覆盖了中国绝大部分的省份。现在可口可乐中国有限公司已成为中国最大的饮料合资企业。40多年来，在中国许多地区，"可口可乐"已成为"可乐"饮料的代名词。

由以上可口可乐公司的特许装瓶系统可以看出，特许经营是借力出海，将好的东西尽快传播，尽快让最大面积的区域和最大量的消费者享受到优质的产品和服务的方式，它使一个企业脱离了传统的、简单的生产型发展方式，将企业最重要和最核心的价值——品牌价值独立出来，脱离出来，尽快延伸和发展。特许经营已经成就了许多国际知名品牌，还将促进越来越多的企业发展和壮大。

（资料来源：百度文库.可口可乐全球化战略分析，https://wenku.baidu.com.）

（三）投资类国际经营模式

投资经营模式将企业国际化经营带入新的发展阶段。有三种形式的投资扩张方

式：全资子公司、战略联盟和合资公司。

1. 全资子公司

全资子公司指的是完全由唯一母公司所拥有或控制的子公司。母公司可以通过两种方式来设立全资子公司：第一种是从头开始成立一家新公司并修建全新的生产设备（如工厂、办公室和机器设备等）；第二种是收购一家现有的公司并将其设备纳为己用。究竟是以收购还是新建的方式成立一家国际子公司，这在很大程度上取决于母公司计划进行的经营活动。例如，当母公司成立子公司的目的是生产最新的高科技产品时，它一般得建立新厂，因为依靠当地的条件要想达到这种尖端技术水平是非常困难的。换句话说，我们很容易在大多数目标市场上发现许多制作瓶瓶罐罐之类的小东西的公司，但是生产最先进的计算机芯片的公司却很少。重新建立一家子公司的主要缺点是耗时太长，因为修建新设备、雇用和培训工人、开发产品等都将花费大量时间。

利用全资子公司进入国际市场的优势主要有三个。第一，管理人员在目标市场完全掌控企业的日常运作，可以在所属公司内充分地利用宝贵的技术、工艺和其他无形资产，而不必担心技术外溢。管理人员还拥有完全控制附属公司的产量和价格的权力。第二，全资子公司模式有利于总公司进行协调活动。这样的公司最容易对来自总公司的各种指令不折不扣地遵照执行。第三，利润独自享有。由于只有一个投资人，所以不必担心其他人会分享利益。

全资子公司主要的缺点有两个。第一，花费巨大。获取建立全资子公司全部所需资金对于中小规模的公司而言可能会非常困难。第二，风险增加。建立全资子公司需要利用公司大量资源，且风险不能被分担，所以各种风险增大。风险之一是政治或社会动荡和目标市场的不稳定，这种风险会给资产和人员带来严重伤害。如果买家拒绝公司的产品，那么全资子公司的唯一拥有者也只能照单全收这种风险。

2. 战略联盟

企业尤其是跨国公司面对强大的竞争压力和日益复杂的经营环境的变化，开始对企业竞争关系进行战略性调整，重新审视企业间的竞争关系，纷纷从绝对的对立竞争走向大规模的合作竞争，表现在组织形式上就是建立企业战略联盟。战略联盟中合作各方在保持其生产经营独立性的基础上通过合作使企业之间的资源和核心能力实现互补，并使各自的优势和能力得到极致发挥，以强化各自的市场竞争优势。

企业建立战略联盟，实现国际化经营，主要动因表现在以下几个方面：

（1）促进技术创新。企业间通过建立战略联盟促进技术创新已成为一种新模式。一方面，企业技术创新的速度在加快。速度已成为企业竞争的关键，企业必须在最短的时间内开发出新的产品和工艺，才能获得领先的利润。另一方面，技术创新需要的资本投入越来越多。由于技术创新的复杂性、速度性和开发费用投入大，单个企业的技术能力和资本实力无法承担，必须通过建立战略联盟来共同完成。特别是在航空、电子、信息、自动化、汽车等高科技产品领域，形成了众多跨国企业战略联盟。

（2）避免经营风险。在现代市场经济条件下，单个企业要想进入新的市场，不仅需要巨额的投资，还可能遇到许多意想不到的市场进入限制。因此，企业如果依赖于内部的增值链体系则要承受越来越大的经营风险，因为所有的新增值都要在最后的产品销售上得到实现，一旦受阻则全线陷入困境。除此之外，多元化经营作为企业发展的一种有效战略，由于新业务对某一个企业来说通常是一个陌生的领域，而且存在行业进入壁垒，需要承担相当大的市场风险。采用战略联盟，首先，其价值实现是分段进行的，联盟实现了优势互补，从而拓展了经营范围，分散了经营风险；其次，还能够以更为广泛的网络掌握更多的市场渠道，平抑市场风险。

（3）避免过度竞争。过度竞争，不仅会降低各自的盈利水平，而且往往会造成两败俱伤的结果。通过建立战略联盟，可以使企业共同维护有效的竞争秩序，减少用于竞争的高昂费用。战略联盟是一种合作竞争关系，并不否认竞争的存在，而是使竞争以新的形式在新的层次上展开，即各自发挥优势的竞争。例如，日本东芝公司与美国摩托罗拉公司为了巩固在半导体领域的竞争地位，通过签订一系列协议，建立其全面的分工与协作关系。日本松下电器产业公司与德国西门子公司达成协议，建立专门生产电子零部件的西门子—松下元器件公司，都是基于避免过度竞争的考虑。

（4）实现资源互补。企业在实现自己的战略绩效目标与依靠自身所拥有的资源和能力所能达到的目标之间存在一个"战略缺口"。通过战略联盟可以弥补这种"战略缺口"，实现资源共享、优势互补。例如，联想集团与香港导远电脑公司式的联盟，就充分嫁接了两者的优势，联想集团的资金优势与香港导远的市场信息优势的有效结合，使其很快拥有开拓海外市场的能力。福特与马自达汽车公司通过建立战略联盟，使福特公司得以借助马自达的营销网络更便捷地进入亚洲市场，并依靠马自达的生产能力在日本建立其小型车供应基地；马自达汽车公司也在和福特公司的联盟合作中进一步提高了其汽车发动机制造技术。

（5）开拓新的市场。企业为了保持其在激烈的市场竞争中的不败地位，就必须不断地开拓新的市场。建立战略联盟，可以比较迅速地在全球建立起生产经营网络，在最短的时间内、在最广泛的市场上应用新的技术成果，加速技术创新的成本回收与盈利。跨国公司利用战略联盟实现了经营范围的多样化和经营地域的扩张。例如，日本与美国跨国公司的战略联盟，使得日本公司将美国公司作为进入高新技术领域并获取产业技术优势的重要机制。而日本公司与欧洲公司的战略联盟，则主要是利用欧洲合作公司在市场上的重要地位来渗透和开拓欧洲市场。美国福特公司看好亚洲的汽车市场，便与日本马自达公司合作，以此作为进入亚洲市场的桥梁。

3. 合资公司

合资公司是目前最常采用的国际市场进入模式。合资公司即由两个或两个以上的来自不同国家的独立实体，为了实现共同的商业目标而合资组建成立的公司。

合资公司模式对于想进入国际市场的公司而言有很重要的优势。首先，公司可以通过合资公司降低风险。每个合作伙伴只承担自己贡献出来的部分的风险。同时，可以通过合资公司了解当地的商业环境，然后再决定是否建立全资附属公司。其次，利用合资公司可以较容易地打入国际市场。再次，公司通过合资可以获取另一家公司的国际销售网络。最后，成立国际合资公司也有出于自我保护的考虑。通过合资把地方政府的利益绑到一起，形成利益共同体的关系，以此来确保公司的成功发展。

三、企业国际化经营与企业可持续发展

企业国际化经营，必须应用全球化视野战略培养企业整合各项国际化经营的能力，在全球化竞争战略视角下追求企业可持续发展。

企业可持续发展不是一般意义上的企业生存和永续，它所强调的是要在不断地生存中求得发展，发展是根本。企业可持续发展过程是一个不断提高自身竞争能力的过程，是要从一个阶段向另一个更高水平的阶段发展。对中国企业而言，国际化经营是一个不断提升可持续发展能力的过程。

（一）面向全球，获取企业经营资源

企业竞争优势根源于企业的特殊资源。企业国际化经营，也必须面向全球获取资源。企业国际化经营，可以从全球获取异质性资源，为企业奠定可持续发展的资源基础，包括资本、技术、人才、市场等形态的资源。

（二）学习吸取国际先进科学技术和管理经验

企业可持续发展，必然要求企业具备先进的生产技术、先进的管理思想和方法。通过企业国际化经营，可以实现与国际先进企业特别是跨国公司的合作，包括实施"走出去"和"引进来"等国际经营方式，充分利用国际先进技术，提升企业的生产技术水平，运用国际先进管理思想和管理方法，实现企业管理变革和管理提升，构造企业可持续发展的技术和管理基础。

（三）提升企业绿色生产标准和水平

对于企业可持续发展，运用国际绿色生产标准等环境保护标准，实施绿色生产和绿色管理是其重要内容和重要标志。企业进行国际化经营，必然要引进和运用国际绿色生产标准和绿色管理标准进行生产经营，为企业可持续发展建立起绿色机制。

（四）促进企业兼顾利益相关者，积极履行社会责任

企业实施国际化经营的基本要求之一就是企业要合理兼顾各利益相关者利益，包

括消费者、社区、政府、投资者等的相关利益，积极履行社会责任，从而为企业可持续发展建立起声誉资本。

（五）促进企业提高合规管理水平

合规管理，是企业实施国际经营的内在要求和机制。企业通过国际化经营，可以引进并实施企业合规管理制度和机制，提高企业规避风险和自理的能力，为企业可持续发展建立起防护墙。

（六）促进企业跨文化融合

企业国际经营，需要面对不同国家、不同民族、不同地域的文化差异的影响，必然要通过文化融合，建立起企业的管理制度和治理体系，为企业可持续发展形成自身的企业文化。

阅读专栏 29-1　中国企业国际化经营模式

一、市场国际化经营模式

市场国际化指的是国内市场经济和国际市场融为一体的模式，包括海外设厂、产品输出等方式，目的是适应国际市场上生产经营的通用规则。中国企业的市场国际化经营模式主要有以下几种：

1. 国外设厂，生产本地化

在国外建设生产基地可以避免直接出口的贸易壁垒，该模式在国外当地生产成本较低的前提下才适用。采用该模式的企业大都是生产技术成熟且在国内市场的销售情况较为稳定的大企业，据调查可知，中国企业在国外设厂主要分布在东南亚、非洲等发展中国家，这些地区缺少先进技术以及设备，但人力资源充足可以降低生产成本，中国企业可以通过技术在当地站稳脚跟。海尔集团的国际化经营模式就包括在国外建设生产基地与研发基地，产品质量向国际标准看齐，使其不仅仅是青岛的海尔，还会有东南亚海尔、美国海尔，大大减少了运费，根据各国不同的市场需求进行研发生产，有利于其在国际市场上提高竞争力。

2. 劳务输出，承包工程

"走出去"模式虽是大企业国际化的重要方式，但目前大多数中国企业与国际老品牌企业的竞争力依然相去甚远，所以中国企业大都还是将制造业放在国内，利用我国制造业优势抢占国外市场，基于全球化市场进行劳务输出以及产品出口。比如，华为手机的国际化经营模式就是以直接出口为主要模式，利用国内市场带动国外市场，占领国际市场；又如，美国旧金山-奥克兰海湾大桥项目，中国上海振华重工承包了复杂的钢结构建造项目，在国际市场上获得了一席之位。

3. 自建国外销售渠道网络

我国境内很多历史悠久的名牌企业占据国际市场的主要方式都是自建国外销售渠道网络，直接将国内生产的产品利用自己的销售网络推向海外，建立直接关联的客户关系群，打响国内名声以促进海外的营销，通过占有自身的海外销售网络获得国际地位。

二、资源国际化经营模式

资源国际化经营模式指的是通过开采海外资源或者直接收购海外资源企业，以此来提高企业自身的资源竞争力，除了满足国内资源需求以外，还能占领国际市场以达到国际化的目标。中国企业的资源国际化经营模式主要体现在参与跨国公司的生产链模式，即通过参与到高科技复杂产品的生产环节中，提供一定的资源并以此来换取生产链中各生产商的资源共享，成为全球化的有机组成部分。这种模式主要用于容易被边缘化的中小企业。比如，著名的波音飞机，众所周知它的研发与生产并非三两日可成，而是通过多家企业、政府的支持与付出，才得以成功，波音飞机也是全球化、企业国际化的体现。其中，它的许多部件都是从不同的国家生产而进口的，很多我们不熟悉的企业都参与了其部件的生产，中国不少企业也为其提供了配件或服务，并从中与成千上万的国外中小企业合作，收获了海外多种配件资源，相应的零部件也走向国际市场。

三、资本国际化经营模式

资本国际化经营模式是指在国外进行资金筹集或直接将资本用于海外投资等筹集海内外资本来进行生产经营的模式。

1. 绿地（新建）投资模式

中国企业的资本国际化经营模式中最为常见的就是对外直接投资模式，即 FDI 模式。对外直接投资就是国内企业或投资人把自身所持有的资本直接用于国外的产品生产和海外的企业经营中，从而获得海外企业经营权并占据一定的国际市场，体现了改革开放以来国内所提倡的"走出去"战略，中国企业的 FDI 模式主要是绿地投资方式，即依照海外国家的法律程序进行新建投资且其相应资产归外国投资者所有，其中又可划分为国际独资企业和国际合资企业。该模式的实施具有一定的条件，即原国内企业需拥有垄断性的技术，且海外目的国大都是欠发达的发展中国家。《中国企业全球化报告（2018）》蓝皮书提到，随着"一带一路"的持续推进，中国企业在接下来的几年对"一带一路"沿线国家的绿地投资规模将扩大。

2. 海外并购模式

海外并购也是 FDI 模式中的一种，都可引起资本的流入，与绿地投资模式相比，海外并购模式所提供的资本并不总是增加生产资本存量的，而绿地投资模式则会增加。但是，并购模式极少会转移新技术，所以可能会导致目的国的就业机会减少。从长期角度来看，是绿地投资模式中现实的直接投资资本或效益资本发生了跨国的流动。

四、技术国际化经营模式

技术国际化经营模式是指技术的国际化，包括引进海外技术或在海外直接建立研发机构，以此来提高国内的生产技术水平，实现生产技术国际化。除此之外，还包括国内企业自己拥有核心技术，仅负责技术方面的投入，生产线、厂房与销售等都由国外企业提供。不少中国企业都采用技术国际化经营模式，其中最为常见的是贴牌生产模式，即负责设计和开发新产品，再委托达到国际标准的厂家进行生产，最后将国外公司品牌商标贴到产品上，直接在当地进行销售。格兰仕公司的微波炉和电烤箱等就是在本地按照国际标准生产，再贴当地企业商标进行销售，以此占据了国际市场份额，甚至销量名列前茅。

（资料来源：王广涛，钟李，郑先涛. 中国企业国际化经营模式探究［J］. 特区经济，2019（6）：154-156. ）

第二节　企业国际化经营环境分析

企业国际化经营，必须对环境变量给予充分的重视，要在深入考察各环境变量的基础上精心准备应对之策。

一、政治环境分析

企业国际经营，必然要对目标国家和地区的政治环境进行调查分析，主要包括对政治制度、发展政策、国家安全、劳工政策等方面进行分析，为企业国际化经营决策提供必要的依据。

当前和今后一段时期，我国和国际政治环境呈现以下特点和趋势：

（一）世界各国加强相互合作，促进共同发展

和平共处，共同发展已经成为当前国际政治环境的大趋势，全球化以及区域性的合作逐渐达到了高潮，国家间的关系朝着多元化方向发展。世界各国更加重视外交关系，各国的首脑通过经常进行国事访问等方式，积极同各国进行直接的沟通与交流，

发展国家间的友好关系。同时，全球各个国家都在努力构建平等共处、互相尊重、互相借鉴、互惠互利的新型伙伴关系，加强国家间的联系，促进共同发展。

（二）新兴市场逐渐兴起

在发达国家以及一些较发达的发展中国家市场内，随着进入企业的不断增多，市场竞争逐渐激烈，市场容量越来越小，同时劳动力的成本也在不断增加，限制了外资企业的进入及发展。而分布在亚洲、非洲以及中美洲等地区的如俄罗斯、泰国、南非、阿根廷等新兴市场国家，具有经济发展迅速、政局稳定、自然资源丰富、国内市场空间大等优点，企业可以逐渐向这些国家进行投资，扩大市场，促进国际化发展。

（三）中国的国际地位和影响力稳步提高

中国是一个拥有14亿多人口的大国，随着改革开放后经济快速的发展，经济实力明显变强，同时我国在国际上坚持和平、发展、合作理念同各国家间进行平等互利的合作，特别是提出了"人类命运共同体"理念和"一带一路"倡议，为中国参与国际事务，加强区域合作，并在自身能力范围内积极支援其他国家，促进全球的共同发展起了重要作用，在国际上的影响力日益增大。

（四）中国实行更加积极开放的政策，鼓励中国企业实施国际化经营

自我国实施"走出去"战略以来，我国政府及其有关部门相继出台了一系列的相关政策，鼓励我国企业去海外市场进行经营活动。进入新时代发展阶段，实行更加积极的对外开放政策，为我国企业国际化经营奠定了更加积极的政治环境。具体政策主要集中在以下几方面：①在境外投资管理方面，我国政府相继提出了一系列的境外投资管理政策，逐步完善了境外投资的管理机制，简化了核准程序，放宽了各级的核准权限，核准程序逐渐透明化、期限化，同时，强化了用政府的服务来引导企业进行对外投资，日益加强了鼓励企业"走出去"的政策意向，为我国的企业能够更好地在国际市场中进行竞争与经营提供了更加便利的境外投资管理服务。②在财税金融支持方面，我国政府为了鼓励和引导企业境外投资，推出了多项鼓励企业进行海外投资的资金扶持政策，在资金的设立上坚持多种类、多层次的原则，鼓励我国众多有发展潜力的企业走向国际市场进行海外经营。③在税收管理方面，我国政府为企业提供了优质的税收服务，通过制定统一规范的企业境外投资指南以及提供专业的咨询窗口等服务，引导我国企业进行规范的投资，提高海外投资企业抵抗风险的能力。我国政府还不断完善企业的境外税收政策，并加大政策的执行及调研力度，为我国企业的境外投资提供了重要的保障。同时，我国政府还通过加强与各税务机关、各政府部门以及国际税务等多方面的协调与合作，加大相关税收协定的谈判以及执行力度，能够为我国企业解决国际间税务问题的纠纷提供良好的支持服务，较好地维护了企业的利益。④在外汇管理方面，我国外汇管理局陆续对我国的境外投资外汇管理制度进行了多次修订与

补充，以支持我国企业在海外市场进行生产经营活动。在外汇的管理制度上逐渐放宽对境外投资购汇额度的限制，简化了企业境外投资的审核手续，同时，对我国企业境外投资的风险监管与防范机制也进行了进一步的完善。

（五）各国政府积极制定优惠政策吸引外资

当前国际各国间合作逐渐密切，各国政府均加大吸引外资的力度。在当前全球经济发展缓慢的情况下，各国为促进国内经济的发展，纷纷提供相关的优惠政策来积极吸引外国投资。"一带一路"沿线国家、非洲国家、金砖国家、中东地区国家都为外资企业提供简化注册程序、降低土地和能源等资源的费用、免征产品关税、免征出口产品增值税、企业利润税减免等系列优惠来积极吸引外商前来投资。为我国实施国际合作、企业国际化经营提供了新的机遇。

二、经济环境分析

企业国际化经营要进行经济环境的分析，主要是进行有关目标国家和地区的经济体制、经济发展水平、经济稳定性、汇率变化、税收政策、通货膨胀率等方面的调查分析，为国际化经营决策提供依据。

当前和今后一段时期，企业国际化经营的经济环境呈现以下特点，企业要重点把握。

首先，经济增长的差异化。未来10年里，新兴国家的经济将继续保持增长，而发达国家的经济增速则会变得更加缓慢。新技术和新业态为新兴国家带来了机会，企业海外市场的拓展面临着更多的机会和挑战。同时，由于新兴国家的开放和自由化不断加深，全球化趋势在全球各个领域都已逐渐形成。

其次，数字化经济的快速发展将进一步加快产业和公司的变革速度。新技术和新业态对全球发展的影响是深远的：一是它们正在改变全球生产力的关键。现代科技的普及和数字化技术的发展正在迎合创新的时代趋势，进而影响世界范围内的贸易。二是它们鼓励了企业创新和补充的投资，企业可以更加灵活地进行市场战略调整。

最后，由于全球贸易形势和地缘政治的不确定性，全球经济发展面临的压力依然不小。全球贸易形势仍受到多重不确定性因素的影响，例如，全球市场的调整、跨境投资等问题都会给全球贸易带来不确定性影响。

综上所述，全球经济形势的发展，不仅涉及全球产业的发展趋势，也涉及各个国家的经济政策和实际应对情况。企业应该密切关注全球经济形势变化，采取有力措施，寻找适应全球化、科技化以及数字化发展带来的机遇，并积极规避全球经济发展可能面临的各种风险和挑战。

三、科学技术环境分析

科学技术发展会对企业国际化经营产生重大影响。科技创新可以使企业的产品、服务和业务模式更加具有竞争力，可以帮助企业获得新的竞争优势，提高产品的质量和效率，并且降低成本，使得企业更具有竞争力，促进企业在国际市场占有更大的份额，并且获得更高的利润率。

科学技术环境分析包括对影响企业经营管理的科学技术发展的趋势、科学技术产业运用和产业化分析，以及如何运用科学技术发展提高企业国际化经营能力等方面的分析等。

当前和今后一个时期，人工智能、信息化、网络化、新材料、新能源、数字化技术等会深刻影响企业形态和企业国际化生产经营布局以及国际化市场布局，企业必须深刻关注并运用这些科学技术装备企业，建立企业技术创新体系，提高企业创新能力，提高企业国际化经营能力。

在国际经营中，企业将会面临各种产品技术和质量认证、知识产权地位显著增强并受到重视两大基本问题，企业必须高度重视，纳入企业国际化经营的制度和机制之中。

四、社会环境分析

（1）企业从事国际化经营，必须深入地了解东道国当地的文化，并以尊重、包容的态度融入当地的社会文化环境。在国际化进程中，企业面对的主要挑战是，如何在不同国家多样化的社会文化环境中，制定并实施有效的国际化战略。

（2）企业从事国际化经营，必须深入了解和贯彻国际环境保护、东道国环境保护政策和标准，并在产品标准、生产工艺标准及生产经营过程中贯彻这些标准，达到环境保护的国际化水准。

（3）企业从事国际化经营，必须关注利益相关者利益，进行利益相关者利益机制分析并达到相关国际标准。

第三节　企业国际化经营战略

企业的国际化战略是企业在国际化经营过程中的发展规划，企业的国际化战略在很大程度上影响企业国际化进程，决定企业国际化的未来发展态势。

企业国际化经营战略，主要有两部分内容：一是国际化经营战略选择；二是企业国际化经营路径选择。

一、企业国际化经营的战略选择

企业的国际化战略可以分为本国中心战略、多国中心战略和全球中心战略三种。

1. 本国中心战略

在母公司的利益和价值判断下做出的经营战略，其目的在于以高度一体化的形象和实力在国际竞争中占据主动，获得竞争优势。这一战略的特点是母公司集中进行产品的设计、开发、生产和销售协调，管理模式高度集中，经营决策权由母公司控制。这种战略的优点是集中管理可以节约大量的成本支出，缺点是产品对东道国当地市场的需求适应能力差。

2. 多国中心战略

在统一的经营原则和目标的指导下，按照各东道国当地的实际情况组织生产和经营。母公司主要承担总体战略的制定和经营目标的分解，对海外子公司实施目标控制和财务监督；海外的子公司拥有较大的经营决策权，可以根据当地的市场变化迅速做出反应。这种战略的优点是对东道国当地市场的需求适应能力好，市场反应速度快，缺点是增加了子公司和子公司之间的协调难度。

3. 全球中心战略

全球中心战略是将全球视为一个统一的大市场，在全世界的范围内获取最佳的资源并在全世界销售产品。采用全球中心战略的企业通过全球决策系统把各个子公司连接起来，通过全球商务网络实现资源获取和产品销售。这种战略既考虑到东道国的具体需求差异，又可以顾及跨国公司的整体利益，已经成为企业国际化战略的主要发展趋势。但是这种战略也有缺陷，对企业管理水平的要求高，管理资金投入大。

二、企业国际化经营的路径选择

对于中国的企业来讲，企业国际化可以分为三种：渐进式成长与发展路径、跳跃式成长与发展、激进式成长与发展。

（一）渐进式成长与发展路径

这类企业的国际化经营开始于接到国外的订单，从而开始设立出口商品的国际经营部门，并逐渐地建立一个国际化的公司。企业渐进式成长路径在地理位置上的选择遵循本地市场—地区市场—全国市场—海外相邻市场—全球市场的路径；在经营模式上遵循国内经营—间接出口—直接出口—设立海外销售机构—海外直接生产的路径，所以渐进式的成长路径是采取了"先易后难，逐步升级"的策略，发展路线是从国内逐步走向国际。

例如，华为的国际化路径就是"渐进式"的，表现为一个发展的过程，且这一发展过程表现为企业对外国市场逐渐提高投入的连续形式。一是进入国家（地区）的选择。从中国香港—俄罗斯、南美—东南亚东、非洲—欧美这个顺序中可以看出华为基本上是沿着"心理距离"选择国家（地区）的。二是进入模式的选择。从出口到合资，再到设立销售、研发机构，随着华为试验性活动的增加和对当前经营活动的把握，其对国外市场越来越有信心，也愿意投入更多的资源；同时，华为通过开展国外经营来了解外国市场，在经营活动中获得国外市场的实践经验。

（二）跳跃式成长与发展路径

2000 年之前，中国企业的国际化成长绝大多数遵循渐进式成长的路径，珠三角和长三角地区的少数高科技企业采取激进式路径。21 世纪以来，无论是国有企业还是民营企业都纷纷涌向海外，通过并购等方式达到了高峰。这些企业既不是天生的全球化企业，也不遵循渐进成长路径，而是遵循了一种跳跃式的成长路径。跳跃式成长的企业，在目标市场选择上，一开始就瞄准国外市场，选取海外相邻市场、全球市场或直接进入全球市场；在经营方面，跨过了国内经营阶段，通过中间商间接出口，再进入企业直接出口，设立海外相邻市场、全球市场或直接进入全球市场；在经营方面，跨过了国内经营阶段，通过中间商间接出口，再进入企业直接出口——设立海外售等环节。跳跃式的成长路径主要表现为以下四个方面的特征。

1. 国际化扩张建立在国内经营基础上

遵循跳跃式路径成长的企业，通过进口、代工生产、代工设计等在国内进行经营，并建立起一定的资源和核心能力，通过对内投资方式与全球价值链获得投资收益，以与国外企业建立战略联盟、股权合资等方式来克服在市场信息和知识体系方面的缺陷，获取资源优势。

2. 国际化过程与本土市场紧密相连

对于大多数中国跨国企业而言，本土市场仍然是其主要的业务领域。目前的情况是这些市场正逐步被发达国家和新兴工业化国家的跨国公司所控制。跳跃式成长的中国跨国企业已经意识到要发展成为真正的全球化企业，必须赢得国外关键市场的消费者；需要利用本土市场的生产基地和供应体系来满足日益增长的全球市场需求；同时也需要通过收购国外的技术和商标来重塑本土品牌形象。此类企业全球化策略的成功很大程度上依赖于它们在本土市场的表现，如销售额、市场份额和品牌声誉等，并且需要将本土生产基地视为国际化运营的制造中心。中国跨国企业的长远生命力和成功，同时取决于它们整合本土市场的领先优势和开拓海外市场机遇的能力。

3. 将并购和对外直接投资作为跳板

发达国家的跨国公司往往利用自身品牌、技术能力等独特竞争优势来占领海外市场，而跳跃式成长的中国跨国企业并不具有品牌优势，更不具备技术优势，在投资发达国家时，往往通过并购拥有专利技术的国外公司来获取高端技术和先进的制造工艺。另外，中国跨国企业在海外市场经常会遭遇严厉的贸易壁垒，通过直接投资目标消费国的方式，或在第三国投资后以此为跳板来进军目标发达市场的方式，可以绕开贸易壁垒。

4. 遵循激进式成长与发展路径

激进式成长路径是指一个企业没有经过国内经营的成长和扩张，从创业开始就试图通过对生产要素进行全球一体化配置来谋求国际性的成长。特征主要体现在两个方面：第一，企业首先成为国际经营的企业，涉及两个或者更多国家的经营活动；第二，企业跨越了国内经营的阶段，成立之初就直接从事国际化经营，从这个角来看，企业直接跨越了国际化经营的低级阶段，跨进了高级阶段。

（三）激进式成长与发展路径

激进式成长路径是指一个企业没有经过国内经营的成长和扩张，从创业开始就试图通过对生产要素进行全球一体化配置来谋求国际性的成长。特征主要体现在两个方面：第一，企业首先成为国际经营的企业，涉及两个或者更多国家的经营活动；第二，企业跨越了国内经营的阶段，成立之初就直接从事国际化经营，从这个角来看，企业直接跨越了国际化经营的低级阶段，跨进了高级阶段。

对于企业来说，采取激进式的成长路径要具备三个条件：第一，企业直接进入国际市场有利可图或存在潜在机会，这样的机会存在于外部环境也可能存在于企业内部，众多新型市场或者是利基市场的出现，让激进式成长具备了市场条件的可行性；第二，企业的创始者或者高管具有丰富国际经验，则企业愿意并且能够在成立的初期就可以进入其他国家，采取出口或者间接投资的行为，所以，富有国际化的企业家精神是企业选择激进式成长路径的必要条件之一；第三，企业具有国际资源的积累和组织能力，国际资源和国际组织能力对企业的边界有着决定性的作用，企业经营的纵深程度和横向多元化程度是企业的资源和能力决定的，企业可以依赖有价值、稀缺性的、难以模仿的、不可替代的战略资源和核心能力而获得稳定的超额收益。

企业国际化的激进式成长中，外部环境的影响力也是非常重要的。企业的可持续发展重要的一环是发现潜在的市场机会，激进式的国际企业存在一个富有国际企业家精神团队，优秀的企业家团队是企业可持续发展的保证。在企业激进式成长的过程中，随着企业量的增加，主要表现为企业资产的增加、国际性人才的增加、销售额的增加等，在此基础上，企业也达到了内涵式成长、国际资源能力提高和核心能力的增加等。所以，激进式的成长路径有两条：一条是企业家精神的不断更新，企业不断积累资源和提高核心竞争力；二是不断利用新的机会。激进式国际企业的可持续发展是沿着两条路径交叉前行的。

阅读专栏 29-2　企业国际化经营发展阶段

企业国际化经营发展阶段指企业国际化经营由低级向高级逐步发展的各个层次。中国企业国际化经营可划分为以下几个发展阶段：

1. 参与国际贸易阶段

这一阶段的主要涉外经营方式包括加工贸易、补偿贸易、租赁贸易、产品进出口贸易、劳务出口、工程承包、技术贸易、合作开发、合作生产、技术咨询等。其主要特点是实现产品、技术、劳务、资金、信息、资源等在国与国之间的转移，企业进入商品国际化的初级阶段。

2. 吸收外商直接投资阶段

这一阶段企业的经营形式主要是引进资金，兴办外商投资企业，包括中外合资经营企业和中外合作经营企业。这一阶段经营的特点是"引进来，走出去"，企业仍处于商品国际化经营初级阶段。

3. 跨国经营阶段

指企业从全球战略出发，以国际市场为舞台，广泛利用国内外资源，在国外设立机构，从事某个或若干个经济领域的经营活动。跨国经营突破了"引进来、走出去"的商品国际化阶段，其经营活动已构成国际经济活动的一个部分。这一阶段经营的主要特点是：不仅实现了商品销售的国际化，而且实现了投资的国际化、生产要素的国际化，甚至实现了企业组织的国际化。企业跨国经营形式一般有：海外直接投资、开办海外企业、组建跨国公司，开展国际联营、国际战略联盟等。

第四节　国际市场细分与选择策略

一、对国际市场进行细分

市场细分是指按地理区域、消费者人口特点、消费心理、购买行为因素，把一个市场划分为若干个分市场。市场细分化的意义在于研究市场的差异性，确定市场特点，以便国际化企业进行市场目标化和市场定位。

国际化经营企业在进行市场细分时，一般依据下述程序。

（1）确定粗略的产品市场范围，即根据企业的目标、产品的特性、消者行为等有关市场信息，初步决定粗略的市场范围。

（2）选择一些消费者能做出反应的企业产品的特性或指标，并将产品投放在上述的粗略市场中进行试验，收集消费者的不同反应态度，将其归纳整理，形成细分市场的直接依据。

（3）将整理结果进行排序或做重点分析，确定有较大销售潜力的、消费者需求迫切的部分为细分市场。

（4）对每一个细分市场重新进行分析，并根据企业目标、产品特性和市场情况，初步选择有潜力的几个细分市场。

（5）考察每一个选定的细分市场时，应考虑下列因素的影响：市场规模和分市场间的相关性、可供利用的广告媒介、可供利用的分销渠道、运输成本、维持现有市场份额的成本、收入期望值。通过对各初步细分市场的考察，选择企业最有机会获利的细分市场。

二、选择目标市场

选择目标市场是指企业在市场细分的基础上根据自身的经营目标和主观、客观条件，确定一个或几个细分市场作为目标市场的决策过程。

（一）构成目标市场的基本条件

一是市场要具有足够的规模，即企业能在该市场获得满意的利润；二是市场还没有形成垄断，即细分市场应该是可以进入的，且进入成本不会太高；三是企业能够满足该市场的需求，也就是说，该细分市场对企业是有效的。

（二）目标市场选择策略

目标市场选择主要有三种策略：无差异性策略、差异性策略和集中性策略。

1. 无差异性策略

此策略把整个国际市场作为目标市场，不再进行细分。企业采用大规模生产方式和标准化作业，建立广泛的销售渠道，制定统一的广告宣传内容，提供统一的标准化产品，从而在消费者心目中建立起企业提供产品或服务的鲜明形象。无差异性策略的成功实施，最著名有可口可乐公司、肯德基公司等。这种策略的优点是产品品种少、生产储运费用低、广告费少；缺点是如果很多企业同时在同一市场上实行无差异性策略，那么由于竞争激烈，获利机会反而不多。

2. 差异性策略

在市场细分基础上，选择两个或两个以上的细分市场作为目标，针对不同的市场生产不同的产品，制订不同的营销方案；针对每一个细分市场，分别实行不同的营销策略，以适应不同的需求，以扩大销售、提高市场份额。但同时企业的生产成本、营销成本也相应提高，产品价格也比采取无差异性策略时高。

3. 集中性策略

企业选择一个或少数几个细分市场作为目标市场，集中力量争取获得竞争优势，在该细分市场上占有较大份额，而不是在大市场上占有小的份额。这种策略的优点是可以深入地了解特定细分市场的需要，实行专业化经营，节约了成本，同时也提高了企业、产品的声誉。该策略特别适用于资源有限、实力不强的中小型企业。缺点是目标过于集中，风险较大，若目标市场发生突然变化，企业就有可能陷入困境。

案例 29-2　吉利汽车国际化经营发展历程

一、吉利汽车简介

1986 年 11 月，李书福以冰箱配件起家创立吉利品牌。

1997 年进入轿车领域以来，已成为中国自主汽车品牌主要厂商之一。浙江吉利控股集团总部设在杭州，旗下拥有沃尔沃汽车、吉利汽车、领克汽车、Polestar、宝腾汽车、路特斯汽车、伦敦电动汽车、远程新能源商用车等汽车品牌。

吉利汽车的发展路径可以分为四个阶段：1986~2000 年，吉利汽车在探索中进军汽车行业；2001~2009 年，吉利汽车在国内稳步发展并面向国际市场实施国际化战略；2010~2017 年，吉利汽车通过一系列重要的并购打造品牌形象；2018 年，吉利汽车入股戴姆勒，走向高端市场。

二、吉利汽车国际化经营动因

1. 开拓市场

汽车产业作为国民经济支柱产业之一，具有关联度强、产业链长、带动性大的特点。对处于一级市场的发达国家来说，汽车产业是涉及国计民生的核心产业，实施国际化经营，能够在国际市场上寻找新客户，有效地扩大市场规模。目前，由于发达国家对汽车产业实施贸易保护主义，各类的贸易壁垒成为我国车企出口的门槛。而通过海外投资建厂和跨国经营可以有效地避开东道国设置的贸易壁垒，获得国外销售平台和信息网络，促使国际贸易内部化，各有关国家的关税政策、税收政策和汇率政策的限制性作用都不同程度地受到了削弱，从而减少了国际化的阻碍，能够更有效地扩大市场份额。

2. 资源整合

受自然环境、经济发展水平、市场需求等相关因素的影响，生产要素在各地区之间存在着异质性。在市场的调节作用下，各类资源在全球范围内自由流通，任何一个企业的生产活动都要包括在价值链上的各个环节。吉利汽车通过海外投资可以降低经营成本、在国内国际两个市场上寻求最优的资源配置，进而寻求国际市场上的立足之地。吉利汽车选择在国外地区建厂可以发挥垂直整合式发展模式的优势，缩短产品生产研发周期，省去中间环节，发挥成本优势和后发优势。

3. 加强技术

虽然吉利在刚踏入汽车行业时，以质优价廉取胜，但如果只依靠劳动力成本优势走低价之路是不能谋求长足发展的。虽然吉利也一直注重实施技术的研发，但想要尽快提升产品的含金量，与欧美发达国家竞争，单靠国内的技术力量在短时间内是难以实现的。进口汽车和合资品牌汽车在技术水平和外观设计上都具有明显的优势，通过并购等国际化经营战略有利于吉利集团提高自主创新能力、缩短在研发新技术时的投资周期，加上国内汽车行业在技术方面积极进取、不断更新，吉利汽车就更具有后发优势。

4. 塑造品牌

实施国际化成长战略，并购国外品牌是汽车企业快速进步的捷径。吉利发展初期实施低价战略，给客户造成一种"低质量、只做低端车"的企业印象，并购国际知名汽车品牌等国际化战略有利于吉利汽车改善品牌劣势、克服品牌发展瓶颈。随着近年来以欧洲、美国为首的国际市场日趋饱和，许多车企巨头将目光转移至中国市场。汽车产业的竞争不只是技术，更涉及品牌，如果品牌优势明显的欧美车企进入我国市场，将给我国自主汽车品牌带来更大的竞争压力。因此，提升品牌的定位，塑造出具有独特品牌价值的品牌，进行有效的国际化经营变得尤为重要。

三、吉利汽车国际化经营发展历程

1. 第一阶段：出口贸易

从 2003 年与叙利亚 Mallouk 签订合作协议并实现了第一辆汽车的出口以后，吉利不断开拓国际市场，先后有 400 辆吉利汽车进入了中东市场，成为我国自主汽车品牌走出国门的先行者。到 2004 年，吉利汽车的出口量就迅速增至 5000 辆，占据全国汽车出口市场的 63.7%，此时，吉利汽车的出口主要面向以中东、北非等为代表的地区。因为这些地方经济较为落后，汽车工业发展缓慢、普及率低，有较大的发展空间，并且在汽车安全、质量等方面标准体系不完善，进入门槛较低。吉利汽车在出口的过程中实施了本土化战略，在汽车的外形、性能等方面与国外国情相结合，满足了文化差异性的需求。中东与北非汽车市场的发掘为吉利汽车国际化经营积累了宝贵的经验。目前，俄罗斯成为吉利最大的海外市场，在中东和北非地区，埃及、沙特的年销量都能够实现过万。吉利汽车在采取出口贸易的同时还根据各地的需求采取产品差异化战略，以更好地满足海外消费者的需求，反向促进出口。

2. 第二阶段：海外投资设厂

自改革开放以来跨国车企的发展历程中可以看出，海外投资建厂可以有效地帮助企业提高市场份额，降低生产成本，加快本地化进程。吉利汽车对海外建厂一向表现积极，如表29-1所示。

表 29-1　吉利汽车海外建厂历程

年份	事件
2005	与马来西亚 IGC 集团签订关于整车项目和 CKD（Completely Knocked Down）项目的合作方案，制造、组装、出口吉利汽车
2007	与印度尼西亚政府签署了关于当地的 CKD 合作协议，吉利在印度尼西亚的 CK-1CKD 组装项目正式启动，同年 7 月组装的首款车型吉利自由舰投放市场
2011	与乌拉圭 Nordex 公司进行商务谈判，Nordex 公司是一家实力强大的专业汽车组装工厂
2013	吉利在乌拉圭的工厂启动了试生产，8 月 15 日第一辆吉利汽车下线

吉利汽车通过一系列的海外投资设厂、签订合作项目，不仅实现了技术水平上的提升，而且提高了其自主品牌的影响力和认可度，实现了汽车业务本地化，扩展并占领了国际市场。另外，海外投资设厂能够让吉利充分利用当地的技术人才，降低生产成本，提高了吉利在国际市场上的竞争力，为吉利进一步打开国际市场奠定基础。

3. 第三阶段：海外并购

从 2009 年开始，吉利汽车开始了全球并购的步伐，前后并购了 DSI 自动变速器公司、沃尔沃、英国锰铜、戴姆勒等，其中收购沃尔沃使吉利被业内业外津津乐道，更成为其国际化的一块跳板。2018 年初，入股戴姆勒也是彰显着吉利汽车迈向高端汽车品牌的决心。海外并购已经成为吉利汽车扩大出行版图的有效途径。

2009 年对澳大利亚 DSI 公司的收购，使吉利获得 DSI 的变速箱生产技术。DSI 成立于 1928 年，是全球知名的汽车变速箱制造商，吉利将澳大利亚 DSI 的技术和产品引入中国汽车产业，填补了自主汽车品牌在高档自动变速器领域的空白。在吉利汽车收购澳大利亚 DSI 自动变速器公司之前，我国汽车企业在自身研发能力不足的情况下没有使用世界先进自动变速器产品的机会。随着我国汽车消费结构的升级，手动挡汽车难以满足消费者的需求，吉利汽车的收购有助于其掌握先进的变速器生产技术，提升了在汽车自动变速器领域的行业地位，增强了中国在核心技术方面的竞争力。

2010 年，吉利出资 18 亿美元，完成了对福特集团旗下沃尔沃汽车集团包括制造设施、核心技术知识产权在内的相关资产的收购。收购沃尔沃汽车使得吉利汽车在品牌、技术、管理等方面受益匪浅。首先，沃尔沃汽车品牌有很高的商业价值，有"世界上最安全汽车"的美誉，对于处于品牌转型关键时期的吉利而言，沃尔沃的高端品牌形象可以改变消费者对吉利"中低档汽车"的品牌印象，帮助吉利在高端汽车市场上取得突破。其次，沃尔沃拥有多项核心技术，收购沃尔沃可以令吉利减少生产成本，解决困扰的技术壁垒问题。最后，借助沃尔沃汽车在全球的影响力，吉利可以在国际上深入实现本地化战略，有利于吉利对抗全球汽车产业的贸易保护主义，避免贸易壁垒。收购沃尔沃汽车是吉利"投资全球"的开端。吉利从此开始，逐渐增强了在全球汽车产业链中的话语权。2013 年 2 月，吉利以零债务的模式成功收购了英国锰铜控股公司 100% 的股权，实现了对英国锰铜的完全控制。吉利此举进一步加快了其由低端品牌向中高端品牌转变的步伐，实现了传统国际品牌和新兴国产品牌的完美融合，在帮助锰铜转亏为赢的同时，有利于进一步提升吉利的品牌影响力，让吉利在强手如云的国际汽车市场中站稳脚跟。

2018 年初，吉利 90 亿美元收购戴姆勒 9.69% 股权，成为戴姆勒第一大股东。戴姆勒作为全球汽车老牌巨头之一，在世界汽车史上有着至关重要的地位。目前是全球最大的商用车制造商，在汽车的网联技术、新能源化、自动驾驶等方面都居于全球领先的地位。从品牌效应和新技术研发的角度来说，吉利入股戴姆勒不仅是向高端品牌迈出了坚实的一步，在其他诸如自动驾驶等领域也能够产生协同效应，这也是吉利汽车入股戴姆勒的重要原因。

（资料来源：公玮璇．吉利汽车国际化战略研究［D］．长春：吉林大学，2019．）

阅读专栏 29-3　国际标准、国际法律体系、国际组织

一、国际标准

1. 国际标准

国际标准是指国际标准化组织（ISO）、国际电工委员会（IEC）和国际电信联盟（ITU）制定的标准，以及国际标准化组织确认并公布的其他国际组织制定的标准。国际标准在世界范围内统一使用。

2. 国际组织

目前，被国际标准化组织确认并公布的其他国际组织是：

国际计量局（BIPM）；

国际人造纤维标准化局（BISFA）；

食品法典委员会（CAC）；

时空系统咨询委员会（CCSDS）；

国际建筑研究实验与文献委员会（CIB）；

国际照明委员会（CIE）；

国际内燃机会议（CIMAC）；

国际牙科联盟会（FDI）；

国际信息与文献联合会（FID）；

国际原子能机构（IAEA）；

国际航空运输协会（IATA）；

国际民航组织（ICAO）；

国际谷类加工食品科学技术协会（ICC）；

国际排灌研究委员会（ICID）；

国际辐射防护委员会（ICRP）；

国际辐射单位和测试委员会（ICRU）；

国际制酪业联合会（IDF）；

万围网工程特别工作组（IETF）；

国际图书馆协会与学会联合会（IFTA）；

国际有机农业运动联合会（IFOAM）；

国际煤气工业联合会（IGU）；

国际制冷学会（IIR）；

国际劳工组织（ILO）；

国际海事组织（IMO）；

国际种子检验协会（ISTA）；

国际电信联盟（ITU）；

国际理论与应用化学联合会（IUPAC）；

国际毛纺组织（IWTO）；

国际动物流行病学局（OIE）；

国际法制计量组织（OIML）；

国际葡萄与葡萄酒局（OIV）；

材料与结构研究实验所国际联合会（RILEM）；

贸易信息交流促进委员会（TarFIX）；

国际铁路联盟（UIC）；

经营、交易和运输程序和实施促进中心（UN/CEFACT）；

联合国教科文组织（UNESCO）；

国际海关组织（WCO）；

国际卫生组织（WHO）；

世界知识产权组织（WIPO）；

世界气象组织（WMO）。

3. 国际标准分类

CAC（国际食品法典委员会标准）；

ECSS（欧洲航空标准化协作组织）；

EN（欧洲标准）；

EC（欧盟法规）；

IEC（国际电工委员会）；

ISO（国际标准化组织）；

ITU（国际电信联盟）；

ETSI（欧洲电信联盟）。

4. 各国国家标准分类

ANSI（美国国家标准学会）	AIA（美国航空航天工业协会）	ICAO（国际民航组织）
BIS（印度标准局）	AIAA（美国航空航天学会）	IEEE（美国电气与电子工程师协会）
BSI（英国标准学会）	AIIM（美国信息及图像管理协会）	IPC（美国电路互连与载体学会标准）
CSA（加拿大标准协会）	AOAC（美国官方分析化学师协会）	ITU（国际电信联盟）
NF（法国标准）	API（美国石油学会）	MIL（美国军用标准）
DIN（德国标准化学会）	ARI（美国空调与制冷协会）	MSS（美国阀门及配件工业制造商标准化协会）
GOST（俄罗斯国家标准）	ASA（美国声学协会）	NASA（美国国家航空航天局）
JSA（日本标准协会）	ASME（美国机械工程师协会）	NEMA（美国全国电气制造商协会）
TIS（泰国标准）	ASQC（美国质量管理协会）	NFPA（美国消防协会）
AS（澳大利亚国家标准）	ASTM（美国材料与试验协会）	NISO（美国全国信息标准组织）
GB（中华人民共和国国家标准）	AWS（美国焊接协会）	NSF（美国国家卫生基金会）
AA（美国铝协会标准）	BHMA（美国建筑五金制造商协会）	RWMA（美国电阻焊接机制造商协会）
AATCC（美国纺织化学师与印染师协会）	CFR（美国联邦法规）	SAE（美国动力机械工程师协会）
ABMA（美国轴承制造商协会）	DESC（美国国防电子器材供应中心）	SMACNA（美国金属散热与空气调节承包商协会）
ACI（美国混凝土学会）	EIA（美国电子工业协会）	SSPC（美国防护涂料协会）
AGA（美国煤气协会标准）	FAA（美国运输部联邦航空管理局）	TIA（美国通信工业协会标准）
AGMA（美国齿轮制造商协会）	FED（美国联邦标准）	UL（美国保险商实验室）

二、国际法律体系

世界各国法律制度内容各不相同，但彼此之间却有着大体相同的概念、术语和实施方法。据此可将世界主要国家法律制度分为两大法系，大陆法系。又称成文法系。此法系的特点是法律规则以规范性的条文形式表现，由国家机关依照一定的程序确定。执法机关判案的依据为既定的法律条文。属于大陆法系的国家或地区有法国、德国等欧洲大陆国，北欧诸国，亚非和拉丁美洲的一些前殖民地国家，加拿大魁北克省，苏格兰地区及日本、土耳其等。英美法系，又称不成文法系或习惯法。这种法的特点是法律不以范性条文形式出现，判案的依据主要是人们的习惯、惯例和以往的判决等。属于英美法系的有英国、美国、加拿大、澳大利亚、新西兰、印度、尼日利亚等国家。除此之外，少数国家的法律属于宗教法系，宗教法系在国际经济活动中不被适用。大陆法系和英美法系对国际化经营活动的不同影响和规定主要有以下几个方面：

1. 对代理权的影响不同

在大陆法系的国家，除非特别立据和规定，代理权不予接受。这些国家的公证员非常重要，他们对包括婚姻协议在内的所有文件进行公证；而在英美法系的国家中，公证仅限于遗嘱、产权契约等正规文件。

2. 对工业产权的规定不同

大陆法系的国家专利、商标、版权、工业财产的所有权以注册先后为准；英美法系的国家对此则以先使用原则来划分。

3. 对不可抗力的规定不同

英美法系签订合同后必须按合同严格履约，对不可抗力的规定只限于地震、洪水等自然灾害；大陆法系中不可抗力除天灾以外，一般还包括罢工、骚乱等不可预见的人祸。

4. 对合伙关系的规定不同

英美法系中，合伙人在法律面前可作为个人相互起诉，个人的私有财产在法律上不与合伙财产相分离；与此相反，大陆法系中则把普通合伙人当作一个单一的法律实体来对待。

三、国际组织

国际组织是现代国际生活的重要组成部分，它是指两个以上国家或其政府、人民、民间团体基于特定目的，以一定协议形式而建立的各种机构。

国际组织分为政府间组织和非政府间组织，也可分为区域性国际组织和全球性国际组织。政府间的国际组织有联合国、欧洲联盟、非洲联盟、东南亚国家联盟（东盟）、世界贸易组织等，非政府间的国际组织有国际足球联合会、乐施会、国际奥林匹克委员会、国际红十字会等，各种国际组织在当今世界发挥着重要的作用。

国际组织的特征如下：

1. 国际性

国际性就是签署成立文件有三个及以上的国家。现在联合国的会员国有 192 个，几乎涵盖所有主权国家。当然这种覆盖全球的全球性国际组织比较少见，而仅有部分区域国家参与签署的条约一般被称为区域性国际组织，比如北约、欧盟、东盟。尽管后者的参与国家没有覆盖全球，仍然满足区域国际性。

2. 目的性

毫无疑问，国际组织的成立都是有一定目的的，而这个目的一般会写在成立文件的序言当中。联合国的目的，一言以概之就是：吾等联合国之子民，为更好之世界而联合。

3. 组织性

组织性就是这个组织要有一定的框架结构来实行运转。组织性对任何组织来说都是至关重要的，包括但不限于企业、政党、议会、政府……联合国的组织是非常庞大而复杂的，简单说一下，有一个秘书长作为门面，一个全体大会作为权力中心，有包括安理会在内的 3 个理事会、11 个方案基金，还有若干专门机构。

4. 自主性

这是指国际组织不受任何其他国家的操纵。联合国所做出的所有动作都是国家博弈的结果，并不存在某个国家说了算的情况。

（资料来源：MBA 智库 . 国际标准、国际法律体系、国际组织 . wiki. mbalib. com）

第五节　中国企业国际化经营管理的重点

一、着力培养国际化经营管理人才

中国企业实施国际化经营，加快国际化经营人才队伍建设是关键，事关企业可持续发展大局。企业要结合国际化经营业务发展和人才建设的现状，站在企业长远发展的高度，认真分析，仔细研究，深入思考，加快推进国际化经营人才引进、配置、培养、激励，努力建立一支与国际化经营业务发展相适应的数量充足、结构合理、素质优良的国际化经营人才队伍。

（一）企业国际化经营管理人才的基本素质和能力

1. 人格特质

企业国际化经营管理的工作独立性较强，一般情况下，总公司对海外子公司或经营管理机构及其管理人员的监督难度大，他们在企业海外业务上具有相当大的独立决策权，其工作的积极性在很大程度上取决于他们的自觉性和自律性。因此，要求他们必须有高尚的职业道德、高度的责任心和强烈的成功愿望，并能自觉抵制各种外界诱惑，对公司高度忠诚。

2. 跨文化的适应性

对于企业国际化经营，在海外企业的经理们首先要面对和承受所在国和地区的社会文化、政治体制、宗教信仰、道德规范、价值观念和管理风格等因素的影响和冲击，他们必须有较强的社会适应能力，克服和管控这种文化差异为企业经营和业务管理带来的困难，做到灵活地处理由此带来的各种问题，探索、摸索出跨文化管理的机制、方法和手段。

3. 了解企业经营所在国家和地区的基本情况

企业国际化经营管理部门人员对当地的环境条件要有透彻的系统性了解。他们不仅要了解当地的社会现状，还要了解东道国或地区的历史，还要了解其经济及立法，尤其是其经济发展阶段和生产力水平、技术状况、政治和经济体制、分配措施以及不利于跨国公司经营的立法等限制条件，以期对经营决策进行优化处理。

4. 决策能力和创新精神

对于企业国际化经营，在海外工作的管理者们需要独立决策和灵活解决问题，要求他们必须具备一定的创造能力和创新精神，在复杂的、无经验和先例的情况下创造性地解决问题，以避免过多请示汇报而贻误经营时机，造成损失。

5. 语言能力和人际交往能力

对于企业国际化经营，其经营管理人员需要同当地人进行交流，同他们建立良好的合作关系，必须具备良好的语言和文字交往能力，而且必须具备较强的人际交往能力，同不同文化背景的人接触、沟通，建立与当地人之间的充分信任与合作，促进企业的业务发展。

（二）拓宽企业国际化经营管理人员来源渠道，实行差异化培养

中国企业要根据国际化经营发展的不同阶段，根据不同国别、不同国际化经营模式，采取国内+东道国+第三国相结合的方式，拓宽国际化经营管理人员来源渠道。对不同来源地的人员，实施差异化、有针对性的培训。对来自国内的人员，重点进行东道国文化、国际化管理标准和国际化管理语言能力培训。对来自东道国本土化的人员，

重点进行本企业文化及中国文化和制度的培训，使其熟悉企业的管理制度，也要进行中国语言和人际交往能力方面的培训，提高同中国管理人员沟通合作的素质和能力。对于来自第三国的人员，要重点进行中国和东道国文化制度、本企业文化制度的培训，使其能够适应中国企业文化和东道国文化，按照本企业的管理规程进行工作。

（三）加强国际化人才需求规划与培养计划工作，实现境外项目人才最优配置

要结合企业境外业务现状及未来一段时期的发展趋势，组织境外关键岗位中长期人才需求分析，提高分析的超前性和准确度，用于指导培训计划的编制与实施，形成国际化人才需求和培养的上下联动、快速反应机制，提高培训的针对性。针对不同时期、不同阶段、不同国家和区域对人才需求不同的实际，体现创新性和动态性，根据项目发展需要和市场需求，及时更新人才培养模式和培养重点，调整完善人才供应和人才储备，实现国际化经营人才与境外项目的最大融合。

二、实施国际品牌宣传推广

企业要实现从"产品走出去"到"品牌走出去"。品牌是企业闯入国际化市场的准入证，要在国际上站稳脚跟则必须加强品牌建设，完善企业的品牌形象。由于中国企业的品牌效应在国际上的影响力一直处于较为劣势的地位，我们务必要改变外国人以往对"Made in China"的不好印象，摆脱中国产品质量低、价格低的品牌形象。在营销与品牌宣传中真实地打动国内外消费者，关注最新的市场信息，以国际化标准约束自己，培养专业人才维护企业品牌形象，打造真实、高质量的良好口碑。

三、跨文化整合

企业在国际化经营管理中，无论采取何种经营模式，都会不可避免地产生文化冲突与矛盾问题，必须实施有效的跨文化整合。

（一）理解和尊重企业国际化经营中的文化差异

在跨国企业进行异国业务活动时，面对不同的国家与地区的文化差异，必须尊重异国的宗教信仰和风俗习惯。那么跨国公司在入驻异国时，要对异国的本土化文化特质做出详尽的了解，根据本地文化差异制定一套针对性的企业文化管理模式，以及在产品设计与营销环节也按照本土文化特征进行融入和改变，以尊重和理解文化差异为前提，求同存异，制定一套双方均可接受的管理模式。

（二）实行国际化经营管理人员的跨文化融合

要按照跨文化融合的要求，调整国际企业工作者的选拔标准。在国际企业跨国业务工作中，明确跨文化交融机制是以人为前提。首先，跨国工作者的选拔工作要以语言能力为准，一旦出现突发事件，语言沟通能力便显得格外关键。同样，良好的语言

能力是执行工作的必要条件，是保障业务活动的基本前提。其次，在跨国工作者选择标准中，对于异国文化的适应度也应作为选拔标准的一部分，以避免出现文化不适应的情况，而导致企业管理出现严重纰漏，不利于跨国业务的开展。最后，突出培养适应不同文化差异跨国工作者的独立工作能力，使其能够及时、迅速处理企业经营管理过程中的矛盾和问题。

（三）加强文化的敏感性与适应性训练

文化的敏感性，是一个文化领域的术语，指的是人们去了解母文化与异文化之间的不同，并试图了解它们的文化特点给他人带来的影响，尤其是言谈举止方面。文化适应性，则更强调不同文化之间要相互适应。例如，不同文化主体在习惯、生活方式、思想观念等方面应相互适应。体现在企业经营管理过程中，就是要为跨文化融合的文化发展提供适当的条件，从而形成适应性的工作流程与规范，并在员工工作和生活行为中逐步达成并展现出相互适应、相互尊重、相互认可的习性。

（四）建设具有本跨国企业特色的跨国企业文化

随着中国实施国内国际双循环的新发展格局，构建人类命运共同体理念以来，企业国际化经营会在企业组织实施跨文化整合中，形成中国文化和东道国文化以及人类共同价值观有机融合的跨国企业文化，形成支撑企业可持续发展的本企业文化是跨文化整合的基本目标。企业要在国际化经营中，在人力资源、资本、产品部件的供应商、科研与技术开发等方面实施本土化战略，跨国企业要做好本地化的跨文化交融管理。

四、强化绿色经营

对于企业国际化经营，实行绿色经营是基本要求，企业要根据国际绿色经营有关标准，建立绿色管理体系，包括强化绿色管理指导思想，贯彻绿色经营方针，围绕绿色管理目标，建立绿色设计与制造系统、绿色营销系统、绿色理财系统、绿色企业文化系统以及绿色管理战略等，实现企业全方位的"绿色化"，强调经济、生态、社会的综合发展，更注重社会效益，强调长远利益，鼓励企业进行绿色创新。

五、履行企业社会责任

企业履行社会责任，是企业可持续发展的基本要求和运行机制。企业国际化经营，对企业履行社会责任有基本的考察和评估。因此，企业国际化经营，要按照国际标准，强化履行社会责任机制，主要是企业诚信文化建设、消除就业歧视、建立和谐的劳动关系、加强职业安全与健康、承担社区义务、实施履行社会责任报告和信息披露制度等，做到履行社会责任的合规化管理。

六、打造企业核心竞争力

企业是否具备企业核心竞争力，直接关系到企业国际化经营的成败，也决定着企业是否能够可持续发展。企业要从国际化经营的实际和目标出发，从软实力和硬实力方面，打造核心竞争力，取得国际化竞争优势。

案例 29-3　华为国际化经营路径模式

华为作为全球领先的通信网络技术企业，从事通信设备与产品的开发、生产与销售，其海外业务遍布 170 多个国家和地区，在全球电信市场占据一席之地。根据华为财报，华为 2021 年的净利润为 1137 亿元。在我国企业被技术封锁的情况下，华为自主研发的麒麟芯片、鲲鹏 CPU 芯片等在通信领域发挥了重要作用，鸿蒙系统与 5G 技术也取得了突破性进展。华为在国际化经营中实现了自身国际化长足发展的同时，也为中国跨国公司在国际上争取了话语权。

一、华为公司的国际化历程

1. 早期阶段：进出口贸易为主

20 世纪 80 年代，华为公司刚刚成立，立足国内市场，在引进国外先进技术的基础上进行模仿创新。20 世纪 90 年代，国外通信企业利用低价格争夺我国市场，国内生存空间被挤压，华为在初期积极参加国际博览会，推广企业出口产品以谋求发展，但尚未实施具体的国际化战略。通过参加各种国际博览会，以与国外市场进行进出口贸易的形式打开产品的销路，积累国际客户。

2. 初步扩张：进军多国市场

1996 年，华为进入中国香港市场作为其国际化道路的踏板，在中国香港市场积累国际化经营的经验，同年进军俄罗斯市场，开启其国际化的第一站。华为抓住了政策与俄罗斯国内市场的机遇，不仅拿到了莫斯科 MTS 移动网络与乌拉尔电信交换机两大项目，还捕捉到中俄达成战略协作伙伴这一国际关系变化，加快与俄罗斯的合作步伐，顺利加入俄罗斯政府新一轮采购计划。在这一时期，华为的国际化之路从周边国家市场逐步发展到欧洲、拉美、非洲市场，从发展中国家到发达国家建立研发中心，积极与当地企业合作，采用多种经营形式，在多国市场上取得巨大成就，为其全球化布局开辟了道路。

3. 成熟阶段：全球市场布局

2003 年至今，华为的业务范围遍布全球，海外市场销售收入占总销售收入的四成以上。华为以独特的管理体系、出色的全球战略、跨国经营与全球营销实现了高科技自主品牌的国际化。当前华为面临着西方发达国家的技术封锁，未来将会通过投资半导体产业链的方式稳定芯片的供应，同时在封装、架构方面保证产品的性能，发挥世界一流的设计能力与优势。经过20多年的筹划布局，华为充分发挥当地优势，有效利用全球资源，全球市场布局日趋成熟。

二、华为公司的国际化战略与成功经验

华为在国际化经营中采用了全球化战略，重视国家政策，积极与目标市场国本土企业开展合作，还实行了研发国际化人才战略和国际化管理战略。这些战略在其国际化经营的成功中起到了至关重要的作用，其全球化战略意识值得我国跨国公司借鉴。

1. 全球化视野，渐进开拓海外市场

随着新技术的发展、数字经济的转型，世界经济面临着诸多挑战，但对中国企业来说更是一个机遇。华为先从非洲、拉丁美洲等一些第三世界国家拓展国际市场，选择当前资金实力有限但未来经济发展有潜力的国家作为其目标市场，避开了欧美市场的壁垒与严格限制。进入欧美市场阶段也是从边缘开始，东欧、南欧的市场打开之后开始挺进西欧、北美市场，最终实现其全球均衡布局。从最初的进出口贸易到进入多国市场，再到最后的全球布局，华为走出了一条独属于自己的渐进式国际化道路，值得中国跨国公司在国际化经营中借鉴。

2. 政策为底气，积极拓展业务政企合作

通过华为的国际化发展经历不难发现，华为对国内国际政策的把握在其全球化道路上起重要的推动作用，虽然企业走的是国际化经营道路，但国内的政策支持是迈出"走出去"步伐的底气，目标市场所在国的政策是国际化发展的风向标。华为结合我国在发展中国家的扶持和援助项目，依托国家外交政策与环境，稳定地发展海外业务。重视国际国内政策形势，一方面，可以避免政策变化、战争等带来的经营风险。另一方面，可以促进其跨国业务更好地与当地市场接轨。中国企业要想实现在全球市场上的长足发展，就应关注世界格局，结合本国的政策，寻找在国际关系、政策优势等方面适合的目标市场，积极开拓业务，甚至做到政企合作，以产品援助打开市场大门，取得政府的信任。

3. 研发国际化，重视人才的培养与运用

华为十分重视技术研发与人才战略，成立伊始，没有自己的产品、技术与品牌，但华为坚持技术研发投入，将利润投入到自主研发上，逐渐取得技术的突破与领先，带来新一轮的利润后再次投入产品升级换代和其他通信技术的研发，资金与技术的良性循环为其国际化之路奠定了坚实的技术基础。华为在人才战略中确立了适应全球化发展的企业文化和融合的人才管理体系，制定清晰的海外目标，采用相对弹性的管控

模式，善用海外人才"空降"保持全球战略的同时，发挥本地领军人才在当地市场的作用。此外，华为构建了合理的激励机制，如股权、期权，大大提高了海外领军人才的归属感和责任感。

（资料来源：1. 华为自主产品走向世界市场的国际化战略及实施路径，www. docin. com. 2. 尚尔斯 . 华为国际化经营策略分析 ［D］. 长春：吉林大学，2018. ）

推荐阅读

1. 侯书生，余伯刚 . 激荡国际商海：企业的国际化经营 ［M］. 成都：四川大学出版社，2016.

2. 公玮璇 . 吉利汽车国际化战略研究 ［D］. 长春：吉林大学，2019.

思考题

1. 企业国际化经营的模式有哪些？

2. 如何分析企业国际化经营的环境？

3. 企业国际化经营的战略选择与路径重点是什么？

4. 细分国际市场与选择目标市场应注意什么？

5. 中国企业国际化经营管理的重点有哪些方面？

参考文献

［1］帅萍．可持续发展企业［M］．北京：北京大学出版社，2013．

［2］曾忆旻．技术创新、内部控制与企业可持续发展［D］．上海：东华大学，2023．

［3］林敬愉．T公司竞争战略研究［D］．广州：广州大学，2023．

［4］陈劲，宋宝华．首席创新官［M］．北京：机械工业出版社，2017．

［5］陈劲，郑刚．创新管理：赢得持续竞争优势（第三版）［M］．北京：北京大学出版社，2016．

［6］兰登·莫里斯．持久创新：创新原则、创新战略和创新方法的权威指南［M］．北京：经济科学出版社，2011．

［7］彼得·蒂尔，马斯特斯．从0到1：开启商业与未来的秘密［M］．北京：中信出版社，2016．

［8］杰夫·戴尔，赫尔·葛瑞格森，克莱顿·克里斯坦森．创新者的基因［M］．北京：中信出版社，2013．

［9］托尼·达维拉等．创新的七条法则［M］．北京：中国人民大学出版社，2011．

［10］王亮中，孙峰华．TRIZ创新理论与应用原理［M］．北京：科学出版社，2010．

［11］侯书生，余伯刚．激荡国际商海：企业的国际化经营［M］．成都：四川大学出版社，2016．

［12］韩玉珍．国际贸易与国际金融（第二版）［M］．北京：北京大学出版社，2011．

［13］张蔚，徐晨，陈宇玲．国际投资学［M］．北京：北京大学出版社，2008．

［14］郄永忠．出海：中国企业国际化经营战略［M］．北京：中国经济出版社，2010．

［15］赵中建．创新引领世界——美国创新和竞争力战略［M］．上海：华东师范大学出版社，2007．

［16］欧阳新年，周景勤．企业技术竞争与创新激励机制［M］．北京：国际文化出

版公司，2001.

[17] 宋志平．问道创新［M］．北京：中国财富出版社，2021.

[18] 奥托·夏莫．U 型理论：感知正在生成的未来［M］．杭州：浙江人民出版社，2013.

[19] 雄定中，杨一星．公司法务：定位、方法与操作（第二版）［M］．北京：中国民主与法制出版社，2023.

[20] 黄胜中，健君．公司法务管理概论［M］．北京：知识产权出版社，2016.

[21] 沈家洪．论现代企业法务管理体系的构建［D］．厦门：厦门大学，2017.

[22] 解铃．企业合规性管理研究——以葛兰素史克制药企业为例［D］．合肥：安徽工业大学，2019.

[23] 杜忠．成长型企业如何打造强势品牌［M］．杭州：浙江大学出版社，2022.

[24] 陈珠明，赵用伟．企业并购：成本收益与价值评估［M］．北京：经济管理出版社，2003.

[25] 张夕勇．并购与整合［M］．北京：中国财政经济出版社，2011.

[26] 左章健．世界 500 强成功策略［M］．广州：南方日报出版社，2005.

[27] 刘平文．经营分析与企业诊断［M］．厦门：厦门大学出版社，2004.

[28] 普华永道变革领导小组．管理悖论：高绩效公司的管理革新［M］．北京：经济日报出版社，2002.

[29] 梁积江，李媛媛．企业资本运营管理［M］．北京：企业管理出版社，2019.

[30] 胡梦瑶．格力电器资本运营风险管理研究［D］．武汉：武汉轻工大学，2021.

[31] 胡双依．吉利汽车并购与企业可持续发展研究［J］．南昌：华东交通大学，2021.

[32] 韩宝森．公共关系理论、实务与技巧［M］．北京：北京大学出版社，2009.

[33] 徐彻．基于利益相关者视角的企业社会责任管理研究［D］．济南：山东大学，2008.

[34] 约翰·C. 奥瑞克，吉利斯·J. 琼克，罗伯特·E. 威伦．企业基因重组：释放公司的价值潜力［M］．北京：电子工业出版社，2003.

[35] 范正青．管理评估原理与技术［M］．北京：中国社会科学出版社，2015.

[36] 陈国铁．中国企业生态化建设［M］．福州：福建人民出版社，2013.

[37] 曾赛星，孟晓华，邹海亮．企业绿色管理及其效应：基于环境信息披露视角［M］．北京：科学出版社，2018.

[38] 杰弗里·A. 哈里斯．创新的秘密［M］．叶硕，谭静，译．南京：译林出版

社，2015.

[39] 程东升，刘丽丽．华为真相 [M]．北京：当代中国出版社，2003.

[40] 李正道，许凌志．华为的企业战略 [M]．深圳：海天出版社，2010.

[41] 罗长海．微软文化 [M]．北京：清华大学出版社，2004.

[42] 王泽川．创新型企业文化与绩效管理研究——基于海尔和华为的扎根分析 [D]．青岛：青岛大学，2022.